스토리텔링과 수업기술

스토리텔링과 수업기술

2013년 6월 26일 초판 1쇄 발행
2014년 7월 30일 초판 2쇄 발행

지은이 박인기 · 이지영 · 이미숙 · 김지남 · 김수미 · 이지영 · 강문경 · 채현정 · 최영경 · 성나래

펴낸이 윤철호
펴낸곳 (주)사회평론아카데미

편집 고하영 · 김천희
표지 · 본문 디자인 김진운
본문 조판 디자인 시
마케팅 이영은 · 이경화 · 조서연 · 홍은혜

등록번호 2013-000247(2013년 8월 23일)
전화 02-2191-1133
팩스 02-326-1626
주소 서울시 마포구 월드컵북로 12길 17(2층)

ISBN 978-11-85617-12-1 93700

스토리텔링과 수업기술

박인기 · 이지영 · 이미숙 · 김지남 · 김수미
이지영 · 강문경 · 채현정 · 최영경 · 성나래 지음

사회평론

머리말

이 책은 서사가 인간의 발달에 긴밀하게 연관될 수 있다는 인식을 문학교육 차원을 넘어 교육 일반으로 확산해 보기 위한 의도로 만들어졌다. 서사 특히 스토리텔링의 교육적 영역이 넓어질 수 있음은 최근 여러 교육활동에서 발견된다. 문학의 자리에서 보면 허구서사가 핵심이지만, 교육을 중심으로 보면 허구서사와 동등하게 생활서사의 교육적 함의 또한 크다.

서사의 교육적 작용은 서사가 소통되는 과정에서 발현된다. 이 책은 서사의 소통 작용 중에서도 교육이 가장 직접적이고 체제적으로 감당하는 영역이 수업 공간이라는 점에 주목하고 있다. 수업 공간에서 목적으로 다루어지는 서사이든, 교육적 전략으로 다루어지는 서사이든, 그것의 구체적 실현은 스토리텔링의 양태로 나타난다. 이때의 스토리텔링은 구체적 교육의 목표와 효과를 전제로, 구체적 시간과 대상과 공간에서 구체적 매체로 실현하는 구체적 텍스트로 구현되기 때문이다. 일상의 교실에서 그것을 항상 경험하고 있는 우리들은 이 현상과 경험을 탐구의 대상으로 삼아 보기로 하였다.

스토리텔링의 교육적 가치를 교육 내용과 교육 방법 차원에서 개발해 나가다 보면, 그간 교육과정 제도 속에서 서사를 지나치게 문학 교과의 하위 영역, 그것도 서사의 내용과 주제와 형식 등으로만 다루어 왔던 커리큘럼 관습을 반성하게 된다. 즉, 과의 경계를 지나치게 중시하는 경직된 틀에 갇혀 있는 동안 서사 내지 스토리텔링의 교육적 작용과 관련된 잠재된 에너지는 간과되어 왔다는 생각을 하게 된다.

우리는 스토리텔링을 교육의 구체적 실천이라 할 수 있는 수업의 기술과 수업의 역동성에 연계하여 들여다보면서, 교육 실천의 장에서 스토리텔링이 자유롭고 역동적인 양태와 작용을 더욱 왕성하게 펼쳐 보일 수 있음을 확인하였다. 스토리텔링과 교육의 다원적인 만남을 더욱 활성화해야 할 필요를 발견한 것이다.

우리는 스토리텔링을 학생들이 자신의 경험을 언어적 · 상징적 · 문제 해결적 · 가치 발견적으로 전이시켜 가는 질적 변용의 회로에 해당하는 것으로 보고 싶었다. 학습에서 이러한 경험을 변형하고 변용하는 것은 학습자가 자기주도성을 가지고 일으키는 매우 적극적이고 창의적인 '구성(construction)'의 결과이다. 교과의 지식을 배우는 학습활동에 동원되는 대부분의 확산적 사고는 스토리텔링이 지식에 날개를 달아 주는 양태로 이루어지게 된다.

스토리텔링은 사물에 대한 능동적 지각이면서 동시에 세계에 대한 구체적 지각이다. 능동성과 구체성을 발현하기 때문에 스토리텔링은 일상의 체험을 가장 자연스럽게 내면화할 수 있는 통로가 될 수 있다. 이처럼 스토리텔링이 일상적이면서도 어떤 형상화의 과정으로 조직된다는 점을 고려하면, 스토리텔링의 형성과 작용에 각별한 교육적 의미를 부여할 수 있다. 특히 생활서사의 스토리텔링은 그 일상성 때문에 학습자의 생생한 체험을 학습에 자연스럽게 연결시켜 준다. 이렇듯 스토리텔링이 개입하는 학습에서는 일상 체험의 총체성이 강조됨으로써 앎과 삶이 통합되고, 다중지능들 간의 교섭이 일어나게 되고, 그 모두를 통합 · 발달시키는 차원으로 나아갈 수 있다.

스토리텔링을 교육적 활동으로 더욱 자유롭고 유연하게 확산하여 활용해야 할 때가 되었다. 서사 및 스토리텔링이 그 속성상 탈교과(脫敎科)의 동력을 그 내부에 갖추고 있다는 점을 이제는 주목해야 한다. 따라서 교육과정 내의 모든 교과 공간으로 스토리텔링을 삼투시키고 다양한 방면으로 해방시키려는 발상을 가져야 한다. 스토리텔링이 수업의 시공에서 다양하게 작동할 때 학습활동의 변혁을 도모할 수 있을 것이다.

이 책은 학교 현장에서 '수업'을 연구 실천하며 대학원 과정을 공부하고 있는 교사들이 박인기 교수의 연구실에서 '스토리텔링과 수업 연구회'라는 모임을 만들어 공부한 성과로 마련되었다. '스토리텔링과 수업기술'이라는 연구 주제를 설정하고 2009년부터 2012년까지 4년간에 걸쳐 60여 회의 탐구 및 실천 세미나를 거치면서 이론과 실천이 좀 더 긴밀하게 호응할 수 있는 성과를 얻으려고 노력하였다.

처음부터 책으로 출판하는 것을 목표로 정하고, 문학교육 영역에서 서사교육을 공부하거나 그런 주제로 공부했던 경험을 토대로 스토리텔링과 수업 실천의 문제를 공동 연구의 관심사로 삼았다. 그리고 이것이 현장 수업 연구에 반드시 기여할 수 있는 것이 되어야 한다는 것을 일관되게 강조하였다.

처음에는 수업이론과 스토리텔링 관련 이론서를 읽고, 그 다음 단계로 이 분야 현장연구들을 함께 검증하는 과정을 거치고, 그 다음 단계로는 '활동으로서의 전형'을 보여 준다고 할 수 있는 스토리텔링 기반의 활동을 100여 개 정도 개발하기로 하였다. 이렇게 선정한 활동들은 내부 토론을 거치고 교실 현장에 실제로 투입하여 효과 검증을 하였다. 권장할 만한 '활동의 틀(frame of learning activity/skill)'로서 보편 타당성을 얻기 위해서였다. 이 책에는 그렇게 선발·확정된 활동들이 내용의 중핵을 이루고 있다.

이 책을 준비하는 동안 스토리텔링의 수업기술 활용 가능성을 여러 각도에서 점검해 볼 수 있었다. 특히 2009학년도와 2011학년도에 경인교육대학교 교육대학원의 '서사이론과 서사교육 연구' 강좌(지도교수 박인기)를 통하여 그러한 시도들을 강화하였다. 강좌에 참여한 현장교사들의 발표와 열띤 토의·토론을 통해 수업에 적용할 수 있는 스토리텔링 사례와 아이디어를 현장의 안목에서 다양하게 검토함으로써, 더욱 튼실한 경험적 근거들을 갖출 수 있었다. 이 과정에서 아이디어와 의견을 나누었던 대학원생이며 현장교사인 정진선, 송한별, 장덕, 강문희, 김효정, 윤명옥, 박나리 등 여러 선생님에게 감사의 말을 전한다. 그 밖에도 수업 현장의 여러 사례들을 광범위하게 살피고 참조하는 과정에서 수업 경험과 정보를 말씀해 주신 분들이 참으로 많았다. 이 분들에게도 고마움을 전하지 않을 수 없다.

특정의 교과교육학 연구도 아니고 일반교육학 연구는 더더욱 아닌 이런 종류의 연구가 교과교육학계에 다소 생소해 보일 수 있을지도 모르겠다. 그러나 우리가 고정관념으로 가지고 있는 생각, 즉 교육학이 교육방법 보편의 원리를 개발하면 교과교육 분야는 그것을 거의 도식적으로 수용하는 방식에 대한 반성이 필요하다고 생각했다.

교육방법 탐구의 뿌리는 일반교육학이고 그것으로부터 자양을 공급받는 가지가 교과교육이라는 비유적 인식에 저항해야 교육학도 발전하고 교과교육학도 발전한다. 그런 점에서 각 교과도 교육 보편의 원리나 방법을 생성해 낼 수 있는 잠재 에너지를 가지고 있다는 것을 인식할 필요가 있다. 스토리텔링의 교과 원천이 문학 교과라면, 문학 교과를 기반으로 하여 모든 교과에 방법론적 시사를 주는, '문학 교과에서 생성된 보편적 교육 방법'을 확인하는 단초로 이 책이 인식되기를 바란다. 마찬가지로, 다른 교과들도 교육 일반의 원리나 방법을 제안할 수 있는 지점으로 나아가기를 기대한다. 일반교육학과 교과교육학이 진정으로 협응하려고 한다면 이런 노력이 반드시 있어야 할 것이다.

의욕에 비하여 미진하고 부족한 점도 많이 숨어 있다. 이 작업은 일종의 진행형이므로 이 분야 연구자들의 관심과 질정을 구한다. 관심과 비판에 의지하여 조금 더 완전형의 경지로 나아가야 하는 책무가 저자들에게 놓여 있다.

2013년 5월,
수수꽃다리 피는 봄날에
저자들 씀

차례

1부

스토리텔링의 교육적 변용

1장 이야기의 교육적 기능

1. 개념 이해: 이야기, 서사, 스토리텔링

이야기는 어떤 특정의 시간과 공간에서 특정한 인물들이 일련의 사건을 수행하는 과정을 말로 나타낸 것이다. '이야기'라는 말은 특별한 용어가 아니라, 일반인들이 일반적으로 쓰는 일반어이다. '이야기'를 일반어로는 '스토리(story)'라고 하지만, 학문 용어로 부를 때는 '서사(敍事)' 또는 '내러티브(narrative)'라고 한다. 또, 이런 서사를 구체적 상황에서 구체적 필요에 따라 구체적 대상에게 구체적 매체로 실현하는 것을 '스토리텔링(storytelling)'이라 한다. 그리고 이런 이야기를 중점적으로 연구하는 분야가 '서사학(narratology)'이다.

서사 연구자들은 이야기의 개념을 넓고 크게 잡는다. 근대 학문 발달 이후 이야기는 소설과 같은 뜻으로 통용되기도 했으나, 현대 디지털기술사회에서 이야기의 구체적 양태와 소통 유형이 다양해지면서 새로운 의미를 띠게 되었다. 이는 근대소설의 기능과 작용이 위축되고, 소설 양식이 아닌 것으로서의 다채로운 '이야기 양식'들이 생겨나고, 특히 대중사회와 대중문화에서 다양하게 확장된 결과이다. 따라서 단순히 소설의 범주로는 담을 수 없는 훨씬 더 큰 개념인 '서사' 또는 그것을 다양하게 실현하는 '스토리텔링' 등이 주목받게 되었다.

스토리텔링을 수업기술의 문제로 연결하고 인식하려면 이야기, 서사, 스토리텔링을 연속적 연계 관점으로 볼 수 있어야 한다. 즉 서사의 내용, 양태, 구조 등이 눈으로 보이는 것은 물론이고 눈으로 보이지 않는 층위에서도 얼마나 다채롭게 변이·변용될 수 있는지를 이해해야 한다. 그리고 서사 내용을 스토리텔링으로 구현해 내는 매체에 대해서도 잘 알아야 한다. 매체가 특정의 구체적 스토리텔링의 특성과 형질을 결정하는 데 큰 영향을 미치기 때문이다. 그리고 구현되고 소통되는 스토리텔링이 수용자에게 어떤 의미 작용을 하는지도 살필 수 있어야 한다. 특정의 스토리텔링이 특정의 교육 상황에서 어떤 효과와 어떤 가치를 발휘하는지를 판단할 수 있기 때문이다. 그러자면 서사의 내용, 양태, 구조, 그것을 스토리텔링으로 구현하는 매체, 그 결과로 얻어지는 스토리텔링의 효과와 가치 등을 서로 유기적으로 연관 지어 가며 볼 수 있는 안목을 길러야 한다.

우선 서사에 대한 학문적 정의를 살펴보면, 서사란 시간적인 연계 속에서 이루어지는 일련의 사건에 의미를 부여하여 서술한 것으로, 그것이 사실이든 허구이든 사건들의 연속으로 이루어지는 담론 체계이다. 서사에 대한 이러한 정의는 스토리텔링을 수업기술과 연결 지으려는 사람들에게는 다음 세 가지 측면에서 의의를 가진다고 할 수 있다.

첫째, 소설은 허구의 서사만을 뜻하지만 서사는 허구든 사실이든 모든 이야기를 뜻한다. 실제로 학생들의 수업 시간에 유효하게 고안되는 스토리텔링 기반의 학습활동들은 학생들의 경험서사가 더 중요하게 원용될 수 있다.

둘째, 서사는 일단 만들어지면 어떤 의미를 드러내게 된다. 좋은 학습활동이란 학생들이 그 수업 내용과 관련도가 높은 어떤 특정의 서사를 만드는 과정이라 할 수 있다. 그 단적인 예가 바로 역할놀이 학습 모형이라 할 수 있다. 역할놀이란 서사의 입지에서 보면 결국 학습자들이 어떤 이야기의 주인공이 되어 자신들의 이야기를 계속 만들어 가는 과정이라 할 수 있기 때문이다.

셋째, 서사에는 서로 연결고리를 가지는 사건들이 등장한다. 서사는 단순한 사실들의 혼합만으로는 성립되지 않는다. 수많은 사실 또는 사건들이 연결고리를 가지고 구성되면서 하나의 서사로 만들어지는 것이다. 이 연결의 과정이 학생들의 지식과 경험을 자기주도의 동력으로 의미화하는 기능을 한다. 바로 이 점이 스토리텔링이 수업활동을 역동적으로 만들고 학습 내용을 자기주도적으로 구성하게 하는 역할을 하는 것임을 보여 준다. 즉, 스토리텔링은 학습자가 학습 내용을 다채로운 맥락에서 소화할 수 있도록 도와준다.

서사의 본질을 이해하기 위해서는 서사의 세 가지 요소를 이해하는 일이 중요하다. 이는 매우 자명하고도 상식적인 것처럼 보이지만, 실제로 수업활동으로서의 스토리텔링을 구안할 때는 매우 중요한 전략적 포인트가 된다.

서사의 첫 번째 요소는 인물이다. 인물은 어떤 행위를 하는 주인공이다. 인물이 없으면 어떤 행위도 일어나지 않는다. 이야기에는 먼저 인물이 있어야 한다. 그 인물을 서사학 용어로는 '에이전트(agent)'라고 한다. 에이전트는 어떤 행위의 주체라는 뜻이다. 그러므로 행위가 없는 인물은 인물이 아니라고 할 수 있다. 또 이야기에서는 인물이 주로 사람이지만, 그렇다고 인물이 반드시 사람이어야만 하는 것은 아니다. 우화, 신화 등에 나오는 에이전트들은 사람 아닌 경우도 많다. 그러나 이들 비인격적인 에이전트들도 궁극적으로는 사람과 연관되는 의미를 지니고 있는 존재로 보아야 한다.

서사의 두 번째 요소는 사건이다. 사건은 인물의 행위로 나타난다. 이야기에는 사건이 있어야 한다. 사건은 그 자체로는 '벌어지고 있는 어떤 일'이지만, 다르게 보면 '인물이 하는 행위'이기도 하다. 아무리 인물이 많아도 아무런 사건이 일어나지 않는 이야기는 이야기가 아니다.

서사의 세 번째 요소는 배경이다. 배경은 시간과 공간으로 나타난다. 어떤 이야기가 막연하지 않고 구체성을 띠자면 인물과 행위가 구체적으로 이루어져야 하는데, 진공 상태에서는 불가능하다. 구체적인 시간과 구체적인 공간, 즉 때와 장소를 필요로 한다. 배경은 이야기의 구체성을 보장해 주는 장치이다.

이렇게만 설명하면 그야말로 이야기의 성립 조건을 논리적으로 접근한, 다소 건조한 지식 사항으로만 보일지 모르겠다. 그러나 스토리텔링의 작용 방식을 수업활동으로 원용할 때는 이들 세 가지 요소를 전략적 포인트로 반드시 고려해야 한다. 이러한 강조 포인트를 유효하게 살리지 못하고 이야기의 흥미 요소에만 매달려 수업을 진행하는 것은 바람직하지 않다. 재미있기 위해서 수업을 하는 것이 아니라, 수업 목표를 성취하기 위해서 재미를 동원하는 것일 뿐이기 때문이다.

서사의 세 요소를 수업 요소로 활용하기 위해서는 구체적으로 다음과 같은 발상 전환이 필요하다.

첫째, 서사의 세 요소는 인간 삶의 조건이라는 점을 인식하는 것이다. 인물은 한 주체의 존재를 보여 준다. 어떤 특정 주체를 상정하지 않는 삶이란 무의미한 것이다. 또 그 주체의 행위는 자신을 둘러싼 시간(구체적인 시대) 및 공간(구체적인 삶의 터, 환경)과 상호작용하는 것이라 할 수 있다. 시간과 공간은 삶의 구체적 환경이고, 서사는 인간 삶의 특정한 장면을 드러낸 것이다. 그것이 판타지 서사라 하더라도 인간이 꿈꾸거나 현실을 초월하고 싶은 의지가 반영되었다는 점에서 인간 삶의 조건과 무관하지 않다.

둘째, 이들 서사의 세 요소는 학생들에게는 학습의 내용과 방법으로 연결될 수 있다. 학생들이 배우는 내용의 상당 부분은 서사의 방식으로 제시되는 경우가 많다. 대표적인 것이 역사와 문학이다. 예술 영역 학습에서도 서사의 방식은 다채롭게 도입될 수 있다. 도덕과 영역의 경우는 상당 부분 서사 자료로 윤리의 문제를 탐구하고 해석하게 한다. 사회과나 과학과의 지식들도 그것이 학습하기에 좋은 내용으로 학생들에게 다가가기 위해서는 지식을 그냥 그대로 설명할 것이 아니라 서사의 방식으로 녹여내는 것이 중요하다.

셋째, 학생들이 탐구하는 과정도 하나의 이야기 과정으로 인식해야 한다. 관찰하고 탐구하는 학습자는 겉으로 보면 지식을 습득하는 것이지만, 그것이 이루어지는 숨은 과정은 하나의 탐험 서사와도 같은 구조를 가지는 것이기 때문이다. 학습 내용을 이해하고 분석하고 적용하는 과정에서 학습자가 마치 주인공과 같은 경험의 과정을 거치게 되는 것이다. 이 경우 어디서(장소) 어떤 절차(시간)로 탐구하느냐 하는 것은 서사의 위상으로 치면 배경 요소에 해당한다고 볼 수 있다. 이런 인식은 스토리텔링과 수업활동을 연결하는 데 유효하다.

넷째, 학생들의 학습 경험은 서사 경험 차원에서 보면 일종의 사건, 즉 인물의 행위가 될 수 있다. 탐구·관찰하는 동안 발견하거나 판단하거나 조치하는 것들은 행위의 요소에 해당할 수 있기 때문이다. 대표적인 것으로는 축구나 야구 등 특정의 경기 활동을 들 수 있다. 일단 경기에 참여한 학생들이 인물 요소에 해당한다면, 경기 전에 연습을 하고 전략을 짜고 전술을 구사하고 이기거나 지는 등의 일련의 과정은 서사의 차원에서 보면 사건과 흡사하다. 이런 유추적 사고는 스토리텔링 수업기술을 구안하는 데 필요하다. 마찬가지 이치로 서사의 배경 요소는 수업활동상의 환경 또는 조건이 될 수 있다.

2. 서사의 교육적 의의

서사란 인간이 어떤 구체적인 상황과 배경 속에서 그것과 대결하고 적응하면서 어떤 사건을 벌여 나가는 과정을 서술한 것이다. 사실이든 허구이든 서사는 사건들의 연속으로 이루어지는 담론의 체계이며, 일련의 상황과 사건을 통해서 어떤 의미를 지향하게 한다.

서사는 우리들 삶이 분절되거나 쪼개지지 않고 다 함께 녹아 있는 상태의 인간 모습, 즉 삶의 전체성을 담아낸다. 따라서 이러한 서사를 경험한다는 것은 삶의 전체성을 향한 사유를 필연적으로 내포하게 됨을 의미한다. 삶의 전체성을 향한 사유는 일련의 사건에 의미를 부여하는 것이다. 서사 가운데서도 특히 소설은 삶과 관련하여 '의미를 부여한 서술'이라 할 수 있다.

의미를 부여하는 일은 일종의 반성적·비판적 사고를 동반함으로써 가능하다. 따라서 '서사'와 '인간의 사고'와 '인간 발달'과 '인간의 언어적 기능' 등은 매우 밀접한 교육적 의미로 묶일 수 있다. 교육하는 사람들은 이 점을 중요하게 인식해야 한다. 요컨대 서사는 인간 삶과 인간의 바람직한 발달에 대단히 의미 있는 작용을 한다.

서사와 삶과 교육이 서로 의미 있게 연결되는 구조를 이해하는 것은 매우 중요하다. 서사가 반영하는 삶 또는 삶에 숨어 있는 서사란 모두 인간에게 의미 있는 경험인 것이다.[1] 그런데 이 경험은 크게 보면 '학습'이라는 기제에 연결되어 있다. 그것이 자

---

1 서사와 발달의 상호성을 기반으로, 일찍이 로버트 화이트헤드는 소년기와 아동기를 중심으로 발달 단계에 따른 적절한 서사 작품의 범주를 규정하였다. 그 내용을 요약하면 다음과 같다(로버트 화이트헤드, 『아동문학교육론』, 1992: 24~27).

○ 제1단계: 6세 이하 발달 단계와 상호성을 가지는 서사

연을 향해 모험하는 삶이면 과학 탐구의 과정을 지닌 학습으로 전이될 수 있다. 또 그것이 사람들 사이의 갈등과 소통을 반영하는 삶이면 사회화 학습의 한 과정으로 유효하고, 그것이 윤리 규범을 깨닫게 하는 경험이라면 도덕성 발달을 꾀할 수 있는 학습의 기제를 가진다. 또, 어떤 삶의 경험이 인간의 감성을 울리고 정서를 고양시키는 것이라면 문학이나 음악, 미술 등 예술교육의 과정으로서 의미를 나타낼 수 있는 것이다. 수나 도형의 세계에도 그것을 이해하고 해석하는 과정에서 이야기 기제를 동원하면 학습의 효과를 얻을 수 있는 경우는 얼마든지 있다.

요컨대 서사와 교육의 상호성을 인식하는 것이 중요하다. 교육은 '인간의 발달'을 다룬다. 인간이 '발달한다는 것'은 그것이 인지적 발달이든, 정의적 발달이든, 도덕성 발달이든, 인간의 경험이 필수적이다. 그런데 이렇게 발달에 필요한 경험은 고

- 서사적 토픽: 동물이나 자연에 관한 이야기, 매우 단순한 동화, 단순한 사건을 담은 리듬 있는 동요, 생활 속에서 친근한 사람·사물·배경 등에 관한 이야기.
- 서사적 요건: 반복적인 내용으로 구성되어 있을 것, 등장인물의 이름 대신 아동의 이름을 넣을 수 있을 것, 내용이 간단할 것, 충분한 그림 자료로써 서사를 도울 것, 서사를 구성하는 자료를 가지고 놀 수 있을 것.

○ 제2단계: 6세~8세 발달 단계와 상호성을 가지는 서사
- 서사적 토픽: 애완용 또는 야생동물 이야기, 단순한 동화, 가족·놀이터·학교 등 익숙한 환경, 공상적인 이야기, 유머나 넌센스, 차·트럭 등 기계적 장치, 실생활 이야기.
- 서사적 요건: 불안이나 걱정 등이 사실적일 것, 행동의 전개가 빠를 것, 간단하여 단순한 어휘와 간단한 문장으로 되어 쉽게 읽힐 것, 등장인물에 대한 동일시가 일어날 수 있는 것.

○ 제3단계: 9세~11세 발달 단계와 상호성을 가지는 서사
- 서사적 토픽: 모험, 모든 종류의 동물(상상적 동물 포함), 전기, 다른 나라, 역사와 역사 이야기, 발명, 과학 또는 과학 실험, 스포츠와 게임, 과장된 이야기.
- 서사적 요건: 생생한 움직임으로 구성되어 있을 것, 분명한 가치와 호소력이 있을 것, 흥미를 끌 만한 소재와 이름을 사용할 것, 과장이나 불합리가 없을 것, 빠르게 전개될 것, 대화에 집중하게 할 것, 사건 전개와 인물 배치가 적절할 것, 행동·분위기·인물의 묘사가 뛰어날 것.

○ 제4단계: 12세~14세 발달 단계와 상호성을 가지는 서사
- 서사적 토픽: 모험과 신비, 전기, 직업에 관한 이야기, 환상, 역사, 유머, 설화(신화, 전설 포함), 다른 민족 이야기, 스포츠(男), 낭만적 이야기(女), 과학 소설, 세계의 시사.
- 서사적 요건: 이야기 전개가 빠를 것, 개인 문제해결에 도움을 줄 것, 개성을 강조할 것, 정확·상세할 것(논픽션), 다양한 구성을 보여 줄 것, 인물의 성격 묘사가 잘되어 있을 것.

화이트헤드의 이러한 제안은 서사 경험이 발달의 구조를 지닌다는 것을 전제로 해서 만들어진 것이다. 그리고 그 발달은 나름대로 일정한 계열적 연속성을 띠고 있음을 보여 준다.

정불변의 경험이 아니라, 경험 자체가 지속과 변화를 겪으면서 스스로 발전·진화하는 것이 되어야 한다. 이렇게 본다면 교육이 인간의 경험을 지속과 변화의 관점에서 '발달'로 이해하고 파악하려는 것은 서사가 인간의 삶과 경험을 다루는 것과 유사하다. 여러 차원에서 서사가 인간 발달에 매우 긴밀하게 관여하고 있다는 것을 확인할 수 있다.

"서사가 끝나는 곳에는 죽음이 있다."고 한 롤랑 바르트의 이야기를 빌리지 않더라도, '서사가 없는 인간 세계'는 상상하기 어렵다. 그는 〈아라비안나이트〉 작품을 예로 들어 서사의 힘을 말한다. 서사가 바로 인간 삶의 세계이며, 삶을 이어가게 하는 힘이며, 생명 있는 세계에 대응되는 것임을 설명한다. 인간 삶의 내용은 경험이다. 경험은 삶의 과정 속에서 의미 있는 학습으로 전이된다. 그런데 인간 삶의 과정은 지속과 변화의 축으로 이루어진다.

제도화된 문학 장르의 울타리를 조금만 더 유연하게 확장하면 서사는 단순히 문학의 한 장르로서만 존재하는 것이 아니라 교육의 중요한 방법적 장르로 작용할 수 있다. 서사가 경직된 문학 장르의 틀에 고착되지 않고, 다양한 인간 삶과 학습 영역에서의 영향을 미치고 어떤 의미 있는 작용을 한다는 점을 새롭게 주목해야 할 것이다. 서사야말로 무한한 작용을 하고 그 힘을 여러 국면으로 확장·생성해 갈 수 있다. 그 중의 하나가 '서사가 교육에 작용하는 힘'인 것이다.

서사 경험이 인간 발달에 관여하는 구조는 인간이 언어를 습득하는 발달 계열과 맥을 같이한다고 볼 수 있다. 서사의 존재 양식이 언어로 이루어져 있고, 언어적 소통의 방식을 취하고 있기 때문이다. 언어 또는 언어교육과 관련해서 '발달'을 바라보는 관점에는 몇 가지가 있다. 이들 발달관을 개관해 보면 표와 같다.[2]

오늘날의 문화적 환경은 서사 경험이 인간 발달에 관여하는 배경으로 중요한 역할을 한다. 한 개체가 자신의 생장에서 최초로 경험하는 서사를 무엇으로 볼 수 있을까. 자신이 개입된 어떤 사건을 언어로 지각하는 것을 원초적 서사 경험으로 본다면, 그것은 아마도 자장가를 듣는 경험일 것이다. 자장가를 노래의 형식으로만 인식하면 그것의 발달적 기능과 교육적 작용을 발견하기가 어렵다. 자장가는 비록 불완전하기

---

2 서울대학교 국어교육연구소, 『국어교육학사전』, 1999.

발달관에 따른 언어교육의 특성

내용	성숙주의적 관점	행동주의적 관점	상호작용주의적 관점	사회적 상호작용주의적 관점
인간관	생리적 존재	생물적 존재	합리적 존재	사회적 존재
언어 발달관	음성언어에서 문자언어로 발달	음성언어에서 문자언어로 발달	무관심	동시에 발달
문자언어 학습관	일정한 정신 연령이 되어야 발달	체계적 조건화로 조기 교육 가능	사고 발달 단계에 따라 언어 습득	성인과의 상호작용으로 습득
교육 방법	준비도 중시	내용과 방법의 체계화 중시	사고력 촉진 환경 중시	아동과 성인의 언어적 상호작용 중시
서사 경험의 관여	생활서사의 중시	서사의 전략적 활용 중시	서사적 상상력의 중시	서사적 소통의 중시
비고				

는 하지만 서사의 속성을 많이 지니고 있다. 그 안에 서사 내용이 있어서 그렇기도 하고, 자장가를 불러 주는 장면 자체가 강한 생활서사의 맥락을 담고 있기 때문이다. 서사가 발달에 개입하는 서사의 교육적 작용을 논하는 자리에서 보면, 자장가 서사는 일정한 의의를 지닌다. 영유아기 인지와 정서 발달에 자장가 서사가 관여하는 의미는 자못 크다. 이처럼 발달은 계열성을 중요 요소로 가지기 때문에 자장가 서사가 아이에게 주는 경험의 발달적 계열성은 매우 중요한 교육학적 개념으로 부각될 수 있는 것이다.

서사 경험은 양가성(兩價性)을 가진다. 생물학적 개념을 차용한다면 서사 장르가 발달하는 것은 일종의 계통적 발달이라 할 수 있고, 서사 경험을 통해서 한 개인이 성장하고 발달하는 것은 개체 발달에 해당한다고 할 수 있다. 서사 자체의 발달성에 관심을 가지는 일과 서사 향유자(수용자 또는 생산자로서의 개인)의 인간 발달에 관심을 가지는 일이 서로 무관한 것은 아니다. 서사 자체의 발달은 오랜 통시적 공간을 가지고 이루어지기 때문에 일종의 계통 발생에 해당하고, 서사 향유자로서의 인간의 발달은 한 개인이 나고 자라고 성숙하는 생애적 배경을 가지기 때문에 일종의 개체 발생에 해당한다는 논리이다. 생물학에서 말하는 개체 발생은 계통 발생을 반복하는 구조를 가지며, 그런 점에서 이 둘은 상동적(相同的) 관계에 있다고 볼 수 있다.

이상의 논의를 바탕으로 이제 서사 경험이 개인의 발달에 어떤 교육적 의의와 가능성을 가지는지 정리해 보기로 하자.

1) 서사에는 알게 모르게 어떤 가치가 숨어 있다. 서사를 만들고 서로 공유하는 데에는 정신 가치의 세계로 나아가고자 하는 욕구가 들어 있다. 실용적 기술이나 기능이 경제적 가치를 담보한다면 서사는 정신 가치를 계발해 준다.
2) 서사에는 삶에서 중요하다고 생각하는 어떤 정신적 지향(이념)을 일깨우는 교훈의 요소가 들어 있다. 심청이야기에서 효가 중요하다는 것을 알고, 춘향이야기에서 사랑의 숭고를 배운다.
3) 서사는 문화를 소통하고 이어내려 가게 하는 가장 강력한 수단이다. 오랜 세월 이어져 오는 서사는 그 자체가 문화이다. 학생들은 그러한 서사 경험에 참여함으로써 자연스럽게 세상을 살아가는 문화를 익힌다.
4) 서사는 그 자체가 인간이 자신의 경험을 느리게 되돌아보게 하는 과정이다. 되돌아보는 과정에서는 자기도 모르게 성찰이 생겨난다.
5) 서사는 인간의 행위 결과보다는 심적 동기를 이해하고 그것을 토대로 인간을 사랑하는 마음을 길러 주는 인문학적 가치의 본원이라 할 수 있다.
6) 대중사회는 이야기 문화를 바탕으로 그 소통을 이어가고 그 범주를 확장해 나갈 것이다. 영화, 뮤지컬, 드라마, 예능 프로그램, 뉴스 등이 모두 서사의 작용 마당이고, 이것이 대중문화를 일구어 낸다. 특히, 여가의 삶이 중요하게 인정되는 시대에 서사는 인간 삶의 매우 중요한 문화적 콘텐츠로 작용한다. 이야기의 빈곤은 문화의 빈곤으로 이어진다.
7) 서사를 구성하고 만들어 내는 것이 창의력의 본질이다. 개인의 꿈과 소망이 그들의 내면에서 수십 번 구체화하는 것도 서사로만 가능하다. 서사가 없는 학생들은 꿈도 성찰도 없는 학생들이다.
8) 서사는 모든 교육 내용에 흥미 있게 개입할 수 있다. 서사를 생산하고 수용하는 메커니즘으로 수업의 프레임을 설계한다는 발상으로 접근하면 수업활동을 훨씬 더 자기주도적이고 창의적으로 변용할 수 있다.
9) 특히 정보화 시대에는 인간이 다양한 서사의 생산 및 수용 주체로서 활동할 수 있을 때 미디어에 종속되지 않고 미디어를 부리는 자리로 나아갈 수 있다. 미래 시대를 살아갈 차세대 학생들에게 서사 주체로서의 능력을 길러 주어야 한다.

이처럼 서사와 발달은 상호성을 가진다. 서사 경험이 인간의 발달에 영향을 주고, 인간은 그 정신적 발달의 결과로서 '의미 있는 서사'를 만들기도 한다. 서사와 발달이 상호작용을 함으로써 발달 단계에 맞는 서사 경험이 따로 있을 수 있다는 원리를 인정하게 되면, 그것에 맞추어 서사를 경험하도록 기획할 수 있다.

서사는 인간의 인지적 발달과 정의적 발달, 그리고 도덕적 발달에 필연적으로 관여한다. 이는 서사가 교육과 학습에서 매우 중요한 자리를 차지할 수 있음을 말하는 것이다. 실제로 피아제의 인지 발달 개념에 따르면, 구체적 조작기에는 서사의 내용을 사실 차원에서 인지하고 사실과 사실의 관계를 사고하는 수준의 정신활동을 부과하는 것이 적절한 학습으로 인정된다. 또 서사 속의 구체적 상황에 자기 자신을 구체적으로 대입하여 상상력을 펼쳐 보이게 하기도 한다. 11세 이후의 형식적 조작기에 이르면, 서사 텍스트의 세계가 궁극적으로 보여 주려는 의미가 무엇인지를 파악하는 방향으로 자신의 서사 경험을 정교화한다. 세계에 대한 총체적 인식을 추구할 수 있는 수준으로 정신이 발달한다는 것이다(박인기, 2003).

3. 스토리텔링과 학습활동과의 연관

스토리텔링은 이야기가 구현되는 역동성, 특히 매체의 다양성과 그것으로부터 파생되는 이야기 효과의 다채로움을 바탕으로 하여 내용이나 구조 중심의 이야기 개념이 확장·생성된 것이라 할 수 있다. 이는 미디어의 기술적 발달과도 관련이 있으며, 후기정보화사회의 패러다임에 호응하는 현상으로 볼 수 있다. 스토리텔링의 활성 현상에 대한 단적인 표현이 '원 소스 멀티 유스(one source multi use: OSMU)'이다. 즉, 한 이야기 콘텐츠가 다양한 방식으로 구현되고 사용되는 것을 말한다. 특히 이 '사용의 측면'이 현대 스토리텔링의 속성을 강하게 나타낸다.

수업 안에서 이루어지는 각종 교수 메시지의 전달은 '원 소스 멀티 유스'의 메커니즘을 여실하게 보여 준다. 같은 내용의 교수 메시지가 각기 다른 교사의 교수 행위로 나타나는 것 자체가 이미 그러하고, 같은 내용의 교육 콘텐츠가 다른 매체에 실려서 변이되는 것도 스토리텔링 현상의 일종이다. 특정의 춘향전 버전을 가지고 실제로 수업활동을 할 수 있는 경우를 생각해 보자. 이는 춘향전의 일반 내용을 학습하는 것이지만, 스토리텔링 관점에서 보면 수많은 춘향전 텍스트 가운데 특정의 텔링(telling) 방식으로 구현된 스토리텔링을 경험하는 것이 된다. 이는 다시 교수 전략 면에서 보면, 수많은 춘향전 텍스트 가운데 왜 그런 방식으로 스토리텔링된 춘향전 텍스트를 배우고 경험하는가 하는 매우 중요한 의미를 내재하는 것이라 할 수 있다.

수업의 물리적 조건, 이를테면 40~50분 동안에 일정한 교실 공간(때로는 특별교실일 수도 있고, 야외일 수도 있고, 특정의 체험학습 공간일 수도 있다)에서 특정의 지식, 기능, 태도 등의 교육 내용을 다양한 교수 방법으로 소통시키는, 이 수업의 과정 자체가 하나의 스토리텔링 과정이라는 점을 받아들이게 되면,[3] 지금까지 공학적 모형 체계로만 수업을 설명하고 설계해 왔던 수업기술에 의미 있는 패러다임 변화를 구축할 수 있다. 물론 이 과정에 개입하는 스토리텔링의 적합성 여부가 중요하다. 단순히 흥미성 제고만으로 스토리텔링 활동의 가치를 물을 수는 없다. 해당 수업의 목표를 가장 의미 있게 소통시키는 데 그러한 스토리텔링 중심의 수업활동이 얼마나 효과적이었는지, 특히 학습자들의 학습활동 수행 과정에 자기주도성을 높이는 데에 스토리텔링의 요소와 방식이 긍정적 기여를 하였는지를 따져봐야 한다. 그만큼 스토리텔링 기반의 수업기술과 학습 전략들은 이미 자기주도성 또는 창의를 자극하는 수업의 내적 발효 효소들을 지니고 있다고 할 수 있다(최인자, 2008: 20~23).

이렇게 본다면 스토리텔링은 국어 교과나 문학 교과에만 적용될 수 있는 경계를 넘어선다. 모든 교과의 수업이 스토리텔링의 소통 기제를 수반하고 있음을 알 수 있다. 특히 수업 제재(내용)로서의 효용 못지않게, '수업의 활동 기제' 내지는 '학습 소통 촉매'로서의 기능과 역할을 모색할 수 있는 것이다. 이는 이야기를 수업의 내용으로만 다루려고 하는 고정된 시각을 넘어서서, 스토리텔링이 수업에서 얼마나 역동적

3 실제로 수업의 전 시간이 하나의 온전한 구조의 스토리텔링으로만 이루어지는 경우가 있다. 수업 공학적 측면에서 문제를 남길 수는 있겠지만, 수용자와의 소통 효과 면에서는 그 나름의 의의를 발견할 수 있다. 이처럼 온전한 구조의 스토리텔링으로 이루어지는 수업은 아니라 하더라도, 대부분의 수업은 ①부분적인, ②불완전한, ③숨어서 보이지 아니하는 스토리텔링의 구조에 의탁해 진행된다. 이는 무의식적·무의도적인 관습에 따른 것이며, 달리 생각하면 스토리텔링 담화의 자연발생적 속성으로 풀이할 수도 있다. 그런데 그 자연발생성이 스토리텔링을 수업에서 운용할 때 여러 가지 이점을 제공한다.

분위기와 효과를 빚어낼 수 있는지를 보여 주는 것이라 할 수 있다.

스토리텔링이 인간의 심리적·사회적·문화적 행위라는 점을 교육에서는 중시해야 한다. 동시에 스토리텔링을 인간의 소통적 활동으로도 주목해야 한다. 이렇게 함으로써 우리는 스토리텔링에 광범위하게 내재된 교육의 가치와 효과를 개발해 낼 수 있다. 학습자의 일상적인 학습 환경과 경험 영역에 스토리텔링이 자연스럽게 삼투될 수 있게 하고 그 상황 맥락에 맞는 자기주도적 학습의 주체를 형성하게 해 주면 이는 결국 학습자의 학습 창의와 연계되는 방향으로 발달을 지속시킬 수 있다. 이 점은 굳이 특정 교과의 수업에만 적용되는 것이 아니라, 모든 교과의 교수 학습에 두루 적용되는 보편의 원리인 것이다.

2장 숨어 있는 스토리텔링

가장 원초적인 스토리텔링의 모습은 이야기를 들려주거나 읽어 주는 모습이라 할 수 있다. 수업에서도 교사가 학생들에게 특정의 이야기를 읽어 주거나 들려주는 경우가 많다. 이는 모두 눈에 보이는 스토리텔링을 그대로 적용한 것이다. 그런데 우리가 수업활동이나 학습활동으로 스토리텔링을 활용하고자 할 때는 눈에 보이지 않는 스토리텔링이 훨씬 더 다양할 뿐만 아니라 수업활동으로서의 실질적 효과도 얻을 수 있다. 유능한 교사는 현상 안에 숨어서 '보이지 않는 스토리텔링'을 구체적으로 발견하고 이해하여 이를 적절한 수업기술로 전이시켜 활용할 수 있어야 한다.

그러기 위해서는 스토리텔링이 어디에 숨어 있어도 그것을 찾아낼 수 있는 안목을 갖추어야 한다. 겉으로는 지식이나 기능, 감정이나 정서, 가치나 태도 등으로 나타나더라도 잠재적으로는 스토리텔링의 구조로 바뀔 수 있는 것이다. 따라서 지식, 기능, 정서, 가치, 태도 등을 학습하는 과정에서는 스토리텔링의 구조 또는 스토리텔링의 작용으로 구성해 낼 수 있어야 한다. 즉, 어떤 교육 내용도 그것을 형성하는 바탕과 구조에 스토리텔링의 요소가 개입할 수 있다. 또, 어떤 교육 내용도 그것을 학습으로 옮겨올 때는 스토리텔링의 방식을 유용하게 동원할 수 있다. 이 점을 이해하고 인식하는 일이야말로 매우 중요하다. 현상 안에 있는 '숨어 있는 스토리텔링'을 발견하기 위해서는 스토리텔링에서 '텔링'의 개념을 확장해서 새롭게 인식해야 한다.

1. 스토리텔링에서 '텔링'의 개념 새롭게 인식하기

'스토리텔링'을 수업에 활용하기 위해서는 특히 '텔링(telling)'에 대한 고정된 인식을 바꾸어야 한다. '텔링'은 그냥 이야기를 말하는 차원을 넘어서야 한다. 어찌 보면 '스토리'보다 '텔링'이 더 중요할 수도 있다. 그런 인식을 바탕으로 해야 '스토리텔링'과 '수업기술 개발'이 비로소 생산적으로 만날 수 있다.

스토리텔링은 이야기가 구현되는 역동성, 특히 매체의 다양성과 그것으로부터 파생되는 이야기 효과의 다양성에 근거를 두고서 생겨난 개념이다. 따라서 스토리텔링에서는 '텔링'의 개념이 상대적으로 더 중요하게 인식되어야 한다. 이는 지금까지 내용이나 구조 중심으로 이야기를 이해하던 것에서 이야기의 전달 작용 모습을 강조하는 쪽으로 이야기하기의 개념이 확장된 것이다.

〈춘향전〉을 가지고 실제로 수업활동을 할 수 있는 여러 가지 방식을 모두 떠올려 보자. 이는 전통적인 교육에서 보면 춘향전을 학습하는 것이지만, 스토리텔링 관점에서 보면 춘향전을 다양하게 텔링하는 것이고, 이는 다시 춘향전이라는 텍스트를 여러 소통 상황에서 매우 다양하게 활용하는 것과 같은 차원이라 할 수 있다. 춘향전 텔링을 어떻게, 어떤 매체로, 얼마만큼 하느냐에 따라서 춘향전과 딱히 관련이 없는 과목과 단원에서도 얼마든지 춘향전 스토리텔링을 할 수 있다. 물론 춘향전 관련 수업일 때는 춘향전 스토리텔링의 다양한 동원은 더할 수 없이 유용하다.

이처럼 텔링을 융통성 있게 받아들이면 스토리텔링을 수업에 다채롭게 쓸 수 있다. 그렇게 함으로써 학교 교육과정 제도가 운영하고 있는 전체 교과의 공간으로 자유자재로 끌어들여 사용한다는 발상을 가져야 한다. 모든 수업의 시간과 공간은 스토리텔링 활동을 잘 담아낼 수 있도록 구안되어야 한다. 그래야 생동감 있는 학습활동의 변혁을 도모할 수 있다. 만약 그렇지 못하다면, 우리는 스토리텔링이라는 매우 유용한 교육적 활동을 지나치게 편협하게 사용하여 교육 내용으로나 교육 방법적으로 스토리텔링의 효능을 방치했다는 비판을 받게 될 것이다.

요컨대 스토리텔링은 모든 교과의 수업활동 및 수업기술을 혁신시킨다. 학교라는 교육제도는 교과들로 그 교육활동을 영위한다. 앞으로 실제 교과교육들에 스토리텔링이 어떤 생동적 코드를 가질 수 있는지를 설명함으로써 스토리텔링의 범교과적 관련성을 밝힐 수 있을 것이다.

2. '텔링'의 다양성과 스토리텔링의 개념 확장

가장 원초적인 스토리텔링의 양태는 '이야기를 말하는 것'이다. 이는 물론 가장 일차적이고 명시적인 스토리텔링의 모습이다. 그러나 이제 우리는 '텔링'의 개념을 다양하게 확장하여 스토리텔링의 개념을 확장해 보려 한다. 스토리텔링의 개념을 조금만 확장해도 눈에 보이지 않는 양태의 스토리텔링들을 찾아낼 수 있다. 겉으로는 스토리텔링이 아닌 다른 그 무엇 같지만, 그 속에 스토리텔링의 구조나 작용이 들어 있으면 모두 스토리텔링의 확장된 개념으로 포섭하려 한다. 이렇게 하는 이유는 스토리텔링이 교육활동에 유익하게 활용될 수 있게 하기 위해서다. 그렇게 함으로써 교사가 가르쳐야 할 교육 내용들이 스토리텔링의 구조로 바뀔 수 있는 가능성을 더 많이 개발할 수 있다.

1) 이야기를 쓰는 행위

'확장된 스토리텔링의 개념'을 새롭게 만들어 나가려 한다면, '말하기'라는 텔링(telling)의 글자 뜻 그대로의 의미에 고착되어서는 안 된다. 이야기를 쓰는 행위도 작가가 독자에게 텔링하는 행위로 볼 수 있다. 이로부터 유추한다면 영화감독이 영화를 만들어 관객에게 보이는 행위도 당연히 스토리텔링에 들어간다.

그러므로 우리의 고정관념을 바꿀 필요가 있다. 모든 수업활동[4]에서 학생들이 특

---

4 여기에서의 수업활동(instruction activity)은 수업전략(instruction strategy)이면서 동시에 수업기술(instruction skill)의 의미를 함께 지닌다. 또 수업활동은 교수자 입장에서는 교수활동(teaching activity), 교수전략(teaching strategy), 교수기술(teaching skill) 등의 의미를 지니며, 학습자 입장에서는 학습활동(learning activity), 학습기술(study/learning skill), 학습전략(learning strategy) 등의 의미를 포괄한다.

정의 수신자에게 이야기 형태의 글을 쓰고 있다면, 그것은 스토리텔링에 바탕을 둔 수업활동을 적용하고 있는 것이라 할 수 있다. 이때의 이야기 형태는 전형적인 허구 이야기가 아니어도 좋다. 자신의 경험이나 견문도 이야기 형태에 들어갈 수 있다. 이렇게 보면 학생들은 일상의 교과 수업에서 상당히 많은 스토리텔링 활동을 하고 있는 셈이다.

2) 이야기를 특정의 방식으로 읽는 행위

텔링이 구어 텍스트로 이루어지면 그냥 '전형적인 이야기하기'이지만, 텔링이 문어 텍스트로 이루어지는 경우도 많다. 이 경우도 당연히 스토리텔링이다. 왜 그런가. 청자가 있는 경우는 읽어 주는 사람이 청자에게 텔링하는 것으로 볼 수도 있지만, 청자 없이 스스로 묵독을 하는 경우도 텔링이다. 텍스트 자체가 청자에게 텔링하는 것으로 볼 수 있기 때문이다. (읽는 자아와 들으려는 자아로 분리된 자아가 텔링하는 것으로 볼 수도 있다.) 이처럼 텍스트를 대상으로만 다루지 말고, 사람과 대등하게 상호작용하는 주체로 설정하는 것이 스토리텔링의 개념을 확장하는 데에 도움이 된다.

이야기를 특정의 방식으로 읽는다고 했을 때 읽기의 특정 방식은 무수히 많다. 아주 엄밀하게 보면 같은 이야기라도 그것을 읽는 사람마다 읽는 방식이 다 다르다. 이때 그 방식들이 각자의 고유한 스토리텔링이 된다. 예를 들면, 〈춘향전〉이라는 물리적 텍스트는 같아도 이를 스토리텔링하는 방식은 무궁무진하다. 읽어 주는 방식으로 스토리텔링을 한다고 제한을 두어도 그 방식은 여전히 많다. 어떤 읽기(즉 어떤 스토리텔링)가 좋고 나쁜지는 목적, 상황, 시간, 공간, 대상 등에 의해서 결정된다. 따라서 수업활동에서 학생들이 특정의 수신자에게 또는 스스로에게 이야기 형태의 글을 읽어 주는 것은 '스토리텔링에 바탕을 둔 활동'을 적용하고 있는 것이라 할 수 있다.

3) 이야기의 특정 요소를 살짝 바꾸는 행위

자신이 주체가 되어 어떤 이야기를 전달할 때 이야기의 내용 요소를 바꾸거나 변화시킬 수 있다. 이야기하기의 목적과 상황과 대상에 따라서 그럴 필요가 발생하기도 한다. 원래의 이야기를 의도와 전략을 가지고 바꾼 것을 새로운 독자(청자)에게 텔링하는 것이 되므로 이야기의 디테일을 바꾸는 행위 자체를 텔링 개념에 넣을 수 있다.

이렇게 되면 스토리텔링의 '텔링'은, 이야기하는 행위 자체를 의미하던 것에서부터 이야기 내용의 일부를 바꾸어서 말하는 것까지를 포괄하는 개념으로 확장된다. 즉, 이야기 행위와 이야기 내용이 서로 상호성을 가지고 '텔링의 질'을 결정하게 되는 것임을 알 수 있다. 수업에서 학생들이 필요에 따라 어떤 이야기의 특정 요소를 살짝 바꾸어 말하는 것은 스토리텔링에 바탕을 둔 수업활동을 적용한 것이라 할 수 있다.

마찬가지로, 들은 이야기를 필요에 따라 합치고 줄이거나 늘리는 행위도 텔링의 일종이 된다. 누군가에게 전하기 위해 이야기를 조정하는 과정을 포함하여 텔링이 이루어지기 때문이다. 따라서 학생들이 수업 중 읽거나 들은 이야기를 필요에 따라 합치고 줄이거나 늘리는 활동을 했다면, 이 또한 스토리텔링에 바탕을 둔 수업활동을 적용한 것이라 할 수 있다.

4) 어떤 이야기 내용(서사 콘텐츠)을 특정의 매체로 구체화하는 행위

이야기를 전달하는 매체에 따른 개별 텔링들도 모두 다른 텔링이 된다. 즉, 같은 이야기(겪은 이야기 / 만든 이야기) 내용이라도 이를 각기 다른 매체(그림, 사진, 만화, 동영상 등)로 텔링하면 다른 스토리텔링을 한 셈이 된다. 원래 이야기를 알고 있지만 그것을 다른 매체로 바꾼 것을 보거나 듣고 싶어 하는 수용자가 있다면, 바로 그에게 텔링하는 것이기 때문이다. 다시 말하면 원래의 이야기를 다른 매체로 바꾸는 것 자체가 텔링의 의도와 전략을 나타낸 것이므로, 이렇게 새로운 의도와 전략이 매체로 반영되는 것을 텔링의 개념으로 볼 수 있다는 것이다.

춘향전 소설이 스토리텔링의 한 양태(텔링 1)라면 춘향전 이야기가 영화로 만들어진 것은 또 다른 스토리텔링의 한 양태(텔링 2)이고, 춘향전 이야기가 영화가 아닌 애니메이션으로 만들어진 것 또한 다른 스토리텔링의 한 양태(텔링 3)가 된다. 춘향전 이야기를 영화로 만든 것 중에도 각기 다른 감독과 출연진에 의해 만들어진 것들이 여러 편 있는데, 이들 각 편의 영화들은 모두 각기 다른 스토리텔링으로 인식되어야 한다.

5) 이야기를 변용하여 놀이 구조로 바꾸는 행위

이야기를 놀이 구조로 바꾼 것을 원하는 수용자가 있다면 그를 대상으로 텔링하는 것이 된다. 특정의 이야기를 놀이 구조로 바꾸는 것 자체가 그 이야기를 놀이 차원에서 전하고 공유하려는 텔링의 의도와 전략을 이미 드러낸 것이기 때문에 텔링의 한 양태가 되는 것이다.

중요한 것은 이야기를 놀이 구조로 바꾸어서, 그 놀이 구조로 바꾸어 놓은 이야기에 참여하여 놀이를 하는 행위도 텔링이다. 이야기가 놀이 형태로 실현되는 것이 되고, 이야기를 구체적인 놀이 양태로 텔링하는 것이 되기 때문이다. 그렇다면 이렇게 놀이 양태로 바뀐 이야기의 수신자(청자)는 누구인가?

첫째는 놀이 자체에 참여하여 놀이를 즐기고 있는 사람들이 텔링의 수신자이다. 놀이를 제공하고 있다는 점에서는 발신자의 자리에 있기도 하지만, 놀이로 된 이야기에 참여하여 즐긴다는 점에서는 수신자의 자리를 동시에 지니는 것으로 볼 수 있다. 놀이에서 자기 행위를 자기가 받아들여 즐기는 측면이 분명히 있기 때문이다. 예컨대 심청전을 이미 책으로 읽었던 사람이 심청전 놀이에 참여한다면, 그가 놀이에 참여하는 방식으로 심청전 이야기를 스스로에게 텔링하고 있는 구조로 보아야 한다. 서사에 나오는 인물, 즉 행위 주체를 놀이나 연극 상황에서 '내'가 실현하고 있다는 것은 무엇을 말하는가. 내가 '스토리텔링(예컨대 심청전 이야기를 이미 수용하고 있는 상황)' 안에서 '또 다른 층위의 스토리텔링을 실현하고 있는 것(예컨대 심청전을 놀이로 변용한 것에 작중 인물로서 참여하는 것)'으로 보아야 한다. 텔링의 개념을 이렇게 확장시킴으로써 다양한 교과의 수많은 교육 내용들을 단순히 지식으로 설명하여 전달하지 않고 스토리텔링으로 풀어내는 다양한 전략이 가능해진다. 또, 학습의 프로세스를 유효한 놀이 활동으로 치환할 수 있다는 점을 주목해야 할 것이다. 이는 모두 학생들로 하여금 강한 자기주도의 학습 기제에 들게 하는 효과가 있다.

둘째는 이 놀이를 구경하는 사람들이 텔링의 수신자가 된다는 점이다. 놀이를 구경하면서 심청전이라는 텍스트를 읽는 것과 같은 결과를 얻기 때문이다.

스토리텔링에서 '텔링'의 개념을 이렇게 확장하면, 수업활동을 구안할 때 도움을 받을 수 있다. 수업 목표를 효과적으로 달성하기 위해 수업의 내용을 놀이 구조로 변용하고 학생들로 하여금 그 놀이에 참여하는 활동을 하도록 했다면, 이는 스토리텔링에 바탕을 둔 것이라 할 수 있다. 수업활동의 진화를 위해서는 이와 같은 발상이 필요하다.

6) 이야기를 연극으로 바꾸어 배우로 참여하는 행위

앞에서의 주장과 논리를 적용하면 극중 인물로 참여하는 것 자체가 일반 읽기와는 다른 방식의 전달, 즉 텔링이 된다. 원래 이야기를 자신의 몸으로 해석하고 연출하여 관객에게 텔링하고 있는 것으로 볼 수 있기 때문이다. 요컨대 학생들이 수업 중 필요(상황)에 따라 어떤 이야기(겪은 이야기 / 만든 이야기)를 연극으로 바꾸어 본다든지 또 연극에 배우로 참여하는 활동을 했다면, 이는 스토리텔링에 바탕을 둔 수업활동을 적용한 것이다.

이와 유사한 것으로서, 이야기 속 인물을 현실의 특정 상황에 불러내어 현동화(現動化, actualization)하는 행위도 텔링의 일종이다. 원래 이야기를 새롭게 해석하고 적용하려는 전략과 의도가 이미 텔링의 자질로 녹아 있기 때문이다. 이때 텔링의 주체와 대상은 바로 그 전략과 의도에 의해서 특정된 사람들이다. 작품 속 인물을 학생들의 현실 상황 속이나 문제 상황으로 불러와서 어떤 사고와 행위를 계속해 나가는 스토리텔링을 수업에서 요구하는 경우가 여기에 해당한다.

7) 명화를 보고 그 속에 내포된 어떤 이야기를 떠올려 보는 행위

그림은 내러티브 텍스트로서의 의미와 기능을 원래부터 가지고 있다. 그림 자체를 서사라고 할 수는 없겠지만, 수용자가 그림의 의미를 찾으려 하는 순간 그 어떤 이야기가 생성된다. 많은 그림이 특정의 내러티브를 소재나 주제로 해서 그려진다. 구상 그림은 말할 것도 없고, 비구상의 그림도 그것을 감상할 때는 이야기적 해석을 내적으로 수반하는 경우가 많다.

그림과 내러티브의 연관이 직접적으로 드러나는 것으로는 그리스 로마 신화를 주제로 한 명화들, 성서 속 이야기들을 표현한 그림들, 그 밖의 역사적 사실 등을 소재로 한 그림들이다. 이들은 그림 안에 매우 풍부한 내러티브를 내장하고 있고, 관람자들은 그런 그림을 감상하면서 그림 안에 내포되어 있는 이야기들을 상상하고 구체화하고 의미화한다. 이 과정이 스토리텔링의 구조를 그대로 실현한다. 명화가 말하고자 하는 것을 미리 적극적으로 읽는 것이다.

여기에는 두 층위의 스토리텔링이 눈에 안 보이게 일어난다. 첫째는 명화가 자신에게 텔링하고 있는 층위, 둘째는 명화를 해석한 자신의 스토리텔링이 이루어지는 층위이다. 이 경우 스토리텔링의 대상은 자신일 수 있다. 내가 나에게 하는 텔링으로 볼 수도 있기 때문이다. 물론 내가 나에게 하는 텔링으로 보지 않을 수도 있다. 이 경우에는 텔링 대상을 잠재적으로 전제하고 있다고 보아야 한다. 명화를 감상한 뒤에 내가 해석한 내용을 누군가에게 말하거나 글로 쓰는 일을 하는 것이 바로 텔링에 해당하기 때문이다. 따라서 학생들이 수업 과정에서 그림이나 사진 등을 보고 그 속에 내포된 어떤 이야기를 떠올려 보는 활동을 했다면, 이는 스토리텔링에 바탕을 둔 수업 활동을 적용한 것이라 할 수 있다.

3. 스토리텔링 경험의 발달과 진화

스토리텔링 경험은 진화한다. 스토리텔링 자체가 발전적으로 변이하는 것이라 볼 수도 있다. 단순하던 이야기가 그 디테일이 정교해지는 식의 변이, 또는 같은 콘텐츠가 다른 장르로 변이·분화하는 것들이 그 예이다. 또, 경우에 따라서는 어떤 이야기가 풍속이나 축제 차원으로 문화적 변이를 하는 경우도 있다. 일종의 진화라고 볼 수도 있겠다.

하지만 교육적 관점에서 보면, 스토리텔링의 발달과 진화는 학습자 주체에게 나타난 발달 현상으로 읽을 수 있다. 스토리텔링을 경험하는 주체인 사람, 즉 스토리텔링을 수행하는 학습자의 발달로 파악하는 것이 중요하다는 것이다. 인간의 인지적 발달과 정의적 발달은 삶 속에서 이루어지는데, 여기서 삶은 '학습의 시공'으로서 의미를 가진다. 동시에 그 삶의 내용은 스토리텔링이라 할 수 있다. 따라서 인간의 인지적 발달과 정의적 발달은 스토리텔링 경험의 발달과 밀접한 연관을 맺는다. 이는 물론 학습의 거시적 구조로 설명될 수 있다. 학습 기제 안에는 인지적·정의적·사회적·도덕적 발달 등이 함께 들어 있다. 그렇기 때문에 스토리텔링의 구조나 작용은 학습활동 설계에 많은 시사를 준다.

일차적 스토리텔링 경험으로 엄마가 아이에게 옛날이야기를 직접 들려주는 것을 떠올려 보자. 그러면 아이는 그 스토리텔링 경험(이야기를 듣는 것도 스토리텔링의 개념 범주에 드는 것임은 앞에서 설명한 바가 있다)을 발전적으로 변용한다. 엄마가 들려준 이야기를 아이가 그림책으로 소리 내어 읽는다. 이른바 스토리텔링 경험을 진화시키는 것이다. 그런데 이렇게 스토리텔링 경험을 변용·발달시키는 과정은 지식을 단순히 설명적 언어로 습득하는 학습에 비하여 학습의 동기와 자기주도성이 상대적으로 강하게 작동한다.

그런 사례는 얼마든지 있다. 선생님이 학생들에게 명작동화를 읽어 주는 모습이 학생들에게는 일차적 스토리텔링 경험이 된다고 한다면, 학생들이 명작동화에서 자신이 좋아하는 캐릭터를 선정하여 대화를 나누는 경험은 발달·진화된 스토리텔링 경험이라 할 수 있다.

교실 상황에서 스토리텔링 경험을 발달시키도록 하는 아이디어는 곧 수업활동 아이디어로 활용될 수 있다. 가령 선생님이 어제 본 영화 이야기를 학생들에게 들려주었다고 하자. 이것은 학생들에게 일차적 스토리텔링 경험이 된다. 이 경험을 기반으로 해서 선생님이 들려준 영화 이야기를 자신만의 특기(그림, 만화, 노래, 글쓰기 등)로 간략하게 압축하여 표현하는 활동을 하였다면 그것은 보다 진화된 스토리텔링 경험으로 나아간 것이다.

몇 가지 예를 더 들어 보자. 철수가 어제 보았던 축구경기 내용을 친구들에게 이야기하는 것은 일차적 스토리텔링 활동이다. 그런데 그 이야기를 듣고 있는 친구들이 각자 그동안 자신들이 보았거나 들었던 다른 축구경기를 철수의 이야기에 관련지어 말하게 된다면, 그것은 발전적으로 전개된 스토리텔링 활동이라 할 수 있다.

또, 영희가 자신이 장차 해 보고 싶은 일을 다소 산만하게 친구들에게 이야기하는 것은 일차적 스토리텔링 활동이다. 그런데 자신의 이야기에 별 관심을 보이지 않는 친구들에게 자신의 꿈을 적은 미래의 일기를 보여 준다면, 이는 이차적 스토리텔링 경험으로 발전해 간 것으로 볼 수 있다. 이런 발전·변이의 과정은 학습의 위계, 발달의 위계에 잘 호응한다. 그래서 스토리텔링은 수업기술의 정교화에 기여할 수 있는 많은 가능성을 내포하고 있는 것이다.

스토리텔링 경험의 발달은 일상의 발달 현상에서 쉽사리 발견할 수 있다. 이것을 교육적으로 주목하는 것이 중요한데, 스토리텔링이라는 내용 요소와 구조를 정밀하게 착안하면 얼마든지 교수·학습 기술로 변용할 수 있다.

4. 숨어 있는 스토리텔링 발견하기

스토리텔링은 도처에 숨어 있다. 세상에는 드러난 스토리텔링보다 숨어 있는 스토리텔링이 훨씬 많다. 숨어 있는 스토리텔링을 포착할 수 있는 교사는 잘 가르칠 수 있다. 스토리텔링의 광맥을 수업활동에 잘 끌어들일 수 있으면 그것이 수업기술로 발전한다.

스토리텔링이 가장 많이 숨어 있는 곳은 어디일까? 박물관에는 여러 유물이 전시되어 있는데, 그 유물 하나하나마다 엄청난 스토리텔링이 숨어 있다. 세계지도책을 펼치면 겉으로는 그저 평면의 지도 그림이 있지만, 그 지도 안에는 이루 말할 수 없는 스토리텔링이 숨어 있다. 사진 한 장에도 이런저런 스토리텔링이 숨어 있다. 사람들의 표정에도 숨어 있는 스토리텔링이 있다.

자연의 세계, 즉 산과 강과 빛과 대지에도, 온갖 동물과 식물에도 수많은 스토리텔링이 숨어 있다. 그것에 초월적 상상력으로 다가가면 문학의 스토리텔링을 이끌어 낼 수 있고, 그것의 실체를 탐구하면 과학의 스토리텔링이 살아난다. 우리가 표출하는 희(喜)·노(怒)·애(哀)·락(樂)·애(愛)·오(惡)·욕(慾) 등의 표정은 스토리텔링에 의해서 그것의 실체가 무엇인지 확인된다. 학교 운동장에 있는 건물이나 교실에 있는 도구들에도 아이들마다 자신의 학교생활과 관련한 숱한 사연들이 스토리텔링으로 숨어 있다. 한때 〈학교괴담〉 이야기가 영화로 성공하여 널리 소통되었던 것도 학교 공간에 대한 스토리텔링이 얼마나 큰 문화적 힘으로 나타날 수 있는지를 보여 주는 예이다. 스토리텔링이 숨어 있지 아니한 것은 없다. 교사가 가르치고 학생들이 배워야 할 모든 지식(기능·태도)들에도 스토리텔링은 숨어 있다.

1) 겉으로 드러난 현상 또는 지식 뒤에는 스토리텔링이 있다

(1) 스토리텔링의 과정을 통해서 현상이나 지식을 이해한다

어떤 현상이나 지식이 가치 있는 것이라면, 교육은 그것을 가르쳐야 할 내용으로 선정한다. 그런데 겉으로 드러난 현상 또는 겉으로 나타나 있는 지식, 이들 뒤에는 이런 저런 스토리텔링이 숨어 있다. 이 숨어 있는 스토리텔링을 잘 포착하여 그것을 현상이나 지식을 배우는 수업의 흐름과 맥락에 맞게 변용하여 동원하면 매우 유용한 교수·학습활동이 된다.

예컨대 희·노·애·락·애·오·욕 등 구체적 감정 현상의 뒤에는 스토리텔링이 여러 층위로 숨어 있다. '기쁨 또는 슬픔'은 특정한 감정을 일컫는 것이지만, 이것을 구체적으로 이해하려면 구체적으로 설명하는 스토리텔링이 반드시 함께 등장해야 한다.

따라서 정서교육이나 감정교육의 현장에는 스토리텔링으로 번역된 정서(감정)들이 교육의 내용과 방법으로 상호변환하며 수업에 개입한다.

(2) 가르치고 배우기 쉽도록 지식을 교수학적으로 변용한다

지식을 가르치고 배우기 쉽도록 교수학적으로 변용하는 방법에는 여러 가지가 있겠지만, 그중의 하나로 지식을 스토리텔링의 구조에 의존하여 학생들이 습득하기 쉬운 상태로 만들 수 있다. 해당 지식과 스토리텔링의 상관성을 살려 냄으로써 지식 습득이 흥미롭게 이루어지도록 한다. 지식을 스토리텔링 구조로 변용함으로써 기대할 수 있는 교수학적 효과는 스토리텔링이 지식의 총체적 면모를 일깨워 줄 수 있다는 점이다. 여기서 지식의 총체성을 일깨워 알게 한다는 것은 파편화된 지식을 무작정 기계적으로 외우는 것을 방지함을 뜻한다.

예를 들어 보자. 삼권분립이라는 개념, 즉 민주주의 체제의 권력 구조를 가르치는 수업을 어떻게 할 것인가? 삼권분립이라는 개념 안에는 '하나가 권력을 다 차지하고 있으면 망하고, 셋이 균등하게 견제하면서 나누어 가지고 있으면 안정된다.'는 스토리텔링 요소가 들어 있다. 이를 구체화하면 보다 의미 있는 수업활동이 될 수 있다.

(3) 모든 탐구에는 스토리텔링의 과정이 필요하다

지식을 찾아가는 과정을 교수학에서는 '탐구'라고 하는데, 여기에 스토리텔링을 원용함으로써 탐구의 전체 과정을 일종의 '여로(旅路) 경험'으로 제공할 수 있다. 이 스토리텔링의 여로에서 학습자들은 경험을 정리된 지식으로 구성하기도 하고, 책에서 읽은 개념이나 지식을 구체적 경험으로 풀이해 내기도 한다. 이때 구체적 경험은 '경험한 나'가 주인공이 되는 스토리이므로 일종의 스토리 형태로 존재한다고 볼 수 있다.

한편, 사회과나 과학과 학습에서 다루게 되는 탐구는 관찰의 과정을 필요로 한다. 관찰은 구체적 경험을 요구한다. 그렇기 때문에 관찰은 스토리텔링의 기제를 강하게 내포한다. 관찰의 경험을 부여할 때 그것과 잘 호응되는 효과적인 스토리텔링 기제를 강화해 주도록 할 필요가 있다. 예컨대 시장놀이를 할 때 돈을 더 잘 벌 수 있는 방책을 관찰의 중요 포인트로 삼게 하거나, 인체의 생리를 탐구할 때 환자나 의사의 역할을 구체적으로 부여하는 것이 모두 스토리텔링의 요소를 잘 활용한 수업기술에 해당한다.

2) 숨어 있는 스토리텔링을 수업활동으로 끌어내기

(1) 특정의 스토리텔링은 특정의 교육 내용으로 연계될 수 있다

스토리텔링에 관한 본질적인 명제 하나, 즉 "스토리텔링은 이야기가 구현되는 방식이다."를 주목해 보기로 하자. 이때 이야기란 삶이 될 수도 있고, 꿈이 될 수도 있고, 반대로 현실 자체가 될 수도 있다. 사람과 사람이 모여 사는 공동체의 현실과 그것을 이루는 법칙 등도 모두 이야기로 나타낼 수 있는 것이다. 이는 사람 사회가 아닌 자연의 세계와 법칙에서도 마찬가지이다. 자연의 현상도 이야기 구조로 바꾸어 설명될 수 있는 무궁한 교수 가능성을 지니고 있는 것이다.

어떤 현상과 지식에는 그것과 관련된 이야기가 반드시 있기 마련이다. 관련의 양상은 다르지만, 이야기가 따라붙게 된다. 인간은 지식과 현상을 개념과 추상으로도 정리하지만 그 이전에 그것을 이야기 구조로 이해하고 전달한다. 따라서 그런 이야기에 다소의 교육적 가공이 가해지면 보다 유효하게 가르칠 수 있는 교육 내용으로 재구성될 수 있다. 아무리 설명적 지식이나 추상적 개념으로 되어 있어도 스토리텔링의 작용으로 그것을 보다 쉽게 이해할 수 있는 양태로 바꿀 수 있는 여지를 조금씩은 지니고 있는 것이다.

특히 디지털 기술 혁명으로 미디어가 급속히 발전함에 따라 지식을 스토리텔링의 방식으로 조작할 수 있는 가능성이 훨씬 더 다양하고 많아졌다. 지식을 담아내는 스토리텔링은 미디어에 의해서 계속 다양한 양태로 변화·전이되어 다양한 교수·학습 상황에 매개된다. 미디어에 의해 매개된 스토리텔링은 어떤 특정의 상황에 맞는 교육 내용이나 교육활동으로 변용되어 수업의 시공을 자유자재로 파고든다.

(2) 스토리텔링은 학생들의 경험을 의미 있는 학습으로 연결한다

스토리텔링은 경험을 변형하는 마법의 상자라고 말할 수 있다. 경험을 다른 양태로 바꾸어 보게 하는 것은 학습 주체가 자기주도성을 강화하는 방책이 된다. 이는 물론 학습자가 발현하는 적극적이고 창의적인 구성의 과정이고 결과이다.

대부분의 학생들은 스토리텔링을 통해서 자기가 지금 읽은 어떤 지식이 어떤 특정의 작용력을 가지도록 이해의 폭을 넓힌다. 그래서 마침내 그 지식을 처음 접했던 상태에서 한 걸음 더 나아가게 된다. 즉, 그 지식과 연계되는 스토리텔링 경험에 의해서 자신의 지식이 확장되는 것을 경험한다. 교과 학습활동에서 대부분의 확산적 사고는 스토리텔링을 통해 학습자가 가졌던 지식에 날개를 달아 주는 양태로 이루어진다.

스토리텔링 활동이 의미 있는 학습활동으로 연결될 수 있는 이유를 더 생각해 보자.

첫째, 스토리텔링은 불투명하고 흐릿한 경험을 명료하게 한다. 경험을 언어적으로 풀어내되, 개념이나 원리의 언어가 아닌 이야기의 언어 또는 이야기 구조로 구체화할 수 있기 때문이다.

둘째, 스토리텔링은 '문제' 상태의 경험을 '문제 해결'의 상태로 변화시켜 나가도록 돕는다. 이야기가 인과의 논리를 내포하기 때문이다. 즉, 어떤 문제 상태를 인과적인 구조의 이야기로 풀어내어 정리하면서 문제의 원인을 구체적이고도 종합적으로 들여다보게 하는 이해의 마당을 제공한다.

셋째, 스토리텔링은 사실 차원의 경험을 가치 발견의 경험으로 심화시킨다. 왜냐하면 이야기로 구성하거나 이야기로 재현하는 과정에는 필연적으로 반성의 정신이 작용하게 되어 있다. 이는 내러티브를 수행할 때 누구나 경험할 수 있는 것이다. 이때의 반성이란 인식론적 성찰에 해당한다. 이 반성을 미학적으로 보면 일종의 아름다움이고, 이를 문학적 용어로 말하면 감동이라고 할 수 있다.

(3) 스토리텔링 활동은 범교과적으로 유용하다

스토리텔링의 교육적 적용 가치는 무한하고 다양하다. 그간 학교 교육과정 제도 속에서 이야기를 지나치게 국어과에 속한 것으로만, 그중에서도 문학교육의 영역으로 제한해 다뤄 왔던 관습은 반성되어야 한다. 교과의 경계를 경직되게 보는 데서 벗어나 스토리텔링을 모든 교과의 내용과 수업활동으로 확장해 나가야 한다.

스토리텔링을 국어 교과의 교수·학습 토양 위에서만 가르쳐 왔던 편협한 교수 관습에서 벗어나야 한다. 스토리텔링을 음악 교과나 미술 교과나 역사 교과에서 다루는 것은 교수 기술의 유연성과 융통성을 생각하면 너무도 당연한 것이다. 이야기 내지는 스토리텔링을 문학의 관습 또는 문학의 형식으로만 파악하려는 것은 일종의 학문 중심 교육과정 패러다임 속에서 굳어진 편견이라 할 수 있다. 실제로 스토리텔링에 기반을 두는 교수·학습활동은 음악 교과나 미술 교과나 역사 교과에서 이미 실현되고 있으며(그것이 스토리텔링 기반의 수업기술이라는 것을 인지하지 못할 뿐이다.), 훨씬 더 역동적인 효과를 얻고 있다.

스토리텔링은 범교과적 연관을 강하게 가지고 있다. 교과의 지식 경계를 엄격히 따지고 교과의 학문적 독자성만을 극단적으로 밀고 나가다 보면 학생들을 앎과 삶이 분리되는 데까지 이끌고 갈 수 있다. 이러한 교육적 폐단은 극복되어야 한다. 스토리텔링과 교육의 다원적인 만남을 더욱 활성화함으로써 이런 폐단을 개선할 수 있다.

3) 교과별 활용 사례들

(1) 지식 속에 숨어 있는 스토리텔링 요소를 수업기술로 활용하기

[예시 1] 국어과 – 유의어 익히기를 학습하는 경우

다음의 세 가지 학습활동 차원을 비교해 보도록 하자.

첫째는 유의어를 개념 지식 차원으로만 학습하게 하는 경우이다. '유의어'란 말의 사전적인 뜻, 즉 '서로 뜻이 같거나 비슷한 말'이라는 것을 가르침으로써 유의어를 개념적 지식으로 알게 하는 차원이다. 형식적 조작이 미숙한 학생들은 이런 개념 학습을 어려워하고, 개념 조작에 능한 학생들도 학습에 흥미를 느끼지 못한다.

둘째는 유의어를 용례 차원으로 학습하는 경우이다. 특정한 낱말의 유의어를 구체적으로 적시하여 외우거나 그것을 연습하는 활동으로 일관하는 수업이다. 개념 상태로 유의어가 무엇인지를 알게 하는 경우보다는, 구체적인 학습의 내용을 가지고는 있으나 기계적인 반복 연습으로 익히고 용례 자체도 암기해야 할 지식으로 배우게 된다.

셋째는 유의어를 스토리텔링 차원에서 학습하는 경우이다. 예컨대 어떤 이야기를 발표하게 하면서 몇 개의 단어에 대해서는 같은 말을 반복하면 나쁜 마법에 걸린다는 스토리텔링 상황을 부여한다. 이런 스토리텔링 조건과 구조 속에서 특정한 말의 특정한 유의어를 학생들 자신이 능동적으로 찾게 하도록 이끌어 나갈 수 있다.

[예시 2] 과학과 – 광합성 작용을 학습하는 경우

다음의 세 가지 활동 차원을 비교해 보도록 하자.

첫째, 광합성 작용을 개념 지식 차원으로만 학습하는 경우이다. 광합성이란 식물이 공기 중의 이산화탄소와 뿌리에서 흡수한 물로 잎의 엽록체 안에서 빛 에너지를 이용하여 탄수화물을 만드는 작용임을 언어적으로 알게 하는 차원이다.

둘째, 광합성 작용을 실제 현상의 관찰 차원으로 학습하는 경우이다. 광합성이 일어나는 실제의 식물 생태를 직접 또는 간접적으로 관찰하는 활동으로 익히게 하는 것이다. 그러나 광합성 작용은 관찰활동만으로는 작용의 총체를 학습하기가 어렵다. 눈에 보이지 아니하는 작용도 있고, 오랜 시간에 걸쳐서 유기적으로 일어나는 특성도 있기 때문이다, 그러나 관찰 학습은 부분적인 유효함을 지닌다.

셋째, 광합성 작용을 스토리텔링 차원에서 학습하는 경우이다. 광합성에 관여하는 여러 요소들과 그들이 상호작용하는 과정을 하나의 이야기 구조를 통해 이해함으로써 광합성이라는 지식 개념을 자기주도적으로 구성한다. 즉 햇볕, 물, 이산화탄소 등을 원료 개념으로 보고, 엽록체를 공장의 기제로 설정하고, 만든 탄수화물을 생산품으로 가정하여 이야기를 만들고, 이것을 다양한 조건으로 스토리텔링하게 함으로써 광합성 작용을 체득하도록 한다. 이 경우 앞에서 언급한 광합성 작용을 실제 현상의 관찰활동과 병행하면 더욱 효과적이다. 스토리텔링 과정에서 생길 수 있는 오개념(誤概念) 형성에 유의하도록 한다.

〔예시 3〕 사회과 – 시장의 기능을 학습하는 경우

다음의 세 가지 학습활동 차원을 비교해 보도록 하자.

첫째, 시장의 기능에 대해서 개념 지식 차원으로만 학습하는 경우이다. 즉 시장이 여러 가지 상품을 팔고 사는 곳이며, 물건을 만드는 사람과 물건을 사는 사람을 서로 연결해 주고, 우리가 필요한 물건을 쉽게 구해 쓸 수 있도록 해 주고, 고장과 고장 간에 서로 필요한 물건을 구할 수 있도록 도와주는 곳임을 가르친다. 물론 이때 사용하는 교수 언어는 철저히 설명적 언어이다.

둘째, 시장의 기능을 관찰 차원으로 학습하는 경우이다. 다양한 종류의 시장을 다양한 장면에서 직접 또는 간접적으로 관찰하는 활동을 하게 한다. 설명적 언어가 줄어드는 대신 학생들의 현장 경험이 중요하게 수용된다. 그러나 이 현장 경험을 학습자가 자신의 인지 과정 속에서 어떤 의미로 구성하는지가 학습의 성패를 결정하는데, 관찰이 성공을 그대로 담보하지 못할 수도 있다.

셋째는 시장의 기능을 스토리텔링 차원에서 학습하는 경우이다. 즉 학습자가 시장의 상인이나 소비자 또는 시장에 물품을 공급하는 생산자가 되어 시장에서 직접 일어나는 일을 스토리텔링으로 엮어 보게 하거나, 잘 만들어진 시장놀이를 하면서 시장의 기능을 체득하도록 한다. 이때의 시장놀이는 그 자체가 스토리텔링 활동이다. 이 경우 앞에서 언급한 시장의 기능을 관찰하는 활동과 병행하면 더욱 효과적이다.

(2) 체험 속에 숨어 있는 스토리텔링 요소를 수업기술로 활용하기

〔예시 1〕 미술과 – 그림 감상하기에서 스토리텔링 활용하기

다음의 세 가지 학습활동 차원을 비교해 보도록 하자.

첫째, '사실로서의 그림 알기' 차원이 있다. 미술관이나 전시장에 가서 본 그림의 사실 요소를 인지하고 그것을 다시 정리·기술하는 차원의 활동을 한다. 예컨대 그림의 소재, 크기, 색상, 재료, 기법 등을 학습한다.

둘째, '배경지식으로서의 그림 이해하기' 차원이 있다. 그림에는 안 나타나 있지만 그림을 그린 화가에 대한 정보, 그림에 나타난 시대적 배경에 대한 정보, 미술사상의 유파와 관련한 정보 등을 알아보는 활동을 한다. 이 과정에서 이 그림에 대한 스토리텔링 활동이 이루어질 수 있다. 예컨대 화가의 전기라든지 화가가 이 그림을 그리게 된 동기라든지 하는 것들을 가르칠 때는 당연히 구체적인 이야기가 등장하지 않을 수 없다. 이는 물론 회화 감상의 한 부분을 감당한다.

셋째, '그림 속에 숨은 내용을 스토리텔링으로 상상하여 감상하기'의 차원이 있다. 학생들은 그림을 보면서 그림 속에 내포된 사건이나 일들은 다양하게 연장되거나 거슬러 올라갈 수도 있다. 이는 물론 감상하는 학생의 주관적 상상이어도 무방하다. 고대 신화를 소재로 그린 그림이나 대부분의 종교화들은 이런 스토리텔링 요소를 풍부하게 지니고 있다. 미술 감상 학습의 유연함과 자유로운 감수성 계발을 위해 유용한 수업활동이 될 수 있다.

〔예시 2〕 도덕과 – 태몽 속의 이야기로 자아감 높이기

태몽이라는 경험 내러티브를 도덕과에 적합한 스토리텔링 활동으로 변전하여 활용하는 모습을 세 단계로 구분하여 살펴보자.

첫째, 태몽 자체를 스토리텔링으로 확인하는 단계이다. 어머니가 자신을 태중에 가졌을 때 꾸었던 꿈의 내용을 전해 듣고 그 꿈을 사실로서 인지하는 차원의 학습활동을 할 수 있다.

둘째, 태몽의 상황 맥락(context)을 이해하게 하는 학습 단계이다. 태몽을 꾸게 된 상황 배경을 부모님에게 듣고서 정리한다. 태몽 내용에 대한 부모님의 해석(해몽)을 듣고 자신의 생각을 덧붙여 본다. 또한 태몽 해석을 통해서 자신에 대한 부모님의 기대와 소망을 생각한다. 태몽에 대한 문화적 의의를 학습할 수 있다.

셋째, 태몽 해석에 참여하여 '바람직한 자아'를 고양하는 학습 단계로 나아간다. 부모님의 태몽 해석을 바탕으로 자신의 해석을 보충하여 다른 삼자에게 스토리텔링을 한다. 이 과정을 통해 자신은 어떤 기대를 받는 사람이고 또 어떤 사람이 되어야 할 것인지를 생각해 본다. 부모에 대한 가족애를 느끼고 자아에 대한 인정과 가치화가 일어날 수 있는 단계이다. 즉, 태몽의 가치를 스토리텔링하는 단계이다. 동시에 자신의 정체성에 대한 것을 스토리텔링하는 것으로 볼 수도 있다.

〔예시 3〕 체육과 – 스토리텔링으로 신체 동작에 의미 부여하기

신체 움직임 활동에 대해 스토리텔링이 효과적으로 관여할 수 있는 양태를 세 가지로 상정할 수 있다. 신체활동을 단순히 반복 숙달할 것이 아니라, 신체활동과 이야기 관련성을 조화시켜 교수 효과를 높이고 학습자의 자기주도성을 높여 보도록 하자.

첫째, 체조, 무용, 태권도 등 신체 동작을 시범으로 익히는 차원이 있다. 주로 영상자료 등을 통해 익히며, 특별한 스토리텔링이 개입할 여지가 없다.

둘째, 각자가 익히고자 하는 신체 동작을 어떤 특정한 상황에서 요구되는 동작으로 설명해 보게 하는 차원이 있다. 기계적인 반복에 따라 동작을 습득하는 것을 지양하고, 이 동작이 어떤 상황적 의미를 나타내는 것인지를 설명하게 한다. 예컨대 호랑이가 혼신의 힘으로 먹이를 향해 덤벼드는 자세라든지, 신나게 하늘을 날아 올라가는 천사의 날갯짓이라든지 하는 식으로 동작의 형용을 이야기로 나타내게 한다.

셋째, 일련의 신체 움직임을 스토리텔링으로 계획하고 연출해 보이는 차원이 있다. 개인 또는 집단별로 일정 시간 자신들이 연출해 보일 신체 동작(체조, 무용, 운동 동작 등)을 설계하게 한다. 이때 자신들이 보여 줄 신체 동작이 어떤 의미를 내포하는 것인지를 스토리텔링으로 설명하고, 그 스토리텔링의 구도에 따라 계획된 신체 동작을 연습하고 실행해 보인다. 신체활동에 대한 자기주도성이 신장되고, 신체활동에 대한 창의적 경험과 더불어 심미적 감수성을 기르게 된다.

3장 수업 설계에서의 스토리텔링 활용 전략

스토리텔링을 수업기술로 활용하기 위해서는 교재와 수업 양측에서 여러 가지 전략적 기획이 있어야 하고, 수업의 전체적인 구도에 스토리텔링적인 요소를 어떻게 반영할지에 대한 고려를 해야 한다. 무엇보다도 수업 효과를 높일 수 있도록 다양한 캐릭터를 운용할 수 있게 하고, 캐릭터와 학습자 사이의 인지적·정서적 상호작용이 잘 일어날 수 있도록 수업활동 전략을 세운다. 이는 다른 어떤 활동방식보다도 스토리텔링 활동의 효과가 더 낫다는 검증을 바탕으로 이루어져야 한다. 또한 수업에 스토리텔링을 활용한 활동을 개발·적용함으로써 설명 언어 위주로만 해 오던 수업을 넘어서서 수업의 새로운 가능 양태를 다채롭게 모색할 수 있다는 점을 경험하는 데로 나아가야 한다.

유능한 교사의 수업 전문성은 수업 설계 과정에 스토리텔링을 활용함으로써 비롯된다. 특히 두 가지 차원에서 고려가 되어야 하는데, 하나는 학습목표의 타당성을 높이는 차원에서의 스토리텔링 활동 적용이 고려되어야 하고, 다른 하나는 학습 과정에 참여하는 학습자의 역동성을 살리는 데에 스토리텔링 활동을 적용하는 것이 고려되어야 한다. 이 두 가지는 실제 수업활동이 진행되는 과정에서는 별개의 것이 아니라 서로 강한 상호성을 드러낸다. 특히 수업 효과를 높이기 위해 어떤 스토리텔링 활동의 구조와 작용 안에서 어떤 캐릭터를 만들어서 운용하는 것이 좋을지 다각도로 구상해 보아야 할 것이다. 이런 경험을 지속적으로 쌓다 보면 그것만으로도 수업 내용과 수업 방법의 바람직한 호응을 기대할 수 있다. 즉, 스토리텔링 활동으로 효과를 높일 수 있는 다양한 수업의 양태를 교사 스스로 발견하고 조정할 수 있는 수준으로 나아가게 된다.

1. 스토리텔링을 활용한 성공적인 수업 설계하기 전략

1) 수업 내에서의 스토리텔링 배치 위상에 따른 전략

(1) 수업의 출발 단계에서 스토리텔링 활동하기

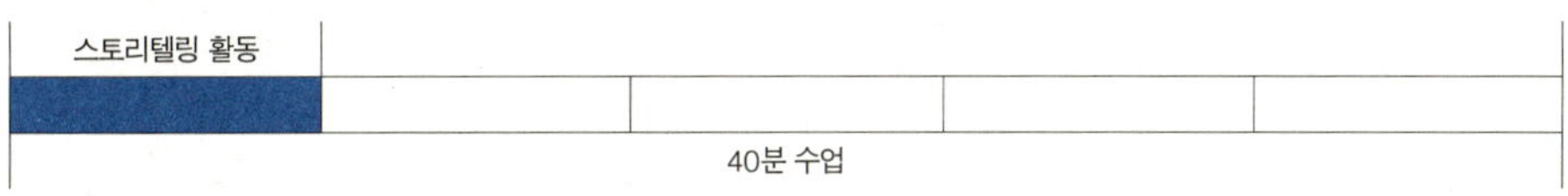

예를 들어 보자. 국어 수업에서 '정보나 사건을 찾아 뉴스를 만들 수 있다.'는 목표로 수업을 할 때, 수업 서두에 8~10분 정도로 '기자의 이야기'를 스토리텔링으로 제공한다. 실제 언론사에 근무하는 기자가 뉴스를 만드는 과정을 리얼한 체험담 형식으로 스토리텔링하는 영상을 보여 준다. 물론 그 스토리텔링의 형식은 자유롭다. 인터뷰가 되어도 좋고, 고백담이 되어도 좋다. 이런 종류의 스토리텔링을 서두 도입 활동으로 제공하면, 이후 전개 단계에서 학생들이 직접 뉴스를 만들 때 일정한 도움과 시사를 받을 수 있다.

이런 설계를 통하여 얻을 수 있는 효과는 무엇보다도 수업 시작 단계에 스토리텔링 중심의 활동을 배치함으로써 학생들은 해당 차시 수업에 대한 흥미를 가지고 주의를 집중할 수 있다. 또 출발 단계의 스토리텔링 내용이 수업 목표와 유기적 연관을 가지도록 하면 수업 목표에 대한 효과적인 환기를 꾀할 수 있다. 이런 효과는 본 수업에서 전개될 이후 과업들에 적극적 참여를 암시하는 효과로 이어진다.

(2) 수업의 중간 단계에서 스토리텔링 활동하기

글을 읽고 등장인물의 성격을 구체화하는 수업을 하려 할 때 수업의 중간 부분에 해당 차시의 목표와 강한 상관성을 가지는 스토리텔링 활동을 배치한다. '생각 모음판'이라는 모둠별 게시판에 무엇인가를 붙이도록 하는데, 등장인물의 성격을 포스트잇에 적어 붙이도록 한다. 이때 등장인물의 성격뿐만 아니라 책을 읽는 동안 자신의 머릿속에 상상한 인물의 외형, 체력, 지능, 장점, 단점 등 인물에 관련한 내용이라면 어떤 내용이라도 게시판에 붙일 수 있다.

그 다음에는 '생각 모음판'에 붙은 내용을 자료로 삼아서 캐릭터 카드 만들기를 한다. 시중에 판매되고 있는 캐릭터 카드의 형식을 이용하면 된다. 특정 캐릭터가 어떤 성격과 자질을 지니는지 정하는 활동을 중심으로 하면서 지능, 체력, 호감도 등은 수치로 표현하도록 한다. 다양한 관점과 방법으로 인물을 관찰할 수 있도록 이끈다.

이렇게 함으로써 수업의 앞 단계 과업인 '텍스트 읽기'와 유기적 연관을 가질 수 있다. 또 스토리텔링의 변형을 다양하게 구사하여 수업 중간에 적절하게 삽입함으로써 그것을 효과적인 학습방법으로 활용할 수 있다.

(3) 수업의 정리 단계에서 스토리텔링 활동하기

예를 들어 보자. 도덕과 수업에서 '배려와 감사'라는 주제로 덕성 배양 수업활동을 하고 난 뒤에 차시 수업 정리 단계에서 해당 주제를 감명 깊게 반영하면서 임팩트가 있는 생활 속의 스토리텔링을 제공한다. 학생들이 학습한 도덕적 주제를 도식적 암기가 아닌, 울림 있는 내용으로 내면화할 수 있는 기회를 제공할 수 있다. 잘 만들어진 애니메이션 스토리텔링도 좋고, TV 동화 형식의 스토리텔링이 되어도 좋다.

이럴 경우 어떤 효과를 얻을 수 있을까? 학생들이 수업 내용을 울림과 감화의 차원에서 소화할 수 있다면 그것은 최상의 스토리텔링 활동 효과라 할 수 있을 것이다. 또, 이 경우 스토리텔링에 몰입할수록 도덕성을 내면화하는 과정에 학습자의 자기주도성이 더 강하게 작용한다.

(4) 해당 차시 수업의 전체 시간을 스토리텔링 활동으로 사용하기

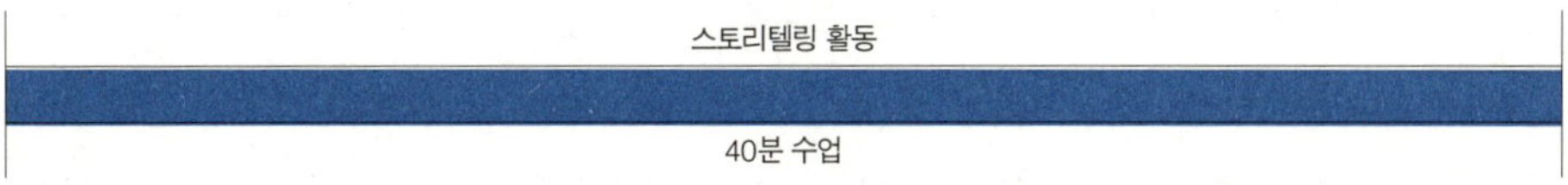

경제 현상을 이해시키는 사회과 수업에서 시장 기능을 체험적으로 이해하기 위해 해당 차시 전체를 시장놀이 또는 무역놀이 활동으로 구성한다. 이때의 시장놀이나 무역놀이는 그 자체가 하나의 스토리 구조를 이루는 것이고, 학생들이 이 놀이에 참여하는 것이 곧 스토리텔링의 내용 주체로서, 즉 이야기 자체에 학습자 자신이 하나의 내용 요소로서 참가하는 모습이 된다. 다만, 시간 사용의 효율을 위해서 수업 운영에 필요한 최소한의 도입 시간과 정리 시간의 배치가 필요하다.

이렇게 한 차시 수업 전체를 역할놀이 형태의 스토리텔링 수업활동으로 진행한다면 학생들의 참여적 태도는 더 강해지고, 그 태도 때문에 학습에 일관성 있게 몰입할 수 있다. 그리고 스토리텔링의 내용이 곧 학습 내용이 되므로 이해의 효율이 높아진다.

(5) 수업 흐름을 두 개의 초점으로 나누어 스토리텔링 활동에 적용하기

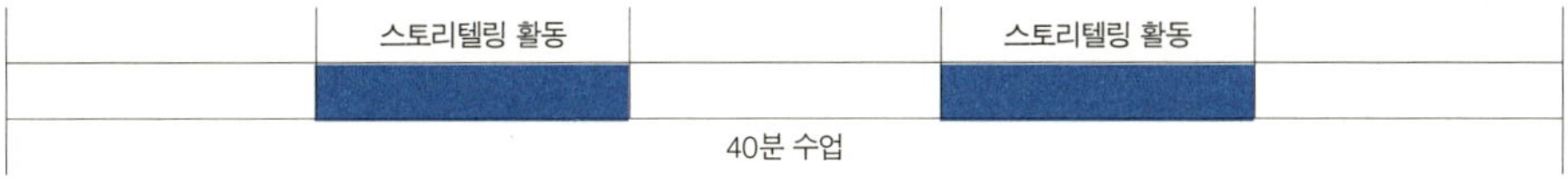

다음과 같은 경우에는 한 수업 안에 두 개 이상의 초점을 반영하는, 각각 대별되는 스토리텔링 활동을 설계할 수 있다.

국어과 저학년 수업에서 흉내내는 말(의성어, 의태어) 익히기 수업을 할 때, 동화 A에 나오는 온갖 동물들이나 자연물의 소리를 원래 동화의 의성어와는 다르게(원래 동화의 의성어는 참조만 하게) 나만의 소리로 흉내내는 활동을 수업 전반부에 한다.

수업 후반부에는 사물의 모양이나 움직임이 잘 드러난 동화 B를 읽게 하고, 동화 B에 나오는 의태어들을 나만의 의태어로 만들어 보게 한다. 의성어와 의태어는 대상을 모방한다는 점에서는 같지만, 대상이 소리와 모양으로 구분된다는 점에서 다르다. 이 두 활동은 일종의 쌍둥이 활동으로 운영되는 것이 바람직하다.

수업 흐름을 두 개의 초점으로 나누어 각각 스토리텔링 활동을 적용하면, 두 활동의 공통 자질과 차이 자질을 동시에 효과적으로 익힐 수 있다. 수업에서 얻고자 하는 지식이나 기능이 이원적이면서도 상호 연관성이 높은 것일 때는 이와 같은 배치를 할 수 있다. 물론 두 스토리텔링 활동 사이의 상호성을 살려, 이 둘을 한 차시 내에 함께 병치시킴으로써 분석하는 경험과 종합하는 경험을 함께 함으로써 경험의 총체성을 추구할 수 있다.

(6) 본 차시와 다음 차시가 연결되는 스토리텔링 활동하기

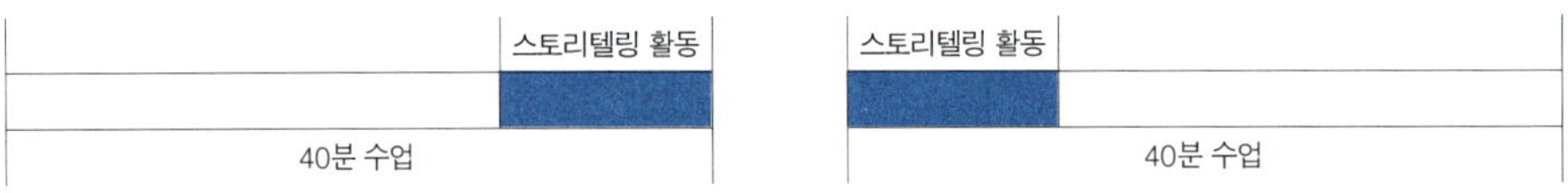

어떤 수업에서는 활동이 지속되어야만 효과를 볼 수 있는 경우가 있는데, 이때 스토리텔링에 바탕을 둔 활동이 효과적일 수 있다. 어떤 특정의 체험이나 소재를 학생들이 동영상 등의 디지털 스토리로 만들고 그것을 상호 소통하며 평가하는 활동을 할 때는 두 차시에 걸친 활동 구안이 필요하며, 대부분 협동학습의 방식으로 이루어진다. 통합교과적인 수업을 할 때도 스토리텔링 활동으로 그 효과를 극대화하는 경우가 많다.

지속적인 포트폴리오 수행을 요구하는 수업에서는 여러 차시를 관통하는 스토리텔링 활동이 적절하다. 이와 같은 수업 설계는 교과와 교과를 통합하는 수업이나 주제 통합적 수업에 효과적이다.

2) 스토리텔링에 담을 교육 내용(목표)에 따른 전략

(1) 스토리텔링으로 가치를 배우는 수업

① 도덕적 가치를 담은 스토리텔링을 접해 보고, 그것과 대비하여 스스로의 경험 스토리텔링을 실현해 보도록 한다.

〔예시활동〕 효행 스토리 읽기, 효행(또는 불효)에 관한 경험 스토리텔링 활동

② 지식의 가치 등에 눈뜨는 예화를 스토리텔링으로 전달 받고, 이와 유사한 경험 내러티브를 실현해 보도록 한다.

〔예시활동〕 학자, 사상가, 과학자 등의 전기 스토리텔링하기 또는 자신의 지식 발견 과정에 대한 체험 스토리텔링 활동

③ 시장 가치, 소통 가치, 문화재 가치 등 사회적·문화적 가치를 발견하고 실천한 경험 등을 스토리텔링으로 전이하는 활동을 한다.

〔예시활동〕 사회 현상에서 사회에 유익한 것들을 스토리텔링하기, 문화 현상에 들어 있는 가치 또는 문화재 가치를 제고하는 직간접의 경험 스토리텔링 활동

(2) 스토리텔링으로 개념을 배우는 수업

추상적 개념을 구체적 이야기 사례로 정당화하는 활동을 한다. 구체적 사건을 가능한 한 풍부하게 스토리텔링할 수 있도록 한다. 그리고 그 스토리텔링들을 종합할 수 있는 활동을 한다. 역사적·사회적 개념이든 과학적 개념이든 모두 가능하다.

〔예시활동 1〕 산업혁명이란 역사적 개념을 증명할 수 있는 구체적 사건들, 이를테면 증기기관 발명 등 과학기술의 발전, 공장 공업에 의한 대량생산의 현상 등을 구체적 스토리텔링으로 조사하고 실현하여 산업혁명이라는 개념 지식을 습득하게 한다. 이런 현상을 잘 재현하고 있는 전기 텍스트나 SF소설 텍스트를 활용할 수 있다.

〔예시활동 2〕 '전자'라는 과학적 개념을 배우는 경우, 전자와 연관을 가지고 있는 다른 물질계의 요소들에게 일정한 캐릭터를 부여하여 미시적 물질세계를 설명한다. 또는 전자가 작동함으로써 생기는 물리적·화학적 현상을 구체적 스토리텔링으로 설명해준다.

(3) 스토리텔링으로 법칙을 배우는 수업

법칙은 수많은 귀납 사례들 가운데 일정하고 일관되게 나타나는 어떤 규칙적 현상이다. 법칙을 배울 때는 법칙의 내용을 아는 것도 중요하지만, 그것이 왜 법칙인지를 이해하는 것이 중요하다. 따라서 법칙이 성립되는 조건들을 이해하도록 한다. 그 법칙에 지배를 받는 수많은 현상들을 스토리텔링으로 이해하면서 현상 속에 있는 일정한 규칙(법칙)을 발견하도록 한다.

〔예시활동 1〕 과학적 법칙을 배울 때는 과학 현상 안에서 수많은 사례들을 구체적으로 통찰하게 한다. 이 과정에서 모든 사례는 스토리텔링으로 전이되어 나타날 수 있다.

〔예시활동 2〕 사회적 법칙은 사회 현상을 이야기 양태로 관찰하고 표현하는 가운데 익히고 이해할 수 있다. 뉴스나 소설 등을 스토리텔링하는 방식으로 접근할 수 있다.

(4) 스토리텔링으로 형식을 배우는 수업

사물의 형식을 배운다는 것은 어떤 표준 유형을 배우는 것과 같은 구조를 가진다.

'집'의 형식은 집의 집다움을 뜻한다. 학교의 형식은 결국 학교가 되자면 갖추어야 할 기본 조건들을 아는 것이라 할 수 있다. 사회적·문화적 형식이란 그 사회나 문화의 법과 규범, 그리고 관습이나 관례를 말한다. 따라서 이런 것을 학습할 때는 구체적 스토리텔링이 반드시 필요하다.

[예시활동 1] 집에 관한 적절한 스토리텔링을 경험하고 실현할 수 있는 활동을 배치해 주는 것이 바람직하다. 학교에 대한 스토리텔링이 활발하면 그 과정에서 학교의 내적·외적 형식을 익히고 내면화할 수 있다.

[예시활동 2] 범법 행위와 처벌 과정이 이야기 구조로 나타난 것을 통해 자연스럽게 그 사회가 중시하는 삶의 형식을 배울 수 있다. 축제나 의식 등의 이야기/스토리텔링을 통해서 문화의 양식/형식을 효과적으로 이해할 수 있다.

(5) 스토리텔링으로 생태를 배우는 수업

자연 생태는 자연에서 살아가는 생물들의 환경의 총체적 모양새라 할 수 있다. 생태를 학습한다는 것은 그 환경들이 어떻게 상호작용하면서 자연의 질서를 이루는 것인지를 이해하는 것이다. 인간의 사회적 생태는 사람이 무리를 이루어 살아가는 사회적 환경의 총체적 모양새라 할 수 있다. 자연 생태이든 사회적 생태이든 생태의 파괴와 재편성이 나타난다.

[예시활동] 자연 생태를 잘 담아낸 자연 다큐멘터리 자료는 그 자체로 완결성이 높은 스토리텔링이고, 사회 생태를 고발한 기사나 뉴스도 생태를 배우는 데 유용한 스토리텔링이다. 경우에 따라서는 학생들에게 이런 다큐멘터리를 직접 UCC 등으로 제작하게 하는 활동을 부과해 본다.

이 밖에도 전략적으로 스토리텔링 활동을 접목할 수 있는 수업 양태에는 다음과 같은 것들을 생각해 볼 수 있다. 정답이 딱히 없으므로 스토리텔링 발상법을 동원하여 이들 수업의 구체적 내용과 방법을 의미 있게 모색해 보도록 하자.

※ 스토리텔링으로 사고의 형식을 배우는 수업
- 스토리텔링으로 상상력을 배우는 수업
- 스토리텔링으로 분석을 배우는 수업
- 스토리텔링으로 분류를 배우는 수업
- 스토리텔링으로 유추를 배우는 수업
- 스토리텔링으로 비교를 배우는 수업
- 스토리텔링으로 요약을 배우는 수업
- 스토리텔링으로 비판을 배우는 수업
- 스토리텔링으로 논리를 배우는 수업
- 스토리텔링으로 종합을 배우는 수업

※ 스토리텔링으로 학습의 전략을 배우게 하는 수업
- 스토리텔링으로 방법을 배우는 수업
- 스토리텔링으로 적용을 배우는 수업
- 스토리텔링으로 지식 결합을 배우는 수업
- 스토리텔링으로 메타인지를 강화하는 수업
- 스토리텔링으로 탐구를 배우는 수업
- 스토리텔링으로 문제 발견을 익히는 수업
- 스토리텔링으로 체험을 해석(의미화)하는 수업

※ 스토리텔링으로 정의적 영역을 개발하는 수업
- 스토리텔링으로 공감을 배우는 수업
- 스토리텔링으로 동기를 배우는 수업
- 스토리텔링으로 표현 감성을 기르는 수업
- 스토리텔링으로 배려를 배우는 수업
- 스토리텔링으로 자아를 발견하는 수업

- 스토리텔링으로 공동체를 배우는 수업
- 스토리텔링으로 리더십을 배우는 수업

※ 스토리텔링으로 특정의 내용을 배우는 수업
- 스토리텔링으로 미술 감상을 배우는 수업
- 스토리텔링으로 음악 감상을 배우는 수업
- 스토리텔링으로 역사를 배우는 수업
- 스토리텔링으로 지리를 배우는 수업
- 스토리텔링으로 경제를 배우는 수업
- 스토리텔링으로 과학을 배우는 수업
- 스토리텔링으로 기술을 배우는 수업
- 스토리텔링으로 스포츠 활동을 배우는 수업
- 스토리텔링으로 미적 감동을 배우는 수업
- 스토리텔링으로 문화를 배우는 수업
- 스토리텔링으로 어휘를 배우는 수업
- 스토리텔링으로 미디어를 배우는 수업
- 스토리텔링으로 수학을 배우는 수업
- 스토리텔링으로 규범을 익히는 수업
- 스토리텔링으로 외국어를 배우는 수업

2. 스토리텔링 활동에 유용한 캐릭터 운용 기술

1) 학습활동용 캐릭터 만들어 쓰기 유형

[유형 1] 기존 스토리텔링에서 그대로 가져오기

기존 스토리텔링에 등장하는 인물을 그대로 가져와서 학습활동 상황에 사용하게 하

는 방식으로 캐릭터를 운용한다. 예컨대 심청전 스토리텔링(심청전 소설/어린이용 소설/판소리 수궁가/만화 심청전/영화/애니메이션 등)에 등장하는 '심청'이라는 캐릭터를 그대로 가져와서 쓸 수 있다.

즉, 이 캐릭터를 ⅰ)자신의 심경을 말하는 활동, ⅱ)요즘의 효도에 대해서 생각을 쓰게 하는 활동, ⅲ)가상 인터뷰를 하는 활동 등을 각기 수업의 목표와 상황에 따라 적절히 쓸 수 있다.

[유형 2] 기존 스토리텔링에서 변형하여 가져오기

기존 스토리텔링에 등장하는 인물을 학습 상황에 맞게 변형하여 학습활동에 사용하는 방식으로 캐릭터를 운용한다. 예컨대 심청전 스토리텔링에 등장하는 '심봉사'라는 캐릭터를 부자 캐릭터로 변형한다든지, 또는 시각장애가 아닌 청각장애나 지체장애를 가진 사람으로 변형하여 쓸 수 있다.

즉, ⅰ)부자 심봉사를 설정하여 원래 이야기의 흐름을 바꾸어 보는 활동, ⅱ)장애의 구체적 어려움을 말하는 활동, ⅲ)장애자를 위한 봉사 프로그램을 설계하는 활동, ⅳ)가상 인터뷰를 하는 활동 등을 각기 수업의 목표와 상황에 따라 적절히 쓸 수 있다.

[유형 3] 새로운 캐릭터를 기존 스토리텔링에 투입하기

기존 스토리텔링에 새로운 캐릭터를 투입시켜 기존 스토리텔링을 학습 상황에 맞게 변용한다. 이런 캐릭터는 활용 폭이 넓어서 범교과적인 활용을 할 수 있다. 예컨대 춘향전 스토리텔링에 암행어사 박문수라는 새로운 캐릭터를 투입시키는 활동을 할 수 있다.

즉, 이 캐릭터를 투입함으로써 ⅰ)변학도를 박문수 방식으로 징계하는 상황을 만드는 활동, ⅱ)박문수가 춘향의 원한을 처리하는 장면을 상상하는 활동, ⅲ)임금께 올리는 암행어사 보고서를 작성하는 활동 등을 각기 수업의 목표와 상황에 따라 적절히 쓸 수 있다.

[유형 4] 새로운 캐릭터를 새로운 학습 스토리텔링에 투입하기

이 경우는 학습활동을 기존의 스토리텔링에 의존하지 않는다. 교사가 새로운 스토리

텔링을 기획하면서 캐릭터까지도 새롭게 만들어 투입하는 학습활동이다. 학습용 이야기를 새로 창작하는 차원이라 할 수 있다. 작가 소양이 뛰어난 교사들은 이런 방식의 활동 개발을 꾸준히 하다 보면 '스토리텔링 학습활동 사례집'을 만들 수 있다.

그러나 이야기를 창작한다는 것은 상당한 부담과 능력을 요한다. 따라서 순전히 학습용 스토리텔링으로만 준비한다면 이야기의 내용, 구조, 표현 등에서 정교한 완결성을 갖추지 않아도 무방하다. 학습활동용 스토리텔링으로 활용하는 데에 부족함이 없으면 된다.

2) 학습용 스토리텔링 활동에서의 캐릭터 유형

〔유형 1〕 문제 유발형 캐릭터

학생들은 학습활동을 통해서 어떤 문제를 발견하고 해결하는 일련의 탐구과정을 경험한다. 자기주도적 학습자는 문제를 발견하는 데 성공하는 사람이다. 문제 발견에서 의미 있는 학습이 시작되기 때문이다. 요컨대 문제 발견을 하도록 돕는 스토리텔링 활동이 필요하다. 학습 주제(내용)와 관련된 일상생활 속에서의 문제를 인식하도록 일깨우는 스토리텔링을 함으로써 학습자를 수업에 효과적으로 끌어들일 수 있다. 이러한 스토리텔링에서 문제를 유발하거나 문제 상황으로 학습자를 끌어들이는 역할을 하는 캐릭터가 필요하다.

〔유형 2〕 문제 해결형 캐릭터

문제 발견은 문제 해결의 단계로 나아감으로써 학습이 의미 있게 이루어지도록 한다. 문제를 해결하는 스토리텔링이 학생들의 학습활동으로 전이되는 것이 바람직하다. 예컨대 텔레비전 프로그램으로 인기가 높았던 '맥가이버' 같은 인물 등이 문제 해결형 캐릭터이다. 또 소설이나 드라마에 등장하는 과학자나 수사관 등도 문제 해결형 캐릭터의 전형이라 할 수 있다. 학생들의 인지도만 높다면 이런 캐릭터를 바로 스토리텔링형 학습활동에 사용해도 좋다. 이런 스토리텔링 활동을 하는 동안 학습자 자신이 문제 해결자의 역할을 할 수 있다면, 그것이 가장 바람직하다.

(유형 3) 학습 가이드형 캐릭터

학습 가이드형 캐릭터는 주로 탐구의 과정에서 학습자를 안내하고 도와주는 캐릭터이다. 과학 학습을 할 때 아인슈타인이나 뉴턴 같은 과학 위인을 캐릭터로 운용할 수 있을 것이다. 캐릭터를 단순하게 운용하면 단순한 스토리텔링 활동이 되고, 캐릭터를 상당히 복잡한 이야기 상황 속에 설정해 두면 입체적 스토리텔링 활동이 된다. 양자 모두 학습 상황에 따라 유용하게 쓰일 수 있다.

그리고 이른바 여로형 학습(여행길을 가는 과정을 통해서 의도한 학습이 일어나도록 하는 학습)에서 그 여로 자체를 인도해 나가는 역할을 하는 캐릭터를 쓸 수 있다. 사회과 수업에서 지리나 역사, 경제나 정치 등의 전문 가이드를 스토리텔링 활동의 캐릭터 역할로 동원할 수 있을 것이다. 이런 캐릭터를 사용하는 것만으로 스토리텔링 활동을 수업기술로 살릴 수 있다.

(유형 4) 학습 동반형 캐릭터

어떤 학습을 해 나가는 과정에서 '같이 공부하는 친구'를 스토리텔링 활동 공간 안에 배치한다. 이때 '같이 공부하는 친구' 역할을 하는 캐릭터를 학습 동반형 캐릭터라고 한다. 비코츠키가 말한 '인접발달영역'에 속하는 캐릭터를 만들어 주는 것이 바람직하다. 내가 의문 가지는 것을 같이 가지고 있으며, 내가 겪은 학습 경험의 질과 비슷한 질의 경험을 한 그런 동반자 캐릭터가 필요하다. 물론 정의적 측면을 강화하려 하거나 학습자의 태도 면에 변화를 주려고 할 때도 그런 유사성을 가진 캐릭터일 필요가 있다. 그런 공부 친구가 등장하는 스토리텔링 활동을 구안해야 할 것이다.

3) 스토리 내적 기능 면에서의 캐릭터 유형

지금까지는 스토리텔링을 할 때 그 스토리텔링의 구조나 형식을 만드는 데 일정한 역할을 하는 캐릭터들의 유형을 살펴보았다. 이는 물론 스토리텔링 활동을 학습활동으로 잘 활용하기 위한 전략들이다.

이제는 스토리텔링의 이야기 내용 안에 어떤 역할을 하는 캐릭터들을 만들어 주면 스토리텔링을 학습활동으로 활용하는 데 유익한지 살펴보도록 한다.

(유형 1) 스토리 조종형 캐릭터

스토리의 전개와 진행을 조종하고 이끌어 나가는 캐릭터이다. 〈아라비안나이트〉의 '세헤라자드'와 같은 캐릭터가 그 전형이다. 이런 캐릭터는 탐구 과정을 함께 이끌어 나가는 스토리텔링에 등장하면 효과적이다. 관찰 학습이나 특정 체험 학습의 과정에도 이런 캐릭터가 등장하는 스토리텔링 활동을 조직해 주면 효과적이다.

(유형 2) 스토리 참여형 캐릭터

스토리 자체에 이미 행위 주체로서 참여하고 있는 캐릭터이다. 수기나 체험담에 등장하는 주인공이 이런 캐릭터의 전형이다. 범위를 넓혀서 보면 스포츠 경기를 관람하는 관중이나, 공개방송 프로그램에 방청객으로 앉아 있는 사람도 여기에 해당한다. 자신이 관람한 경기나 자신이 방청한 프로그램을 자신의 이야기로 남에게 할 때는 스토리 참여형 캐릭터가 되는 것이다. 학생들이 수행하는 학습활동에서 학생들 자신을 스토리 참여형 캐릭터로 몰아갈 수 있으면 성공적 활동이라 할 수 있다. 그러자면 스토리텔링 활동이 RPG 게임(역할놀이 게임)과 유사한 구조를 띠게 된다.

(유형 3) 스토리 전복형 캐릭터

전개되어 온 이야기의 내용이나 질서를 어느 순간 모두 둘러엎는 캐릭터이다. 들려주고 있는 이야기를 어느 순간 모두 전복시키는 그런 활동이 학습목표 또는 학습효과상 필요할 때가 있다. 이럴 경우 스토리 전복형 캐릭터가 등장하는 스토리텔링 활동을 배치해 줄 수 있다. 창의성 기르기 학습이나 대안적 문제 해결을 구하는 학습에서 일정한 변화와 충격을 가하는 활동에 동원할 수 있다. 문학 및 예술 감상 과정에서도 감상과 해석의 창의성을 길러 주기 위해서 이런 스토리텔링 활동을 조직해 줄 수 있다.

(유형 4) 스토리 해설형 캐릭터

경험한 내용 또는 독서한 내용 등이 모두 일종의 스토리라고 한다면, 이런 내용들에 대해서 일정한 거리를 지니거나 비평적 거리를 발휘하게 하는 학습활동에서는 이런 해설형 캐릭터를 등장시키는 스토리텔링 활동이 필요하다. 물론 특정의 스토리 자체를 해설하는 활동 수행을 할 때도 이런 캐릭터의 활용이 중요하다. 문제는 어떤 스타일의 해설가 캐릭터를 주문할 것인가 하는 것이다. 학습목표와 학습자의 심리적 상황을 고려하여 교사가 고민해야 할 부분이다.

4장 교사 스토리텔링 수행 기술

앞에서 스토리텔링의 원리와 구조와 작용을 수업활동으로 활용하는 것에 대해 알아보았다. 그런데 이런 활용 능력은 교사가 실제 스토리텔링 수행 능력을 지니고 있을 때 더 현장성 있게 살아날 수 있다. 수업을 하는 교사는 자신의 스토리텔링 수행 기술이 중요함을 알고, 이를 바탕으로 실제 수업 상황에서 다양하고도 현실감 있는 스토리텔링 수행 기술과 능력을 발휘할 수 있도록 노력할 필요가 있다. 그러기 위해서는 우선 스토리텔링의 '이야기를 구성하는 구성 기술'들을 알고 익히는 것이 중요하다. 그 다음으로는 '수업의 상황 요소'를 스토리텔링에 반영하는 기술을 알고 익혀야 한다. 더 세밀하게 요구되는 것은 이야기의 디테일을 만들어 내는 '디테일 변용의 기술'을 알고 발휘하는 것이다. 그런 면에서 수업을 잘 기획하는 교사에게는 작가적인 안목과 소양이 필요하다고 할 수 있겠다. 물론 이 모든 능력은 스토리텔링을 구체적인 수업활동으로서 연출하는 기술을 갖추는 데로 나아가야 한다.

1. 교사의 스토리텔링 수행 기술과 수업의 질

1) 교사의 직접적인 스토리텔링 수행은 수업을 살아나게 한다

교수 주체로서 교사의 스토리텔링 수행은 수업의 질을 담보하는 매우 중요한 능력이다. 교사 주도형 수업을 극복하기 위해서도 교사의 스토리텔링 능력은 매우 중요하다. 스토리텔링으로 수업기술의 새로운 혁신을 구하려는 노력은 학습자를 스토리텔링의 주체로 변환시켜 능동적 학습 주체로 세우게 하는 데에 있기 때문이다.

2) 평소 문학 내러티브에 친숙해 두도록 한다

스토리텔링의 콘텐츠 원형은 주로 문학 내러티브에 기반하고 있다. 그렇기 때문에 좋은 스토리텔링의 수업 기법은 서사적 상상과 서사적 구성 능력을 기본으로 요구한다. 무언가를 스토리텔링의 양태로 바꾸어 보게 하는 기본 아이디어를 문학 내러티브에서 많이 얻어 올 수 있기 때문이다.

3) 교사의 스토리텔링 수행은 작가의 그것과는 다르다

수업기술 차원에서의 교사의 스토리텔링 수행은 소설 작가와 같은 능력과 역할 수행을 요구하는 것은 아니다. 교사의 스토리텔링 작동은 해당 수업을 운영하는 절차를 보다 역동적으로 구상하는 데 동원되거나, 해당 수업의 목표를 더욱 적합하게 뒷받침하는 활동의 적용에 특별히 요청되는 스토리텔링 능력이기 때문이다. 서사적 상상력과 친화할 수 있는 정도이면 족하다.

4) 교사는 스토리텔링의 메커니즘을 몸에 익히는 것이 중요하다

교사에게 필요한 스토리텔링 능력은, 해당 교과의 지식/개념/원리/적용 등을 스토리텔링 기제에 호응하여 스토리텔링 방식으로 번역할 수 있는 능력이다. 교사의 스토리텔링 기술은 수업기술의 자질을 높이는 데에 기여함으로써 스토리텔링이 교육방법 보편의 위상을 가질 수 있음을 보여 줄 수 있다.

2. 수업 스토리텔링을 구성하는 수행 기술

1) 수업에서 스토리텔링을 구성하는 수행 기술이란

여기서의 '구성적 수행 기술'은 교사로서 전달해야 할 경험과 지식을 학생들에게 잘 수용될 수 있거나 학생들이 자기주도적 태도로 향유할 수 있도록 교수 내용을 이야기 형식으로 스토리화하는 능력을 말한다. 즉, 어떤 정보 지식·경험·등을 '이야기 그물' 속에 묶어서 이야기로 조직하는 능력이라 할 수 있다. 이는 우리가 기존에 알고 있는, 지식이나 경험을 학습자 스스로 인지적으로 통합하고 생성하는 인지적 구성과는 다른 개념이다.

2) 수업에서 지식 내용이 스토리텔링으로 번안되는 구조

A 교수 내용 (지식/원리/기능/태도/가치)	B 스토리텔링의 구도로 번안된 A의 내용

A를 B로 변전(變轉)시키는 데는 일정한 구성적 상상력이 요구된다. 전달하여 학습시킬 지식을 스토리텔링 양태로 바꾸기 위해서는 A 자체를 쪼개고 분리하면서도 A 자체를 훼손하지 않아야 한다. 그 과정에서 설명을 지연하거나 반대로 설명을 촉진·압축하거나 하는 것이 구성적 상상력을 수행하는 능력이다. 궁극적으로는 A를 B라는 이야기 프레임으로 번안하는 능력이 발휘되어야 하는 것이다.

이때 교사가 발휘해야 하는 구성적 수행이란 인지적 작용으로 말하면 일종의 전이(transfer) 능력이라 할 수 있다. 더 구체적으로는 '서사적 전이'에 해당한다고 할 수 있다. 서사적 전이(번안)를 어떻게 더 흥미롭고 세련되게 할 것인가 하는 기술적인 원리는 수업 임상의 차원에서 지속적으로 개발되어야 한다. 물론 여기에는 교사의 서사 창의적 소양과 경험이 매우 중요한 기반을 이룬다.

위에서 말한 '서사적 전이(또는 서사적 번안)'란 지식이나 경험을 학생들이 이해하고 수용하기에 적합하도록 수용자의 인식 프레임에 맞도록 바꾼 것을 말한다.

스토리텔링으로 잘 번안된 지식들은 학습 수용자들이 학습 내용에 몰입하여 자기주도성을 발휘하기에 유리한 스토리 프레임으로 바뀐 것이라 할 수 있다. 이렇게 잘 맞추어 번안해 준다면, 그 지식의 전달 및 학습 효과는 더욱 확장될 것이다.

3) 수업 스토리텔링에서 '구성하기'의 기본 기술들

(1) 이야기 바꾸기

수업에 활용할 스토리텔링의 내용 일부를 수업 목적(또는 수업 효과)에 부응하기 위해서 바꾸는 기술이다. 특정의 스토리를 특정의 단원 수업에 활용하려 할 때, 이야기 내용 요소의 일부를 바꾸거나 이야기의 전개 흐름 내지는 플롯을 바꾸어서 수업 스토리텔링 활동으로 활용한다. 이때 스토리텔링의 내용이나 흐름을 바꿈으로써 얻고자 하는 수업 효과가 명료해야 한다.

(예시 1) 〈춘향전〉에서 춘향과 이도령의 사랑 이야기를 다른 구도의 사랑으로 바꾸는 스토리텔링

(예시 2) 〈토끼와 거북이〉 이야기의 전개 흐름을 바꾸어 토끼가 이기는 스토리텔링

(2) 이야기 쪼개기

수업에 활용할 스토리텔링은 철저히 수업 목표나 수업 효과에 부응하는 것이 되어야 한다. 따라서 원래 이야기의 내용이나 형태를 온전하게 유지하는 데에 집착할 필요는

없다. 오히려 긴 이야기를 쪼개어서 그중의 일부분을 수업활동에 원용할 수 있도록 한다. 어떤 내러티브를 자유자재로 해체하고 재조립하는 능력을 쌓아야 한다. 시간이 제한된 수업 상황에서는 긴 이야기를 쪼개어서 스토리텔링 활동으로 쓴다. 이야기의 분절 가능성을 평상시 잘 살펴두어야 적절히 수업활동에 동원할 수 있다.

〔예시〕 〈해와 달이 된 오누이〉 설화를 세 부분 정도로 쪼개어서 각기 유용한 수업활동용 스토리텔링으로 다룰 수 있게 한다.

(3) 이야기 지연하기

이야기를 지연시켜 진행하는 기술은 매우 높은 수준의 스토리텔링 기술이다. 이야기 지연은 전달 내용에 인지적 초점을 두려고 할 때나 학습자들이 스토리 내용에 세밀한 관심을 가질 때 제공될 수 있는 스토리텔링 기술이다.

〔예시〕 〈춘향전〉 중 변학도 생일잔치에 암행어사 이도령이 출두하는 대목에서 이야기를 지연함으로써, 즉 더 상세하고 정교하게 이야기함으로써 의도한 주제 효과를 더 감흥있게 느끼고 몰입하게 할 수 있다.

(4) 이야기 압축하기

이야기를 압축한다는 것은 원래의 이야기를 요약하거나 부분적으로 생략하면서 이야기 진행의 속도를 빠르게 하는 것을 말한다. 특정의 이야기를 수업 자료의 일부로 쓰거나 수단으로 사용해야 하는 경우에 등장하는 스토리텔링 활동이다. 물론 이는 특정의 수업 목표(내용)에 부응하는 수업활동을 전개하는 과정에서 발현된다. 동서양의 특정 신화를 비교할 때도 이런 스토리텔링 활동이 요구된다.

〔예시〕 〈심청전〉과 〈춘향전〉에서 '이야기 구조의 유사한 점 찾기' 등과 같은 활동을 할 때 등장하는 이야기 압축하기의 스토리텔링 활동이 필요하다.

(5) 이야기 번안하기

이야기 번안하기는 원래 이야기를 현재의 학습자들이 친숙하게 받아들일 수 있는 시공간 환경으로 바꾸어서 전달하는 스토리텔링이다. 이 기능은 교사들에게는 자신이 알고 있는 이야기를 여러 개의 번안 버전으로 학생들에게 전할 수 있다는 점에서 유용하다. 또, 학생들로 하여금 어떤 특정의 이야기(또는 특정의 체험)를 학습의 상황과 필요에 따라 번안하는 활동을 부과할 수 있다.

[예시 1] 〈개미와 배짱이〉 우화를 어떤 특정의 교화 설득 상황에 맞추어서 번안해 본다.

[예시 2] 외국인 친구의 체험 내러티브를 나 자신의 상황으로 번안해서 스토리텔링을 해 봄으로써 문화적 차이를 발견한다.

3. 수업의 상황 요소를 스토리텔링에 반영하는 기술

1) 수업의 상황요소를 수업 스토리텔링에 반영한다는 것은

수업의 내용뿐 아니라 '수업의 상황 요소'를 스토리텔링에 포함하고 반영하는 기술은 교사가 수업을 하면서 학생들과의 공감적 분위기를 만들어 나가는 데 필수적인 기술이다. '수업의 상황 요소'를 스토리텔링에 포함하고 반영하는 기술은 수업 장면이 지니는 여러 가지 사실들을 섬세하고도 미적인 관점에서 볼 수 있는 교사의 능력에서 나오는 것이다. 이는 지적인 민감성을 포함하여 감성적 자질까지를 모두 포함하는 종합적 감수성이라 할 수 있다. 교사에게는 이것을 수업 스토리텔링 안에 반영하는 능력이 필요하다.

교사가 수업에서 '수업의 상황 요소'를 수업 스토리텔링에 반영하게 되면 학습자에게도 총체적 수업 감수성이 높아지게 된다. 예컨대 미세한 관찰 과정이 필요한 수업 상황이라면, 매우 정밀하고도 꼼꼼한 사건 내용이 담긴 스토리텔링 구조에 기대어 관찰 학습이 이루어지도록 한다. 학생들은 수업을 스토리텔링의 공간과 일치시키고, 그 공간 안으로 들어가서 자신들이 스토리에 행위자로 참여하는 느낌을 공유하게 된다. 이때 교사가 스토리텔링 수행을 하면서 부단히 교감하고 상위 인지(metacognition)해야 할 수업의 상황이란 엄격히 말하면 수업의 맥락적 상황이라 할 수 있다.

2) 수업의 구체적 상황 요소들이 수업 스토리텔링에 반영되는 경우

(1) 학습의 동기 상황

학습이 시작되기 전 공부를 하고 싶다는 생각을 불러일으키게 하는 스토리텔링이 필요하다. 공부에 임하기 전 특별한 일로 인해서 공부 분위기가 훼손되어 있을 때 이것을 해소시켜 주는 스토리텔링도 중요하다. 앞 시간 체육활동에서 옆의 반과 축구경기를 했는데 큰 점수 차이로 져서 공부할 분위기가 아닐 때 어떤 스토리텔링으로 학습 동기를 불어넣을 수 있겠는지 생각해 보자.

(2) 학습할 내용 상황

본시에 학습할 내용 지식과 밀접한 연관을 가지는 이야기를 동원하는 것이 중요하다. 학습 내용 자체도 일종의 수업 상황으로 파악한다는 관점이 중요하다. 학습할 내용 자체가 스토리텔링 구조로 변환되면 가장 바람직하다. 학습할 내용과 긴밀한 연관을 가지는 교사 자신의 체험 스토리텔링도 좋다. 관련된 다큐멘터리 영상 기록물(이 자체가 스토리텔링임)을 활용해도 좋다.

(3) 익혀야 할 기능/태도 상황

학습할 내용이 지식보다는 기능이나 태도일 경우, 수업에서 교사의 스토리텔링은 더욱 중요한 효과를 얻는다. 기능을 익히는 과정의 문제점이나 기능을 익혀서 활용할 때의 이점 등은 설명의 형태로 하지 말고 구체적 스토리텔링의 양태로 하는 것이 훨씬 낫다. 태도 학습은 기능 학습보다 스토리텔링의 방식에 의존하는 것이 훨씬 더 좋다. 물론 구체적인 사건과 인물을 동원해야 한다. 평소 이 분야의 스토리를 많이 취합해 두는 노력이 있어야 한다.

(4) 학습자 심리 상황

학습에 임하는 학습자의 심리 상황에 잘 부응하는 스토리텔링 활동은 학습자를 학습에 몰입하게 한다. 특히 교사가 교수 과정에서 학생들과 밀착된 상호작용을 하기 위해서는 교사의 개성 있는 스토리텔링이 필요하다. 학생들의 우울한 심리에 대해서는 밝고 유머러스한 스토리텔링을 한다거나 자기주도성이 떨어지는 수동적 심리일 때는 참여 마인드를 강화하는 스토리텔링을 한다. 이 경우 스토리텔링 활동을 특별히 전략적으로 초점화하면 일종의 이벤트적인 성격의 스토리텔링 활동으로 갈 수도 있다.

(5) 교수 흐름 전개 상황

교수 흐름은 수업의 성패를 결정하는 매우 중요한 상황 요인이다. 교수 흐름을 형성하는 하위 상황 변수들을 살피고 그것들을 잘 조절하는 노력을 해야 교수 흐름을 살려 나갈 수 있다. 교수 흐름을 조절하는 가장 단순한 방법은 명령형 지시이다. '조용히 좀 해!', '자, 여기 집중해라.', '주의가 산만하면 수업 중단한다.' 등. 그러나 이는 바람직한 방법이 되지 못한다. 조용히 하게 하고, 집중하게 하고, 산만하지 않게 할 스토리텔링이 필요한 것이다. 또 수업 진도가 너무 느려서 당겨야 한다거나 반대로 수업 진도가 너무 빨라서 늦추어야 할 때도 빠른 진도(혹은 늦은 진도)를 효과적으로 운영할 수 있는 스토리텔링의 방책을 개발하도록 해야 한다.

(6) 수업 일탈 상황

학생들이 수업 중에 심리적으로 또는 물리적으로 수업에서 일탈하는 경우는 교사에게는 곤혹스러운 상황이다. 이 대목이야말로 교사의 스토리텔링 기술이 절대적으로 요청되는 장면이다. 이를테면 수업의 위기 상황이라 할 수 있는데, 자칫하면 이 대목에서 교사가 화를 내거나 감정 통제를 못 할 수 있다. 그렇게 되면 수업을 파국으로 몰고 가게 된다. 이 상황에서의 교사 스토리텔링은 일반적으로는 유머에 의한 분위기 환기를 도모할 수 있으며, 교사 자신의 심각한 실패담이나 성공담 등을 학습과 연관하여 스토리텔링하는 것도 좋다.

능숙한 교사는 자신의 주도로 수업 일탈을 시도한다. 그것은 물론 의도적이고 전략적으로 수업의 흐름을 일탈하는 것이다. 학생들이 보기에는 선생님이 수업의 분위기를 일탈하는 것처럼 보일 수 있다. 물론 일탈 자체가 목적이라기보다는 일탈을 통해서 다른 교수 효과를 얻고자 하는 데 목적이 있다. 이런 전략이 성공하기 위해서는 잘 준비된 교사의 스토리텔링이 절대적으로 필요하다.

(7) Opening 상황/ Ending 상황

수업의 시작 부분과 끝 부분은 수업의 맥을 살려 내는 모멘트에 해당한다. 이 대목을 그냥 평범하게 처리하는 수업은 둔감하고도 무신경한 수업이다. 수업을 시작하거나 끝낼 때 교사의 스토리텔링은 교사의 교수법 개성을 극명하게 보여 준다. 이 상황에서의 교사 스토리텔링은 완전한 구조와 내용을 갖출 필요도 없고, 갖추어서도 안 된다. 짧으면서도 함축과 여운의 효과가 오래 남는 그런 스토리텔링을 해야 한다. 물론 수업 시작 상황의 교사 스토리텔링은 동기유발 및 학습목표 전달이라는 기능 기제와 잘 호응하는 것이 되어야 하며, 수업을 끝내는 상황의 교사 스토리텔링은 배운 내용 정리 및 차시 예고 등의 기제와 잘 호응하는 것이 되어야 한다.

4. 이야기의 디테일을 만들어 내는 '디테일 변용 기술'

1) 수업 스토리텔링에서 '디테일 변용 기술'을 사용한다는 것은

수업활동으로서의 스토리텔링은 스토리 자체의 온전함을 내용으로 배우는 것에 초점을 둘 것이 아니라, 스토리의 특정 국면을 새롭게 생성·변화시키고 그것과 연관되는 디테일을 창출해 내는 것이다. 이는 앞에서 언급한 수업운영의 맥락 상황과 긴밀한 연계 속에서 기획·연출되어야 할 것이다.

스토리의 디테일을 변용하는 기술은 스토리텔링 중심의 수업활동을 융통성 있게 활용하는 데 가장 핵심이 된다. 수업 실행에 유능한 교사들은 알게 모르게 이러한 변용 기술을 자신들의 수업활동 속에서 구사하고 있다. 다만, 이 구사된 활동이 스토리텔링 중심의 수업활동이라는 자각을 못하고 있을 뿐이다. 경험적으로 잘 된 수업들을 역으로 분석해 가다 보면, 자신이 운영한 수업 과정 프레임 안에 '스토리의 디테일을 변용하는 기술'이 발견되는 경우를 어렵지 않게 확인할 수 있다.

스토리텔링 중심 수업기술이 단순한 임기응변적 기술이 아니라 일정한 교수 방법론의 철학과 체계를 갖춘 것으로 진화할 때 더욱 생산적인 역할을 할 수 있을 것이다. 스토리텔링을 문학의 하위 영역으로만 고정시켰을 때는 생성해 낼 수 없는 것이다. 스토리텔링이 교수 이론 내지는 수업 교수학과 융합함으로써 그 작용 영역을 얼마나 확장할 수 있는지를 보여 준다.

2) 수업 스토리텔링에서 활용할 수 있는 디테일 변용

(1) 인물 변용

인물 변용을 통해 이야기의 디테일을 바꿀 때는 세 가지 방법이 있다. 첫째는 인물의 성격을 외양의 구체성을 통해서 더 정교화한다. 둘째는 인물의 심리나 정서를 구체적 사건 속에서 더 구체화한다. 셋째는 인물의 사고나 행동 방식을 특정한 임무 속에서 더 구체적으로 드러나게 한다.

이렇게 인물을 변용하는 활동 자체가 스토리텔링 활동이다. 인물 변용하기를 활용하는 데는 두 차원이 있다. 하나는 인물 변용하기 자체를 하나의 활동으로 보고 어떤 수업에서 어떻게 활용할 것인지를 살피는 차원이고, 다른 하나는 이렇게 변용된 인물을 어떤 교과 수업에서 어떤 스토리텔링 활동으로 녹여 넣을지를 궁리하는 차원이다.

(2) 사건 변용

사건 변용을 통해 이야기의 디테일을 바꿀 때도 세 가지 방법을 상정해 볼 수 있다. 첫째는 기존 이야기의 사건을 수업 내용과 연계하여 다른 사건으로 바꾸어 보는 방법, 둘째는 남이 겪은 이야기를 내가 겪는 상황으로 바꾸어 보는 방법, 셋째는 사건의 내용 중 일부를 필요에 따라 바꾸어 보는 방법 등이 있다.

사건 변용하기를 활용하는 데는 두 차원이 있다. 하나는 이렇게 사건을 변용하는 활동 자체를 스토리텔링 활동으로 보고 어떤 수업에서 어떻게 활용할 것인지를 살피는 차원이고, 다른 하나는 이렇게 변용된 사건을 어떤 교과 수업에서 어떤 스토리텔링 활동으로 녹여 넣을지를 궁리하는 차원이다.

(3) 시공간 변용

시공간 변용을 통해 이야기의 디테일을 바꾸는 데는 대략 네 가지 모드를 생각할 수 있다. 첫째는 기존 이야기의 시공간을 '지금 여기'의 시공간으로 바꾸어 보는 방식, 둘째는 '지금 여기'의 이야기를 과거의 다른 공간으로 바꾸어 보는 방식, 셋째는 '지금 여기'의 이야기를 미래의 다른 공간으로 바꾸어 보는 방식, 넷째는 기존 이야기의 시공간을 미래의 다른 공간으로 바꾸어 보는 방식 등이 있다.

시공간 변용하기를 활용하는 데도 두 차원이 있다. 하나는 이렇게 시공간을 변용하는 활동 자체를 스토리텔링 활동으로 보고 어떤 수업에서 어떻게 활용할 것인지를 살피는 차원이고, 다른 하나는 이렇게 변용된 시공간을 어떤 교과 수업에서 어떤 스토리텔링 활동으로 녹여 넣을지를 궁리하는 차원이다.

(4) 수용자 수준 변용

수용자 수준 변용을 통해 이야기의 디테일을 바꾸는 데는 대략 세 가지 범주를 생각해 볼 수 있다. 첫째는 이야기의 내용을 수용자 수준에 맞추어 구체적으로/추상적으로 조정·변용할 수 있는 범주이다. 둘째는 이야기의 구조를 수용자 수준에 맞추어 단순하게/복잡하게 조정·변용할 수 있는 범주이다. 셋째는 이야기의 표현을 수용자 수준에 맞추어 전략적으로 조정·변용할 수 있는 범주이다.

이렇게 수용자 수준에 맞추어 변용하는 활동 자체가 스토리텔링 활동이다. 이들 세 범주의 활동들을 어떤 수업에서 어떻게 활용할 것인지를 구상할 수 있고, 또 그 효과를 검증할 수 있어야 할 것이다.

(5) 미디어 변용

미디어 변용을 통해 이야기의 디테일을 바꾸는 방식은 무수히 많고 복잡하다. 이해의 편의를 위해서 미디어 변용을 크게 몇 가지 범주로 나누어 생각해 보면 다음과 같다. 첫째는 음성언어로 된 이야기(경험)를 문자언어로 바꾸는 범주, 둘째는 문자언어로 된 이야기(경험)을 각종 디지털 미디어로 변용하는 범주, 셋째는 디지털 미디어로 된 이야기(경험)를 문자언어(음성언어)로 바꾸는 범주, 넷째는 스토리텔링을 담고 있는 디지털 미디어 간의 변용 등을 들 수 있다.

특정의 이야기를 다른 미디어로 변용하는 활동 자체가 스토리텔링 활동이다. 이 활동 자체를 어떤 수업에서 어떻게 활용하는 것이 효과적인지 적용하고 검증하고 평가하는 노력을 쌓아 가야 할 것이다. 특히 디지털 미디어가 실어 나르는 스토리텔링 콘텐츠에 대해서는 그 기술적 변화가 빠르게 이루어지고 학생들이 큰 영향을 받고 있기 때문에 이를 수업 스토리텔링 활동으로 변이시키는 것에 대하여 계속 관심 있게 탐구하고 노력해야 한다.

5. 수업 중 직접 연출하는 스토리텔링 수행 기술

1) 수업 스토리텔링을 직접 수행한다는 것은

스토리텔링은 교사가 직접 실현해 보일 때 가장 호소력이 있다. 교사가 직접 스토리텔링을 수행할 때 학습자는 그 스토리텔링에 자신이 참여하고 있다는 느낌을 갖게 된다.

또한 교사가 직접 수행하는 스토리텔링의 경우 그 자체로 학생들이 매력을 느낄 수 있다. 스토리텔링 활동을 몸소 실현하여 교실 안에 역동적으로 펼쳐 놓는 능력을 교사가 직접 보여 주기 때문이다. 하지만 이렇게 눈에 보이는 기술적 연출 뒤에 숨어 있는 학습활동으로서의 스토리텔링의 방식을 잘 기획해 두어야 한다. 그래야 최상의 학습활동 효과를 거둘 수 있기 때문이다.

교사가 직접 수행하는 스토리텔링 기술들은 그대로 학습활동이나 학습전략으로 변환할 수 있다. 그렇기 때문에 이것들이 교사에게 스토리텔링 연출 기술로 습득되는 것이 바람직하다. 이들 연출 기술을 학생들과 함께 학습전략(교수전략이 아닌)으로 변환시켜 교수자와 학습자가 상보적으로 수행할 수 있는 경지로 나아가는 것이 바람직하다.

2) 교사가 직접 수행하는 수업 내용 관련 스토리텔링 연출 기술들

(1) 음성적 연출 기술

- 어떤 이야기를 다양한 음성 양태로 낭독하여 연출하는 기술
- 읽은 이야기를 다양한 음성 양태로 구술하여 연출하는 기술
- 이야기 속의 대화를 다양한 음성 양태로 연출하는 기술

(2) 문자적 연출 기술

- 특정의 이야기(사건/경험/견문 등)를 소설, 동화 등으로 표현할 수 있는 기술
- 특정의 이야기(사건/경험/견문 등)를 극이나 시나리오로 표현할 수 있는 기술
- 특정의 영상 텍스트(뉴스/드라마/다큐멘터리)를 문자언어로 표현할 수 있는 기술

(3) 회화적 연출 기술

- 특정의 이야기(사건/경험/견문 등)를 그림, 조각 등으로 표현할 수 있는 기술
- 특정의 회화 작품을 이야기(사건/경험/견문 등)로 표현할 수 있는 기술
- 특정의 조각 작품을 이야기(사건/경험/견문 등)로 표현할 수 있는 기술

(4) 연극적(율동적) 연출 기술

- 특정의 이야기(사건/경험/견문 등)를 연극적인 방식으로 구성할 수 있는 기술
- 특정의 인물이나 대상을 연극 동작으로 표현할 수 있는 기술
- 어떤 연극적 장면을 문자언어로 표현할 수 있는 기술

(5) 음악적 연출 기술

- 특정의 이야기(사건/경험/견문 등)를 음악적으로 구상할 수 있는 기술
- 특정의 음악을 이야기(사건/경험/견문 등)로 표현할 수 있는 기술
- 특정의 감정 상황을 뮤지컬, 오페라 또는 판소리 창극으로 표현하는 기술

(6) 도구적 연출 기술

- 특정의 도구를 활용하여 이야기를 효과적으로 연출할 수 있는 기술
- 특정의 도구를 이야기 속에서 상징화/인격화할 수 있는 기술

(7) 모방적(모사적) 연출 기술

- 특정 인물에 대한 성대모사를 스토리텔링 차원에서 할 수 있는 기술
- 모사 대상 인물의 개인적 · 역사적 맥락을 성대모사 스토리텔링 속에 녹이는 기술
- 특정 스토리의 특정 장면을 언어나 몸으로 개성 있게 재현할 수 있는 기술

(8) 지도(map) 및 그래픽 연출 기술

- 특정 이야기의 내용 구조와 전개를 지도나 그래픽의 양태로 즉흥 표현하는 기술
- 지도나 그래픽의 내용을 일정한 이야기 양태로 변전시켜 표현하는 기술

(9) 퀴즈식 연출 기술

- 학습할 지식이나 경험 내용을 재미있는 퀴즈 양식으로 재구성하는 기술
- 학습에서의 퀴즈 진행을 한 편의 스토리텔링 전개 방식으로 연출하는 기술
- 특정의 이야기를 퀴즈 방식으로 재조직하고 전달하는 기술

3) 교사의 수업 진행 전략으로서의 스토리텔링 사례들

수업은 시간적 진행의 양태로 존재한다. 또한 수업은 일정한 공간을 요구한다. 수업 공간은 의미 전달을 이루게 한다는 점에서 의미론적 의의가 있으면서 동시에 소통적 효과가 부단히 발생하는 공간이다. 그러므로 수업은 일정한 시공에서 어떤 지식을 의미 있게 가르치는 과정이다. 이 과정에는 가르치는 내용만 작동하는 것이 아니다. 참으로 복잡 미묘한 여러 요소들이 수업의 시공에서 보이게 안 보이게 작동한다. 이 모든 요소들을 수업 진행 과정에서 교사는 효과적으로 통제하고 조정해야 한다. 여기에

스토리텔링 활동의 중요성이 있다.

가르칠 내용에만 정통하다고 해서 수업을 잘 이끄는 것은 아니다. 수업 진행을 유연하고 창의적으로 만들어 갈 수 있는 '교사의 스토리텔링'이 정말 중요하다. 다음에 소개하는 수업 진행 전략은 스토리텔링 능력으로 효과를 얻을 수 있는 것들이다. 수업 진행 전략으로서의 스토리텔링 능력은 많은 훈련과 내공을 요구한다.

(1) 칭찬의 스토리텔링 기술

- 여운이 오래 남는 칭찬을 하려면 스토리텔링의 방식으로 칭찬하는 것이 좋다.
- 막연히 칭찬하지 말고 구체적으로 칭찬해 준다. 그러자면 스토리텔링이 필요하다.

(2) 협동의 스토리텔링 기술

- 무의식중에 협동할 수 있는 스토리텔링 놀이를 제시해 준다.
- 협동학습을 스토리텔링 활동으로 부여한다.

(3) 꾸중의 스토리텔링 기술

- 꾸중에 사용할 이야기를 미리 준비한다.
- 실수에 대한 교사 자신의 체험 스토리텔링을 활용한다.

(4) 유보(지연)의 스토리텔링 기술

- 탐구 과정이 중요한 과업에는 탐구가 꼼꼼해질 수 있는 스토리텔링을 한다.
- 감정 조절이 어려운 경우에는 성급한 해결을 늦추게 하는 스토리텔링을 한다.

(5) 환기의 스토리텔링 기술

- 스키마를 환기할 때는 스토리텔링의 방식을 사용한다.
- 단순한 암기를 지양하고 지식의 그물망을 환기한다. 이때 스토리텔링이 효과적이다.

(6) 예측의 스토리텔링 기술

- 학생들의 상황과 성과를 흥미 있게 예측해 주되, 스토리텔링의 방식으로 한다.
- 교육적 효과를 도모하자면 학생의 미래를 구체적으로 스토리텔링해 주도록 한다.

(7) 종합의 스토리텔링 기술

- 지식을 종합할 때는 이야기 구조로 만든다. 스토리텔링적 접근이 필요하다.
- 교실의 현안 문제들은 문제들 간의 연관성을 주목한다.

(8) 적용의 스토리텔링 기술

- 지식의 적용은 구체적 상황을 요청한다. 그 상황이 바로 이야기를 빚어내는 상황이다.
- 교사 자신의 적용 경험을 스토리텔링한다.

(9) 화해의 스토리텔링 기술

- 화해의 감정을 막연히 말하지 말고 구체적인 사건 스토리텔링으로 말한다.
- 학생들을 화해시킬 때 화해의 마음을 불러일으키는 감동의 스토리텔링을 준비한다.

(10) 집중의 스토리텔링 기술

- 수업 진행 스토리텔링의 핵심을 이루는 기술이다.
- 이 경우 스토리의 내용도 중요하지만, 나만의 스토리텔링 개성이 중요하다. 이것을 자신만의 고유한 수업 진행 코드로 정착시킨다.

5장 스토리텔링의 교육적 가치

스토리텔링은 어떤 서사적 콘텐츠를 구체적 시간과 대상과 공간에서 구체적 매체로 실현하는 과정 및 결과이다. 스토리텔링이 교육을 구체적으로 실현하는 구체적 시간과 구체적 공간에 기여할 수 있다는 것은 서사가 지니는 폭넓은 교육적 가치에 그 바탕을 두고 있다.

서사는 인간의 발달 전반에 폭넓게 관여한다. 그것은 가시적이기도 하지만, 비가시적이기도 하다. 따라서 인간 발달을 도울 수 있는 교육적 목적, 내용, 기능 등 각 차원에서 서사적 경험과 서사의 작용 등은 고대 이래로 교육에서 중시되었다(박인기, 2001: 38~42). 서사가 인간의 발달에 긴밀하게 연관될 수 있다는 인식은 스토리텔링의 교육적 가능역이 넓어질 수 있음을 의미한다.

그런데 이 '서사'를 우리는 교육에서 지나치게 편협하게 다룬 점이 없지 않다. 서사를 '문학'이라는 범주, 그것도 다분히 지식의 범주로만 다루어 온 것이다. 즉 '문학'이라는 학문, '문학'이라는 예술 장르, '문학'이라는 교과 등의 경직된 교육과정 및 교과 제도의 범주로 묶어 두었다. 이런 경직된 경계 속에서는 일상의 인간에게 미치는 서사의 작용을 유연하게 확장시키지 못한다. 문학의 자리에서 보면 허구서사가 핵심이지만, 교육을 중심으로 보면 허구서사와 동등하게 생활서사의 교육적 함의 또한 크다. 스토리텔링의 교육적 적용 가치를 개발해 나가다 보면, 그간 교육과정 제도 속에서 서사를 지나치게 문학 영역의 하위 내용으로만 다루어 왔던 커리큘럼 관습을 반성하게 된다. 교과의 경계를 지나치게 중시하는 경직된 편견의 틀에 갇혀 있는 동안 서사 내지는 스토리텔링을 국어 교과 하위의 '문학 영역 교육 내용'으로만 한정지어 온 감이 없지 않다. 교육이 전통학문 중심의 교과 체제로 구축되고 그것을 학교라는 근대 제도에 고착시켜 정당화함으로써 서사의 다양하고도 유연하고 넉넉한 교육 작용을 살려 내지 못했던 것이다. 동시에 문학교육연구자들도 서사와 스토리텔링을 문학교과 밖으로 해방시키지 못하였다.

서사의 교육적 작용은 서사가 소통되는 과정에서 발현된다. 서사의 소통 작용 중에서도 교육이 가장 직접적으로, 그리고 체제적으로 감당하는 영역이 수업 공간이다. 수업 공간에서 목적으로 다루어지는 서사이든, 다른 교육적 전략으로 다루어지는 서사이든 그것의 구체적 실현은 스토리텔링의 양태로 나타난다. 이때의 서사는 구체적 교육의 목표와 효과를 전제로, 구체적 시간과 대상과 공간에서 구체적 매체로 실현하는 구체적 텍스트로 구현되기 때문이다. 따라서 수업 공간 속에 드러나는 제반 서사의 작용은 서사 일반의 원리로 조명될 수도 있지만, 스토리텔링으로 구명되는 것이 훨씬 더 현실적이고 합리적이다(류수열 외, 2007: 13~20).

오늘날 제도로서의 학교는 그 교육 내용을 교과의 구획과 교과 내의 인습적 프레임에 따라 억압적인 틀로 묶으려고 한다. 이런 토양 속에서 스토리텔링은 국어 교과의 커리큘럼적 관습에 맞는 것이어야 했고, 그중에서도 문학 영역의 커리큘럼 전통에 길들여진 모습으로 구현되어 왔다. 교육의 현장에서 다양한 스토리텔링의 차원으로 현동화(actualizing)되지 못하면서, 스토리텔링은 '내용으로서의 텍스트'로만 규정되었을 뿐 교육 방법 일반에 영향을 줄 수 있는 '교육적으로 힘 있는 그 무엇'이 되지 못했다. 스토리텔링은 이렇듯 교과의 현실 커리큘럼의 억압된 틀 안에서 박제된 상태로 학습될 수밖에 없었다. .

이제 교과 중심의 틀에서 스토리텔링을 해방시켜 스토리텔링이라는 매우 유용한 교육적 활동을 자유롭고 유연하게 사용할 때가 되었다. 서사 및 스토리텔링은 그 속성상 탈교과(脫敎科)의 에너지를 그 내부에 갖추고 있다. 따라서 교육과정 제도가 운영하고 있는 모든 교과의 공간으로 스토리텔링을 해방시키려는 발상을 가져야 한다.

스토리텔링이 수업의 시공에서 다양하게 작동할 때 학습활동의 변혁을 도모할 수 있다. 실제 교과들에 스토리텔링이 어떤 생동적 코드를 가질 수 있는지를 설명함으로써 스토리텔링이 범교과적 관련을 펼칠 수 있을 것이다.

학교 교육과정에서 각 교과가 교육 내용으로 삼는 것은 총체적인 '지식'이라 할 수 있다. 수업은 그 지식이 어떤 존재 형식으로 소통되는지를 보여 주는 현실의 시공이다. 그런데 이런 지식이 상당 부분 스토리텔링의 기제를 통해 소통된다. 지식의 존재 형식은 스토리텔링의 양태 및 방식과 밀접한 연관을 가지는 것이다. 이렇게 보면 스토리텔링은 지식을 구성하는 그물이며, 동시에 지식을 담는 그릇의 기능을 수행한다. 어떤 지식을 하나의 완결된 구조로 움켜쥐고 환기하는 데에는 그것을 스토리텔링의 구조와 기능에 의존하는 것만큼 유용한 것도 없다.

교수학적으로 잘 변용된 지식들은 스토리텔링의 구조에 의존하는 경우가 많다. 지식과 스토리텔링의 상관성을 살려 냄으로써 지식 습득이 용이해지고 효과적이 된다. 무엇보다도 지식 습득에 있어서 지식이 지나치게 분절되고 파편화하는 것을 극복할 수 있는 대안 기제를 모색할 수 있다. 경험과 경험의 관계를 의미 있게 맺어 나가고, 경험과 지식의 관계를 스스로 발견하고, 지식에서 다른 지식을 찾아가는 과정 등이 모두 '탐구'로서의 학습이다. 경험과 경험 사이에 의미의 다리를 놓는 일에는 일종의 스토리텔링 발현이 필요하다. 경험과 지식의 관계를 스스로 발견하는 과정은 그 내적인 모습이 여로형 이야기를 구성하는 과정과 흡사하다. 한 지식에서 다른 지식으로 여행을 떠나는 데에 이르면, 이들 탐구 과정이 탐험과 고증과 발견의 내러티브 속성을 띠게 된다. 실제로 여로형 내러티브는 성장소설의 주요 모티프로 등장하는데, 이것은 여로형 내러티브야말로 탐구형 학습 경험을 구성하는 정신 과정을 내포하고 있음을 입증한다고 하겠다. 그러므로 스토리텔링의 여로에서 학습자들은 경험과 지식 사이의 여러 가지 지적·정서적 가역반응을 겪어 낸다.

스토리텔링은 경험을 언어적·문제 해결적·가치 발견적으로 변형하는 질적 변용의 회로에 해당하는 셈이다. 학습에서 경험을 변형하고 변용하는 것은 학습자가 자기 주도성을 가지고 일으키는 매우 적극적이고 창의적인 '구성'의 결과이다. 교과의 지식을 배우는 학습활동에 동원되는 대부분의 확산적 사고는 스토리텔링이 지식에 날개를 달아 주는 양태로 이루어지게 된다.

스토리텔링은 사물에 대한 능동적 지각이면서 동시에 세계에 대한 구체적 지각이다. 능동성과 구체성을 발현하기 때문에 스토리텔링은 일상의 체험을 가장 자연스럽게 내면화할 수 있는 통로가 될 수 있다. 이는 스토리텔링이 일상적이면서도 어떤 형상화의 과정으로 조직된다는 점을 고려하면 각별한 교육적 의미를 부여할 수 있다. 특히 생활서사의 스토리텔링은 그 일상성 때문에 학습자의 생생한 체험을 학습에 자연스럽게 연결시켜 준다. 이렇듯 학습에서 일상 체험의 총체성이 강조됨으로써 앎과 삶이 통합되고 다중지능을 발달시키는 학습으로 나아갈 수 있다.

그런 점에서 스토리텔링을 수업 기술의 요소로 도입하는 데에 큰 진전이 없었던 것은 그간의 우리 수업 문화를 지배해 왔던, 내용 중심에서 오는 내용 권위적인 측면과 교육 방법 면에서의 일방적이고 억압적인 분위기를 지적하지 않을 수 없다.[5] 이런 수업일수록 일방의 교수 메시지 전달을 압축된 양적 효율로만 추구하기 쉽다. 그러나 수업에 스토리텔링 요소를 삼투시킴으로써 수업활동에서 학생들은 자유로운 사고와 더불어 학습을 억압보다는 즐거운 놀이의 분위기로 참여할 수 있다. 또 교사의 수업 진행 담화도, 수업의 전체 흐름이 스토리텔링 구도에 의탁해 있을 때는 바로 그것에 영향을 입어 부드럽고 화해적인 어조로서 호응하는 경향을 보인다.

스토리텔링은 총체성 경험의 가운데서도 논리를 체득하게 하는 사다리의 기능을 한다. 이는 형식논리를 논리학 지식 체계로 습득하는 것과는 차원이 다르다. 그렇기 때문에 스토리텔링은 삶의 형식을 일깨우는 기능을 한다고 할 수 있다. 세계에 대한 능동적 자각에서 경험 총체에 대한 논리를 구축하게 하는 데에 이르게 하는 것도 스토리텔링의 교육적 기능이다. 그리고 스토리텔링 기반의 수업은 교과와 교과를 통합하고, 지식과 지식을 통섭하는 데로 나아갈 수 있게 한다. 스토리텔링은 학습자로 하여금 학습 경험을 의미 있게 매개하고 통합하는 기능을 발휘하는 데서 수업활동으로서 가치와 역할을 최대화한다.

스토리텔링이 수업의 활동 기제로 작용하는 가운데 가장 주목해야 할 속성은 스토리텔링이 상징을 만드는 과정임과 동시에 상징을 풀어 가는 경로라는 점이다. 교육

---

5 구영산은 사회적 언어의 장으로서 국어 수업의 장이 갖는 특성으로 담화 불연속의 여러 요인 중 억압적 기제에 대한 것을 하나의 양상으로 관찰하고 있다. 구영산(2011), 『초등국어수업담화에서 불연속 통어의 격률에 관한 연구』, 서울대학교 박사학위논문(pp. 108~138) 참조.

은 상징을 익히는 일련의 과정이고, 한 개인의 발달은 상징의 세계를 익히고 적응하는 과업들로 이루어진다. 언어적 상징이든, 사회 문화적 상징이든, 미적 상징이든, 그 상징을 습득하고 상징을 발신하는 자리로 나아가는 것이 교육의 전체 과정이라 할 수 있다. 과학과 교육에서 과학적 체계와 개념을 익히는 것도 자연 세계의 실체적 현상을 하나의 인지적 체계로서의 상징으로 습득하는 것이라 할 수 있다. 실제로 과학의 법칙을 학습하는 데 있어서 얼마나 다양한 유추적 현실들이 스토리텔링의 방식으로 관여하여 이해를 촉진하게 하는지를 보면, 상징과 유추의 호응에 의해 학습이 증진될 수 있음을 쉽사리 발견할 수 있다.

스토리텔링은 그것이 직접 체험의 재현이라 하더라도 언어 또는 다른 매체로 번역되는 과정에서 현실에 대한 의미 있는 모방을 보여 준다. 그 구체적인 증거는 과정에서 스토리텔링 주체의 반성적 사고를 이끌어 낸다는 데 있다. 재현/반영의 힘은 현실을 어떤 방식으로든 각성하고 그 각성 안에 주체를 새롭게 인식하게 한다는 데 있다. 이는 온전한 소설 감상 과정에서만 발견되는 것은 아니다. 수학 수업에서 수의 집합이나 함수의 그래프를 그리는 과정에서도 어떤 형식과 질서에 대한 인지적 각성을 하게 되어 있다. 다만, 그것이 명시적으로 인지되지 않을 수 있다. 따라서 스토리텔링은 그 수행의 자발성만 갖춘다면 무언가 되돌아보는 사고, 즉 도덕적 성찰을 안으로 분비한다. 달리 말하면, 스토리텔링은 내면의 자아를 비추는 거울의 기능을 보여 준다.

또한 스토리텔링은 겉으로 드러난 것이 지니고 있는 의미의 숨어 있는 원천이다. 예컨대 희·노·애·락·애·오·욕 등 개념 차원의 표정이 지니고 있는 구체적 의미를 알고자 한다면, 이들 칠정(七情) 뒤에 숨겨진 스토리텔링을 반드시 찾아내어 짚어 보아야 한다. 정서교육이나 감정교육의 현장에서는 스토리텔링으로 번역된 정서와 감정들이 내용과 방법으로 상호 변환하며 수업에 개입한다. 현상과 본질 사이를 상상하고, 유추하고, 탐구하고, 현상과 현상 사이의 논리를 연합하고, 정보와 정보를 네트워킹하고, 교제와 교제를 연동하는 인지적 노력의 모든 과정에 스토리텔링이 숨 쉬고 있다고 할 수 있다.

그런데 이때의 이야기란 삶이 될 수도 있고 세계가 될 수도 있다. 그것은 사람과 사람이 모여 사는 공동체의 현실과 그것을 이루는 법칙일 수도 있다. 자연의 세계와 법칙도 마찬가지이다. 그것이 아무리 설명적 지식/개념으로 되어 있어도 스토리텔링의 작용으로 변전된다. 근래에는 디지털 기술 혁명으로 미디어가 급속히 발전하고, 이에 따라 스토리텔링은 미디어에 의해서 계속 매개된다. 미디어에 의해 매개된 스토리텔링은 그 자체로 교육 내용이 된다. 동시에 그것은 교육활동으로 변이되어 수업의 시공을 자유자재로 파고든다.

2부

교과 수업의 역동성을 살리는 스토리텔링 기반 수업기술

1장 언어적 문제 해결력 기르기

문제 해결력은 말 그대로 어떤 문제를 해결할 수 있는 능력이다. 따라서 언어적 문제 해결력이란 문제를 해결하는 데 언어적 요소를 활용하는 것이라고 할 수 있다. 언어로 문제를 해결하는 양상은 우리의 삶과 교실 수업 속에서 흔히 볼 수 있는 일상적인 일이다. 특히 국어과나 영어과와 같이 언어를 교수학습의 대상으로 하는 교과에서는 이것이 중요하고, 또 빈번하게 일어난다.

문제를 해결하는 능력을 기르기 위해서는 기본적으로 그 문제와 관련된 지식을 많이 가지거나 문제를 다루는 연습과 경험을 자주 해야 한다. 따라서 언어적 문제 해결력을 신장시키기 위해서는 언어와 관련된 지식이나 기능을 갖도록 하고, 언어를 자주 사용하고 접해 보는 경험을 할 수 있도록 가르쳐야 한다. 그리고 바로 이것은 국어과나 영어과에서 지향하는 방향과도 일치한다고 할 수 있다. 이러한 교육의 방향에 부합하는 교실 수업 모습은 다양한 양상으로 나타난다. 지식은 설명식이나 강의식으로 전달할 수도 있고, 언어 기능과 전략을 시범 보여 가면서 전수할 수도 있다. 그러나 이런 방식이 반드시 학생의 흥미와 동기를 이끌어 낸다고 볼 수는 없다는 사실을 우리는 여러 해의 교수 경험을 통해 이미 알고 있다.

이때 도움을 줄 수 있는 것이 스토리텔링적 접근이다. 인간은 태생적으로 스토리를 좋아한다. 따라서 언어적 문제 해결력을 길러 주는 데 서사적 구조를 도입한다면 그 학습 과정이 한층 흥미로워질 수 있다. 수업에서 마주치는 문제란 보통 교육과정에서 요구하는 성취 기준에 도달하기 위한 학습목표이다. 그리고 이 학습목표라는 것은 사회에서 기대하는 사회 적응 내지는 문화 전수의 핵심들로 구성되는 것이므로, 훗날 학습자들이 사회생활을 할 때에 필요하거나 활용할 만한 것들로 이루어져 있다고 볼 수 있다.

이 문제를 해결하기 위한 스토리텔링적 요소의 도입은 전방위적으로 이루어질 수 있다. 먼저, 문제를 따로 떨어뜨려 놓지 않고 문제 상황을 이야기의 구조 속에 놓아 제시할 수가 있다. 이때 이야기는 모험이나 도전, 참여 등의 요소를 갖는다. 이렇게 된다면 학습목표의 달성은 획득, 완결, 성취 등으로 표현될 수 있을 것이다. 하나의 수업이 하나의 이야기이자 서사가 되는 지점이다. 또는 주어진 문제를 해결해 가는 과정에서 기존에 내가 가지고 있던 서사적 지식을 활용하는 방안이 있다. 이미 알고 있는 이야기의 활용과 창조적 변형, 내가 가진 서사적 경험들이 문제 해결 과정의 열쇠가 되는 경우이다.

이 장에서는 위와 같은 언어적 문제 해결력을 길러 주는 다섯 가지 수업기술과 사례들을 살펴보기로 한다.

ON AIR 라디오를 켜 봐요는 학생들 스스로 자신의 이야기를 들려주고 다른 사람의 이야기를 들어 볼 수 있는 라디오 방송의 틀을 빌려 설계한 수업이다. 학생들은 스스로 그 상황의 주인공 내지는 참여자가 된다. 이러한 설정에서 학생들은 연극적 상황에 몰입하여 자신이 가지고 있는 이야기 자원들을 사연으로 끄집어내게 된다. 말하기와 듣기 등의 활동에서 활용 가능하며, 마음속의 이야기들을 기탄없이 드러낼 필요가 있는 학급 활동에 적용해 볼 수 있다. 이 활동은 문제를 해결하고 사람과 교감하는 데 있어서 언어의 중요성을 살펴보기에 좋다.

똑똑, 편지 왔어요 수업은 학습자가 친근하게 느끼고 이해할 법한 이야기를 통해 언어의 규범을 제시하는 접근법을 활용하고 있다. 기존의 문법 관련 내용은 주입식이나 단순 반복식의 학습법이 많이 이용되었으나, 학습자의 흥미나 문장부호의 사용에 대한 동기 부여의 측면을 고려할 때 스토리를 결합한 이와 같은 접근이 유용해 보인다. 이는 다른 국어 지식 교육에도 적용될 수 있다.

내가 잘 팔아 볼게요 활동은 옛이야기에 대한 배경지식을 활용하여 그것으로부터 착안한 개성 있는 광고를 하는 것이다. 기존의 서사적 지식으로부터 창의적인 발상을 이끌어 내는 이 활동은 스토리 리텔링(story-retelling)적 성격과 마케팅 스토리텔링적 성격을 함께 갖는다. 광고에 대한 문식 활동이 매체교육의 일환으로 강조되고 있는 상황에서, 광고를 해석하고 창조할 수 있는 능력을 길러 주는 활동을 접목해 본다면 재미있는 수업이 될 것이다.

이런 상황에 딱이야는 고사성어를 생활 속 경험과 연관 지어 생각해 보는 활동이다. 국어 교과에서 어휘나 속담, 고사성어에 대한 이해와 사용을 증진시키는 교육을 할 때 위와 같은 수업 방식은 매우 의미가 있다. 이 세상의 기호는 그 자체로 의미 있는 것이 아니라 거기에 어떠한 의미를 부여할 때 사용 가치가 생겨난다. 또한 그것이 개인에게 활용될 때에는 개인이 머릿속에서 의미화하고 자신의 것으로 소화할 때 사용 빈도와 적절성이 높아진다. 따라서 지식에 관한 실제적 사례와 경험을 찾아보고 연결 짓는 방식은 고사성어 이외의 다른 개념과 지식 학습에도 좋은 팁을 제공할 수 있을 것이다.

보물을 찾아라는 하이퍼텍스트의 구조와 작품성 높은 스토리를 활용하여 수업을 모험의 패턴으로 만들어 주는 활동이다. 모든 인간의 근원적 욕망과 그것을 위한 우여곡절이 담겨 있는 대표적인 작품성 높은 콘텐츠이면서 사람들에게 호응을 얻을 수 있는 이야기들을 수업에 끌어와 학생들이 수업에 흥미를 가질 수 있도록 돕는다. 또한 하이퍼텍스트를 통하여 수업의 흐름이 학습자의 선택에 따라 달라지는 특성을 보이도록 하여, 모험의 예측 불가능성을 수업 안으로 끌어들여 학습자의 흥미와 호기심을 자극하도록 한다.

위와 같은 수업기술을 활용하여 언어적 문제 해결력을 높이는 것뿐만 아니라 즐거운 교실 수업을 만들고 활동에 대한 학습자들의 몰입도를 높일 수 있다. 이러한 스토리텔링을 접목한 언어 수업은 자연스럽고 흥미롭게 언어활동을 할 수 있도록 도와준다는 데 그 의의가 있다. 또한 언어활동을 할 때 아이디어 생성이나 지식의 기억, 수업 태도의 개선을 기대할 수 있을 것이다.

01

ON AIR 라디오를 켜 봐요

교실을 방송국으로 만들어 주기

자신이 하고 싶은 말을 마음껏 하고 산다면 얼마나 행복할까. '임금님 귀는 당나귀 귀'라는 경문왕의 이야기나 동네 아주머니들의 수다예찬론을 들어 보면 자신이 하고 싶은 말을 할 수 있는 것도 큰 복인 것 같다. 하지만 때와 장소, 예의를 가리지 않고 마구 말한다면 어떨까? 아마 할 말은 다할지 몰라도 주위의 따가운 눈총을 피하기는 어려울 것이다.

그래서 우리 교육과정에서도 실제적 언어활동 능력을 향상시키고, 이것이 현실과 맞닿을 수 있도록 하려는 노력이 이루어지고 있다. 그 예가 실제에 가까운 의사소통 상황과 내용들을 교육 현장으로 가져와서 교실에서 연습해 보도록 한 학습활동이다. 그러나 교사가 수업 시간에 일단 수업 목표를 쓰고 교과서를 펼쳐 드는 순간 학생들은 '이것은 수업이다'라고 인식한다. 그래서 학생들이 수업 중 의사소통 상황에 몰입하는 것을 어렵게 만든다. 교사는 수업 전체를 새로운 상황으로 전환하여 학생들을 '공부하는 상황'에서 벗어날 수 있도록 해 줄 필요가 있다.

ON AIR 라디오를 켜 봐요 수업은 학생들 스스로 자신의 이야기를 들려주고 다른 사람의 이야기를 귀 기울여 들어 볼 수 있는 라디오 방송의 틀을 빌려 설계하였다. 학생들은 사연을 적어 보내는 라디오의 애청자가 된다. 누구나 라디오 방송을 들어 본 경험이 있을 것이다. 사람들은 방송에서 들려주는 재미난 사연들에 공감하면서 웃기도 하고, 슬픈 사연과 노래에 함께 기분이 울적해지기도 한다. 라디오 방송의 시청자 참여 코너의 이러한 특성들은 공감과 감정이입을 통하여 사람을 집중하게끔 만든다.

학생들을 상황에 몰입시키기 위하여 우선 배경과 인물, 사건을 설정해 준다. 그리고 학생 스스로 주인공 내지는 참여자가 될 수 있게끔 이끈다. 이러한 설정에서 학생들은 교사가 만드는 하나의 연극적 상황에 몰입하여 또 다른 스토리를 낳게 된다. 학생들은 재미있는 사연들, 슬픈 사연들을 꽤나 많이 가지고 있으며 만들어 낼 수 있다. 그러므로 이를 꺼내 줄 장(場)을 만드는 것, 그것이 교사의 스토리텔링 감각이며 기술이다. 이 활동은 다음과 같은 순서로 이루어진다.

사연 쓰기 → 라디오 DJ 정하기 → 들려줄 사연 뽑기 → (방송 대본 적기) → 방송하기 → 휴대폰 문자로 이야기에 대한 자신의 생각과 의견 전송하기

우선 학생들은 주어진 주제에 대하여 자신의 경험담이나 생각과 의견 혹은 칭찬과 사과의 글을 쓴다. 단, 자신이 마치 라디오 프로그램의 애청자가 되어 사연을 보내는 것과 같이 글을 쓰는 것이 중요하다. 이때 학생들은 자신의 사연이 전국적으로 방송되고 있다는 점, 진행자가 내 글을 말하듯이 읽어 줄 것이라는 점 등 청자를 고려하는 태도를 가져야 한다. 이 활동은 학급 홈페이지를 이용할 수도 있고, 우편으로 보내기 위한 편지글처럼 편지지를 활용할 수도 있다. 사연의 말미에는 자신의 이야기와 관련된 신청곡을 적어 본다.

그 후에는 학생들과 협의하여 라디오 프로그램 진행자를 뽑는다. 진행자는 교사와 함께 들려줄 사연을 정한다. 진행자가 과제로 방송 대본을 준비하고, 다음 수업 시간에 라디오 방송을 진행한다. 학생들은 자신이 직접 사연을 보냈기 때문에 자신의 사연이 나올까 기대하며 방송을 듣게 된다. 신청곡을 듣는 시간에는 사연에 대한 자신의 의견을 교사의 휴대폰 문자로 전송한다. 이는 학생들 간의 이야기에 관한 상호작용이며 동료 평가이다. 따라서 이야기에 대한 자신의 생각이나 의견, 느낌을 구체적으로 전달해야 한다는 점을 사전에 주지시킨다.

이 활동은 라디오 방송의 시청자 사연 소개 코너의 형식을 그대로 빌려 와 수업에 적용한 것이다. 따라서 전체적인 수업 스토리는 존재하지만 그 스토리의 완결을 위해서는 반드시 학생의 참여가 필요하다는 데에 그 의의가 있다. 이와 같이 라디오라는 매체가 '공소의 미학'[1] 을 지니고 있다는 점에서 수업에의 도입과 활용이 쉽고

그 활용 범위가 넓다고 할 수 있다.

학생들이 자신의 이야기를 써 가면서 고민하는 또 하나의 과제는 바로 신청곡 고르기이다. 초등학교 학생들이 접해 본 음악으로 자신의 이야기에 꼭 맞는 곡을 선정한다는 것이 어렵기 때문이다. 그러나 신청곡을 고르는 활동은 자신의 스토리를 청각적 요소로 변용하여 전달해 보는 또 하나의 스토리텔링 활동이므로, 인터넷 검색 등을 통하여 가사나 분위기 등을 맞춰 볼 수 있도록 격려한다. 이 활동을 어려워한다면 생략도 가능하다.

예시 수업은 운동화와 관련된 시를 읽고 운동화 내지는 다른 신발과 관련된 자신의 경험을 생각해 보는 것이었으며, 시를 읽으면서 시에 대한 이해를 깊게 하고 사람들마다 같은 시를 읽고 왜 다른 느낌을 가지는지에 대해 알도록 하기 위한 과정이었다. 따라서 문학작품의 제재인 '신발', '운동화'와 관련된 자신의 경험을 서로 나누는 과정을 ON AIR 라디오를 켜 봐요 수업으로 진행하였다.

다음은 학생들이 학급 홈페이지에 올린 두 가지 사연과 그중 하나의 사연에 대한 학급 친구들의 문자 메시지이다.

[학생 활동 사례 1] 5학년

안녕하세요? 저는 서울 ○○초등학교 5학년 2반 안○○이에요. 방금 들은 시를 들으니 작년 이맘때쯤이 생각나네요. 그러니까 아주 무더운 날이었어요. 그날이 일요일이어서 저는 가족들과 함께 교회에 갔어요. 그때 저는 전 주 일요일에 샀던 스니커즈를 처음으로 신고 갔어요. 예배당에 도착해서 신발을 신발장에 놓으려고 했는데, 그곳에 제 신발이랑 똑같은 신발이 있는 거에요! (중략) 그런데 신발이 사라졌어요! 혹시나 하는 마음으로 똑같은 신발이 있는 곳에 갔어요. 역시나 그곳에는 낡은 스니커즈가 있었지요. 저는 울고 싶었어요. 저는 그분 때문에 하루 종일 찜찜함과 우울함으로 지내야 했지요. 그리고 그 기분은 일주일간 지속되었어요. 그리고 그 다음 주 일요일! 역시 그분은 스니커즈를 또 신고 오셨어요. 하지만 꼬질꼬질한 스니커즈가 있었지요.

1 김익두는 한국 판소리의 미학을 설명하기 위해 '공소(空所)'라는 용어를 도입한다. 그에 의하면 판소리는 청·관중의 공연 내의 참여를 위해 의도적으로 공연 과정 중에다가 '빈 곳'을 배치하여 청·관중으로 하여금 그 곳을 추임새로써 직접 개입하여 채워 나가도록 한다(김만수·육상효, 2010에서 재인용).

저는 화가 나고 울고 싶었지만 꾹 참고 얼른 그 신발을 쇼핑백에 넣고 그분의 원래 신발을 그곳에 다시 두었어요. 저 그때 기도 정말 열심히 했어요. 하루도 안 신었었는데……. 이 사연을 적으면서 YB(윤도현 밴드)의 〈스니커즈〉 신청합니다.

(학생 활동 사례 2) 5학년

그때 저희 동생과 저는 크록스 신발을 신고 있었는데요, 슬리퍼 모드로 신고 있었습니다. 그때! 저희 동생이 잠깐 중심을 잃었습니다. 그런데 갑자기 저희 동생이 소리질렀습니다. "누나~! 형~!. 내 신발 없어졌어~!" 라고요. 그래서 저희는 '슬리퍼 수색작전'을 시작했습니다..그런데 5분이 지나도 슬리퍼는 나타나지 않았습니다…ㅠㅠ그때! 사촌언니 다혜 언니가 저희 동생 현서의 슬리퍼를 저~어기의 냇가 어귀에서 찾아왔습니다…*^^*다행히 저희 동생은 그.. 아끼고 아끼던 배트맨 크록스 신발을 찾았습니다. 그리고 그날 이후부터는 저희 동생은 냇가에서 놀때 크록스 신발을 신으면 항상 슬리퍼 모드가 아닌 샌달 모드로 하고 놉니다… 그뿐만이 아니라 여행을 떠날 때에는 배트맨 크록스 신발을 챙기고서 이 신발이 아주 아주 아주 중요하다면서 아껴신을 꺼라고 뽀로로 운동화를 신고 갑니다.… 그리고 또 여행을 떠납니다~!

-신청곡: 〈여행을 떠나요〉, 이승기

(학생 활동 사례 3) 사례 2의 글에 대한 학생들의 문자

- 뽀로로 운동화랑 베트맨 샌달 재미있어요~
- 안녕하세요. 저는 김△△데요^^ 저도 그런 동생이 있었으면 좋겠습니다.
- 이□□ 학생의 사연은 잘 들었습니다. 동생이 배트맨신발을 참 아끼는 것 같네요.
- 전 영흥도로 텐트 치러 갔다가 삼선슬리퍼가 빠져서 관리인 아저씨가 삽을 들고 오셔서 빼주셨는데~

[사례 1]의 학생은 자신의 운동화를 잃어버렸던 경험에 대해서 설명하고 있다. 글의 첫머리를 마치 라디오 사연에서 자신을 소개하는 것처럼 시작한 것으로 보아 글의 목적과 청자(내지는 독자)를 잘 설정하고 있다. 신청곡으로는 자신이 쓴 글의 모티프가 되는 스니커즈와 같은 제목의 노래를 선택하였다.

[사례 2]의 글은 학생이 쓴 사연의 중간 부분이다. 강조하기 위해 문장의 중간에 느낌표를 삽입하는 등 문법적으로는 꽤 많은 오류를 발견할 수 있다. 그러나 우리가 글을 읽다 보면 오히려 이것이 말의 재미나 글의 긴박성을 살리는 데 중요한 역할을 한다는 것을 알 수 있다. 그리고 이 학생은 자신의 경험과 맞닿아 있는 〈여행을 떠나요〉라는 곡을 신청했다. 이는 노래와 글의 내용의 일치를 고려한 선곡이라고 할 수 있다.

> **▸ Tip**
> 우수 사연과 문자를 보낸 학생에게는 상품을 제공한다. 예를 들면 '일기 면제권'이나 '급식 우선권'과 같은 것이다. 혹은 사연과 관련하여 다음과 같이 상품을 준비할 수 있다.
> 안○○ 학생에게는 다음부터 꼭 신발에 이름을 써 두시라고 '신발에도 잘 써지는 네임펜'을 보내 드리겠습니다. 그리고 이□□ 학생에게는 뽀로로 운동화에 잘 어울리는 '뽀로로 반창고'를 보내 드릴게요.

실제 활동에서 학생들은 자신이 쓴 사연의 제목과 같은 제목의 노래를 찾거나 아주 오래된 노래를 찾아내는 경우도 있었다. 이는 노래나 음악에 대한 배경지식이 적어서 많은 학생들이 인터넷 검색을 통하여 신청곡을 찾았기 때문이다. 가사가 상황에 교묘하게 잘 맞아떨어지면서 예전에 유행하던 우스꽝스러운 멜로디가 나오면 학생들은 폭소를 터뜨리기도 하였다. 이는 의도하지 않는 효과였으나 수업 분위기를 한결 부드럽게 하는 데 도움을 주었다.

이 활동을 성공적으로 이끌기 위해서는 라디오 방송의 실제성을 잘 살려 줄 필요가 있다. 세심하게 라디오 방송의 장치를 꾸며 줄수록 학생들은 가상 상황과 캐릭터에 깊이 몰입할 수 있다. 라디오 방송 시작 전의 신호 음악, 라디오 DJ의 자연스러운 진행, 휴대폰 문자 전송, 좋은 사연에 대한 상품 등이 그 좋은 예이다. 학생들은 사연 이후에 흘러나오는 신청곡을 들으며 자신이 사연의 주인공에게 하고 싶은 말이라든가 사연을 들은 후 느낀 점을 문자로 보내게 된다. 그리고 그 문자는 신청곡을 들은 후 실시간으로 소개된다.

이 수업은 현재 국어과 교육과정의 '경험담 말하기', '시나 이야기에 관련된 자신의 경험 떠올려 보기', '칭찬과 사과의 말의 특징 알고 해 보기' 등 다양한 곳에서 이용될 수 있으며, 학급회의 시간에 자신들의 행동을 되돌아보거나 반 친구들에게 부탁하고 싶은 말을 전할 때에도 유용하다. 또한 긴 방학 후 서로의 생활을 나누는 데에 활용할 수 있다. 이러한 활동을 학급 경영에 활용하여 정기적으로 운영한 뒤 한 달, 한 학기 단위로 가장 좋은 사연을 뽑아도 좋다. 이는 홈페이지를 활용할 경우 별점을 주는 등 동료끼리 평가하는 도구로 활용할 수도 있다.

02

똑똑, 편지 왔어요

딱딱한 문장부호 수업, 이야기로 부드러워지기

'문장부호'는 국어 수업에서 빠지지 않는 중요한 학습 내용이다. 의미를 문자 텍스트로 표현하는 과정에서 문장의 형식적 의미를 확정하는 기능을 하고, 문자 텍스트의 이해 능력뿐 아니라 표현 능력 차원에서도 반드시 갖추어야 하는 중요한 언어 지식이다.

문장부호는 중요한 지식이면서 동시에 기초 지식이기도 하다. 문자로 된 텍스트를 해독할 때 가장 기본적으로 이해해야 할 기호 중의 하나이기 때문이다. 문단을 이루는 기본 단위인 문장은 문장부호에 의해 구분된다. 상향식 읽기 모형에 따르자면, 사람들의 읽기 행위는 '단어→문장→문단' 순으로 확장되어 간다. 읽기 과정의 위계를 중요하게 여기는 이 관점에서 보면 문장부호는 '문단이라는 의미 단위로 나아가기 위해 반드시 이해해야 할 의미의 기본이 되는 기호'라 할 수 있다. 의미 구성이 기호의 해독에 의해서만 결정되는 것이 아니라고 보는 관점을 취하더라도, 문장부호가 의미를 구성하고 전달하는 과정에 동원되는 상징 자원이라는 점은 변하지 않는다.

문장부호는 이처럼 글의 의미를 이해하는 데 중요하고도 기초적인 지식이지만, 정작 문장부호를 가르치는 방식은 주입식 혹은 기계적인 단순 반복식의 접근법에 머무는 경향이 있다. 이러한 방식은 문장부호의 개념과 기능, 그리고 형태를 명확하게 학습할 수 있고 또 효율성이 높을 수 있다는 장점이 있다. 그러나 문장부호가 강한 규범성을 내포하는 학습 내용이라는 점에서 문장부호 사용에 대한 학습자의 내적 동기를 활성화하는 것이 필요하다. 주입식이나 단순 반복식의 학습법으로는 학습자가 문장부호를 적절하게 사용해야겠다는 자극을 받고 글쓰기 태도로 정착시키는 데에 한계가 있다.

특히 문장부호 수업이 주로 초등학교 저학년 국어 시간에 이루어지고 있다는 점을 고려할 때, 문장부호 수업을 하면서 언어적 규범과 사회적 약속이라는 권위를 직접적으로 강조하기보다는 문장부호의 기능과 필요성을 느낄 수 있는 이야기를 통해 전달하는 것이 필요하다.

스토리텔링을 접목한 문장부호 수업의 절차는 아래와 같다.

'문장부호가 부정확하게 표기된 편지'와 속옷만 입은 인형이 배달되기 → 문장부호가 잘못 표기된 부분을 찾아가며 편지 읽기 → 문장부호를 바르게 수정하면서 인형에게 옷을 하나씩 입혀 주기 → 문장부호가 바르게 표기된 편지와 옷을 반듯하게 갖춰 입은 인형을 비교하기 → 문장부호의 사회적 규범성을 이해하고 바르게 사용하려는 동기로 내면화하기

스토리텔링을 통해 문장부호를 학습하는 수업을 보다 구체적으로 정리해 보자. 먼저 수업 시작종이 울리면, 택배 상자가 배달되도록 수업 전에 사전 연출을 한다. 같은 학년의 동료 교사와 서로 품앗이를 해 주는 방법이 가능하다. 교사는 택배를 받으면서 학습자들에게 '어? 이 상자는 선생님이 아니라 여러분 앞으로 배달이 되었네요.'라며 학습자를 교사가 기획한 이야기 속 인물로 자연스럽게 끌어들이도록 한다.

택배 상자를 열어 보면 '○학년 ○반 친구들에게'라고 적혀 있고, 안에는 편지가 들어 있다. 편지는 전지 크기이며 아래와 같이 적혀 있다.

언니 오빠 누나 형 안녕
모르는 사람에게 편지가 와서 놀랐지
나는 외국에서 태어났어
한국에 온 지 일 년이 되었지
이름은 '그래머'라고 해
한국어를 배우는 중인데 나에게는 너무 어려워
이 편지를 엄마에게 보여드렸더니 빠진 것이 있대
난 잘 모르겠어
도와주면 안 될까

교사는 학생 한 명을 지목하여 상자를 열어 보게 하고, 상자 안에 들어 있는 편지를 칠판에 붙인 후 큰 소리로 읽게 한다. 편지의 내용은 학습자 모두에게 도움을 청하는 것으로, 이 편지를 통해 학습자들은 다시 한 번 교사의 스토리텔링 내에서 '도움을 주어야 하는 인물'의 역할을 부여받게 된다. 이어서 교사는 상자 안에 또 하나의 물건이 들어 있다고 알린다. 상자 안에는 '속옷만 입고 있는 어린아이 인형'과 바지, 신발, 양말, 모자, 가방, '그래머'라고 적힌 명찰이 들어 있다.

이제 수업 상황은 본격적인 스토리텔링 상황으로 전환된다. 교사는 '그래머의 편지'를 학생들에게 나누어 주고, 게임의 규칙을 알려 준다. 게임의 규칙은 간단하다. 학생들이 그래머의 편지에서 빠져 있는 문장부호를 찾아 적어 넣거나, 잘못 표기된 문장부호를 찾아 바르게 고친다. 문장부호를 성공적으로 채워 넣을 때마다 속옷만 입고 있는 인형에게도 옷이나 소품을 한 가지씩 착용시킬 수 있다. 인형에게 입히고 싶은 옷이나 소품은 교사가 지정해 주기보다는 학생들이 자율적으로 선택하도록 한다. 모둠별로 골고루 기회를 주고 싶다면, 각 조에서 두 명씩 짝을 이루어 교실 앞으로 나오게 한 후 한 명은 편지에 문장부호를 바르게 고쳐 써넣도록 하고 다른 한 명은 인형에게 옷을 입혀 주도록 한다.

학생들 간에 문장부호에 대한 의견이 다른 경우, 교사가 직접 설명해 주기보다는 학생들로 하여금 왜 그렇게 생각하는지 이야기를 해 보게 하여 문장부호에 따라 문장의 의미가 달라질 수 있다는 점을 이해시킨다. 앞에서 제시된 편지에서 느낌표를 넣을 수 있는 문장은 하나로 정해져 있지 않으므로 느낌표를 여러 번 사용할 수도 있음을 염두에 두고, 이것 역시 문장을 쓰는 사람이 분명한 표현 의도를 가지고 정해야 하는 문제임을 알도록 한다. 수업 운영 면에서는 의견을 낸 조원의 의도를 존중하여 문장부호를 표시하는 것이 옳다.

이 수업에서 마무리 활동은 상당히 중요한 의미를 갖는다. 수업의 전반부가 학생과 교사 모두가 '그래머의 편지'를 매개로 이루어지는 스토리텔링 상황 속에 몰입하는 경험으로 구성된다면, 후반부는 교사가 스토리텔링에 몰입되어 있는 학생들을 이야기 밖으로 끌어내고, 자신들이 빠져 있던 이야기를 조망할 수 있도록 이끌어야 하기 때문이다. 즉, 지금까지 우리가 함께 빠져들어 있었던 이야기 상황을 학습목표인 문장부호의 쓰임에 대한 이해와 연관 지어 해석해 주는 단계로 나아가야 한다. 이 단계에서의 핵심적인 발문은 다음과 같다.

> 우리는 속옷 차림 혹은 간이복만으로도 내가 여자인지 남자인지, 아이인지 어른인지를 표시할 수 있고, 몸의 중요한 부분을 가리거나 보호할 수 있습니다. 그러나 이런 차림으로 외출을 하는 데에는 무리가 있습니다. 목적에 맞게 의복을 갖추어 입어야만 우리의 행동이 편리할 뿐만 아니라, 다른 사람들과 어울리기에도 좋습니다. 마찬가지로, 문장부호가 없이도 의미를 전달할 수는 있습니다. 그러나 의미가 정확하지 않기 때문에 내가 전하려는 의미를 분명하게 전달할 수가 없고, 때로는 사람들 간에 오해가 생길 수도 있습니다.
>
> 양말을 머리에 쓰는 것은 올바른 착용법이 아닙니다. 양말은 기본적으로 발에 신는 것입니다. 마찬가지로, 문장부호는 기본적인 사용법을 지켜야 합니다.
>
> 조금 더 나아가자면 문장부호의 쓰임새는 절대적으로 고정된 것은 아닙니다. 가령, 축제, 파티 등의 경우에 양말은 모자로 바뀔 수도 있습니다. 그것은 특수한 상황에서 허용되기도 한다는 것을 보여 줍니다. 마찬가지로, 물음표는 원칙적으로 의문문을 나타내기 위해 쓰이고 의문문은 항상 대답을 요구합니다. 하지만 물음표가 사용되는 문장 중에는 정말 대답을 듣지 않아도 되는 경우도 있습니다. 이렇게 문장부호는 기본적인 사용법이 있고, 상황에 따라서 새로운 의미를 표시할 수도 있습니다. 이것은 문장부호가 사용된 상황과 맥락을 통해 이해해야 합니다.

비교적 단순하고 명확한 학습 내용인 '문장부호'를 스토리텔링이라는 방식을 통해 학습하는 것이 한편으로는 번거로워 보일 수 있다. 그렇다면 이러한 접근 방식의 의의는 어디에서 찾을 수 있을까. 이는 문장부호 학습의 초점을 문장부호의 명칭과 생김새를 기계적으로 연결하는 것에서 한발 더 나아가 문장부호의 규범성에 대한 보다 폭넓은 이해, 문장부호를 실제 언어생활에서 바르게 사용하고자 하는 동기와 의욕의 고취에서 찾을 수 있다. 교사는 문장부호와 같은 언어 규범이나 국어 지식에 대한 수업에서 규칙과 명령을 '전달'하고 '강요'하는 목소리를 내기가 쉽다. 그러나 실제 규범이라는 것은 항상 사회적·문화적·역사적 환경과 더불어 변화하는 유동적 존재라는 것을 상기할 필요가 있다.

이런 관점을 더 확장해 보면, 문법 지식이 절대적이고 고정된 지식으로서 규범성만 갖는 것이 아니라 문법은 언어 사용의 실제와 맞물려 있기 때문에 역동적이고 사회적인 지식으로서의 성격을 갖는다는 점으로 나아갈 수 있다. 실제로 우리는 초등학생 학습자의 글쓰기에서 문장부호를 생략하는 경우를 쉽게 본다. 또는 문장부호의 위치가 문장 내에 위치하거나(예: 정말(?) 화났어.) 문장부호를 여러 개 겹쳐 쓰는 경우(예: 하지 말라고!!!!!)도 많다. 이러한 용례는 규범적 관점에서 보면 명백히 틀린 사용이며, 금지되어야 한다. 그럼에도 불구하고 사람들은 실제 다양한 언어 사용 상황에서 이런 식으로 문장부호를 사용하며, 각 사용은 서로 다른 의미를 전달한다. 스토리텔링은 언어 사용의 역동성과 맥락성을 드러내기에 매우 유용한 도구라는 점에서 문장부호라는 규범적 지식이 갖는 사회성을 학습하는 데에도 활용 가치가 높은 것이다. 스토리텔링을 접목한 수업을 통해 물음표, 느낌표, 마침표 등이 낱낱의 개별적 지식이 아니라 '언어 사용의 사회적 기능'이라는 보다 상위의 지식으로 수렴될 수 있을 것이다.

스토리텔링을 통한 문장부호 수업은 스토리텔링이 특정한 시공간 혹은 맥락을 배경으로 펼쳐진다는 점에서 '규범'이라는 완고한 대상을 무너뜨리거나 파괴하지 않으면서 유연하게 이해할 수 있도록 해 주는 효과적인 방식이 될 수 있다.

03

내가 잘 팔아 볼게요

나만의 광고 제작하기

TV나 라디오, 각종 매체에서 우리는 매일 다양한 광고를 마주한다. 그런데 그 광고 속에는 여러 방식의 다양한 층위의 스토리텔링이 숨어 있다. 광고는 상품에 대한 광고 모델의 스토리텔링을 시청자에게 전달하기도 하며, 또는 오랜 세월 동안 전해져 온 스토리텔링에 상품의 이미지를 덧씌워 전달하기도 한다. 전자의 예로 유명 연예인이 TV에서 특정 상품을 광고하면서 해당 제품을 사용했더니 자신이 멋지고 아름다워졌으며, 편하고 즐겁다는 식으로 스토리텔링하는 경우를 들 수 있겠다. 후자의 예로는 전래동화의 주인공이 광고에 등장하여 광고를 하나의 비주얼 스토리텔링으로 조직하고, 그 안에 상품을 등장시키는 경우를 들 수 있다. 이러한 마케팅 스토리텔링은 물론 시청자에게 상품의 긍정적인 면을 부각시켜 상품을 구매하게끔 설득하려는 목적을 갖고 있다. 이는 대단히 효과적인 방법이므로 아주 오랜 시간 동안 광고 제작자들이 즐겨 사용하고 있는 광고의 방식이기도 하다.

매체 수업에 이를 활용할 수는 없을까? 학생들이 직접 광고의 스토리텔러가 되는 경험을 가지게 할 수 있을 것이다. 이때 상품의 제작까지도 학생이 경험할 수 있으나, 여기에서는 학생이 옛이야기의 스토리텔러가 되어 그 속에 등장하는 소품을 광고하는 형식을 취해 보고자 한다.

이 활동은 옛이야기에 대한 해석 능력이 접목되어야 하며, 이야기 속에서 착안한 개성 있는 상품을 광고해야 한다는 점에서 스토리 리텔링(story-retelling) 활동인 동시에 마케팅 스토리텔링을 경험할 수 있는 활동이라고 할 수 있을 것이다. 즉, 매체와 스토리 해석 능력과 재구성 능력을 길러 주는 활동을 접목하여 활용하였다. 이 수업의 대략적인 흐름은 다음과 같다.

> 특정한 소품이 등장하는(또는 숨어 있는) 옛이야기 선정 → 그 특정 소품이 가지고 있는 특징, 장점 등의 목록 작성하기 → 특정 사물의 매력적 외양 결정하기 → 광고 카피 작성하기 → 광고로 꾸미기

먼저 학생들은 특정한 사물이 등장하는 옛이야기를 선정한다. 예를 들어 〈신데렐라〉의 유리구두라든지, 〈심청전〉의 공양미, 〈춘향전〉의 그네, 〈잠자는 숲속의 미녀〉에 등장하는 물렛가락 등이 될 수 있다. 좀 더 쉬운 활동을 위해서는 직접적으로 등장하는 사물을 광고할 상품으로 선택할 수 있으나, 보다 심화된 활동으로 진행하려면 부수적인 상품을 생각해 볼 수도 있다. 예를 들어, 라푼젤이 사용한 샴푸, 〈빨간 모자〉의 모자를 만든 재봉틀 등을 떠올린다면 보다 창의적이고 다양한 발상의 전환을 가져올 수 있을 것이다.

이야기를 선정하고 광고할 상품을 선택하였다면, 물건이 상품으로서 가질 수 있는 매력적 특성을 열거해 본다. 이때가 스토리텔링 능력이 가장 활발히 요구되는 단계이다. 학생들은 자신들이 이미 알고 있는 이야기에서 상품이 가지고 있는 특성의 실마리를 얻고, 또 자신의 삶에 비추어 그 상품이 가지고 있는 특성을 연관 지어 생각할 수 있다. 다시 말해 이 단계에서 학생은 이야기 속의 인물이 사는 삶이 자신이 현재 살고 있는 삶과 대동소이하다는 큰 전제하에 상품의 질을 판단하게 되므로, 이 단계는 해당 스토리를 자신의 생활에 접목시킬 수 있는 단계가 되는 것이다.

예를 들어, 신데렐라의 유리구두를 광고하기로 마음먹었다고 하자. 학생은 "신데렐라가 유리구두를 신고 빠르게 달려 왕자로부터 달아나다가 한쪽 구두를 두고 갔다."는 대목에서 '신데렐라는 유리구두를 신고도 왕자에게 잡히지 않을 정도로 빨리 뛸 수 있었다'는 정보를 얻게 된다. 이 정보는 '딱딱한 구두는 신고 달리기에 불편하다'는 상식과 충돌하는 정보이다. 따라서 학생은 이 구두를 '신고 달려도 발이 아프지 않은 신기한 유리구두'라고 결론을 내리고, 이 점이 소비자에게 설득할 만한 상품의 특징이라고 판단하는 데까지 이른다.

다음으로, 선정한 상품의 외양을 매력적으로 표현한다. 이 단계는 상품의 시각적

이미지를 구성하는 단계이다. 학생들은 앞에서 선정한 특징이 잘 드러날 수 있도록 그림을 그린다든지, 직접 모형을 제작하여 사진으로 촬영하는 등의 다양한 방식으로 광고의 이미지를 제작한다.

이미지를 제작한 후에는 광고 카피를 작성한다. 사전에 미리 광고의 구성 요소를 학습하도록 지도한다면 이 단계가 훨씬 역동적이고 활발하게 이루어질 수 있다. 학생의 경험과 인지 수준을 파악하여 헤드라인, 또는 헤드라인과 서브 헤드라인 정도의 수준으로만 제작하게 하여도 좋다.[2]

마지막으로 지금까지의 활동 결과를 조합하여 하나의 광고를 제작한다.

(학생 활동 사례) 3학년

교실에서 교사가 이 활동을 진행하기 위해 염두에 두어야 할 점은 학생들이 너무 뻔한 광고를 제작하지 않게끔 유도하는 것이다. 실제로 광고에는 여러 스토리텔링이 사용되고 있다. 지하철 광고 중 경북 문경의 특산품인 사과 광고가 있는데, 백설공주가 사과의 좋은 영양 성분 때문에 더 피부가 고와지고 예뻐진다는 내용이다. 백설공주와 사과를 연결했다는 점에서는 다소 심심하고 밋밋한 광고 패턴이라 볼 수 있겠으나, 독사과의 부정적 측면을 제거하고 사과의 긍정적 측면을 부각시켜 의외성을 띠는 재미있는 광고로 만든 예라고 볼 수 있다.

해리포터 시리즈에 등장하는 빗자루를 이야기 속 특성 그대로 가지고 와서 '빠르게 날 수 있다'에 초점을 두고 광고를 제작하는 것은 별로 흥미롭지 않다. 그러나 그 빗자루의 숨겨진 속성을 탐색하여 '날 수도 있지만 청소 시간에 빠르게 움직이는 빗자루가 더욱 청소를 쉽게 해 준다'와 같은 콘셉트로 제작한다면, 기발하고 재미있으

2 본격적이고 실제적인 인쇄 광고의 제작에서는 헤드라인(광고의 제목이라 할 수 있는 부분으로 상품의 매력적인 측면을 간결하고도 흥미 있게 나타내는 문구이다. 광고에서 가장 큰 글씨로 쓰인다), 서브 헤드라인(광고의 부제목이라 할 수 있는 부분으로, 헤드라인의 아래에 헤드라인과 바디카피의 중간 크기 글자로 쓰인다. 헤드라인을 보충 설명하는 간단한 문장이다), 바디카피(상품에 대한 구매욕을 불러일으키는 설명문으로, 서브 헤드라인보다 작은 크기의 글자로 제작한다)가 모두 쓰인다.

며 소비자의 구매 욕구를 불러일으킬 수 있는 광고가 될 수 있다.

이 광고 제작 수업이 매체 비판적으로 읽기 수업의 시각에서 다루어지지 않도록 한다. 이 광고의 제작은 옛이야기를 새로운 시각으로 해석하고 재구성하여 이야기에 등장하는 소품을 구매하도록 시청자를 설득하는 마케팅 스토리텔링의 경험을 갖는 데에 목적이 있다. 이 광고를 과장광고라든지, 객관적 실체가 없는 상품을 광고하고 있다든지 하는 시각으로 보는 것은 이 활동의 목적과 상충된다. 이 활동이 이야기의 맥락 속에서 소품을 부각시키는 데에 중요성을 가진다는 것을 학생들에게 주지시킬 필요가 있다.

▶ Tip

이 활동은 매체수업에 유용하게 활용될 수 있다. 또 '꼬마 광고 제작자' 등의 활동으로 구안하여 진로 교육에 활용할 수도 있다.

이 활동을 통해 학생들은 마케팅 스토리텔링의 경험을 갖게 됨과 동시에 우리 주변에서 흔히 보고 듣는 여러 광고들이 마케팅 스토리텔링의 형식을 가지고 있음을 알게 된다. 따라서 학생들이 우리 삶 곳곳에 녹아들어 있는 스토리텔링의 존재를 새로이 인식하게끔 한다는 데에 이 활동의 의의가 있다.

04

이런 상황에 딱이야

고사성어를 활용한 경험 이야기 만들기

고사성어에는 유래담이 전해져 내려오는 경우가 많은데, 그 유래담 자체를 활용하기는 쉽지 않다. 왜냐하면 시간적 배경이나 공간적 배경이 주로 먼 과거이기 때문에 초등학교 학생들이 쉽게 상상하거나 공감할 수 있는 것과는 다소 거리가 있기 때문이다. 예를 들어, 흔하게 많이 쓰이는 고사성어 중 '감언이설(甘言利說)'에 얽힌 유래담을 살펴보자.

> 삼국사기에 실린 〈구토지설〉 이야기는 다음과 같다. 용왕은 토끼의 간을 먹으면 자신의 병이 낫는다는 말을 듣고, 자라에게 토끼의 생간을 구해 오게 한다. 자라는 육지로 나가서 토끼를 찾아 온갖 달콤한 말로 토끼를 꾀어 용궁으로 데려온다. "바다 가운데에 한 섬이 있는데, 샘물이 맑아 돌도 깨끗하고 숲이 무성하여 좋은 과실도 많다. 또 그곳은 춥지도 덥지도 않고 매나 독수리 같은 것들이 침범할 수가 없다. 네가 만약 그곳에 갈 수만 있다면 편안하게 살 수 있어 아무런 근심도 없을 것이다. (하략)" 이와 같이 남의 비위에 맞춰 꾸민 달콤한 말과 좋은 조건을 내세운 말을 일컬어 '감언이설(甘言利說)'이라고 한다. 용궁에 가서 토끼는 자라가 한 말이 거짓말이라는 것을 알고, 간을 육지에 두고 왔다고 둘러대고 용궁을 빠져나온다.

〈구토지설〉 이야기는 누구나 알고 있지만, '감언이설'이 여기서 유래했다는 사실을 아는 사람은 별로 없을 것이다. 고사성어는 굳이 유래담과 연결 짓지 않더라도 단순 암기로 학습하여 익힐 수 있기 때문이다. 그러나 이렇게 학습할 경우 실제 언어 사용 상황에서 학생들이 고사성어를 활용하여 효과적으로 표현하는 일은 드물다.

고사성어는 고사에서 연유한 말이지만 신화, 전설, 역사, 고전, 문학작품 등에서 나온 말도 포함된다. 이러한 말들은 비유나 상징어로 기능하고, 관용구나 속담으로 쓰여 표현을 풍부하게 해 준다. 우리나라에서 발생한 고사성어는 『삼국유사』, 『삼국사기』 등의 역사서나 〈춘향전〉, 〈구운몽〉과 같은 소설, 『순오지』[3]와 같은 속담집 등에서 유래하였다. 고사성어는 한 편의 스토리를 담고 있는 상징성이 강한 어휘이다. 고사성어를 활용한 글쓰기는 고도의 상징성을 효과적으로 살릴 수 있는 비유적인 표현이 되기도 한다.

이 활동은 고사성어를 생활 속 경험과 연관 지어 생각해 보는 활동으로 고사성어의 원래 유래담과 함께 고사성어의 의미를 이해하고, 생활 속에서 어떤 상황이나 대상을 보다 재미있고 생생하게 이해하는 데 도움을 줄 수 있다. 학생들은 고사성어와 관련하여 간단한 경험이나 있을 법한 상황을 이야기로 구성한다. 이를 통해서 일상생활 속에서 고사성어를 비유적으로 표현할 수 있는 상황을 통찰할 수 있게 해 준다.

활동의 흐름은 다음과 같다.

> 고사성어와 관련된 이야기 듣기(또는 읽기) → 고사성어 익히기(음, 뜻, 직접적인 의미) → 고사성어와 관련된 생활 속 경험 이야기 만들기 → 생각 나누기

먼저 고사성어와 관련된 이야기 자료를 읽거나 들을 수 있도록 자료를 제공한다. 이때 이야기 자료는 학생들이 이해하기 쉽게 교사가 본래의 이야기를 재구성하거나 학생 수준에 맞는 이야기를 창작해서 제공하는 것이 좋다. 또, 이야기를 읽기 자료로 제공하는 것보다는 교사가 실감나게 구연(口演)을 해 주면 학생들이 좀 더 몰입할 수 있다.

다음으로 고사성어의 음과 뜻, 직접적인 의미를 익히도록 지도하는데, 한글과 마찬가지로 한자의 필순을 정확하게 쓰는 습관을 가질 수 있도록 교사와 학생이 함께 써 보는 기회를 갖는 것이 좋다.

---

3 조선 후기 문신이자 학자인 홍만종(洪萬宗, 1643~1725)이 지은 잡록. 우리말 속담 143개를 수집하여 한문으로 번역한 뒤, 글자 수에 따라 분류하고 각각 그 뜻을 적어 놓았다(한국브리태니커, 1999).

한자의 음과 뜻을 익혔다면 고사성어와 관련된 경험을 떠올려 보고 발표해 보는 기회를 갖는다. 학생들이 고사성어와 관련된 경험을 떠올리기 쉽지 않을 수도 있으므로 다양한 발표를 하도록 하여 학생 개인이 자신의 경험을 떠올릴 수 있도록 지도하는 것이 좋다.

처음에는 이야기를 만드는 것 자체에 부담감을 느끼는 학생들도 친구들의 경험을 들으며 자신의 경험을 쉽게 떠올릴 수 있다. 자신이 직접 경험한 바가 없다면 고사성어를 적용할 만한 상황을 이야기로 써 보게 하거나 만화로 표현해 보도록 안내한다.

▶ **Tip**

교사의 구연 예시

○○에 수영이라는 아이가 살았는데, 수영이의 아버지는 소설가셨대. 그런데 아버지가 얼마 전부터 컴퓨터로 글을 쓰기 시작하셨는데, 원고지에 펜으로 쓸 때보다 훨씬 편해지셨다고 기뻐하셨대. 드디어 몇 달 동안 밤을 새워 가며 쓴 소설이 완성되어 출판사로 보내려는데 (하략).

학생 각자의 활동이 끝나면 친구들의 결과물을 전시하거나 돌려 읽고, 고사성어가 활용되는 다양한 상황에 대해서 살펴보는 것도 매우 의미 있는 과정이 된다.

다음은 고사성어 '등하불명(燈下不明)'을 가지고 활동한 사례이다. 고사성어와 관련된 이야기는 학년 수준을 고려하여 교사가 창작한 이야기로, 학급의 아이들에게 읽기 자료로 제시하였다.

소설가인 수영이 아버지가 드디어 얼마 전부터 컴퓨터로 글을 쓰기 시작하였습니다. 철수 아버지는 원고지에다 글을 쓸 때보다 훨씬 편해졌다고 무척 기뻐했습니다.

요즘 수영이 아버지는 밤을 새워 가며 소설을 쓰고 있습니다.

드디어 수영이 아버지는 소설을 마무리했고, 소설을 출판사의 이메일을 이용해 보내기로 했습니다. 그런데 수영이 아버지는 컴퓨터를 배운 지가 얼마 되지 않아 이메일 보내는 방법을 알지 못했습니다.

'아이고, 큰일 났네. 이를 어쩌면 좋지?' 수영이 아버지는 한참 동안 발을 동동 굴렀습니다. 생각다 못해 그는 매일 꼴찌만 하는 아들, 수영이를 불렀습니다.

"수영아, 혹시 네 친구 중에 컴퓨터 잘하는 애 없니? 원고를 이메일로 보내야 하는데." 그러자 수영이가 말했습니다.

"아빠, 저도 학교에서 컴퓨터를 배워서 이메일 보내는 정도는 쉽게 할 수 있어요."

"그래? '등하불명'이라더니, 내가 미처 그걸 모르고 있었구나. 부탁한다. 똑똑이 수영아!"

학년 수준을 떠나 초등학교 학생들은 '이야기 듣기'를 좋아하기 때문에 옛날이야기를 들려주듯 읽어 주는 것이 더 효과적일 것이다. 다음은 학생들의 활동 결과물과 서로의 경험을 나누는 장면이다.

〔학생 활동 사례 1〕 6학년

○○○○년 ○월 ○일 ○요일, 기분 매우 나쁨

오늘 무지 혼났다. 종아리를 맞았다. 너무 쓰라리다. 핸드폰을 동생이 가지고 있는 줄 알았는데, 바로 옆에 두고 싸웠다. 동생아 ~ 미안! 이걸 보고 '등하불명'이라고 하나 보다. 나는 등잔 밑이 어두웠다.

[사례 1]의 친구는 자신이 휴대전화를 어딘가에 흘려 놓고는 동생이 가져간 것으로 오해하여 동생과 다투고 엄마에게 혼이 난 적이 있었다. '등하불명'과 관련된 이야기를 읽고 자신의 경험을 떠올려 표현한 경우라고 할 수 있다. 만화로 전체적인 상황을 보

여 주고, 마지막 컷에 고사성어의 의미를 분명하게 정리하는 방법으로 표현하고 있다.

[학생 활동 사례 2] 6학년

어느 날 이상한 사건이 요리사 이모 씨에게 일어났다. 중요한 책의 한쪽이 없어진 것!! 이모 씨는 항상 불만이 있는 최모 씨에게 따졌다. 그리고 항상 같이 다니는 김모 씨도 최모 씨가 그랬을 것이라 하여 더더욱 의심하였다. 이모 씨는 최모 씨가 아니라고 해도 계속 믿었고 그래서 최 씨는 고민에 빠졌다. 계속 고민에 빠진 최 씨는 자기가 사건을 조사하기로 했고, 어느 날 조사하던 최 씨는 무엇인가를 들고 웃고 있는 김 씨를 보았다. 최 씨는 다가가 김 씨가 들고 있는 종이를 빼앗아 보았는데 그것은 다름 아닌 잃어버린 비밀의 레시피였던 것이다. 최 씨는 모든 일을 이 씨에게 말하고 이렇게 해서 모든 일은 끝났다. "등하불명이라더니, 등잔밑이 어두웠네. 미안하네, 최 씨."

고사성어가 어울리는 생활 속 경험을 만화로 표현하는 활동이지만, 실제 경험이

활동 결과물 전시를 통한 경험 나누기

아니라도 [사례 2]처럼 현실 세계에 있음직한 상황 속에서 고사성어의 의미를 구현하는 경우도 있다. 경험이든 상상이든 이야기의 맥락 속에서 학생들이 고사성어의 의미를 정확하게 이해하고 있다는 것을 알 수 있다.

학생들의 개별 활동이 끝나면 학생들의 생각을 서로 비교해 볼 수 있는 시간을 갖도록 활동 결과물을 한데 모아 전시하고 고사성어의 의미와 잘 맞는 상황을 표현한 것에 스티커를 붙이는 활동을 하는 것도 좋다. 실제 학급에서 본 아이디어를 적용해서 활동해 본 결과 스티커가 많이 붙여진 작품은 고사성어가 어울리면서도 웃음이 유발되는 재치 있는 상황을 표현한 작품이었다.

이렇게 다른 사람과 자신의 생각을 비교해 보면서 학생들은 '등하불명'이라는 네 글자의 고사성어가 생활 장면에서 활용되는 상황에 대해서 정확하게 이해하게 되고, 다른 생활 장면이나 쓰기 활동 상황에서 적절하게 비유적으로 활용할 수 있게 된다.

초등학교 학생들이 고사성어를 배울 수 있도록 하기 위해 제작된 대부분의 책들이 먼 과거의 이야기나 역사이야기 속에서 고사성어의 쓰임을 보여 주는 경우가 대부분이다. 하지만 생활 경험 속에서 고사성어의 의미를 하나의 스토리로 구현하는 활동을 함으로써 고사성어를 분절적이고 단순한 지식으로 인식하지 않고 상황맥락 전체 속에서 활용할 수 있는 총체적인 학습이 가능해질 수 있다.

▸ **Tip**

이 아이디어는 창의성 신장을 위한 교육, 글쓰기 교육과 연계하여 지도할 수 있는 활동으로, 속담과 관련하거나 우리말의 관용적인 표현 등을 익힐 때 활용할 수 있는 스토리텔링 전략이다.

05

보물을 찾아라

하이퍼텍스트로 만드는 모험 이야기

누구나 한 번쯤은 모험을 꿈꾼다. 특히 어릴수록 모험에 대한 동경도 크다. 그러므로 모험의 이야기 패턴을 수업에 도입하는 것은 학생들의 흥미를 끄는 데 유용하다.

모험 이야기의 특징 중 하나는 예측 불가능성이다. 행운과 불운이 교차되어 나타나면서 이것이 예측할 수 없는 상황일 때 사람들은 긴장하고 스릴과 희열을 느끼게 된다. 게임의 미션을 수행해 냈을 때의 카타르시스는 얼마나 달콤한가.

이러한 요소는 하이퍼텍스트에 의해서 실현될 수 있다. 하이퍼텍스트는 작가가 만들어 놓은 수많은 경우의 수를 독자가 임의적으로 취사선택하여 서사를 재구성할 수 있도록 짜인, 열려 있는 텍스트이다(류수열 외, 2007: 241). 학생들이 어떤 링크를 선택하느냐에 따라서 이들이 만들어 가는 스토리는 달라진다. 학생들은 주체적인 이야기 생산자가 되어 적극적으로 스토리를 만들어 나간다. 어떻게 이야기가 진행될지 알 수 없기 때문에 궁금증과 기대감이 고조된다.

하이퍼텍스트의 구조와 작품성 높은 스토리가 만날 때 그 영향력은 더욱 강해진다. 〈캐리비안의 해적〉이나 〈보물섬〉, 해리포터 시리즈는 그 안에 모험, 재물이나 명예의 성취 등 모든 인간의 근원적 욕망과 그것을 위한 우여곡절이 담겨 있는 작품성을 인정받은 대표적인 콘텐츠들이다. 사람들에게 호응을 얻을 수 있는 보편적이며 흥미로운 이야기이므로 학생들 또한 수업에 흥미를 가지고 수업에 참여한다.

보물을 찾거나 명예를 지키기 위해 길을 떠나는 모험의 과정을 수업 장면으로 구성하였다. 해리포터 시리즈라는 잘 알려진 이야기를 바탕으로 하였으며, 수업의 단계는 다음과 같다.

상황 및 목표 확인하기 → 팀 나누기 → 길을 떠나기 위해 필요한 물품 획득하기(시장에서 상점 찾기) → 보물의 위치 찾기

이야기는 아래와 같은 안내 편지로 시작된다.

Dear Harry Potter and his brave friends.
Today I heard Voldemort wants to find the Philosopher's Stone and it is in our school. But nobody knows where it is. Gryffindor, Ravenclaws, Slytherin and Huffelpuf, I need your help. We should keep it from the devil. Please let me know where the Philosopher's Stone is. Which team can find it first? Good luck.

President of Hogwarts, Dumbledore.

해리포터와 용감한 친구들에게.
나는 오늘 볼드모트가 마법사의 돌을 찾고 싶어 한다는 이야기를 들었어요. 그리고 그것은 우리 학교 안에 있다고 합니다. 그러나 아무도 그것이 어디에 있는지를 몰라요. 그리핀도르, 래번클로, 슬리데린, 호플푸프 친구들! 여러분의 도움이 필요해요. 우리가 사악한 자로부터 그들을 지켜야 합니다. 나에게 마법사의 돌이 어디에 있는지 알려 주세요. 어느 팀이 가장 먼저 찾을 수 있을까요?

호그와트 교장, 덤블도어.

편지 내용에 따라 학생들은 총 4개의 집단으로 나눈다. 이들은 서로 경쟁 구도에 놓이게 된다. 네 집단은 가위, 바위, 보 등을 통하여 순번을 정하고, 한 번씩 돌아가며 게임에 참여한다. 수업에서는 총 2개의 퀘스트가 제시되는데, 하나는 보물을 찾는 것이며 또 하나는 그 보물을 찾아 나서기 위해 모험에 필요한 물건들을 획득하는 것이다. 마지막에는 보물을 먼저 찾는 팀이 승리한다.

그러나 모든 모험이 그렇듯이 이 과정은 만만치 않다. 우선 필요한 물품을 획득하러 떠나야 한다. 마법사의 돌을 찾아 떠나기 위해 필요한 것들은 총 8가지이다. 8가

지 모두를 구해야만 호그와트로 들어가 마법사의 돌을 찾을 수 있다. 이 물건들은 '다이애건 앨리'라고 하는 해리포터 텍스트에 등장하는 시장에서 구할 수 있으며, 교사는 상점이 그려진 시장 지도를 제시한다. 학생들은 8가지 물건을 제시된 슬라이드에 적힌 순서대로 사야 하고, 이 게임에서는 해당 상점을 올바르게 찾아가는 것이 물건의 획득을 의미한다. 그 출발 지점은 시장 지도 상의 각기 다른 위치에 자리 잡은 기숙사를 상징하는 색깔의 화살표가 있는 곳이며, 그리핀도르는 붉은색, 슬리데린은 초록색, 래번클로는 파란색, 후플푸프는 노란색이다.

▶ **Tip**

시장 지도는 PPT 슬라이드 상에 굵은 선을 이용하여 격자무늬 길을 만들고 길 위에 상점을 상징하는 아이콘을 배치한다. 길 중간중간에는 주사위 표시 아이콘을 넣고, 이 주사위에 행운카드와 같은 우연성의 요소를 링크를 통해 부여한다. 시장 지도 슬라이드와 함께 구입 목록이 적힌 슬라이드도 함께 제시해 주어야 한다.

팀 내 모든 학생이 물건 사러 가는 길을 적어도 하나씩은 설명해야 한다. 같은 팀(같은 기숙사)에 속한 학생들 모두가 함께 질문을 하고 자신의 차례가 되면 해당 학생이 그 물건을 사기 위한 건물로 가는 길을 혼자 설명해야 한다. 모두 함께 질문하지 않거나 혼자 설명하지 않고 도움을 받으면 무효 처리된다.

예를 들어 슬리데린이 가장 먼저 게임을 시작한다고 가정한다면 슬리데린 팀의 학생들이 묻는다. "Where is the bank?(은행이 어디 있나요?)" 이 질문에 대하여 슬리데린 팀의 한 학생이 지도상의 초록색 화살표로부터 은행까지 가는 길을 설명한다. "Go straight 2blocks and turn left. Walk down the street. It's on your right.(두 개의 블록을 지나 왼쪽으로 도세요. 길을 따라 내려가면 오른쪽에 있습니다.)" 이 설명이 맞으면 슬리데린 팀은 그린고트 은행으로부터 필요한 돈을 인출한 것이 되며, 다음 팀으로 기회가 넘어간다.

물건의 목록은 다음과 같으며, 물건을 사야 하는 순서도 정해져 있다. 그러나 팀별로 출발 위치가 다르기 때문에 가는 길을 설명하는 내용은 같을 수 없다. 물건의 목록과 구매 순서는 아래와 같다.

① 물건들을 사기 위해 필요한 돈. 이 돈은 은행인 그린고트에 맡겨져 있다. (60갈레온) ② 호그와트의 비밀통로까지 표시되며, 학교 안 모든 이들의 움직임이 표시되는 마법지도. (10갈레온) ③ 위험이 닥쳤을 때 사용할 성능 좋은 마법 지팡이. (10갈레온) ④ 볼드모트와 그의 수하를 만났을 때 호그와트 밖으로 나오기 위한 빠른 빗자루. (10갈레온) ⑤ 적을 물리칠 수 있

는 온갖 주문이 적힌 주문 책. (7갈레온) ⑥ 위험한 상황에서 기숙사 친구들에게 메시지를 전할 수 있는 똑똑하고 빠른 부엉이. (10갈레온) ⑦ 학교 관리인인 '필치', 그리고 그의 고양이인 '노리스 부인'에게 들키지 않기 위한 투명 망토. (10갈레온) ⑧ 다른 팀보다 빨리 찾기 위해 다른 팀을 견제할 재미있고 신기한 장난감. (6갈레온)

학생들이 가진 돈은 모두 60갈레온이다. 그러나 물건들 값의 합은 63갈레온이다. 따라서 학생들은 물건을 모두 마련하기 위해 3갈레온을 더 획득해야 한다. 부족한 돈은 주사위 표시를 선택함으로써 그 결과에 따라 보충할 수도 있고, 오히려 갈레온을 없애는 계기가 되어 목적의 달성을 방해할 수도 있다. 학생들이 목적지까지 가는 길에 주사위가 있다면 주사위 표시를 열어 볼 수도 있고, 무시하고 넘어갈 수도 있다. 주사위 표시는 최대 3번까지 선택이 가능하며, 만일 이 표시를 통해 8가지 물건을 모두 구할 수 없을 만큼 갈레온을 잃는다면 다시 은행에서부터 시작해야 한다.

주사위 표시는 몇 가지의 결과로 링크되어 있다. 따라서 임의로 선택한 주사위는 각기 다른 결과를 가져다준다. 또한 한번 선택된 주사위 표시는 링크된 슬라이드로 이동한 후 다시 지도로 돌아갔을 때 없어지게 된다. 링크된 주사위를 클릭했을 때 갈레온을 얻을 수도 있고 혹은 상대팀으로부터 절반의 갈레온을 없애버릴 수 있다. 상대와 가위바위보를 통해 싸워 상대편 갈레온의 절반을 뺏어 오거나, 해리포터 스토리의 절대악으로 등장하는 볼드모트 캐릭터를 만나 모든 갈레온을 잃을 수 있다. 주사위 표시는 위와 같은 경우 중 하나로 링크되어 있고, 이 결과에 따라 학생들은 빠르게 미션을 수행할 수도 있고 그렇지 못할 수도 있다.

두 번째 퀘스트는 마법사의 돌을 찾아내는 것이다. 두 번째 퀘스트 시작과 함께 학생들에게 2장의 PPT 슬라이드가 제시된다. 첫 번째 슬라이드는 호그와트 지도를 따라 이동하게 될 때의 규칙과 슬라이드 상의 이미지가 상징하는 바에 대해 설명한다. 다음의 글은 슬라이드에 삽입된 설명 글이다.

You'll start from your dormitory. Don't forget the color of your team. Among the five treasure boxes. You can find the stone. Choose one. One student will explain the direction from the dorm to the box. The others have to ask the direction "Where is the Philosopher's stone?"

Don't go if you meet 'skull symbol'. Because it means you should go back to your dorm. But you can just pass it with your invisibility cloak only once.

너희들의 기숙사가 출발 지점이 될 거야. 네가 속한 기숙사의 색깔이 무엇인지 기억하렴. 너희들은 지도의 다섯 개 보물상자 중 한 곳에서 마법사의 돌을 찾을 수 있을 거야. 우선 팀에서 상자 하나를 선택해. 그러면 팀원 중 한 학생이 기숙사로부터 보물상자까지의 길을 설명해 줄 거야. 나머지 팀원들은 "마법사의 돌은 어디에 있지?"를 외치면서 그 지점을 찾아가야 해. 만일에 해골 표시를 만나면 그 길로 계속 가서는 안 돼. 해골이 있는 길을 지나가면 다시 기숙사로 돌아가야 하기 때문이야. 하지만 투명 망토가 있으니까 한 번은 그 망토를 사용해서 해골에게 들키지 않고 지나갈 수 있단다.

두 번째 슬라이드는 호그와트 내 지도이다. 이 역시 슬라이드 상에 굵은 선을 삽입하여 격자무늬로 길을 만들고 그 중간중간에 해골과 보물상자, 각 기숙사를 상징하는 색의 화살표를 배치한다.

마법사의 돌이 숨겨져 있을 것으로 예상되는 다섯 곳이 지도에 보물상자로 표시되고, 각 팀은 자신들이 예상하는 지점을 찾아가야 한다. 이때 지도에 표시된 해골 표시는 장애물을 의미한다. 이는 해리포터의 반동인물인 학교 관리인 필치 씨, 노리스 부인, 스네이프 교수, 퀴렐 교수 등이다. 따라서 우리는 이 사람들을 피해가야 하며, 이미 다이애건 앨리에서 구한 투명 망토가 있으므로 한 번은 피하지 않고도 그냥 지나칠 수 있다.

각 팀은 자신의 기숙사에서부터 출발하고 한 번에 마법사의 돌을 찾지 못한 경우 자신이 도착한 지점부터 다음 차례에 다시 도전한다. 보물 상자 각각은 성공과 실패를 뜻하는 'Try it again.' 슬라이드 혹은 'Congratulations. You did it.' 슬라이드 중 하나와 링크되어 있다. 따라서 학생의 선택에 따라 이야기가 종료될 수도 있고, 목표 언어로 또 다시 모험을 계속해야 하는 상황에 놓이게 될 수도 있다.

한 기숙사 친구들은 각각 한 번씩의 기회만 가지고 있어서 호그와트 안에서 한번 길 찾기에 앞장서면 그 뒤에는 다른 친구에게 기회를 양보해야 한다. 이리하여 가장

> **▶ Tip**
> 수행해야 할 퀘스트의 수는 학습자의 수준과 수업 시간을 고려하여 하나로 줄여 활동할 수 있다. 또한 한 단원 내 마지막 차시로 학생의 목표 언어 사용이 충분히 자연스러워졌을 때 사용하여야 활동이 재미있게 이루어질 수 있다.

먼저 '마법사의 돌'을 찾은 팀이 승리자가 된다.

학습 자료 제작에는 PPT를 활용하였다. 그중에서도 하이퍼링크와 애니메이션 효과가 주로 사용되었다. 이 자료의 경우 지도 슬라이드에 하이퍼링크와 애니메이션 효과를 적절히 삽입해 주면 된다. 기존의 PPT 프로그램을 살펴보며 다음의 설명을 참고하여 만들 수 있다.

첫 번째 시장 지도에 표시된 각각의 주사위는 하이퍼링크를 통해 갈레온, 결투, 볼드모트 등의 슬라이드로 연결한다. 이때 주사위에 애니메이션 효과를 함께 주어야 한다. 주사위를 클릭하여 연결된 슬라이드에 갔다가 다시 지도로 돌아왔을 때 한번 선택했던 주사위가 사라져야 다시 선택할 수 없게 된다. 이때 사용되는 애니메이션 효과는 주사위를 클릭하기 시작할 때 사라지도록 하는 것이다(필자는 '하강하기' 사용).

PPT 애니메이션 설정은 다음과 같이 한다. 시작, 속도를 '클릭할 때', '빠르게'로 맞춰 주고, 시작 옵션 중 두 번째 '다음을 클릭하면 효과 시작'을 설정해 준다. 중요한 것은 이때 클릭할 이미지를 사라질 주사위 그림으로 지정해 주는 것이다. 주사위를 클릭하여 이동한 슬라이드에는 홈으로 돌아갈 수 있는 버튼을 만들어 주어야 한다. 이는 메뉴 중 '삽입-실행단추'에서 단추 그림을 선택한 후 하이퍼링크로 원하는 슬라이드를 지정해 주면 된다. 이 학습자료의 경우 집 모양의 실행단추는 지도로 연결된다.

두 번째 호그와트 내 지도 역시 같은 방식으로 보물상자를 원하는 결과 슬라이드로 각각 하이퍼링크로 연결해 준 뒤, 애니메이션 효과로 한번 클릭한 보물상자는 사라지도록 해 주면 된다.

이 수업에서는 이것이 교육용 게임이라는 점에 유의해야 한다. 학생들은 때로 게임 과정에서 과도하게 흥분하거나 경쟁적일 때가 있다. 가장 중요한 것은 모든 학생이 목표 언어를 발화할 수 있도록 기회를 만들어 주는 것이다. 그러므로 발화 기회의 공정한 분배가 중요시되어야 한다. 목표 언어의 반복과 서로 다른 상황에서의 즉각적인 연습 발화의 적용은 영어 시간에 주로 이루어지는 학습 패턴이다. 이는 자칫 기계적 연습이 되어 지루할 수 있는 시간을 재미있는 스토리와 하이퍼텍스트를 활용한 모험의 이야기 패턴 적용으로 흥미진진하게 만들어 줄 것이다.

2장 작품의 창조적 재구성 능력 기르기

국어과 교과서에는 여러 문종의 엄선된 텍스트들이 담겨 있다. 교사는 이 텍스트를 연구하고, 또 다각도로 활용하여 수업 목표에 도달하도록 수업을 설계한다. 이 장에서는 여러 텍스트를 활용하여 학생의 이야기 재구성 능력을 계발하기 위한 다양한 수업 아이디어를 소개하고자 한다.

이야기 마블링은 우연성에 기초한 즉흥적인 이야기 재구성 활동이다. 읽은 이야기의 줄거리를 나타내는 그림카드 중 4장을 뽑아서, 뽑은 카드의 순서에 따라 이야기를 바꾸어 쓴다. 이 활동의 핵심은 우연히 뽑힌 카드의 순서대로 줄거리를 강제 결합하여 새로운 이야기를 만드는 것이다. 뒤죽박죽처럼 보이는 카드를 강제로 결합하여 이야기를 만드는 과정에서 학생의 창의적 사고는 활성화된다. 단순히 4장의 그림카드의 줄거리를 나열하는 수준을 넘어서, 카드 사이의 비약을 창의적으로 연결하여 이야기를 완성하는 스토리텔링 능력을 기르는 것이 이 수업의 목표라 할 수 있다.

맛보기 이야기는 영화의 예고편처럼 이야기의 예고편을 만들어 보자는 발상으로부터 구안된 독후활동이다. 맛보기 이야기를 만든다는 것은 내가 이미 읽은 이야기의 요약형 시놉시스를 제작하여, 그 책을 읽지 않은 친구들에게 리텔링(retelling)을 해주는 활동이다. 맛보기 이야기를 만들기 위해서는 등장인물과 중심사건, 배경 등의 서사 구조를 파악하여 정리할 수 있어야 하며, 또한 가장 적절한 지점에서 이야기 들려주기를 멈춰 결말을 궁금하게 만들고 이야기가 읽고 싶어지게 만들어야 한다. 같은 책을 읽고 맛보기 이야기를 만들 때, 만든 사람에 따라 결과물이 다양하게 나타나는 것을 확인할 수 있다.

합성 이야기는 2개의 텍스트를 바탕으로 상호텍스트성을 가진 혼성모방 이야기를 만드는 활동이다. 모든 이야기는 구조, 주제, 배경 등으로 관련지을 수 있다. 〈신데렐라〉와 〈콩쥐 팥쥐〉는 유사한 구조를 지닌다. 〈혹부리 영감〉과 〈흥부와 놀부〉는 유사한 이야기 구조이면서 유사한 주제를 가지고 있다. 〈아기 돼지 삼형제〉는 순환적인 이야기가 반복되므로 새로운 이야기를 삽입하기 쉽다. 이처럼 많은 이야기들이 유사하거나, 대조적이거나, 인과적이거나, 순환적이다. 그렇기 때문에 이야기의 한 부분과 다른 이야기의 상호텍스트성을 살려 제3의 이야기를 만들 수 있다. 하지만 이야기와 이야기를 연결 지어 그럴 듯한 이야기로 구성하는 것은 쉽지 않다. 기존의 이야기 요소도 살리면서 새로운 이야기의 논리성도 갖춰야 하기 때문이다. 따라서 이 활동은 차원 높은 스토리텔링 능력이 요구되며, 창의적 사고와 통한다.

조건부 이야기는 학생들이 읽은 이야기를 다양한 방식으로 줄이고 늘려서 스토리텔링하는 활동이다. 예를 들면, 문장 수를 제한하여 이야기 줄이기, 입장 선택하여 이야기 줄이기, 두 낱말 제목으로 줄이기, 한 마디 대사로 줄이기, 짧은 이야기를 5배로 늘리기 등의 활동이 있다. 이 활동은 수렴적 사고와 확산적 사고를 경험하게 하고, 창의력과 언어 사용의 유창성을 길러 준다. 또한 제재 텍스트를 다양한 목적으로 이해할 수 있도록 해 주며, 평가 도구로서 학생의 인지 전략과 인지 수준을 파악하는 데 유용하다.

꽃들에게 해피엔딩을은 꽃의 유래담을 활용하여 이야기의 결말을 바꾸어 보는 활동이다. 활동의 핵심은 '고난과 역경을 안고 있는 주인공의 비극적인 결말을 해피엔딩으로 바꾸어 주기', '꽃 이름을 긍정적인 의미로 바꾸어 주기'이다. 주인공이 고난과 역경을 극복하는 긍정적이고 행복한 결말을 만드는 과정을 통해 학생은 바른 삶의 자세에 대한 통찰력을 기를 수 있다. 더불어 학생들이 어려움이나 고난에 처했을 때 설화의 교육적 가치를 통하여 극복하기를 기대할 수 있다.

악당이 없으면 영웅도 없다는 캐릭터 카드를 활용하여 등장인물을 형상화하는 활동이다. 캐릭터 카드는 캐릭터의 신상정보를 항목으로 정리하여 카드 형태로 나타낸 것이다. 이 활동을 통하여 이야기 등장인물 형상화의 정교성을 높일 수 있다.

내가 만드는 제2의 유희왕 카드는 이야기를 읽은 후 캐릭터를 중심으로 카드에 정리해보는 독후 활동이다. 이 활동은 인물의 특성을 외형적인 것부터 성격, 기질 등 내면적인 자질에 이르기까지 다양하게 생각해 봄으로써 이야기를 보다 심층적으로 이해할 수 있도록 도와준다. 활동의 핵심은 교과서 텍스트 및 독서를 통해 카드를 제작·수집하고 놀이에 활용하는 것이다.

나도 작가다는 장르 바꾸기를 통해 시를 감상하는 활동이다. 서정장르인 시에 서사장르의 운용 기제인 스토리텔링의 원리를 도입하는 것이다. 학생은 시를 읽고 인물을 파악한 후 직접 그 인물이 되어 장르를 바꾸어 글로 표현한다. 이 활동을 통하여 학습자는 시 안으로 들어가서 그것을 감상하고 시에 대한 인식을 새롭게 가질 수 있다. 시 감상을 다각화하고 심화하는 효과를 거둘 수 있다.

나도 만화가는 인터넷상의 다양한 만화 그리기 서비스를 활용하여 이야기를 '웹툰'으로 표현하는 활동이다. 따라서 매체의 특성을 살려 스토리텔링하는 것이 이 활동의 핵심이다. 웹툰을 제작하려면 만화의 문법을 활용하여 자신의 생각을 함축적으로 전달해야 한다. 학생은 활동 과정 중 매체에 따라 스토리를 전달하는 방법이 달라짐을 학습하게 된다. 웹툰 제작하기 활동은 자신의 경험담을 이야기하거나 역사적 사건을 재현할 때, 이미 알고 있는 이야기를 패러디할 때 활용될 수 있다.

애물단지 일기의 대변신은 가상의 독자를 선정함으로써 일기 쓰는 학생이 메시지 전달자로서의 자각을 갖도록 하는 활동이다. 질문법으로 일기의 소재를 발굴하고 가상의 독자를 선정한 후, 가상의 독자에게 하고 싶은 말을 들려주는 방식으로 일기를 쓴다. 일기는 사실의 충실한 재현이 아니라 글쓴이에 의해 새롭게 구성되고 의미화된 이야기이다. 자신이 경험한 것을 글로 표현하면서 나름의 의미화 작업이 이루어지고, 평범한 듯 보이던 사건은 특별한 사건으로 부각되기도 한다. 일기 쓰기의 핵심은 하고 싶은 이야기를 하도록 하는 것이다. 이야기를 하면서 누가, 어디서, 무엇을 했는지, 곧 스토리텔링의 기본이 되는 요소를 그 안에 풀어내고 그것들의 구조와 작용을 자연스럽게 체득할 수 있게 된다.

이야기 퍼즐을 맞추자는 퍼즐 조각에 해당하는 여러 개의 이야기 화소를 제시하고, 이를 공동의 협의를 통해 하나의 이야기로 만들어 내는 활동이다. 즉, 여러 사람이 힘을 모아 정해진 시간 내에 이야기를 만드는 '이야기 퍼즐 게임'인 셈이다. 만든 이야기는 말하기의 방법으로 다른 사람들에게 발표한다. 이미 학습한 이야기에서 중요한 물건, 소재, 행동 등과 관련한 화소를 추출하여 새로운 이야기를 만들어 볼 수 있다. 이 활동을 통해 학생은 즉흥 이야기 창작의 즐거움을 체험하게 된다.

옷에 이야기를 입혀 보자는 옷차림과 인물의 성격 간의 긴밀한 연관을 활용하여 삶 속에서 생동하는 이야기를 구연해 보는 활동이다. 이 활동에서는 학생의 관심 대상인 옷차림이 이야기의 소재가 된다. 인물의 옷차림이 인물의 성격이나 특징, 스토리텔링 전체의 흐름에 영향을 줄 수 있음은 이미 수많은 민담 스토리텔링에서 확인되었다. 학생의 옷차림이나 이야기 속 인물의 옷차림과 성격을 연관 짓는 활동을 통하여 옷차림에도 성격과 개성이 녹아 있음을 알고, 더 나아가 특정한 스토리텔링 상황에서는 의상 자체로도 스토리텔링을 이끌어 갈 수 있음을 알게 된다.

기억은 단순히 보고 들은 것을 그대로 저장했다가 끄집어내는 과정이 아니라, 우리가 가진 어떤 틀에 맞춰서 재구성하는 과정이다. 바틀릿은 이렇게 우리가 기억을 재구성할 때 의존하는 틀을 '스키마(schema)'라고 이름 붙였다. 우리는 앞서 소개한 기억의 재구성을 바탕으로 하는 다양한 활동을 통하여 학생의 이야기 재구성 능력 향상을 꾀할 수 있다.

동일한 텍스트를 활용하여 이야기를 재구성할 때 재구성된 이야기는 다양하게 나타나는데, 이는 독자반응이론으로도 설명될 수 있다. 구성주의에 기반을 둔 독자반응이론은 독자들의 반응이 개인적이고 다양한 모습을 띠고 있다는 개념에 기초하고 있으며, 문학작품을 읽는 것은 독자들이 자신들의 이상과 관심과 욕구의 측면에서 텍스트 내에서 의미를 발견하는 것이라고 설명한다. 같은 책을 읽더라도 학생 개개인의 관심과 경험, 이야기에 대한 민감성과 감수성이 다르다. 따라서 앞서 소개한 다양한 활동을 통하여 우리는 다양한 형태의 재구성된 이야기들을 만날 수 있게 된다.

06

이야기 마블링

그림카드를 활용하여 이야기 바꿔 쓰기

마블링(marbling)은 물과 기름이 서로 섞이지 않는 성질을 이용한 것으로, 물 위의 기름이 빚어내는 형상의 우연성을 미적 효과로 경험하게 하는 미술 표현의 한 기법이다. 즉흥적인 색채효과를 통하여 우연성에서 미적 가치를 얻을 수 있는 탐구 자세를 키울 수 있다. 여기서 소개할 이야기 마블링은 이러한 우연성에 기초한 즉흥적인 이야기 재구성 활동이다.[4]

이야기 마블링은 그림카드를 활용하여 이야기를 바꾸어 쓰는 활동이다. 활동 방법은 다음과 같다. 먼저 이야기의 줄거리를 나타내는 그림카드 1벌을 섞어서 그림이 보이지 않도록 뒤집어 놓는다. 그 다음, 총 4장의 카드를 뽑는다. 카드는 한 장씩 뽑아서, 뽑은 순서대로 늘어놓는다. 마지막으로 자신이 뽑은 그림카드의 순서에 따라 이야기를 바꾸어 쓴다. 이때 유의할 점은 뽑은 카드의 순서를 임의로 바꿀 수 없고, 반드시 뽑은 순서대로만 늘어놓아야 한다는 것이다. 이 활동의 핵심은 우연히 뽑힌 카드의 순서대로 줄거리를 '강제 결합'[5] 하여 새로운 이야기를 만드는 데 있다.

예를 들면, 첫 번째로 고른 카드가 이야기의 마지막 장면일 때 학생은 난감해할 것이다. 그러나 뒤죽박죽처럼 보이는 카드를 강제로 결합하여 이야기를 만드는 과정에서 학생의 창의적 사고는 활성화된다.

---

4 수업 사례는 서울특별시 교육연수원에서 주관한 초등 1급 정교사 자격 연수(2008. 12. 18~2009. 1. 23) 국어 분과 수업 연구에서 발표된 사례를 바탕으로 재구성한 것이다.

5 강제결합법이란 창의성 발달을 위한 기법으로, 전혀 관계가 없어 보이는 두 가지 이상의 아이디어나 사물을 억지로 관련시켜 아이디어를 산출하는 방법을 말한다(김정섭, 2004).

활동 제재가 될 이야기를 선택할 때에는 그림책이나 삽화 중심의 이야기책을 선택하면 좋다. 이러한 책은 그림카드를 제작하기에 간편하다는 장점이 있다. 대중적으로 잘 알려진 이야기는 인터넷에서 그림 자료를 쉽게 찾을 수 있으며, 복사하거나 화면을 캡처하여 그림카드로 제작할 수 있다.[6] 인터넷에서 자료를 찾기 어려울 때는 그림책이나 삽화 중심의 이야기책에서 그림을 디지털 카메라로 직접 찍어 바로 제작할 수 있다. 그림책이나 삽화 중심의 이야기책뿐만 아니라 영화나 애니메이션 등의 이야기도 활동 제재가 될 수 있다.

여기서는 애니메이션 〈스노우 맨(The Snowman)〉을 예로 들어, 이야기 마블링의 구체적인 수업 사례를 살펴보고자 한다. 수업의 큰 흐름은 다음과 같다.

> 이야기 감상하기 → 이야기 마블링(그림카드 뽑기) → 이야기 재구성하기 → 서로의 작품 감상하기

〈스노우 맨〉은 1982년 영국에서 다이앤 잭슨(Diane Jackson) 감독이 제작한 극장용 단편 애니메이션으로, 대략적인 줄거리는 다음과 같다. 눈이 내린 어느 날 한 소년이 눈사람을 만든다. 그날 밤 소년은 그 눈사람이 움직이는 것을 알고는 집 안으로 데려온다. 소년과 눈사람은 함께 재미있게 놀고, 북극에서 산타클로스를 만나 즐거운 한때를 보낸다. 새벽이 되어 집으로 돌아온 소년은 눈사람과 작별인사를 하고, 다음 날 아침 목도리와 모자만 남긴 채 녹아 버린 눈사람을 보게 된다.

다음은 〈스노우 맨〉 그림카드 예시자료이다.

①

②

③

④

⑤

6 화면 캡처 프로그램은 인터넷 검색을 통해 쉽게 내려받아 설치할 수 있다. 무료로 내려받아 사용할 수 있는 프리웨어 프로그램도 많으며, 사용이 간편한 것으로 '칼무리' 등이 있다.

⑥  ⑦  ⑧  ⑨  ⑩ 

〔그림카드 내용 설명〕

① 소년은 펑펑 쏟아지는 눈을 보며 즐겁게 정성 들여 눈사람을 만든다.

② 밤이 되어 시계의 종이 12시를 알리자, 소년이 만든 이 눈사람은 신비한 빛을 뿜으며 살아 움직이기 시작한다.

③~④ 소년은 눈사람과 집으로 들어가 크리스마스트리를 만들고, 춤을 추며 즐거운 시간을 보낸다.

⑤ 소년은 눈사람과 골목으로 나가서 오토바이를 타고 즐거운 시간을 보낸다.

⑥ 눈사람은 소년을 데리고 북극으로 날아간다.

⑦~⑧ 소년은 산타클로스마을에서 산타클로스를 만나고, 눈사람들과 파티를 하며 즐거운 시간을 보낸다.

⑨ 눈사람은 소년을 집으로 데려다 주고, 아쉬운 작별을 한다.

⑩ 다음 날 아침 눈사람은 녹았지만, 산타클로스 마을에서 선물 받은 목도리는 그대로 남았다.

애니메이션 〈스노우 맨〉을 함께 감상하는 것으로 수업은 시작된다. 이야기책이나 그림책의 경우에는 함께 이야기를 읽거나 교사가 책을 읽어 준다. 이야기를 공유하는 이유는 그림카드를 자의적으로 해석하는 것을 방지하기 위해서이다. 내용을 모르는 그림카드를 자의적으로 해석하여 이야기를 꾸미는 것은 이야기 재구성이라기보다는 이야기 창작이라고 볼 수 있기 때문이다. 따라서 이야기를 공유하고 난 후 앞서 제작한 이야기 카드를 1벌씩 나누어 준다.

학생들은 그림카드를 섞어 그림이 보이지 않도록 뒤집어 놓은 다음에 4장의 카드를 뽑아 순서대로 늘어놓는다. 짝끼리 가위바위보를 해서 한 장씩 뽑아 가도록 한다. 뽑은 카드는 학습지나 공책에 순서대로 붙인 후 이야기를 재구성하여 쓰게 한다.

> ▶ **Tip**
>
> **카드를 붙이면 좋은 이유**
>
> 첫째, 강제결합법에 대한 설명이 없이도 강제결합이라는 개념을 쉽게 이해할 수 있다. 그림카드를 붙이는 순간 임의로 순서를 바꿀 수 없다는 것을 자동적으로 인지하게 된다. 둘째, 그림카드를 자세히 관찰하고 곰곰이 생각하면서 이야기를 바꾸어 쓸 수 있다. 셋째, 그림카드를 관리하기 쉽다. 활동 중 그림카드가 분실되는 일을 방지할 수 있으며, 교사의 입장에서는 재구성한 이야기를 읽을 때 학생이 어떤 카드를 뽑았는지 확인할 수 있다.

그림카드의 수를 4장으로 제한한 이유는 많은 수의 카드가 오히려 이야기 재구성 활동에 어려움을 줄 수 있기 때문이다. 카드를 너무 많이 뽑으면 각각의 그림을 자연스럽게 연결하여 이야기를 재구성하는 데 어려움이 따른다. 오히려 적은 수의 카드가, 카드 사이의 논리적인 비약을 상상력으로 채우면서 이야기를 재구성하기에 용이하다. 단순히 4장의 그림카드의 줄거리를 나열하는 수준을 넘어서, 카드 사이의 비약을 창의적으로 연결하여 이야기를 완성하는 스토리텔링 능력을 기르는 것이 이 수업의 목표라 할 수 있다.

그림카드를 강제 결합하여 이야기를 재구성하는 방법은 말로 설명하기보다는 '시범 보이기'를 통하여 효과적으로 전달할 수 있다. 다음은 '시범 보이기' 활동을 위하여 교사가 미리 구성하여 쓴 예시자료이다.

아침 일찍 산책을 하던 소년은 녹아 버린 눈사람을 발견했어요. 소년은 눈사람을 다시 만들어 주기로 결심했지요. 소년은 시린 손에 입김을 호호 불어가며 열심히 눈사람을 만들었어요. 코도 만들어 주고 모자도 씌워 주고 목도리도 둘러 주었지요. 그러자 이게 웬일이에요? 눈사람이 살아 움직이는 게 아니겠어요! 눈사람은 무엇이든 잘했지만, 오토바이도 탈 수 있었어요. 눈사람과 소년은 신나게 오토바이를 타고 놀았지요. 눈사람은 소년을 오토바이에 태워 집까지 바래다주었어요. 그날 이후 눈사람은 밤마다 소년을 찾아왔어요. 소년과 눈사람은 함께 크리스마스트리도 만들었지요. 소년과 눈사람은 아주 좋은 친구가 되었답니다.

다음은 실제로 학생이 재구성한 이야기이다.

(학생 활동 사례 1) 4학년

소년은 아주 아주 커다란 눈사람을 만들었어요. 그런데 만드는 데 시간이 너무 많이 걸려 녹아 버렸지요. 그래서 소년은 더 추운 나라로 가서 눈사람을 다시 멋지게 만들고 싶었어요. 소년은 여행을 떠났어요. 길을 떠난 지 일 년 하고도 반이 되던 날, 소년은 날마다 크리스마스인 산타할아버지 마을에 도착했어요. 소년은 산타할아버지께 말했어요. "다시 제 눈사람을 돌려주세요." 그랬더니 눈사람 친구가 나타나서는 밤이 새도록 즐겁게 놀았어요. 소년은 정말 행복했어요.

2번 카드에서 눈사람이 녹아 버린 채로 3번 카드에서 산타클로스가 등장하였다. 이 두 장의 카드를 강제 결합하기 위하여, 소년은 눈사람이 녹지 않는 더 추운 나라로 여행을 떠나게 된다. 산타클로스 마을로 떠난다는 내용이 바로 창의적 사고의 산출물이다. 또한 학생은 환상의 나라를 설명하기 위하여, 그 나라를 가는 데 '일 년 하고도 반'이 걸릴 만큼 먼 곳에 있다고 말하고 있다.

(학생 활동 사례 2) 4학년

소년은 잠이 오지 않아 외투를 입고 밖으로 나가려고 아래층으로 내려갔습니다. 어! 그런데 부엌에서 어떤 한 눈사람이 춤을 추고 있었습니다. 소년은 눈사람에게 말을 걸었습니다. 눈사람도 친절하게 대답해 주었습니다. 어느새 눈사람과 소년은 친구가 되었습니다. 눈사람은 모자를 쓰고 소년과 함께 밖으로 나갔습니다. 눈사람이 소년에게 물었습니다. "눈사람 마을로 함께 가지 않을래?" 눈사람은 소년을 태워서 눈사람 마을로 갔습니다. 신기하게 그곳에는 산타클로스 할아버지도 계셨습니다. 그날 밤, 소년과 눈사람은 달빛 아래서 신나게 춤을 추었습니다. 소년과 눈사람에게는 잊을 수 없는 밤이 될 것입니다.

1번 카드에서 춤추는 눈사람이 등장하였다. 이 눈사람은 소년이 만든 눈사람이 아니다. 따라서 학생은 한밤중에 춤추는 눈사람을 만난다는 환상적인 내용으로 이야기를 구성하였다. 2번 카드는 원래 완성된 눈사람을 바라보는 장면이지만, 여기서는 대화를 나누는 장면으로 재구성되었다.

재구성한 이야기는 뽑은 카드와 순서에 따라 다양하게 나타난다. 이 활동을 통하여 학생들은 마블링 효과처럼 뽑은 카드와 그 순서에 따라 우연히 또 다양하게 바뀌는 이야기 경험을 하게 된다. 따라서 활동의 마지막에는 서로의 작품을 감상하는 기회를 제공하여 다양하게 재구성된 이야기의 미적 가치를 느낄 수 있도록 한다. 이 활동은 국어과의 이야기 바꿔 쓰기, 재량활동의 독서 교육, 창의성 교육 등에 활용될 수 있다.

07

맛보기 이야기

다양한 방법으로 이야기 요약하기

영화가 시작되기 전, 불 꺼진 영화관에서 우리는 다양한 영화의 예고편을 만난다. 잘 만들어진 예고편은 그 영화에 대한 흥미를 불러일으키고, 이는 해당 영화의 관람으로 이어진다. 그렇다면 이야기도 예고편을 만들어 보면 어떨까? 맛보기 이야기는 위와 같은 발상으로부터 구안된 독후활동이다.

영화의 예고편은 시놉시스(synopsis)를 바탕으로 만들어진다. 원래 시놉시스란 작가가 생각하는 주제를 다른 사람에게 알리기 위해 알기 쉽게 간단히 적은 것으로, 흔히 줄거리 또는 개요·일람이라고 하며, 장르와 작품의 의도, 등장인물과 작가의 메시지, 그리고 대강의 스토리에 관한 정보를 담고 있다.

시놉시스는 크게 상술형 시놉시스와 요약형 시놉시스로 나누어 볼 수 있다. 상술형 시놉시스는 영화의 기승전결 및 전체적으로 영화에 대해 알아야 할 스토리상의 정보를 세부적인 것까지 서술한 것으로, 집필을 할 때 작가의 안내 표지판으로서의 역할을 한다. 영화 제작에 관여하는 전문가들이 주로 활용한다. 반면 요약형 시놉시스는 스토리를 압축하여 서술하는 방식으로 영화의 홍보 및 예고편을 만들기 위해 제작되며, 일반 관객을 대상으로 한다. 대체적으로 결말을 알려 주지 않으며, 어떤 단계(기승전결)에 집중하느냐, 어떤 사건에 집중하느냐, 어떤 인물에 집중하느냐, 그리고 어디까지 알려 주느냐에 따라 전혀 다른 시놉시스들이 만들어질 수 있다. 따라서 맛보기 이야기를 만든다는 것은 내가 이미 읽은 이야기의 요약형 시놉시스를 제작하여 그 책을 읽지 않은 친구들에게 리텔링을 하는 활동이다.

맛보기 이야기를 만들기 위해서는 등장인물과 중심사건, 배경 등의 서사 구조를 파악하여 정리할 수 있어야 하며, 또한 가장 적절한 지점에서 이야기 들려주기를 멈춰 결말을 궁금하게 만들고, 이야기가 읽고 싶어지게 만들어야 한다. 학생들이 같은 책을 읽고 각각 맛보기 이야기를 만들더라도 그 결과물은 다양하게 나타나는데, 이는 기억이 단순히 보고 들은 것을 그대로 저장했다가 기억을 끄집어내는 과정이 아니라 우리가 가진 어떤 틀에 맞춰서 재구성하는 과정이기 때문이다. 바틀릿(Bartlett)은 이렇게 우리가 기억을 재구성할 때 의존하는 틀을 '스키마'라고 이름 붙였다. 다시 말해서 스키마란 경험을 수용자가 자의적으로 조직화하는 과정과 틀을 말한다. 우리는 기억의 재구성을 바탕으로 한 맛보기 이야기 활동을 통하여 효과적으로 이야기를 재구성할 수 있는 능력을 향상시킬 수 있다.

활동 결과물의 다양성은 독자반응이론으로도 설명될 수 있다. 구성주의에 기반을 둔 독자반응이론은 독자들의 반응이 개인적이고 다양한 모습을 띠고 있다는 개념에 기초하고 있으며, 문학작품을 읽는 것은 독자들이 자신들의 이상과 관심과 욕구의 측면에서 텍스트 내에서 의미를 발견하는 것이라고 설명한다. 같은 책을 읽더라도 학생 개개인의 관심과 경험, 이야기에 대한 민감성과 감수성이 다르기 때문에 다양한 형태의 맛보기 이야기들이 만들어질 수 있는 것이다.

맛보기 이야기 수업 운영 단계는 다음과 같이 이루어진다.

영화 예고편 감상하기 → 영화 시놉시스 살펴보기 → '맛보기 이야기' 만들기 → 공유하기

동기유발 단계에서는 영화 예고편을 감상한 후 등장인물은 누구인지, 언제 어디에서 일어난 일인지, 중심사건은 무엇인지, 더 알고 싶은 점이나 궁금한 점이 있는지 자유롭게 이야기를 나눈다. 이때 많은 사람들이 영화를 보게 만들려면 예고편을 만들 때 어떻게 해야 할까를 생각해 보게 한다. 그러면 결말을 알려 주어서는 안 된다는 결론에 쉽게 도달할 수 있다.

다음으로 예고편 제작의 바탕이 되는 시놉시스를 함께 살펴보며 '맛보기 이야기'를 쓰는 방법을 탐색한다. 시놉시스는 영화 예고편을 볼 수 있는 각종 영화포털사이트에서 쉽게 구할 수 있다. 함께 시놉시스를 살펴보며 이야기의 구성요소(인물, 사건, 배경)가 포함되어야 한다는 것과 결말을 알려 주지 않은 채 들려주기를 마치는 방법 등을 확인한다.

이후 본격적으로 '맛보기 이야기'를 쓰는 작업에 돌입한다. 먼저 자기가 소개할 책을 정하고, 개요 짜기 형식으로 등장인물과 중심사건, 배경, 이야기를 어디까지 들려줄 것인지를 간단하게 정리한다. 처음 활동을 시작할 때는 어떻게 써야 할지 몰라서 난감해하는 학생이 있는데, 이럴 경우에는 글을 시작하는 방법을 몇 가지로 유형화하여 선택할 수 있도록 하면 도움이 된다. 예를 들면 주인공을 소개하며 시작하기, 배경을 묘사하며 시작하기, 인상적인 한 장면을 강조해서 쓰기 등이 있다.

마지막으로 '맛보기 이야기'가 완성되면 함께 이야기를 감상하고 소통할 수 있는 기회를 제공한다. 게시판을 활용하여 작품을 게시하고, 학생 각자에게 스티커를 하나씩 주고 이야기들을 읽어 보게 한 후, 소개된 책을 찾아 읽고 싶어지도록 가장 잘 쓴 이야기에 스티커를 붙이도록 한다. 또는 학급 홈페이지를 활용하여 게시판에 글을 올리도록 한 후 댓글을 이용하여 투표하거나 서로의 생각이나 느낌을 주고받도록 할 수 있다. 이렇게 소통하는 과정을 통하여 학생은 다른 사람의 작품을 감상하고, 좋은 글쓰기 작품을 통하여 자신의 이야기 재구성 능력을 향상시킬 수 있으며, 책에 대한 흥미를 증진시키고, 이야기 감수성을 풍부히 할 수 있다.

다음은 글을 시작하는 방법을 유형화하여 제시한 예시자료이다.

〔예시자료 1〕 주인공 소개로 시작하기

프래니는 인형이나 꽃 대신 박쥐와 거미를 좋아하고, 과학에 반쯤 미쳐 있다. 프래니는 엄마로부터 '이고르'란 귀여운 개를 선물로 받는다. 그러나 함께 있으면 오히려 거치적거리는 이고르는 조수로서 낙제점이다. 하지만 프래니는 엄마를 실망시키지 않기 위해 이고르와 함께 실험을 한다. 아니나 다를까. 이고르의 실수로 프래니의 발명품이 밸런타인 카드에 발사되고, 카드에 그려져 있던 큐피드는 어마어마하게 커져 화살을 쏘아 대 도시가 발칵 뒤집힌다. 큐피드의 공격으로 친구들이 탄 버스도 위험에 처하게 되는데……. 프래니는 과연 큐피드로부터 친구들을 구할 수 있을 것인가?

〔예시자료 2〕 배경 묘사로 시작하기

밸런타인데이가 다가오던 어느 날, 프래니는 전자현미경과 원자력 뇌 증폭기는 물론이고 거

대한 육식 코알라까지 갖춘 연구실에서 밸런타인 카드에 쓸 문구를 고민하고 있었다. 그러던 중 천방지축 이고르의 실수로 프래니의 발명품이 밸런타인 카드에 발사되고, 카드에 그려져 있던 큐피드는 어마어마하게 커져 화살을 쏘아 대 도시가 발칵 뒤집히게 된다. 큐피드의 공격으로 친구들이 탄 버스도 위험에 처하게 되는데……. 프래니는 과연 큐피드로부터 친구들을 구할 수 있을 것인가?

〔예시자료 3〕 한 장면을 강조해서 쓰기

프래니의 명령대로 아무것도 하지 않고 공만 가지고 놀던 사고뭉치 이고르. 그러나 공이 책상 위로 올라가자 공을 빼내려다 '짜잔'을 건드린다. 그러자 광선을 맞은 카드에서 작은 큐피드가 튀어나온다. 큐피드는 화살을 마구 쏘아 대고, 이고르에게 맞추려던 화살이 '뻥이오'에 맞아 작은 큐피드는 아주 큰 큐피드가 되고 마는데……. 도시를 발칵 뒤집어 버리는 큐피드. 프래니는 이 위기를 어떻게 벗어날 것인가?

다음은 학생이 작성한 '맛보기 이야기' 작품이다.

〔학생 활동 사례 1〕 책 제목: why? 나라의 시작, 5학년

같은 반 친구인 마루, 천지, 미소 삼총사는 마루의 할아버지 집에 가서 창살 뒤로 넘어간다. 그런데 갑자기 원시인이 살던 선사시대로 가서, 매머드에게 밟힐 뻔한다. 밟히기 직전 들리는 딸랑딸랑 종소리. 그러자 다시 신석기 시대로 가게 되고, 삼총사가 위험할 때마다 나는 종소리. 종소리만 들리면 장소가 변하는데……. 과연 그 종소리의 정체는 무엇일까?

〔학생 활동 사례 2〕 책 제목: 그램그램 영문법 원정대, 5학년

한가로이 길을 건던 평범한 지구 어린이 건, 빛나, 피오. 하지만 모모를 만나면서부터 일은 시작되었다. 모모에 의해서 그램우즈란 우주 공간에 빠지게 되는데……. 그리하여 탄생된 영문법 원정대. 이들의 임무는 그램우즈를 황폐하게 만든 리버스 마왕을 물리치는 것! 하지만 리버스 마왕이 있는 다크케이브는 멀고 험하기만 한데……. 과연 원정대는 끊임없는 그램펫의 공격을 뚫고 무사히 다크케이브까지 갈 수 있을까?

(학생 활동 사례 3) 책 제목: 명탐정 홈스, 5학년

어머니의 죽음! 그리고 갑작스런 동생의 사망? 이것이 이상하다고 눈치 챈 헬렌! 헬렌에게 이야기를 듣고 재미있겠다는 생각을 한 홈스. 이 모든 이야기를 이 책 안에서 들어 보시지요.

[사례 1]은 주인공을 소개하고 사건을 개관하며, '종소리'라는 결정적인 카드에 관해서는 밝히지 않으면서 궁금증을 유발한다는 점에서 요약형 시놉시스의 전형적인 형태라 할 수 있다. [사례 2]의 책은 영어학습만화이지만, 재구성 과정에서 학습면은 배제되고 아이들이 좋아하는 모험적 요소가 부각되었다. [사례 3]의 앞부분은 책의 발단이 되는 사건을 요약하여 두 문장으로 서술하였고, 뒷부분은 사건의 전개와 등장인물을 압축하여 나열식으로 서술하고 있다. 이는 학생에게 제시된 예시자료에는 없는 형태로, 독창성이 엿보인다.

이 활동은 재량활동 교육과정 중 독서 논술 교육의 일환으로 재량시간을 할애하여 수업이 이루어질 수 있다. 또한 글의 분량이 길지 않아 숙달되면 독서록을 대체하는 활동으로 손쉽게 활용될 수 있다. 국어과 읽기 교육과정 학습목표 중 '스스로 읽을거리를 찾아 읽고 생각이나 느낌 표현하기', 학습활동 '읽을거리를 찾아 이어질 내용을 예측하며 이야기 읽기', '책 소개하기' 등에 활용하면 창의적이고 재미있는 수업이 이루어질 수 있다.

▸ Tip

심화 활동으로는 모둠별로 역할을 정하고 디지털 카메라를 활용하여 직접 이야기 예고편을 촬영해 볼 수 있다. 정해진 시간(30분) 안에 모둠별로 동영상을 촬영하고 난 후 교실 컴퓨터에 파일을 올려 함께 모니터를 해 보는 경험은 학생에게 역할극과는 또 다른 색다른 재미를 준다. 실제로 첫 수업에서는 TV 화면에 나오는 스스로의 모습을 보고 무척 즐거워하며, 잘된 점 또는 고칠 점 등을 함께 이야기하고 나면 두 번째 수업에서는 더욱 숙달되고 완성도가 높은 작품이 나온다.

08

합성 이야기

이야기 섞어서 새로운 이야기 만들기

2010년 하반기, 드라마 〈꽃보다 남자〉(KBS, 2009)와 〈시크릿 가든〉(SBS, 2010)을 편집해 짜깁기한 동영상 〈꽃보다 시크릿〉[7]은 두 드라마의 내용이 절묘하게 편집되어 인기를 몰았다. 영화 〈좋은 놈, 나쁜 놈, 이상한 놈〉(김지운, 2008)의 OST "Don't Let Me Be Misunderstood"와 아이스크림 제품인 '빠삐코'의 광고음악을 합성한 동영상 〈빠삐놈〉[8]은 그림과 영상을 넘어서 음원 합성까지 패러디의 영역을 확장시켰다는 평을 받았다. 이와 유사한 합성물들의 제작 주체는 일반인에서부터 학생에 이르기까지 다양하며, 상업적인 목적이 아니라 유희적인 목적으로 만들어진다는 점이 주목할 만하다. 정보통신기술의 발달은 문학뿐만 아니라 그림과 영상, 음원에 이르기까지 상호텍스트성(intertextuality)[9]을 가진 합성물들이 양산될 수 있는 바탕이 되었다.

패러디란 문학작품의 한 형식으로, 특정한 작가의 문체나 운율을 모방하여 그것을 풍자적으로 또는 조롱 삼아 꾸미는 수법이나 그렇게 쓴 작품을 말한다. 보통 패러

---

7 〈시크릿 가든〉의 '주원'(현빈 분)과 〈꽃보다 남자〉의 '구준표'(이민호 분)가 팽팽한 기싸움을 벌이며 우정을 다진다는 내용.

8 〈빠삐놈〉은 커뮤니티 사이트인 디시인사이드에서 파생된 인터넷 문화로, 아이스크림 제품 '빠삐코'와 영화 〈좋은 놈, 나쁜 놈, 이상한 놈〉의 약칭 '놈놈놈'의 합성어이다. 이 광고음악은 어떤 노래와도 잘 어우러져 이후 각종 음악과 음향을 결합한 합성물이 양산되었으며, 이런 방식으로 제작된 음악 장르를 '빠삐토닉'이라고 한다.

9 주어진 어느 한 텍스트가 다른 텍스트와 맺고 있는 상호관계. 좁은 의미에서는 주어진 텍스트 안에서 다른 텍스트가 인용문이나 언급의 형태로 명시적으로 드러나 있는 경우를 말한다. 넓은 의미에서는 텍스트와 텍스트, 주체와 주체 사이에서 일어나는 모든 지식의 총체를 가리킨다. 이 경우 주어진 텍스트는 단순히 다른 문학 텍스트뿐만 아니라 다른 기호 체계, 다른 문화 일반까지 포함한다.

디 요소가 들어간 작품들은 패러디했음을 드러냄으로써 보는 사람들에게 웃음을 이끌어 내는 경우가 많은데, 위의 동영상도 여기에 해당한다. 〈꽃보다 시크릿〉은 밑 텍스트인 〈꽃보다 남자〉와 〈시크릿 가든〉을 접해 본 경험이 있는 사람들만이 공유할 수 있는 웃음 코드를 가진 드라마 밖의 또 다른 이야기이다.

인터넷상에서는 위와 같이 풍자적 기능이 결여된 합성물들도 패러디로 통칭하고 있으나, 엄밀히 말하자면 혼성모방(pastiche)[10]에 가깝다고 볼 수 있다. 프레드릭 제임슨은 혼성모방을 패러디와 비교하여 패러디는 비판이나 풍자의 목적으로 원작과의 차이를 강조하는 반면, 혼성모방은 비판이나 풍자의 의도 없이 원작과의 유사점을 공공연히 드러낸다는 점에서 차이를 지닌다고 설명한다. 혼성모방은 어떤 원칙이나 의도의 관철 없이 우연성에 따라 이루어지는 것으로 모방 자체에서 의미가 생성된다고 본다(한국문화예술위원회, 2008에서 재인용).

Mallory Bagwell · 한기순(2008)은 창의성에 관한 그의 저서에서 수렴적 사고를 위한 교수 전략의 하나로 동화, 단편소설, 영화 등에서 두 편 이상의 줄거리를 조합하는 활동을 제시했다. 이 활동은 재결합적 사고, 계열화, 사건 압축 기술을 수반한다. 따라서 2개의 밑 텍스트를 바탕으로 상호텍스트성을 가진 혼성모방 이야기를 만드는 합성 이야기 활동은 학생의 수렴적 사고력 신장에 도움을 줄 수 있다. 학습활동은 다음과 같은 순서로 이루어진다.

합성 영상 함께 보기 → 합성 이야기 읽기 → 밑 텍스트 선정하기 → 합성 이야기 쓰기

먼저 앞서 예로 든 합성 영상을 함께 보며 동기유발을 한다. 2개의 서로 다른 이야기를 합성하여 새로운 이야기를 만들 수 있다는 것을 인지한다. 첫 수업에서는 교사가 미리 구성한 합성 이야기를 함께 읽음으로써 영상뿐만 아니라 기존에 알고 있던 이야기들도 합쳐서 또 다른 이야기를 만들 수 있다는 것을 보여 준다. 다음은 교사가 미리 구성한 합성 이야기의 줄거리 예시이다.

---

10 포스트모더니즘 문학예술에서 이용된 기법으로, 여러 작품의 부분을 베껴 와서 하나의 완성품을 만드는 것. 아무런 비판성을 갖지 않은 채 순수하게 복사·복제하는 포스트모더니즘의 미학 원리이다. 여기서 말하는 '순수'란 수용자에게는 대상을 수용하기 위한 '내부'와 '깊이'가 없다는 사실을 가리킨다.

합성 이야기		줄거리
1	〈토끼와 거북이〉 + 〈별주부전〉	함께 용궁으로 가자는 거북이에게 토끼는 달리기 경주를 제안하고, 경주에서 진 토끼는 용궁으로 가게 된다
2	〈토끼와 거북이〉 + 〈이상한 나라의 앨리스〉	거북이와의 경주 도중 낮잠을 자는 토끼. 꿈속에서 조끼를 입고 시계를 들고 달리고 있는 자신의 모습에 의아해하던 중, 자신을 따라오는 것이 거북이가 아닌 앨리스임을 알고 놀라는데…….
3	〈토끼와 거북이〉 + 토끼의 의자	경주에 진 토끼는 놀림거리가 되고, 토끼가 낮잠을 자던 나무 아래에는 '토끼의 굴욕'이라는 이름이 붙은 의자가 놓인다. 이곳에서 쉬어 가는 동물들은 모두 잠이 드는데…….

1번 이야기는 인물을 중심으로 구성한 것이고, 2번 이야기는 토끼가 조는 사건을 연결한 것이다. 3번 이야기는 나무 그늘이라는 공간적 배경을 연결해 구성한 것이다.

다음으로는 합성 이야기의 밑 텍스트가 될 텍스트들을 떠올린다. 대다수의 학생은 이야기들을 서로 연결하는 것을 어려워한다. 사실 두 가지 이야기를 동시에 떠올려 합성 이야기를 만드는 것은 쉽지 않다. 따라서 먼저 이야기 한 편을 떠올리고, 이 이야기를 토대로 또 다른 이야기를 떠올리도록 지도한다. 이때 인물·사건·배경을 중심으로 브레인스토밍을 해 본다. 인물이 유사하거나 대조적인 경우, 사건이 유사·대조·인과·순환적인 경우, 배경이 유사한 경우를 떠올릴 수 있다. 이 밖에도 불현듯 떠오르는 텍스트가 있다면, 두 텍스트 간에 상호성이 존재하므로 그것을 그대로 활용해도 좋다. 앞서 떠올린 각각의 이야기들을 머릿속으로 결합해 보는 동안 학생의 재결합적 사고는 활성화된다. 이 과정에서 학생은 통합성을 고려하여 합성 이야기의 줄거리를 구상한다.

마지막으로 합성 이야기를 구성하여 쓴다. 이야기를 쓸 때에는 앞서 구상한 이야기의 줄거리를 중심으로 2개의 밑 텍스트를 압축하거나 필요한 부분을 발췌하여 쓰도록 한다. 사건의 전개에 관련이 없는 세부 내용을 그대로 가져오는 것은 피하는 것이 좋다. 합성 이야기를 제대로 만들기 위해서는 높은 수준의 스토리텔링 능력과 창의적 사고력이 필요하다. 따라서 합성 이야기를 쓰는 것만큼 중요한 것이 고쳐 쓰기의 과정이다. 자신이 쓴 합성 이야기를 고쳐 쓰는 과정에서 이야기와 이야기를 채우는 인과성, 다시 말하면 스토리텔링 능력을 키울 수 있다.

다음은 실제 활동을 통하여 학생이 쓴 합성 이야기이다.

〔학생 활동 사례 1〕 4학년

옛날 옛적, 토끼와 거북이가 살았다. 그 둘은 이웃집에 사는 고양이와 그 고양이의 주인인 소년과 친했다. 어느 날, 토끼와 거북이가 경주를 하기로 했다. 고양이는 토끼와 거북이가 경주를 하기 전 임금님을 찾아가 이렇게 말했다. "거북이가 이기면 우리 주인님과 공주님이 결혼하게 해 주세요." 당연히 토끼가 이길 거라고 생각한 임금님은 그러라고 했다. 그 경주에서 거북이가 이겼고, 공주와 주인은 서로 사랑하게 되어서 결혼을 하였다. 그 둘은 오래오래 행복하게 살았다.

이 합성 이야기의 밑 텍스트는 〈토끼와 거북이〉와 〈장화 신은 고양이〉다. 원작에서 고양이가 기지를 발휘하는 부분이 토끼와 거북이의 경주 이야기로 대체되는 형식으로 이야기를 합성하였다. 말하자면 사건을 중심으로 한 이야기 구성 방식으로, 사건의 원인과 결과를 살려 원 텍스트의 사건 일부를 다른 텍스트의 사건으로 대체한 경우이다.

〔학생 활동 사례 2〕 4학년

책 먹는 여우가 아치 스미스네 집에 몰래 들어갔다. 왜냐하면 그 아이가 책을 많이 가지고 있었기 때문이다. 그런데 그 애는 내가 올 줄 알고 있었다. 그래서 이번엔 버딕 씨 집으로 놀러갔다. 나는 양탄자 밑에 숨어 있었는데, 버딕 씨가 의자를 던져 혹이 났다. 이제 책도 많이 먹었으니 그만 집에 가야지.

이 합성 이야기의 밑 텍스트는 『책 먹는 여우』(프란치스카 비어만, 2009)와 『해리스 버딕의 미스터리』(크리스 반 알스버그, 2009)이다. 이 이야기는 『해리스 버딕의 미스터리』의 여러 그림 중 '아치 스미스, 소년의 놀라움'과 '양탄자 밑에서'와 관련이 있다. 학생은 깊은 밤 아치 스미스 집의 열린 창문으로 들어오는, 또 양탄자 밑에 불룩하게 솟은 미지의 대상에 대한 의문을 『책 먹는 여우』와 연결 지음으로써 해결하고 있다. 의문의 정체가 바로 '책 먹는 여우'인 셈이다.

이 수업을 운영할 때 교사는 다음과 같은 점에 유의해야 한다. 첫째, 합성 이야기를 구성하는 원리를 지나치게 강조하지 않는 것이 좋다. 인물·사건·배경 중심의 이야기 구성 원리를 강조하는 것이 이야기의 자연스러운 합성을 방해할 수도 있다. 다만 합성 이야기를 어떻게 구성해야 할지 모를 경우에 참고할 수 있는 원리로 제시하는 것이 좋다. 처음에는 특정 이야기(예: 토끼와 거북이)를 주고, 이와 관련된 이야기들을 떠올려 구성해 보도록 한다. 이후에는 특정 이야기를 제시하지 않고 자유롭게 합성 이야기를 만들도록 하면 더욱 창의적인 작품을 만들어 낸다. 둘째, 독서량이 부족한 학생이 경험하게 될 가장 큰 어려움은 결합할 밑 텍스트의 부재라는 점이다. 이런 경우 교사는 브레인스토밍 과정까지는 모둠별로 함께 활동하고 각자 이야기를 선택해서 이야기를 쓰도록 지도할 수 있다.

모든 이야기는 구조, 주제, 배경 등으로 관련지을 수 있다. 〈신데렐라〉와 〈콩쥐 팥쥐〉는 유사한 구조를 지닌다. 〈혹부리 영감〉과 〈흥부와 놀부〉는 유사한 이야기 구조이면서 유사한 주제를 가지고 있다. 〈아기 돼지 삼형제〉는 순환적인 이야기가 반복되므로 새로운 이야기를 삽입하기 쉽다. 이처럼 많은 이야기들이 유사하거나 대조적이거나 인과적이거나 순환적이다. 그렇기 때문에 이야기의 한 부분과 다른 이야기의 상호텍스트성을 살려 제3의 이야기를 만들 수 있다. 이야기와 이야기를 연결 지어 그럴듯한 이야기로 구성하는 것은 쉽지 않다. 기존의 이야기 요소가 살아 있으면서 이야기의 논리성을 살려야 하기 때문이다. 따라서 이 활동은 차원 높은 스토리텔링 능력이 요구되며, 창의적 사고와 통한다.

09

조건부 이야기

이야기 압축하고 지연하기

"토끼와 거북이 이야기의 줄거리를 8글자로 간추리면?" 이와 같은 문제를 내면 학생들은 손가락으로 열심히 글자 수를 세어 가며 이야기 간추리기에 여념이 없다.

줄거리의 사전적 의미는 "사물의 군더더기를 다 떼어 버린 나머지의 골자"이다. 소설 이론에서는 서사 텍스트의 뼈대와 골간이 그 서사 텍스트의 밖에 있는 누군가에 의해 요약의 형식으로 추출된 것을 '줄거리'라 말한다. 문학 영역에서 줄거리 간추리기를 할 때 이야기의 길이가 짧은 경우에는 3~5문장, 길이가 긴 경우에는 5~7문장 정도로 간추릴 수 있다. 그렇다면 〈토끼와 거북이〉 이야기의 줄거리를 "거북이가 1등했다."라고 간추린 것은 어떠한가? 사건의 전개 전체를 간추리지는 못했지만 결과의 핵심적인 내용을 전달하고 있으며, 경우에 따라서는 호기심과 재미를 더할 수 있다. 이야기를 줄이고 늘리는 것은 스토리텔링 능력을 기르는 방법 중 하나이다. 이야기를 간추리는 능력도 기르고 즐거운 놀이도 할 수 있는 조건부 이야기 활동 방법을 알아보자.

조건부 이야기란 학생들이 읽은 이야기를 다양한 방식으로 줄이고 늘려서 스토리텔링하는 것을 말한다. 예를 들면, 문장 수를 제한하여 이야기 줄이기, 입장 선택하여 이야기 줄이기, 두 낱말 제목으로 줄이기, 한 마디 대사로 줄이기, 짧은 이야기를 5배로 늘리기 등의 활동이 있다.

조건부 이야기와 스토리텔링은 어떤 관련이 있을까? 조건부 이야기 활동은 수렴적 사고와 확산적 사고를 경험하게 하고 창의력과 언어 사용의 유창성을 길러 준다. 옛이야기는 구연성을 바탕으로 하며, 여러 사람에 의해서 이야기가 향유되었다. 옛이야기의 스토리텔러는 상황에 따라 이야기를 길게 늘려서 구연하기도 하고, 짧게 줄여서 구연하기도 한다. 이야기를 늘리기 위해서는 확산적 사고와 창의력이 필요하다. 상황, 인물, 사건에 대한 스토리텔러의 해석이 들어가기 때문이다. 반면, 이야기 줄이기는 수렴적 사고를 촉진시킨다. 부수적인 사건을 다 버리고 핵심사건만 간략하게 간추려야 하기 때문이다. 두 낱말 제목으로 줄이기, 한 마디 대사로 줄이기 등은 어휘나 통사 차원에서 언어 사용의 유창성을 기르는 데에도 유용하다.

조건부 이야기 활동을 수업에서 어떻게 활용할 수 있을까? 먼저 조건부 이야기는 그 자체로 스토리텔링 활동이 된다. 이야기를 읽고 누군가에게 이야기를 전달해 주는 것은 스토리텔링이다. 이는 스토리를 다루는 기본 능력이기도 하다. 학생들이 자신이 읽은 이야기를 다른 사람에게 전달하는 활동도 유연한 조건부 이야기라고 볼 수 있다. '줄거리 간추리기'와 같이 딱딱하게만 접근하지 말고, 말로 표현할 수 있도록 해 주는 것도 좋다. 경우에 따라서는 말로 표현할 때 스토리텔링을 더 잘 살릴 수 있다. 둘째, 조건부 이야기는 제재 텍스트를 다양한 목적으로 이해할 수 있도록 해 준다. 제재 텍스트 공부할 때 내용 파악하기는 기본 활동이다. 내용 파악하기에서 유용하게 사용할 수 있는 것이 바로 조건부 이야기 활동이다. 조건부 이야기는 인물의 성격 파악하기, 사건의 흐름 파악하기, 주제 파악하기 등의 다양한 활동을 하기 전에 간단하게 활용할 수 있는 활동이다. 마지막으로, 조건부 이야기는 평가 도구로서 학생의 인지 전략과 인지 수준을 파악하는 데 유용하다. 제재 텍스트를 주고 이를 조건부 이야기로 표현하게 하면 학생들이 어떤 전략을 사용하여 이야기를 줄이는지, 학생들의 읽기 수준은 어느 정도인지 파악할 수 있다.

구체적인 수업 장면에서 조건부 이야기 활동을 살펴보자. 수업의 흐름은 다음과 같다. 준비 활동 '이야기 릴레이'는 조건부 이야기 활동 방법을 익히기 위한 활동이며. 이후 필요에 따라 조건부 이야기 〈줄이기 편〉, 〈줄이기-심화 편〉, 〈늘리기 편〉을 선택한다.

	→ 조건부 이야기 〈줄이기 편〉
준비 활동: 이야기 릴레이	→ 조건부 이야기 〈줄이기 - 심화 편〉
	→ 조건부 이야기 〈늘리기 편〉

먼저 준비 활동을 해 보자. 개별적으로 조건부 이야기를 만들기 전에 반 전체가

함께 조건부 이야기 활동을 놀이 형태로 진행한다. 이야기 릴레이는 이야기를 읽은 후 정해진 인원이 이야기 줄거리를 릴레이로 말하는 활동이다. 활동 순서 및 규칙은 다음과 같다. 첫째, 인원수를 제한한다. 4명 또는 6명의 한 모둠, 또는 한 분단, 심지어 반 전체가 이야기 릴레이를 할 수도 있다. 둘째, 한 사람은 한 문장만 말할 수 있다. 복문 형태는 상관이 없지만, 문장이 완결되면 다음 사람으로 차례가 넘어간다. 셋째, 이야기의 흐름에 맞게 처음부터 끝까지 이야기해야 한다. 이야기가 중간에 끊기거나 핵심사건만 말하면 안 된다. 넷째, 인원수에 맞게 이야기의 진도를 조절하는 것이 관건이다. 한 사람이 이야기를 너무 자세하게 말하거나 너무 압축해서 말하면 다음 사람이 이야기의 진도를 조절하기가 힘들어진다. 다음은 5명의 학생이 이야기 릴레이를 한 것이다. 다음 사례를 살펴보자.

[학생 활동 사례 1] 4학년

학생 1: 홍부와 놀부가 살았습니다.

학생 2: 놀부가 홍부를 내쫓아서 홍부는 어렵게 살았습니다.

학생 3: 홍부가 다친 제비 다리를 고쳐 주었습니다.

학생 4: 제비가 박씨 하나를 물어다 주었습니다.

학생 5: …???

[학생 활동 사례 2] 4학년

학생 1: 홍부는 집에서 쫓겨나 어렵게 살다가, 어느 날 제비 다리를 고쳐 주었더니 제비가 박씨를 물어다 주었습니다.

학생 2: 홍부가 박씨를 심었더니 박이 열렸고, 박을 타 보았더니 금은보화가 쏟아졌습니다.

학생 3: 홍부의 소식을 들은 놀부도 제비 다리를 부러뜨려 고쳐 주고, 제비가 준 박씨를 심었더니 도깨비들이 나와서 놀부를 혼냈습니다.

학생 4: …???

학생 5: …!!!

> ▶ **Tip**
> 이야기 릴레이는 본격적인 조건부 이야기를 시작하기 전의 준비 활동이지만, 조건부 이야기 활동 자체를 이러한 방식의 놀이 형태로 진행해도 좋다.

[사례 1]의 경우는 앞의 4명이 이야기의 흐름을 느슨하게 하여 마지막 사람이 이야기를 한 문장으로 마무리할 수 없게 된 경우이다. 사건의 전개를 보다 빠르게 진전시켜 나가야 하는 것이다. 반면 [사례 2의] 경우는 앞 사람들이 이야기의 흐름을 빠르게 진전시켜 뒷사람이 할 이야기가 없게 된 경우이다. 이 활동의 장점은 학생들이 놀이를 하면서 이야기의 전개 속도를 조절하는 방법을 자연스럽게 익힐 수 있도록 해 준다는 점이다.

다음 단계는 조건부 이야기 활동 단계로, 〈줄이기 편〉을 먼저 살펴보자. 이 활동의 핵심은 문장의 수를 제한하여 이야기를 간추리는 것이다. 다음은 4학년 1학기 읽기 교과서의 제재 텍스트 '오성과 한음'을 읽고 학생이 만든 조건부 이야기 사례이다.

[학생 활동 사례 3] 한 문장으로 간추리기, 4학년

학생 1: 오성이네 감나무 가지를 옆집 하인이 자기네 것이라고 우겨서 옆집 주인 권 판서가 자기네 하인이 잘못한 것 같다고 해서 오성과 한음은 감을 맛있게 먹었다.

학생 2: 오성과 하인이 감나무 때문에 싸웠다가 오성이 권 판서를 찾아가서 이 문제를 해결했다.

학생 3: 오성이 감을 따려고 했는데, 하인이 못 따게 해서 싸웠다.

학생 4: 감나무를 하인이 자기 것이라고 우겨서 항복이가 권 판서를 찾아가서 감나무가 누구 것인지 물어보았다.

학생 5: 오성이가 감을 따려고 하는데 하인이 가지가 우리 집으로 넘어왔으니 안 돼라고 하자 오성은 권판서에게 문에 대고 손을 넣고 누구 것이냐고 묻자 권 판서는 오성의 것이라고 대답을 하였는데, 그럼 감은 누구의 것이냐고 물었는데, 권 판서는 오성의 것이라고 했다.

[학생 활동 사례 4] 다섯 문장으로 간추리기, 4학년

학생 1: 오성이가 감을 따려고 했는데, 옆집 하인이 가지가 넘어갔으니 자기네 것이라고 우겼다. 오성이와 옆집 하인은 싸웠다. 오성이는 옆집 주인을 찾아갔다. 옆

집 주인이 자기네 하인들이 생각이 짧았다고 하며 사과했다. 오성과 한음은 감을 맛있게 먹었다.

학생 2: 감나무 가지가 넘어갔다. 하인이 자기네 것이라고 우겨서 싸웠다. 오성은 권 판서를 찾아가 문에 손을 넣었다. 이 손이 누구의 것이냐고 물은 뒤 감은 누구의 것이냐고 물었다. 권 판서가 오성의 것이라 하여, 오성은 감을 따 먹을 수 있었다.

[사례 3]의 학생 1과 2는 전체 이야기를 알 수 있도록 잘 줄였다. 학생 1은 복문의 형태로 연결하였고, 학생 2는 보다 간략하게 표현하였다. 학생 3은 이야기의 앞부분만 제시하였고, 학생 4는 이야기의 앞과 중간 부분만을 줄였다. 학생 5의 문장은 나열식으로만 연결한 것으로, 사실상 하나의 문장으로 보기 어렵다. 한 문장으로 줄이기 활동에서 나열식 연결로 구성하는 것은 좋은 사례는 되지 못한다. 조건부 이야기를 하면 어휘나 통사 차원에서 언어 사용의 유창성을 기를 수 있는 이유도 바로 여기에 있다. 압축하여 문장으로 완성하는 능력을 요구하기 때문이다. [사례 4]와 같이 5문장으로 줄이기도 할 수 있다. 교과서 제재 텍스트의 경우 보통 5~7문장으로 줄이기를 하는 것이 좋다. 이야기의 흐름을 살리면서 줄일 수 있기 때문이다. [사례 2]에서 학생이 만든 조건부 이야기에서도 개인차는 있으나, [사례 1]에 비하여 전반적으로 이야기의 줄거리를 잘 간추리는 것을 확인할 수 있다.

조건부 이야기 〈줄이기-심화 편〉은 수업 목표에 따라 다양하게 이루어질 수 있으며, 여기서는 크게 입장 선택하여 이야기 줄이기와 제목 바꾸기로 나누어 살펴보자. 먼저 입장 선택하여 이야기 줄이기 활동은 인물을 선택하여 이야기 줄거리를 간추리는 것으로, 위의 제재 텍스트를 예로 들면 권 판서나 옆집 하인의 입장에서 또는 오성의 입장에서 이야기를 줄이는 것이다. 여기에 더하여 문장 수를 제한해도 좋다. 이 활동은 이야기 줄이기 활동이면서 시점 파악하기 활동도 겸하고 있다. 제목 바꾸기도 일종의 조건부 이야기로 볼 수 있다. 제목은 말 그대로 이야기를 고도로 압축한 형태라 할 수 있으며, 이야기의 이미지를 드러내는 형태이기도 하다. 제목 바꾸기 활동에도 조건을 줄 수 있다. 예를 들면, 두 낱말 제목으로 바꾸기, 한 문장 제목으로 바꾸기, 대사 제목으로 바꾸기 등 다양한 방식으로 제목을 바꿀 수 있다. 다음은 학생이 만든 '입장 선택하여 이야기 줄이기'와 '제목 바꾸기' 사례이다.

〔학생 활동 사례 5〕 입장 선택하여 이야기 줄이기, 4학년

학생 1(권 판서): 오성이가 우리 집에 찾아와서는 방문을 뚫었다. 오성이는 이 팔이 누구 것이냐고 물었고, 난 오성의 것이라고 했다. 오성이가 우리 집 하인이 우긴 것을 말해서 오성이에게 사과를 했다.

학생 2(옆집 하인): 내가 마당을 쓸고 있는데, 오성이가 우리 집 가지에 달린 감을 따려고 했다. 그래서 하지 말라고 했는데, 오성이가 주인님을 찾아가서 설득해서 먹었다.

〔학생 활동 사례 6〕 제목 바꾸기, 4학년

두 낱말 제목: 감나무와 이웃들 / 감나무의 주인 / 오성의 꾀

한 문장 제목: 감나무의 감은 누구의 감일까? / 감나무가 위험하다.

대사 제목: "가지가 넘어왔어도 그 감은 오성이네 것이야." / "감나무에 손대지 마!"

[사례 5]와 같이 입장을 선택하여 이야기 줄이기 활동을 하면 기존 활동에 변화를 도모할 수 있고, 제재글과 관련된 다양한 관점을 생각해 볼 수 있다. [사례 6]을 살펴보면 학생이 제목 바꾸기를 비교적 잘한다는 것을 알 수 있는데, 이는 제목 바꾸기에 관한 선행 경험 때문일 것이다. 대사 제목을 재미있게 잘 붙이는 것이 눈에 띈다.

조건부 이야기 〈늘리기 편〉은 창작 활동으로 연결된다. 썰렁한 이야기를 그럴 듯한 이야기로 만들기, 기존 이야기에 일화 추가하기, 이야기의 틈을 상상으로 채우기 등의 활동이 이루어질 수 있다.

이 수업을 진행할 때에는 다음의 내용을 잘 기억해 두자. 먼저, 이야기 릴레이를 적극적으로 활용하라는 점이다. 학생들은 쓰기를 기피하려는 경향이 있다. 다섯 문장으로 이야기 줄이기를 할 때와 한 사람씩 일어나서 이야기 릴레이를 할 때를 비교해 보자. 스토리텔링 내용은 같지만 쓰기는 과제로 인식하는 반면, 이야기 릴레이는 놀이로 생각하는 것을 알 수 있다. 조건부 이야기 활동을 어려운 과제로 인식하지 않도록 유의한다. 다음으로, 조건부 이야기 활동의 묘미가 조건을 하나씩 추가해 나가는

데 있다는 점을 기억한다. 일반적인 줄거리 간추리기 활동과 조건부 이야기 활동의 차이는 바로 '조건'에 있다. 조건을 하나씩 추가해서 학생의 사고력을 자극한다. 학습 목표와 관련한 다양한 이야기 조건을 개발해 보자. 조건부 이야기 활동에 익숙한 학생들이라면 이야기의 조건을 스스로 만들도록 해 보는 것도 좋다.

10

꽃들에게 해피엔딩을

이야기 결말 바꾸기

칼로 베어 피나무 / 목에 걸려 가시나무 / 덜덜 떠는 사시나무 / 말라빠진 살대나무 / 깔고 앉아 구기자나무 / 입맞췄다 쪽나무

예산지방 민요인 〈나무요〉의 일부이다. 이 노래를 듣다 보면 그 속에 깃들어 있는 우리 조상들의 해학과 익살에 웃음을 머금게 되는데, 그중에 "칼로 베어 피나무"라는 대목에서는 왠지 모를 섬뜩함이 느껴진다. 칼로 베면 피가 나듯이 빨간 수액이 흐르는 것은 아닐까 의심스럽기까지 하다. 하지만 사실 껍질(皮)의 넓은 쓰임새로 인해 붙여진 이름이라고 한다. 피나무는 껍질뿐 아니라 목재, 꽃, 열매까지 버릴 것 없이 이용되어 온 쓸모가 많은 나무이다. "귀하구나 피나무"가 아니라 "칼로 베어 피나무"라는 섬뜩한 노랫말이 붙은 것에 대한 아쉬움은 우리 주변의 꽃에 담긴 이야기에서도 느낄 수 있다. 이야기 속 꽃은 대부분 슬픔과 고난, 역경 속의 주인공으로 등장하기 때문이다. 그래서 이야기는 비극적 결말을 맞이하게 되는데, '백일홍'에 얽힌 이야기를 한 예로 들 수 있다.

어촌마을에 갑자기 나타나 행패를 부리는 이무기를 달래기 위해 한 처녀가 제물로 바쳐지게 되었다. 그때 한 장사가 이무기를 물리치자 처녀는 이미 죽었던 목숨이니 장사에게 시집가기를 청한다. 장사는 자신이 용왕의 아들로 이무기의 다른 짝을 마저 물리친 후 흰 돛을 달고 백일 후에는 꼭 돌아오겠다며 떠난다. 백날을 기도하며 기다리던 처녀는 백일째 되는 날에는 화

관단장하고 절벽 위에서 장사를 기다렸다. 붉은 돛을 단 배가 나타나자 처녀는 절망하여 절벽에서 뛰어내려 죽고 말았다. 이무기의 피가 튀어 돛이 붉게 물든 줄 몰랐던 장사는 처녀의 죽음을 알자 크게 슬퍼하였다. 그 후 처녀의 무덤에는 족두리 같은 모습의 꽃이 피어났다. 사람들은 백일 동안 혼례가 이루어지기를 바라던 처녀의 정성이 꽃으로 피었다 하여 백일홍이라 불렀다. 이 꽃은 백일 동안 피어 있었다.

이처럼 백일홍의 유래담은 비극적인 결말을 보이는 이야기지만 교육적 가치는 충분하다. 꽃의 유래담은 인간의 행동 양식을 잘 반영하고 있기 때문에 옛날부터 중시되어 왔다. 조상들의 삶의 방식을 이해하고, 민족적 특성을 배우기도 하며, 생활에 지침이 되는 교훈을 얻을 수 있고, 우리 문학의 독특한 맛과 근본도 알 수 있다.

유래담은 삶의 모방으로 작품 속에서 다채롭게 펼쳐지는 다양한 삶의 방식을 이해하고 비판하면서 바른 삶의 자세가 무엇인가를 생각하게 한다. 여기에서 통찰력이 길러진다.

꽃들에게 해피엔딩을은 학생들이 당면한 어려움이나 고난을 극복하는 힘을 기르기 위한 활동이다. 활동의 핵심은 '고난과 역경을 안고 있는 주인공의 비극적인 결말을 해피엔딩으로 바꾸어 주기', '꽃 이름을 긍정적인 의미로 바꾸어 주기'이다.

꽃의 유래담 읽기 → 이야기 결말 바꾸기 → 꽃 이름 다시 지어 주기

첫 번째 '꽃의 유래담 읽기' 단계는 교사의 이야기, 학습지, 동영상 자료 등 다양한 매체를 통해 이야기를 들려준다. 어떤 방법이든 상관없지만, 다음 단계에서 활용할 수 있도록 이야기의 줄거리가 간략히 담긴 학습지는 따로 준비하는 것이 좋다.

두 번째 '이야기 결말 바꾸기'에서는 학생들이 원하는 부분을 자유롭게 바꾸어 쓰는 단계이다. 이때 주인공이 당면한 어려움이나 고난 극복에 초점을 두어 긍정적 상상력을 발휘해야 한다는 것을 명시해야 한다. 그렇지 않으면 다른 친구들의 관심을 끌기 위해 더 잔인하고 슬프게 이야기를 만들어 내는 학생들이 생기기 때문이다.

〔학생 활동 사례 1〕 5학년

제목: 백일 동안 결혼식을 한 백일홍

(앞부분은 동일함) 그러나 붉은 돛을 단 배가 나타나자 처녀는 절망하여 절벽에서 뛰어내리려고 하였다. 그때 갑자기 하늘에서 새가 한 마리 날아왔다. 처녀가 깜짝 놀라서 쳐다보았더니 새가 어떤 쪽지를 물어다 줬다. 그 쪽지는 장사의 편지였다. "이무기의 피가 튀어 돛이 붉게 물들었습니다. 나는 곧 가니까 죽지 말고 기다리세요." 처녀는 기뻐서 편지를 들고 펄쩍펄쩍 뛰었다. 장사는 육지로 돌아와 처녀를 안고 기뻐했다. 그 후, 그 자리에는 족두리 같은 모습의 꽃이 피어났다. 사람들은 백일 동안 결혼식을 한 처녀와 장사의 사랑이 꽃으로 피었다 하여 백일홍이라 불렀다. 이 꽃은 백일 동안 피어 있었다.

실제로 활동을 진행해 보면 위의 글처럼 이야기의 일부를 바꾸는 경우가 많이 나타난다. 마지막 결론만 바꾸는 것이 가장 쉽고, 그것만으로도 충분히 주인공이 고난과 역경을 극복할 수 있게 되는 단순한 이야기 구조 때문이다. 그래서 간혹 학생들의 글이 유사해지는 경향이 나타난다. 하지만 비슷한 글이라고 해서 낮은 평가를 내려서는 안 된다. 새롭고 참신한 이야기를 만들어 내는 것이 이 활동의 목표가 아니기 때문이다.

또 이야기 전체를 새로 만들어 내는 학생들도 있다. 이야기의 처음부터 끝까지 새롭게 만들어 내기 때문에 참신한 아이디어가 많이 발견되기도 하지만, 실제의 꽃과는 전혀 연관성이 없는 엉뚱한 이야기가 나오기도 한다. 이야기 전체를 바꾸어 만들 때는 실제 꽃의 생김새와 기능, 서식지 등과 같이 꽃과의 연관성을 놓치지 않도록 교사가 조언해 줄 필요가 있다. 아래 글은 꽃잎이 여러 개인 백일홍의 생김새, 100일 동안 꽃이 피는 특징, '행복'이라는 꽃말을 보고 이야기 전체를 만들어 낸 학생의 작품이다.

〔학생 활동 사례 2〕 5학년

제목: 행복송이의 전설

옛날 어느 옛날 한 마을에 '송이'라는 소녀가 있었습니다. 소녀는 가족도 없고 친구도 없는 쓸쓸한 인생을 살고 있었습니다. 그러던 어느 날 꿈에 선녀가 나타나서 "뒷산에 피어 있는 '행복' 꽃을 100일 동안 하나씩 모아 오면 너에게도 행복이 생길 거야."라고 말합니다. 소녀는 잠에서 깨어 그 다음 날 아침 뒷산에 올라갑니다. 산을 오르고 또 올랐지만 '행복' 꽃은 찾을 수 없었습니다. 쓰러져서 잠이 들려는 순간, 멀리서 빨간 빛이 반짝반짝했습니다. '행복' 꽃이었습니다. 송이는 신이 나서 꽃을 꺾었습니다. 다 꺾어 오고 싶었지만, 선녀의 말이 생각나서 하나만 꺾었습니다. 그 다음 날도 올라가서 한 송이를 꺾어 왔습니다. 또 그 다음 날도, 또 그 다음 날도……. 송이는 포기하고 싶었지만 100일 동안 꽃을 꺾으려고 매일 산에 갔습니다. 99일째 되던 날, 송이는 그만 감기몸살에 걸리고 말았습니다. 한 송이만 더 가지고 오면 100송이인데, 송이는 너무 아파서 산에 가지 못하고 방에 쓰러져 있었습니다. 그러자 갑자기 꿈에 나왔던 선녀가 나타났습니다. "너는 99일 동안 산에 올라가서 '행복' 꽃을 가져왔구나. 비록 100송이는 아니지만, 마지막 한 송이는 네가 하면 된단다."라고 말했습니다. 송이가 가져온 꽃 99송이와 송이까지 합하면 모두 100송이가 되는 것이었습니다. 송이는 깜짝 놀랐습니다. 왜냐하면 그때 갑자기 돌아가신 줄로만 알았던 엄마와 아빠가 나타나고, 집도 멋지게 바뀐 것이었습니다. 송이에게 행복이 생긴 것이었습니다. 그 뒤로 송이네 마당에는 꽃잎이 100개인 행복 송이 100개가 100일 동안 피어 있었다고 합니다.

세 번째는 자신이 만든 새로운 이야기에 맞는 새로운 꽃 이름을 지어 주는 단계이다. 기존의 이름을 이용해도 좋고, 완전히 새로운 이름을 붙여 주어도 된다. 단, 앞에서 만든 이야기와의 개연성을 유지해야 한다. 만약 이름을 새로 지을 필요성을 느끼지 못한다면 이름을 꼭 바꾸지 않아도 상관없다.

이 활동은 주인공이 고난과 역경을 극복하고 긍정적이고 행복한 결말을 만드는 과정을 통해 바른 삶의 자세가 무엇인가를 생각하는 통찰력을 기를 수 있다.

▶ **Tip**

이 활동 중 '꽃 이름 다시 지어 주기' 단계만 따로 할 수도 있다. 우리 주변에 있는, 재미있지만 부정적이거나 잘못된 고정관념이 반영된 식물들의 이름을 가지고 활용할 수 있다. '여우오줌', '도둑놈의 갈고리', '며느리배꼽', '며느리밑씻개', '쥐오줌풀', '코딱지나물', '개불알꽃' 등과 같은 식물을 예로 들 수 있다. 이때 '꽃 이름 다시 지어 주기' 단계는 '꽃의 생김새'나 '꽃의 구조'를 자세히 관찰하는 활동으로 변형하여 과학과에서 관찰학습으로도 활용할 수 있다.
또한 자신이 좋아하는 식물이나 꽃의 별명을 지어 주는 활동은 상상력을 통한 새로운 의미를 발견할 수 있는 기회를 제공하는 데 도움을 줄 수 있다.

II

악당이 없으면 영웅도 없다

대비적으로 인물 형상화하기

인물, 사건, 배경은 이야기의 가장 기본 요소이다. 이 중 인물은 이야기의 사건을 이끌어 내고 전개시키는 중요한 요소이다. 이야기의 등장인물은 작가의 총제적 경험 혹은 작가의 관찰이나 잠재적 요소들을 혼합시켜 만들어 놓은 존재이다. 작가는 인물을 통해 인간과 사회, 세계를 통찰하고 판단하고 평가하는 역할을 한다. 이야기의 가치는 이야기의 등장인물에 의해 구현되므로, 등장인물은 사건을 통해 의미 있는 변화를 이끌어 내는 이야기의 구현자로 작용한다(류수열 외, 2007: 76).

오랫동안 사랑받아 온 이야기 중 하나는 영웅담이다. 영웅담은 영웅과 악당이라는 등장인물이 대립구도를 형성함으로써 이야기를 흥미진진하게 만든다. 따라서 영웅과 악당의 인물을 설계하는 과정은 모든 이야기의 등장인물 형상화에서 가장 기본이라 할 수 있다.

악당이 없으면 영웅도 없다 활동에서는 이야기 창작 시 등장인물의 형상화를 돕기 위해 캐릭터 카드를 활용한다. 캐릭터 카드는 캐릭터의 신상정보를 항목으로 정리하여 카드의 형태로 나타낸 것이다. 영웅과 악당의 캐릭터를 형상화하는 과정에서 신상정보를 항목으로 구성하여 정교성을 높일 수 있다. 창작하기 학습활동은 다음과 같은 순서로 이루어진다.

영웅과 악당의 특징 알기 → 캐릭터 카드 이용해 캐릭터 창조하기 → 최고의 캐릭터 뽑기 → 영웅담의 특징 고려하기 → 캐릭터가 등장하는 이야기 먼저 학생들에게 익숙한 이야기에서 영웅과 악당의 특징을 찾아본다. 애니메이션이나 누구나 알고 있는 전래동화 등의 이야기에서 영웅과 악당을 쉽게 만날 수 있다. 자유롭게 이야기를 나누며 영웅과 악당의 특징을 알아보고, 영웅과 악당의 이름, 외모, 특기, 목표 등을 항목별로 분류하여 인물의 대조적인 특징을 살펴본다.

▸ **Tip**
요즈음은 영화를 통해 영웅물 시리즈가 많이 선보이고 있다. 학생들이 보았던 영웅물 영화를 떠올려 보도록 하는 것도 좋다.

그 후에 자신이 쓰고 싶은 영웅담에 등장할 영웅과 악당의 캐릭터를 창조한다. 영웅과 악당 캐릭터의 외모와 다양한 특징을 카드의 항목으로 구성해 보도록 한다. 캐릭터의 이름, 나이, 종별, 주특기, 영웅이나 악당이 된 이유, 목표 등의 항목을 기술해 본다. 이렇게 캐릭터 카드의 항목을 구성하는 과정을 통해 학생들은 자연스레 주요 등장인물인 영웅과 악당이라는 두 인물을 형상화하게 된다. 만약 캐릭터 형상화에 어려움을 겪는 학생이 있다면, 동물의 세계에 관한 영웅과 악당, 영웅과 악당 요리사 등으로 이야기나 캐릭터의 특징에 제한을 둔다. 제한된 조건을 생각하여 영웅과 악당 캐릭터를 생각해 보도록 한다면 캐릭터 창조에 도움을 줄 수 있을 것이다.

학생들은 이 단계를 통해 이야기의 캐릭터를 형상화함으로써 등장인물이 플롯에 관여하는 방식, 등장인물을 통해 일어나는 사건, 사건 속 갈등의 관계성을 간접적으로 경험하고 탐구할 수 있다.

더불어 학생들이 만들어 내는 영웅과 악당의 캐릭터를 통해 교사는 학생들에게 잠재된 욕구와 억압을 파악할 수 있는 기회를 제공받기도 한다. 평소 주위에서 영웅이나 악당으로 느꼈던 사람이나 상황을 캐릭터 창조를 통해 직·간접적으로 반영함으로써 학생 스스로가 억압된 욕구를 해소하는 계기로 작용할 수 있다.

활동 사례에서 '먹웅이'를 영웅 캐릭터로 만들었고, S라인의 소유자인 '태극'을 악당 캐릭터로 그렸다. 평소 먹을 것을 좋아해 스트레스를 받았던 학생의 마음을 먹보인 영웅 '먹웅이'를 통해 드러내고 있음을 알 수 있다.

그러나 이 학생의 경우 '왜 이 인물이 영웅과 악당인가'라는 인물 특성의 본질이 구체화되어 있지 않다. 등장인물의 인생관, 욕망, 목표, 세계관에 따라 인물은 입체적으로 되살아나며 이야기의 개연성은 높아진다. 따라서 영웅과 악당 캐릭터를 구체화하고 이야기를 전개하기 위해서는 캐릭터 카드의 항목 중 핵심이 되는 항목을 강조하여 제시할 필요가 있다. 예를 들어, 영웅이 구원하고자 하는 세계, 영웅이 한 가장

[학생 활동 사례] 6학년

착한 일, 악당이 벌이고자 하는 음모, 악당이 지금까지 한 가장 나쁜 일 등을 카드 항목으로 제시하여 적어 보도록 한다. 그러면 인물의 특징이 살아나게 형상화를 할 수 있다.

캐릭터 카드 제작의 후속 활동으로 최고의 캐릭터 뽑기, 매력적인 영웅과 악당에 투표하기 등의 활동을 할 수 있다. 다른 학생들이 창조한 캐릭터 카드를 평가하고, 창조한 다양한 캐릭터들을 공유할 수 있는 기회를 마련한다.

▶ **Tip**

교사는 "이야기의 배경은 어디인가요?", "영웅과 악당은 어떤 관계인가요?", "영웅과 악당이 원하는 세상의 모습은 어떨까요?", "영웅이 악당을 물리치는 무기는 무엇인가요?" 등의 구체적인 질문으로 학생의 이야기 창작을 도울 수 있다.

또는 만든 캐릭터 카드의 영웅과 악당이 등장하는 이야기를 상상하여 만들어 보는 활동을 진행해도 좋다. 이야기의 기본 요소인 인물 형상화부터 이야기의 완결된 창작까지 이야기 창작의 일련의 과정을 단계적으로 경험할 수 있는 기회가 된다. 제작한 영웅과 악당 캐릭터 카드만을 이용하여 이야기를 창작하는 것은 어려운 일이 될 수도 있다. 따라서 영웅담의 형식에 대해 지도할 필요가 있다. 기존의 영웅담을 통해 형식(플롯)을 파악할 수도 있고, 학생들이 영웅담을 상상할 수 있도록 교사는 구체적인 질문을 통해 이야기 창작에 도움을 줄 수도 있다.

이야기의 배경, 영웅과 악당의 관계, 영웅과 악당이 이루고자 하는 목표, 영웅이 악당을 무찌르는 방법 등에 대해 구체적으로 생각하게 한 뒤 이야기 전체를 상상하여 글로 적어 보도록 한다면, 이야기 창작의 어려움을 해소하고 좀 더 완결성 있는 이야기를 창작하는 데에 도움을 줄 수 있을 것이다.

다음은 위의 캐릭터 카드를 제작한 학생이 영웅 먹웅이와 악당 태극이의 캐릭터를 바탕으로 창작한 이야기이다.

> 우리 주인님이 나를 먹느라 태극이를 보지 못해서 태극이의 신형 핸드폰을 떨어뜨리고야 말았지. 태극이는 너무 분노한 나머지 이 세상의 먹보들을 전부 다 감옥에 넣어버린다는 음모를 꾸몄어. 그런데 갑자기 주인님이 나를 한입 먹으니 옷 뒤에 망토가 생겨났고, "당신은 영웅입니다."라는 환청이 들리기 시작했어. 그리하여 차태극은 오먹웅에게 결투를 신청했어. 그런데 우리 주인님은 날지 못했어. 왜냐하면 그 망토로 50kg 이상은 날지 못하거든. 그래서 날지 못하는 우리 주인님은 차태극을 물리치려고 주먹을 날렸어. 그런데 그 순간, 우리 주인님은 손에 들고 있던 나(핫도그)의 케첩을 그 녀석의 주먹에 문질러 버렸어. 차태극은 너무나 기분이 나빠서 얼른 집으로 뛰어들어 갔지.

이 학생은 이야기에 등장하는 주요 소재 중 하나인 핫도그를 관찰자로 하여 이야기를 서술하였다. 영웅이 핫도그를 들고 다닌다는 특성에서 등장인물 간의 갈등과 해결을 제시하였고, 영웅이 날지 못한다는 점 등을 약점으로 이야기 속에 드러내었다. 영웅담의 형식에 대해 직접적으로 학습하지 않고 캐릭터 카드를 제작을 통해 등장인물을 창조하고 플롯을 구성할 수 있도록 교사는 몇 가지 질문을 학생에게 제시하였다. 이 활동은 창조한 캐릭터와 몇 가지 질문을 활용하여 개연성이 높은 플롯을 구성할 수 있게 한다는 점이 가장 큰 장점이다.

이 수업을 운영할 때 교사는 다음과 같은 점에 유의해야 한다. 첫째, 영웅과 악당의 캐릭터 카드를 제작할 때 영웅과 악당 캐릭터가 대조적으로 드러날 수 있도록 지도한다. 그리고 영웅과 악당이 지닌 인생관, 욕망, 목표, 세계관 등을 심층적으로 생각해 볼 수 있는 기회를 제공해야 한다. 둘째, 캐릭터 카드를 활용하여 이야기를 창작할 때에는 캐릭터 형상화를 중점으로 하는 이야기 구성의 과정을 따르도록 한다. 그러나 이야기가 인물의 형상화만을 중점으로 하여 구성되는 것이 아니므로 교사가 이야기 플롯과 관련된 다양한 질문을 제시함으로써 이야기 플롯을 학생들이 간접적으로 구성할 수 있도록 도움을 주어야 한다.

이 활동을 통해 이야기 구성의 기본 요소 중 하나인 등장인물을 세밀하고 입체적으로 창조할 수 있다. 등장인물의 특성을 이야기를 통해 효과적으로 표현해 냄으로써 이야기 가치가 높은, 즉 많은 사람에게 흥미를 불러일으키는 플롯을 가진 이야기를 창작할 수 있는 능력을 기를 수 있게 된다.

더불어 영웅과 악당뿐만 아니라 영웅을 돕는 조력자 등 등장인물의 수를 늘려 캐릭터 카드를 제작하고 이야기를 창작한다면 좀 더 심화된 이야기 창작의 경험을 제공할 수 있다.

12

내가 만드는 제2의 유희왕 카드

카드놀이로 인물 엿보기

'트레이딩 카드 게임(Trading Card Game: TCG)'은 정해진 카드만을 이용하는 일반적 카드 게임과 달리 사람에 따라 서로 다른 카드를 가지고 게임하는 것을 말한다. 자신에게 필요한 카드를 얻기 위해 카드를 사고 다른 사람과 교환하는 과정을 겪는 게임이다. 학생들에게 큰 인기를 끌었던 유희왕 카드가 그렇다. 학생들은 트레이딩 게임의 일발역전성과 희귀 카드에 대한 수집욕 때문에 이 카드에 열광하였다. 하지만 원하는 카드가 나오지 않으면 돈을 주고 구입했음에도 봉지를 뜯자마자 버리는 것과 같은 무분별한 소비, 혹은 사행성으로 치닫지 않을까 하는 어른들의 염려 탓에 지금은 그 인기가 사그라진 상태이다. 하지만 여전히 학생들은 새로운 놀이에 목말라 하고, 그 일환으로 컴퓨터 게임이나 어른들이 하는 카드게임에 눈을 돌리기도 한다. 내가 만드는 제2의 유희왕 카드는 학생들에게 교육적 효과와 재미라는 일석이조의 장점을 지닌 놀이로 제시될 수 있는 활동이다.

이 활동은 이야기를 읽은 후에 캐릭터를 중심으로 카드에 정리하는 독후 활동이다. 인물의 특성을 외형적인 것, 장식 도구에서부터 성격, 기질 등 내면적인 자질에 이르기까지 매우 다양하게 생각해 봄으로써 이야기를 보다 심층적으로 이해할 수 있도록 도와준다.

국어 시간에 읽은 교과서 속 이야기, 학급문고로 읽은 이야기, 권장도서로 읽은 이야기처럼 학급 학생들이 함께 읽은 이야기를 활용하는 것을 우선으로 한다. 그 뒤에 이 활동에 익숙해지면 각자 읽은 이야기 속 캐릭터를 활용하여 카드를 만들게 한다. 많이 만드는 사람은 더 많은 카드를 가질 수 있는 이점을 제공해 주면 학생들은 경쟁적으로 카드를 만들기 시작한다. 물론 캐릭터를 파악하기 위한 독서가 선행되어야 가능한 일이다.

> **등장인물의 성격을 생각 모음판에 붙이기 → 캐릭터 카드 만들기 → 놀이 / 다른 교과 수업에 활용하기**

'등장인물의 성격을 생각 모음판에 붙이기' 단계는 교과서를 읽고 등장인물의 성격을 구체화하는 단계를 말한다. '생각 모음판'이라는 이름의 모둠별 게시판에 등장인물의 성격을 포스트잇에 적어 붙이는 활동으로 시작한다. 이때 등장인물의 성격뿐만 아니라 책을 읽는 동안 머릿속으로 그려 봤던 인물의 외형, 체력, 지능, 장점, 단점 등 인물에 관련한 것이라면 어떤 내용이라도 게시판에 붙일 수 있게 한다.

생각 모음판을 통해서 학생들은 등장인물에 대한 자신의 생각을 점검할 수 있으며, 다른 친구들의 생각을 알 수 있는 기회를 갖게 된다. 또한 성격 등 인물과 관련된 모든 내용이 적혀 있기 때문에 자신이 놓친 부분을 파악하는 데 도움을 줄 수 있다.

두 번째 단계는 생각 모음판에 붙은 내용을 바탕으로 캐릭터 카드를 만드는 것이다. 기본적인 형식은 시중에 판매되고 있는 캐릭터 카드의 형식을 이용하였다. 카드의 앞면에는 교과서에 나온 캐릭터를 디지털 카메라로 찍어서 이미지로 넣고 시중에 나온 카드 내용을 토대로 선함지수, 악함지수, 행운지수, 노력지수, 체력지수, 중요지수, 내맘(에 들어)지수 등 다양한 점수 등은 수치로 표현하도록 한다. 카드의 뒷면에는 캐릭터의 성격, 좋아하는 것, 장기, 캐릭터에 대한 내 생각 등을 적어 보도록 한다. 이외에도 교사나 학생들의 재량에 따라 인물에 대한 이해를 높일 수 있는 다양한 내용을 추가해도 좋다. 유희왕 카드에 익숙한 학생들은 교사가 제시한 것보다 훨씬 다양한 종류의 능력치와 효과 등을 가미한 카드 형식을 만들어 낼지도 모른다.

처음엔 교사가 캐릭터의 이미지를 임의로 넣어 주되, 나중에는 각자 읽은 이야기로 본인이 직접 캐릭터의 생김새를 그리게 한다. 캐릭터의 외형적 특성에도 인물의 성격이나 분위기를 연출할 수 있기 때문이다. 디지털 스토리텔링에서 마른 체형의 가느다란 눈은 예민하고 세심한 성격, 턱이 길고 목이 짧은 캐릭터는 우직한 성격을 나타내는 것이 그 예다.

[캐릭터 카드 예시]

(앞 면)	(뒷 면)
백설공주 (사람) 선함지수 : ★★★☆☆ 악함지수 : ☆☆☆☆☆ 노력지수 : ★☆☆☆☆ 체력지수 : ★★★★☆ 행운지수 : ★★★★☆ 중요지수 : ★★★★★ 내맘지수 : ★★★☆☆	• 난쟁이들을 가족처럼 잘 돌본다. 계모가 괴롭혀도 아빠에게 이르지 않은 것을 보면 마음씨가 착하다. 하지만 소심한 것 같기도 하다. • 계모가 준 물건을 아무 의심 없이 막 받는 것을 보면 의심이 없고 좀 멍청한 것 같기도 하다. • 하지만 운이 좋아서 왕자를 만나서 행복하게 잘 산다. • 스스로 자신의 어려움을 이겨 내려고 노력하지 않는다.

마지막은 이 활동의 가장 중요한 단계로 이야기 속의 인물을 다양하게 해석할 수 있는 단계이다. 첫 번째 '놀이로 활용하기'는 학생들이 즐겨 하는 카드놀이를 하는 것이다. 놀이는 시대를 반영하며 변화하고 있기 때문에 지금 학생들에게는 지금 시대에 맞는 놀이를 제시해 주어야 한다. 딱지치기나 병뚜껑 딱지 등은 직접 만들기 때문에 부지런한 사람이 많이 확보하는 자급자족식이었다면, 딱지 따먹기나 구슬치기 등의 놀이는 '따먹는' 개발형 자본주의 방식이다. 반면 유희왕 카드는 안정화된 자본주의 방식의 게임으로, 돈을 주고 카드를 사거나 교환하는 형식을 갖고 있다. 하지만 앞에서 언급한 바와 같이 유희왕 카드는 사행성과 추첨식[11]의 한계를 가지고 있다.

이 활동에서 하는 캐릭터 카드놀이는 오로지 '교육적 카드 생산'과 '트레이드'만을 통해 이루어진다. 학생들이 독후활동으로 직접 카드를 만들기 때문에 돈 들여 하

11 문구점에서 판매하는 500원짜리 팩과 같이 어떤 카드가 들어 있는지 모르게 하는 제조사의 랜덤 판매 방식. 좋은 카드가 나올 확률은 75:1로 극히 낮을 뿐만 아니라, 제조사는 카드의 포장 팩 어디에도 확률을 표기해 놓지 않는다. 좀 더 쉽게 좋은 카드를 구하기 위해 학생들이 찾는 곳은 카드 한 장씩을 고액에 판매하는 카드 가게로, 팩 카드 한 장의 가격보다 적게는 20배 많게는 100배 이상 비싸게 팔리고 있다.

> **▶ Tip**
> 이 활동의 마지막 단계에 제시된 것을 모두 할 필요는 없다. 교사의 재량에 따라 실시하되, 학생들의 캐릭터 카드 만들기 자체에 그치지 않도록 사후 활동을 끊임없이 제시해야 한다는 점은 명심해야 한다. 또, 아이들이 캐릭터 카드를 만들 때 미리 카드놀이를 염두에 두고 이야기와 다른 능력치를 작성하지 않도록 사전에 당부하는 것도 잊지 말아야 한다.

는 놀이가 아닌, 놀이다운 놀이가 될 수 있다. 또 학생들의 놀이에 대한 욕망을 슬기롭게 제어할 수 있는 장점도 있다.

이 놀이는 각 카드의 능력치를 대결하여 카드를 뺏는 방식으로 이루어진다. 유희왕 카드의 놀이 방법을 빌려오면 다음과 같다. 한 사람당 몇십 장의 카드를 준비한 뒤 두 명이 서로 마주 앉아 카드를 서로 꺼내며 대결한다. 학생들이 만든 카드는 그 능력치 또한 각각 다르다. 그런 다른 능력치로 서로 대결하면서 상대 라이프 포인트(보통 1000점)를 줄여 0이 되면 이기는 것이 캐릭터 카드놀이의 기본틀이 된다. 카드를 덮어 놓고 시작해서 우연성을 더하는 것은 여느 카드놀이와 같다. 교사가 기본틀만 제시해 주면 놀이 방법 역시 학생들이 둘러앉아 새롭게 개발하기도 한다.

캐릭터 카드 속 캐릭터들을 각 교과 학습에 유용하게 활용할 수도 있다. 그 교과 학습의 진행을 스토리텔링 방식으로 전개하는 것이다. 각 교과의 학습 주제나 내용에 맞추어 도우미 캐릭터로 활용하여 수업의 스토리텔링 구조를 더욱 다양하고 창의적으로 개발할 수 있다. 예를 들어, 도덕과의 '도덕적 주체로서의 나' 영역의 '반성하는 삶'이라는 지도 요소를 가르칠 때 『크리스마스 캐롤』(찰스 디킨스, 1843)의 스크루지 영감을 등장시켜 도우미 역할을 하게 한다. 학생들은 잘못된 반성을 하는 경우가 많다. 잘못을 고치려 하지 않고 포기하거나, 같은 잘못을 반복하거나, 아예 잘못을 전혀 느끼지 못하거나, 스스로를 지나치게 탓하거나 한다. 이 중 잘못을 전혀 느끼지 못하는 경우에 해당하는 것이 바로 스크루지 영감이다. 교사는 수업을 진행하는 주체를 스크루지 영감으로 세워, 학생들에게 자신의 꿈 이야기를 들려주도록 한다. 학생들은 이를 변형하여 자신의 과거를 돌아보는 시간을 갖는다. 이 수업을 마치고 나면 학생들은 굳이 『크리스마스 캐롤』을 직접 읽지 않아도 스크루지 영감이 겪었던 일에 대한 간접적인 경험을 통해 캐릭터 카드도 만들 수 있게 된다.

이와 비슷한 방법으로 경제교육을 할 때는 『열두 살에 부자가 된 키라』(보드 섀퍼, 2001)의 주인공 키라가 도우미로 나올 수 있다. 이렇게 인물을 변형하거나 다른 양태의 캐릭터로 연출시키는 활동을 통해 학습 대상에 대해서 강한 자기주도성을 발휘하게 된다.

13

나도 작가다

장르 바꾸기를 통한 시 감상의 심화

장르 바꾸기 활동은 시 수업에서 감상의 심화를 돕는 데 주안점을 둔다. 시 감상의 목표는 시어의 아름다움을 발견하고 그것의 울림에 호응하기, 시의 내용을 이해하고 공감하기 등이 될 것이다. 따라서 수업에서 시를 제대로 읽고 수용할 수 있다면 학생의 문학적 감수성과 의식은 한층 고양될 것이다. 이것이 문학 수업이 지향하는 바이기도 하다. 그런데 시는 학습자에게 어렵게 느껴질 수 있다. 노래나 이야기처럼 어릴 때부터 흔히 경험해 온 양식이 아니기 때문이다. 시어의 아름다움을 느끼는 것도 좋지만 시에 담긴 내용을 알고 공감할 수 있다면 더욱 좋은 감상의 질을 확보할 수 있을 것이다. 즉, 서정시를 감상하는 데에도 서사적 장치가 필요하다.

이를 위하여 서정 장르인 시에 서사 장르의 운용 기제인 스토리텔링의 원리를 도입하는 방안을 소개하고자 한다. 스토리텔링이라면 단순하게 말해서 이야기의 재미있는 전개를 말한다. 그렇다면 왜 하필 스토리텔링인가? "책(이야기) 읽어 줄까?"하고 물으면, 학생들은 다들 좋다고 한다. 재미가 있기 때문이다. 이야기에는 인물이 나오고, 사건이 전개되고, 위기가 고조되고, 결말이 드러난다. 시간의 흐름에 따라 흥미진진한 전개가 이루어지는 탓에 학생들은 재미를 느낀다. 이러한 특성을 문학 이론에서는 서사의 흐름이라고 말한다. 이른바 스토리에 대한 스토리텔링이 이루어진다. 이와 같은 이야기의 특성을 시 수업에 접목해 보자는 것이 이 활동의 제안 내용이다.

[학생 활동 사례 1] 4학년

원작	시 바꾸어 쓰기의 예
가을 그림 그리기[12] 이상인 하늘은 파랗게 칠해서 높여 주고 산은 오색 물감 풀어서 그리고요 몇 마리 고추짱아도 하늘 날게 해 줄까? ……	여름 그림 햇빛은 노랗게 칠해서 높여 주고 수영장은 파랑물감 풀어서 그리고요 몇 마리 개미들 참새날개 달아 줄까? ……

이 예는 시 수업의 초기 형태로서, 시 바꾸어 쓰기 활동이다. 시에 대한 부담감을 줄이고 재미를 맛보게 하는 방편으로 널리 사용된다. 그런데 이 수업은 일정한 한계가 있다. 즉, 언어의 변환을 통하여 재미를 느낄 수는 있지만 시 자체를 본질적으로 깊이 감상하는 데는 큰 도움이 되지 않는다. 오히려 시의 내용을 기반으로 서정 양식을 서사 양식으로 바꾸어 보는 편이 감상에는 유효하다. 단순히 특정 낱말을 바꾸는 것은 표층적인 의식활동만으로도 가능하지만 문학의 형식을 바꾼다는 것은 그것의 내용에 대한 이해, 곧 심층적인 이해가 있어야 가능하기 때문이다. 이 같은 시 수업의 대략적인 흐름을 나타내면 다음과 같다.

시의 내용 파악하기 → 인물 파악하기 → 인물 되어 보기 → 시의 형식 바꾸기

시 감상을 위한 첫 번째 과정은 시의 내용을 파악하는 것이다. 이것은 주제 파악과 관련이 된다. 주제란 글의 중심 되는 내용이기도 하고, 시인이 말하고자 하는 삶의 태도이기도 하며, 그것에 반응하는 독자의 느낌이기도 하다. 시에서 말하고자 하는

12 교육과학기술부(2010), 『초등학교 읽기 4-2 교과서』, (주)미래엔컬처그룹, p. 6.

중심 내용이 무엇인지, 그것에 대하여 나는 어떻게 생각하는지 살펴보는 것이 이 과정의 특징이다. 다음에 제시된 시를 바탕으로 다문화가정의 아픔이나 희망 같은 것을 이야기로 꾸밀 수 있다.

걱정 마[13]

정진숙

눈이 크고 얼굴이 까만
나영이 엄마는
필리핀 사람이고,

알림장 못 읽는
준희 엄마는
베트남에서 왔고,

김치 못 먹어 쩔쩔매는
영호 아저씨 각시는
몽골에서 시집와

길에서 마주쳐도
시장에서 만나도
말이 안 통해
그냥 웃고만 지나간다.

이러다가
우리 동네 사람들 속에
어울리지 못하면 어쩌나?

그래도 할머닌
걱정 말래.

아까시나무도
달맞이꽃도
개망초도
다 다른
먼 곳에서 왔지만
해마다 어울려 꽃피운다고.

먼저 시의 인물을 파악해야 한다. 이 시에서는 나영이, 나영이 엄마, 준희, 준희 엄마, 영호 아저씨, 영호 아저씨 각시, 할머니, 그리고 말하는 나, 이런 인물들이 나온다.

13 교육과학기술부(2010), 『초등학교 읽기 4-2 교과서』, (주)미래엔컬처그룹, pp. 8~9.

▶ **Tip**

활동의 흐름

1. 시의 내용 파악하기
   교사 발문: 이 시에서 나타내고자 하는 내용은 무엇인가요?
2. 시의 인물 파악하기
   교사 발문: 이 시에는 어떤 인물이 나오나요?
3. 한 인물이 되어보기
   교사 발문: 시에 등장하는 인물 중에서 한 명을 고릅니다. 그리고 그중에서 한 명의 인물이 되어 봅시다.
4. 시의 형식 바꾸기
   교사 발문: 내가 정한 인물이 되어 시의 내용을 바탕으로 글을 써 봅니다. 일기글이나 편지글 형식도 좋습니다.

각각의 인물들이 갖는 외양적인 특성 또는 시에 드러난 정보를 바탕으로 인물의 마음을 추측할 수 있다. 그 다음에는 인물 중에서 한 명이 되어 본다. 그렇게 함으로써 학습자는 적극적으로 이야기 서술의 주도성을 갖는다. 이야기의 바깥에서 설명하는 것과 이야기의 안에 들어가서 서술하는 것은 매우 다른 경험이다. 후자가 더욱 깊이 있는 문학 경험이 될 것임에는 틀림없다. 인물이 된다는 것은 이야기의 안으로 들어감을 의미한다. 그렇다고 몰입만이 더 가치 있는 문학 경험인 것은 아니다. 해체 또한 몰입이 전제되어야 가능하다는 입장에서 인물을 통한 몰입의 측면을 강조하고 있을 뿐이다. 즉, 문학 경험은 몰입과 해체의 순환적 관계 속에서 심화된다.

인물의 결정과 함께 고려해야 할 것이 글의 형식 및 내용이다. 형식은 편지나 일기글, 동화 등 무엇이든 좋다. 각각의 형식에 따라 글 쓰는 사람은 서술방식을 달리하면서 이야기를 풀어 나가야 한다. 내용 면에서는 자신이 구상한 대략의 내용을 미리 그린다. 이때 혼자서 구상하는 것으로 끝내지 말고 모둠에서 자신의 생각을 나누는 기회를 갖도록 한다. 말을 하면 자신의 생각이 선명해지고 친구들의 생각을 들으면 아이디어도 활성화된다.

마지막은 이제껏 구상하고 함께 나눈 아이디어를 완성된 글로 표현하는 과정이다. 이야기 쓰기는 학생들이 좋아하는 활동으로, 잘 활용하면 시 감상에서도 효과를 거둘 수 있다. 교사는 학생들에게 되도록 주제에서 벗어나지 않도록 유념할 것, 일부러 웃기게 꾸미려고 애쓰지 말 것 등의 주의를 준다. 시의 형식을 바꾸는 것은 그 시를 깊이 있게 감상하자는 데 의도가 있는 것이지 또 다른 이야기를 만들어 내자는 데 있지 않다. 학생들 중에는 친구들을 웃기려고 황당한 사건이나 결말로 새는 경우가 왕왕 있다. 이런 점은 활동의 목표와 방향을 직접 언급하며 구체적인 수정 방향을 안내해 주면 좋아진다.

[학생 활동 사례 2] 4학년

날씨: 비가 오다 흐림

오늘 알림장을 썼는데 엄마가 또 못 읽으신다. 내가 읽어드려도 모르신다. 그래서 준비물을 안 챙겨가 또 혼났다. 내가 준비물을 직접 가져가면 되지만, 돈이 없어서 그건 힘들다. 알림장을 써도 쓰는 의미가 없다. 엄마가 한글 공부를 열심히 해서 내가 준비물을 잘 챙기고 학교생활에 지장이 없었으면 좋겠다. 시장에 갔지만, 엄마가 이것저것 달라고 못하셔서 내가 대신 말했다. 만약 내가 없으면 장보기가 힘드실 것이다. 하지만 엄마가 베트남 사람이라 좋은 점이 있다. 한국에서 먹기 힘든 베트남 요리를 많이 먹을 수 있고, 베트남어도 배우고, 베트남의 문화도 알 수 있다. 내 꿈은 통역사이다. 나중에 커서 우리 엄마와 같이 힘든 사람을 도와주고 싶기 때문이다.

위 글을 쓴 학생은 '준희'가 되어 일기를 썼다. 한글을 모르고 한국어에 서투른 엄마를 둔 아이의 어려움을 그렸다. 시를 읽기만 했을 땐 느끼지 못했던 것들을 이 활동을 거치면서 느끼게 된 듯하다. 또한 시에서 할머니가 그랬던 것처럼 결말에서는 희망을 다짐하고 있다. 시 속으로 들어가 주제를 감지한 반응으로 보인다.

대개 시는 사건의 어느 한 순간을 포착하여 심상의 결로 나타낸 장르를 말한다. 보는 이의 마음을 따뜻하게 또는 뭉클하게 해 주는 고갱이가 담긴 한 편의 그림과 같다. 반면, 이야기는 시간의 흐름을 품고 있는 장르를 말한다. 시간은 인간이 겪는 인생의 흐름과 많이 닮아 있다. 애초에 사람은 시간을 살기 때문이다. 시의 아름다움이나 재미도 이야기와 더불어 읽힐 때 더 커진다. 자신도 모르는 사이에 자신을 닮은 것을 보게 되니까. 특히 시의 문법을 익히지 못한 어린 학습자일수록 더욱 그런 경향이 있다.

시에 자신을 투영시키면서 스토리텔링을 하는 방법은 시 감상을 다각화하고 심화하는 효과를 노릴 수 있다. 시 안에서 반복되는 말, 재미있는 표현 등을 찾는 것도 물론 필요하겠지만, 궁극적으로는 학습자가 시 안으로 들어가야 한다. 그때 비로소 시를 감상하는 바른 채널을 확보하는 것이다. 스토리텔링에서는 기본적으로 사건의 전개가 펼쳐지는 법인데, 학생들은 사건을 다소 어렵게 받아들일 수 있다. 이때 인물이 되어 보면 사건은 자연히 형성되고 펼쳐진다. 특별히 강조하지 않아도 쉽게 해결된다. 이 활동을 통하여 학습자는 시 안으로 들어가서 그것을 감상하면서 시에 대한 인식을 새롭게 가질 수 있다.

14

나도 만화가

웹툰으로 이야기하기

요즘 인기 포털 사이트나 스마트폰의 애플리케이션 등을 통해 〈마음의 소리〉, 〈낢이 사는 이야기〉와 같은 다양한 웹툰을 볼 수 있다. 많은 사람들은 웹툰을 생산하고 소비하면서 즐거워한다. 초등학교 고학년 학생들 역시 인터넷 사용 시간이 늘어나면서 웹툰에 대한 접근이 용이해지고, 재미있게 스토리를 읽을 수 있어 웹툰을 즐겨 읽는다. 웹툰은 'web(웹)'과 'cartoon(만화)'의 합성어로, 인터넷이라는 웹 환경의 특수성을 감안하여 만들어진 새로운 양식의 만화이다. 이것은 언론에서 만들어진 신종어로서, 생활 속의 자잘한 일상을 다룬다고 해서 '에세이툰(essay toon)'이라고 부르기도 한다(백정숙, 2004: 정현선에서 재인용).

학생들에게 웹툰은 자신의 경험과 생각 내지는 감정을 표현하는 좋은 도구가 될 수 있다. 일기를 쓰는 것이 자신의 생활을 되돌아보고 이를 통해 표현력을 기르거나 반성적인 사고를 할 수 있도록 이끄는 데 목적이 있다고 본다면, 웹툰을 만들어 보는 것 역시 짧은 수필 쓰기와 같은 효과를 낼 수 있다. 또한, 웹툰의 특성상 서로 공유하고 피드백을 주며 상호작용하는 것이 가능하기 때문에 글쓰기에 대한 흥미와 동기를 유발할 수 있다. 그리고 웹툰의 제작 과정에서 만화의 문법을 활용하여 자신의 생각을 함축적으로 전달할 수 있는 법을 자연스럽게 깨우쳐 나가기 때문에 매체에 따라 스토리를 전달하는 방법이 달라짐을 스스로 알게 된다.

교실 상황에서 웹툰을 그리도록 하되, 인쇄매체 만화와 같이 손으로 그리고 돌려 읽는 식으로 간단하게 활동을 전개할 수도 있다. 그러나 손으로 그리는 만화는 타인과의 공유에 시공간의 제약이 발생하고 그림 실력 차이 등으로 꺼리게 되는 학생들이 생기게 된다. 이럴 때 활용할 만한 사이트로 '발툰'[14]이 있다.

웹툰 만들기는 다음과 같은 순서로 진행된다.

스토리 생성하기 내지는 떠올리기 → 콘티 짜기 → 웹툰 그리기 → 공유 및 수정하기

학생들에게는 자신의 생활에서 겪은 일을 소재로 하여 만화를 꾸미도록 한다. 어떤 이야기를 만화로 그릴 것인지 생각해 온 후 만화 그리기 준비를 한다. 우선은 만화의 컷 수를 생각한다. 만화의 컷 수가 정해지면 자신이 생각한 이야기를 그 컷 수에 맞추어 어떻게 넣을 것인지 이야기의 흐름을 컷 수와 맞추어 나눈다. 이를 토대로 인물의 위치, 표정, 구도, 대사 등을 미리 구체화하는 작업을 한다. 이것이 콘티 짜기이다. 다음은 학생이 그린 콘티 자료이다. 아직 완성된 단계가 아니기 때문에 그림이 매우 거칠다.

[학생 활동 사례 1] 5학년

14 발툰(http://baltoon.com)은 누구든지 만화를 그릴 수 있게 하자는 콘셉트로 만들어진 사이트였다. 지금은 운영하고 있지 않지만, 웹사이트에서는 사용자가 컷 수와 컷의 모양을 선택하고, 그 컷 안에 적당한 배경, 캐릭터, 옷차림, 소품 등을 선택하고, 간단한 아이콘의 활용이나 마우스 조작으로 개체를 비교적 자유롭게 움직이거나 배치할 수 있도록 하였다. PPT나 한글 문서상에서도 이미지를 끌어와서 발툰과 같은 아마추어 카툰을 만들 수 있다.

이 그림 자료의 경우 학생의 경험을 표현한 것이다. 학생이 휴대폰으로 누나 사진을 찍었는데, 너무 못 나왔다. 그래서 이것을 보고 웃어 대며 누나를 놀렸다. 화가 난 누나는 휴대폰을 달라고 했지만, 동생은 그것을 무시했다. 그러다가 누나가 화를 참지 못하고 동생을 때린 후 휴대폰을 부수게 된다. 뒤의 내용은 생략되어 있어 그림에서는 알 수 없다.

콘티를 짠 후에는 전체적인 만화의 흐름과 시각적 요소를 고려하여 강조, 축소 및 삭제를 통해 콘티를 다듬도록 한다. 학생들은 만화를 재미삼아 그려 본 적은 많으나, 완결되지 않은 이야기이거나 캐릭터 중심의 만화 그리기인 경우가 많아 이 과정에서 어려움을 느끼기도 한다. 따라서 스토리 흐름대로 그리도록 한 후 만화를 읽는 독자가 되어 어느 부분을 강조하거나 생략하면 좋을지 고민하면서 연출 감각을 기르게 한다. 이때 말풍선, 지문, 효과 글자, 표정, 인물의 몸짓, 인물의 크기 등 다양한 부분이 컷에서 어떻게 부각될지 생각하는 것이 좋다.

다음의 웹툰은 학생이 자신이 짠 콘티를 바탕으로 제작한 것이다.[15]

콘티 짜기 단계에서는 화가 난 누나를 여전히 사람으로 표현하고 '슈퍼아머'[16]라고 칭하고 있다. 이것이 아래의 웹툰 완성 단계로 가면 동물, 짐승의 모습으로 표현된다. 이는 그래픽 요소가 창작자가 무엇을 이야기하고 싶어 하는지를 언어보다 더 실감나고 재미있게 표현할 수 있는 방법이 될 수 있음을 보여 주는 것이다. 또한 효과 글자의 활용이나 다양한 기호를 활용하며 이야기를 구체화하는 모습을 보여 준다. 제한된 화면 안에 함축적 의미를 담아내야 하는 만화의 경우 비유나 상징 등을 활용하는 경우가 많고, 청소년들의 게임문화 내지는 언어문화가 그대로 담기는 경향이 있어 그들의 이야기를 들어 볼 수 있는 좋은 창구가 된다.

웹툰 완성 후 공유와 조언, 피드백을 통하여 자신이 그린 만화가 어느 부분이 재미있고 어느 부분이 내용 전개에 방해를 주는지 알 수 있어 작품 창작에 대한 동기가 유발되고 다양한 사람들이 만든 스토리를 즐길 수 있도록 한다는 점에서 그 의의가 있다.

---

15 이 활동은 발툰에서 제공하는 이미지를 활용하여 스토리를 구성한 것이며, 4번, 5번 컷의 개 사진과 늑대 그림은 학생이 인터넷상에서 가져온 것으로 출처가 분명하지 않다.

16 슈퍼아머란 게임에서 사용되는 용어로 각종 인터넷상의 게임에서 게이머가 자신의 캐릭터에 어느 정도의 손상이 있더라도 공격 능력을 최대치로 끌어올린 상태를 일컫는다.

[학생 활동 사례 2] 5학년

매체가 달라짐에 따라 스토리의 전달 방식이 달라짐을 학습할 수 있다. 학생들은 웹툰을 통해 다양한 방법으로 자신의 이야기를 표현할 수 있다. 웹툰 제작하기 활동은 자신의 경험담을 이야기하거나 역사적 사건을 재현할 때, 이미 알고 있는 이야기를 패러디할 때 활용될 수 있다.

15

애물단지 일기의 대변신

가상의 독자에게 이야기 들려주기

나는 일기 쓰기를 싫어한다. 특별히 어려운 것은 없지만 아빠가 매일 쓰라고 해서 지겹다. 특별히 쓸 게 없을 때 힘들다.

일기에 대해서 좋은 기억보다는 고통스럽거나 곤란했던 기억을 가진 사람이 많을 것이다. 성인이 되어 일기 쓰는 사람이 많지 않다는 것이 그 증거 아니겠는가. 일기라고 하면 억지로 써야 하는 글, 선생님이 감시하는 글 정도로 여기는 경우가 많다. 사실 뭔가를 쓴다는 건 지난한 사고능력의 결과라고 보아야 한다. 기억과 감정의 그물 속에 엉킨 소재들을 일정한 질서에 따라 표현하는 과정이 바로 글쓰기이기 때문이다.

일기 역시 글쓰기라는 범주 안에 있는 행위이다 보니 부담스러울 수 있다. 뿐만 아니라 일기에 관한 오랜 고정관념과 잘못된 지도 형태가 훌륭한 이 교육적 방편을 애물단지로 만들었다. 글쓰기 훈련을 위한 수단으로 강요하거나 맞춤법 중심의 국어 교육 수단으로 이용되어 온 부분이 많았다. 한술 더 떠서 교육자 본인은 쓰지 않는 참회록을 피교육자에게 은연중 강요하는 형태가 되기도 하였다. 그리하여 일기 쓰기라면 학생들이 가장 싫어하는 과제 중 하나가 되고 말았다. 더군다나 일기 쓰기에 대하여 원리를 가르치는 일도 드물고, 일기 쓰기를 짜임새 있게 배우는 기회도 드물다. 그저 암묵적으로 굳어진 일기의 형식을 답습할 뿐이다.

하지만 일기는 순기능이 많은 실천적 교육방법 중 하나이다. 글쓰기 능력의 향상이나 인성교육의 효과 같은 것들은 차치하더라도, 일기의 가장 큰 순기능은 자기와 나누는 대화라고 할 수 있다. 사람이라면 누구나 끝내 간직하고 싶은 비밀이나 꼭 말하고 싶은 무엇이 있는 법이다. 이런 것들을 일기에 풀어놓으면서 자기를 발견하고 내면의 목소리에 귀 기울일 수 있다. 이순신 장군의 『난중일기』가 좋은 본보기가 될 것 같다. 언제 죽을지 모르는 전장에서 하루하루 기록을 남긴다는 것이 어찌 보면 사치스런 행동이다. 하지만 그것은 그렇게 하지 않으면 견딜 수 없었던 한 무장의 피의 고백이기도 하다. 심지어 아들의 죽음을 전해 들은 날까지 일기를 썼다는 것은 누가 시켜서는 할 수 없는 일이다.

그런 예는 또 있다. 하루하루 다가오는 공포를 겪으면서도 자신의 이야기를 '키티'에게 들려준 『안네의 일기』(안네 프랑크)가 그렇다. 은둔생활의 불안과 가족의 사랑, 사춘기 소녀의 심리 상태가 진실하게 서술되어 있다. 안네는 일기를 쓰면서 은둔생활의 고통을 해소했을 것이다. 자신 안의 이야기를 말하는 것만으로도 내면의 치유 효과가 생긴다고 현대심리학에서는 밝히고 있다. 애물단지가 된 일기를 다음과 같이 새롭게 접근해 보자.

질문법으로 일기 소재 발굴하기 → 가상의 독자 세우기 → 가상의 독자에게 하고 싶은 말 들려주기

그렇다면 우리는 이제 일기를 재미있게 쓸 수 있도록 방법을 찾아야 할 것이다. 일기는 하루 일과를 연대기적으로 기록해 놓는 보고서가 아니다. 기본적으로 독백 형식의 글쓰기이고 이것이 가장 일반적인 형태이긴 하지만, 내면에서 솟아나는 깊은 울림이 없으면 밋밋해지기 쉽다. 물론 자기발견이나 내면의 울림을 초등학생에게 당장 기대하는 것은 무리가 있을 수 있다. 그보다는 일단 재미가 있어야 한다. 학교에서 일기 쓰기를 지도할 때 첫 번째로 시도할 수 있는 것은 일기의 재료를 많이 끌어내도록 하는 것이다. 이것은 질문과 대답을 통해서 가능해진다. 물론 매번 이런 식으로 일기를 쓸 수는 없겠지만, 일기 쓰기의 과정이 이렇게 재미있을 수도 있구나 하는 체험을 이끌어 낼 수 있다. 한 사람이 나와서 한 마디의 말을 내놓는다. 그러면 거기에 대하여 친구들이 질문을 하고, 앞에 나선 사람은 그 질문에 답변을 한다. 단순하지만, 이 방법을 써 보면 쓸 것이 없다고 투덜거릴 수 없게 된다.

학생 1 : 저는 어제 치킨을 먹었습니다.

학생 2 : 어떤 치킨을 먹었습니까?

학생 1 : ○○ 치킨을 먹었습니다.

학생 3 : 후라이드였나요, 양념이었나요?

학생 1 : 반반이었습니다.

학생 4 : 배달시켜서 먹었나요?

학생 1 : 직접 가서 사 왔습니다.

학생 5 : 뭘 하면서 먹었나요?

학생 1 : TV를 보면서 먹었습니다.

학생 6 : TV 뭘 보았나요?

학생 1 : 엄마가 보는 드라마를 보았습니다.

(출처 | 윤태규, 2010 : 99)

이런 식으로 질문과 대답은 교사가 나서기 전까지 계속 이어진다. "나는 어제 치킨을 먹었다." 이 한 문장으로 끝날 수 있었던 일기의 내용이 풍성해지고 재미있어진다. 치킨의 종류, 그것을 먹을 때의 느낌, 함께 한 사람 등 일기를 채울 수 있는 내용은 꼬리에 꼬리를 물고 이어진다.

두 번째 방법은 가상의 독자를 한 사람 세우는 것이다. 내 이야기를 들어줄 수 있는 사람, 내가 마주하고 이야기를 할 사람을 정하면 글쓰기하는 태도가 달라진다. 독자를 고려하지 않을 수 없으니 독백 형식으로 말하는 것보다 진지해지고 친절해지며 흥미를 가지게 된다. 보다 현장감을 갖추기 위해서 옛이야기를 들려주듯 구어체로 써 보는 것도 좋다. 독자나 청자나 내 이야기를 들어주는 사람이라는 측면에서 마찬가지이니 말이다. 이 방법은 일기 쓰는 학생으로 하여금 메시지 전달자로서의 자각을 갖게 한다.

〔학생 활동 사례 1〕 4학년

제목: 피구

나영아, 오늘 2교시에는 남자랑 여자랑 섞어서 피구를 했어. 나는 쉽게 공에 맞았어.

그런데 선생님께서 아주 좋은 공을 주셨어. 맞으면 아프긴 하지만 손에 잘 잡히는 피구공이었어. 그런데 상대팀이 사람이 더 많아서 이기는 것은 힘들었어. 그리고 우리 팀이 이긴 적은 한 번도 없었고, 우리팀은 화가 났어. 그러고 나서 교실에서 간식을 먹는데, 남자애들이 여자애들한테 따졌어.

그런데 나는 조금 속상했어. 우리가 잘못한 건 아닌데 여자애들한테 따지니까 말이야. 남자애들은 심하게 분노해서 학급회의 때 주제로 낸다고 해. 우리가 14명이고 남자가 17명인데, 남자애들이 다 손들면 이제는 규칙이 확 바뀔 수도 있어. 그럼 안녕. 성우가.

[학생 활동 사례 2] 4학년

제목 : 분노의 피구

오늘 피구를 했어. 그런데 남자애들이 여자는 못 맞추게 한다고 불만을 터뜨리는 거 있지. 완전 짜증났어. 봉승호가 "너 얼굴 정통으로 맞혀 버릴 거야."라고 말했을 때 무섭기도 하고 화나기도 하고 진짜! 그리고 땅한테 침 뱉고 정말 더러워. 그리고 간식 시간에도 우리한테 뭐라고 하는 거 있지? 나 원 어이가 없어서. 시끄럽게 해서 우리가 자리도 옮겼다니까. 남자애들만 짜증난 거 아닌데. 하긴 우리가 좀 착하긴 하지. 다음에는 눈물 연기까지 펼치려다 참았으니. 어휴! 왜 우리가 이런 말을 들어야 돼? 그냥 선생님이 시키는 대로 했을 뿐인데. 지들이 선생님에게 따지든지. "뭐. 어쩌라고?", "짜져 있어.", "나대지 마." 이런 말들 모두 기분 나쁜 거 알면서 계속 그러고. 누군 나쁜 말 못해서 안 하나? 착해서 안 하지. 흥!

이렇듯 하루 생활에서 있었던 일, 억울했던 감정 등을 솔직하게 풀어놓도록 하는 것이다. 글쓰기의 즐거움과 함께 억눌린 감정의 치유 경험까지 기대할 수 있다. 잘 쓰려고 애쓰기 때문에 일기 쓰기가 부담이 되는 것이다. 하고 싶은 말을 자유롭게 할 수 있다면 부담은 크게 줄어든다. 잘 쓴다는 말은 내용을 잘 포장한다는 말이나 다를 바 없는데, 친구랑 대화할 때 신경 쓰고 포장해서 말하지는 않지 않는가. 일기도 그렇게 쓰면 된다.

세 번째 방법은 타임머신을 타고 가 보는 것이다. 학생들은 흔히 일기를 자세히 쓰라는 주문을 많이 받는데, 이러한 주문에 또 한 차례 턱 막힐 수가 있다. 자신이 겪은 일은 자세히 풀어놓을 수 있다. 다만, 시간이 흐르면서 기억이 희미해지고 강렬했던 감정은 아지랑이처럼 증발되는 것이 문제다. 그래서 경험을 다시 반복해 보는 게 필요하다. 즉, 일기를 쓰기에 앞서 과거의 순간으로 돌아가서 하루 동안 있었던 일을 회상해 본다. 회상은 인간만이 할 수 있는 고급의 두뇌 능력이다. 회상을 하면 기억과 감정이 상당 부분 재생이 되는 경험을 할 수 있다. 단순한 재생 그 이상으로 특정 기억에 감정의 살이 붙여져서 글로 나타난다.

[학생 활동 사례 3] 4학년

제목: 운동하는 날

날씨: 아침에는 강하지 않은 바람이 불었고 점심에는 진짜 더웠다.

오늘 동현이와 현서가 놀러 왔다.

"상훈아! 너 놀 수 있니?"

"오늘은 아빠하고 약속 있어서 못 놀아."

내가 말했다. 아빠와의 약속은 동생 상민이와 함께 운동장에서 운동을 하는 것이다. 그래서 운동장에 가고 있었는데, 자전거를 가져오지 않았다.

"상민아, 자전거 안 가져왔다. 아빠, 집에 갔다 오면 안돼?"

"그냥 가자."

아빠가 말했다. 그래서 운동장에 갔더니, "상훈아~" 하는 목소리가 들렸다. 다시 보니 현서와 송동현이 있었다. 그래서 나, 현서, 송동현과 같이 농구공을 들고 농구골대로 갔다. 내가 한 번에 못 넣고 두 번만에 넣으니까 송동현이 "꺄하하하하" 웃었다.

"그럼 니가 해 봐."

내가 말했다. 송동현이 슛을 쐈다. 못 넣었다.

"나는 너보다 키가 작잖아."

송동현이 변명을 했다. 그런데 정말 해가 술을 마셨는지 빨갛게 돼서는 정말 더웠다. 그래서 좀 쉬었다. 그리고 현서는 무슨 일 있는지 의욕이 없고, 송동현은 내 동생과 축구를 했다. 그때 나는 동생 모르게 자전거를 가지러 가려고 했는데, 동생이 "내 것도 가져다줘."라고 말했다. 나는 "싫어!" 하고 딱 잘라서 거절했다. 그 이유는 '어떻게 자전거 두 대를 들고 오냐고요.' 자전거를 가져왔는데, 송동현이 "야, 니네 동생이 너보다 축구 잘한다."라고 했다. 그때 정말 싫었지만, 부정할 수 없는 사실이다. 그런데 애들이 2명 더 왔다. 송동현이 "3명이 편 갈라서 축구해요." 내 아빠에게 말했다. (하략)

일기는 스토리텔링의 대표적인 글쓰기 방법 중 하나로서, 이야기꾼이 되어 자신의 이야기를 풀어내는 활동이다. 사실의 충실한 재현이 아니라 글쓴이에 의해 새롭게 구성되고 의미화된 이야기가 일기이니 말이다. 자신이 경험한 것을 글로 표현하면서 나름의 의미화 작업이 이루어지고, 평범한 듯 보이던 사건은 특별한 사건으로 부각되기도 한다. 결국 일기 쓰기의 문제는 일기라는 것의 본질을 붙잡을 때 해결할 수 있다. 일기 쓰기의 핵심은 하고 싶은 이야기를 하도록 하는 것이다. 이야기를 하면서 누가, 어디서, 무엇을 했는지, 곧 스토리텔링의 기본이 되는 요소를 그 안에 풀어내고 그것들의 구조와 작용을 자연스럽게 체득할 수 있게 된다. 이러한 핵심 외에 제목을 붙여 보게 하거나 일기 후반부에 간단한 인물 및 사건 소개, 인물 관계도 그리기 같은 추가 활동을 덧붙여도 좋다. 또 일기 본문에 대화체 글이 들어가도록 하여 서로 주고받은 말을 현장감 있게 서술하거나, 쓰기를 어려워하는 경우에는 쓸 것을 미리 말해 보도록 하는 것도 좋다. 쓰는 것은 어려워도 말하는 것은 상대적으로 쉬우니까 일단 말을 하고 나면 그 내용을 쓰기로 쉽게 옮길 수 있다. 일기만 꾸준히 잘 써도 스토리텔러의 자질 기반이 닦아지는 셈이다.[17]

17 일기 쓰기 지도 방법의 아이디어들은 원태규(2010)에서 상당 부분 차용하였다.

16

이야기 퍼즐을 맞추자

화소들을 모아 이야기 구성하기

퍼즐은 어긋난 조각들을 모두 맞추어 하나의 그림을 완성하는 고전적인 놀이 방법 중 하나이다. 이는 여러 가지 단서들을 조합하여 낱말이나 숫자, 문장 등을 맞추는 지적 놀이를 일컫는 말로 확장되어 사용되기도 한다.

이야기 역시 하나의 퍼즐이다. 여러 개의 이야기 요소는 유기적으로 결합하여 하나의 이야기를 만들어 낸다. 이야기의 가장 작은 단위인 화소[18]를 어떤 순서로 어떤 방식으로 결합하느냐에 따라 무수한 이야기를 만들어 낼 수 있다.

조각난 그림 퍼즐을 맞추어 그림을 완성하듯 학생들이 이야기의 화소를 맞추고 연결 짓는 과정을 통해 이야기를 만들어 내는 이야기꾼이 되도록 만들 수 있다. 이야기 퍼즐을 맞추자 활동은 퍼즐 조각에 해당하는 여러 개의 이야기 화소를 제시하고 이를 공동의 협의를 통해 하나의 큰 그림인 이야기로 만들어 내는 활동이다. 즉, 여러 사람이 힘을 모아 정해진 시간 내에 이야기를 만드는 '이야기 퍼즐 게임'인 셈이다. 이 게임은 협의를 통해 공동의 이야기를 창작하고, 이것을 쓰기가 아닌 말하기의 방법으로 다른 사람들에게 발표한다.

이런 방식을 이용하여 이야기를 창작하면 학생들은 개인이 가진 이야기 창작에 대한 부담은 줄이면서 공동 창작이라는 협동의 방식을 자연스레 익힐 수 있게 된다. 머릿속의 이야기를 쓰기의 방법을 거치지 않고 말하기의 방법으로 즉석에서 이야기를 만들어 내는 방식이다. 구조, 인물, 사건, 배경 등에 대하여 종합적으로 고려하여

18 화소(話素)는 이야기를 구성하는 최소 단위이이다. 다른 말로는 모티프(motif), 삽화(揷話)라고도 한다.

만드는 것이 아니라 즉흥 창작이므로 창작 시간, 이야기의 창의성, 이야기 산출의 유창성 등이 크게 관여하게 된다.

학생들은 시간의 제약이 주어진 게임으로 진행되는 이 활동을 통해 즉흥 이야기 창작을 즐거운 놀이로 인식함으로써 이야기 창작의 새로운 경험을 하게 된다.

학습활동은 다음과 같은 순서로 이루어진다.

> 다른 모둠에게 줄 이야기 화소 정하기 → 이야기 화소 꾸러미 선택하기 → 이야기 협의하기 → 모둠 대표가 창작한 이야기 말하기 → 이야기 평가하기

먼저 다른 모둠에게 줄 이야기 화소를 정한다. 이야기의 화소는 이야기에 등장할 중요한 소품, 인물, 배경 등을 적어도 좋고 '밥을 먹는다'와 같은 짧은 문장으로 만들어도 좋다. 이야기의 화소는 학생들이 브레인스토밍의 방법 등을 통해 자유연상을 하도록 하는 것이 좋다. 자유연상을 통해 추출한 다양한 이야기 화소는 화소 간 연관성이 적을수록 예측하지 못한 새로운 즉흥 이야기를 만들어 낼 수 있다.

다른 방법으로는 이미 학습한 이야기에서 중요한 물건, 소재, 행동 등과 관련하여 화소를 추출하여 새로운 이야기를 만들어 내 보도록 하는 것이다. 이 방법은 국어교육과 문학 영역 작품의 창조적 재구성과 관련하여 학습한 이야기를 능동적으로 감상하고 재구성하는 하나의 방법이 될 것이다. 이 경우에는 모두 다 알고 있는 이야기의 화소이므로 원래의 이야기와 비교하여 얼마큼 다른 새로운 이야기가 되었는가를 중심으로 평가하도록 하는 것이 좋다.

모둠별로 다른 모둠에게 줄 이야기 화소를 정했다면 출제한 이야기 화소 꾸러미 중 하나를 선택하도록 한다. 선택의 방식은 여러 가지이다. 모둠 대표가 화소 꾸러미를 선택하고 협의 시간을 가진 뒤 협의가 된 순서대로 이야기를 말하는 경쟁 방식을 택할 수 있다. 또는 모둠 순서를 정해 순차적으로 한 모둠씩 화소 꾸러미를 선택하도록 하여 정해진 시간 내에 이야기를 협의할 수도 있다.

화소 꾸러미를 선택했다면 선택한 화소를 바탕으로 모둠에서 이야기를 협의한다. 이야기 협의 시간은 모둠들이 꼭 지켜야 한다. 단 화소들의 순서는 이야기 구성에 따라 달라질 수 있으며,

> **▸ Tip**
> 이 활동은 국어교과 문학 영역의 창작교육과 관련하여 활용하거나, 감상교육에서 이야기 재구성과 관련하여 심화학습으로 지도 가능하다.

화소 외의 다른 문장을 삽입해도 상관없다. 화소를 모두 포함하여 이야기를 구성하기 어려울 경우에는 이야기 화소 중 일부를 빼도 괜찮다. 이러한 과정을 통해 공동 작업을 통한 이야기 구성의 경험을 하게 된다.

이야기 협의 시간이 끝났다면 모둠 대표 한 명이 앞으로 나오거나 자리에 서서 협의한 이야기를 발표한다. 협의 시간이 부족하여 이야기를 완성하지 못했다면 모둠 대표가 협의한 이야기에 즉흥적으로 추가하여 발표해야 한다. 이야기 유창성을 기르는 것이 핵심이므로, 협의 시간을 통해 이야기를 완성하지 못했다고 추가로 시간을 제공해선 안 된다. 이야기를 발표할 때 교사는 해당 모둠이 선택한 이야기 화소들을 칠판이나 스크린을 통해 다른 학생들이 볼 수 있도록 제시한다. 이 화소들이 이야기에 이용될 때 모둠 대표가 하나씩 지우는 것도 학생들의 이야기 몰입을 높이는 방법이 될 수 있다.

한 모둠이 '두꺼비', '개구리', '잘난 척', '산', '대회', '다리', '두꺼비', '사과', '목소리'라는 이야기 화소를 선택하였다. 모둠 협의 시간을 거친 후 모둠 대표는 다음과 같은 즉흥 이야기를 발표하였다.

> 어느 한 개울가에 개구리가 살고 있었습니다. 그 개구리는 자기가 세상에서 제일 잘난 줄 알고 잘난 척이 너무 심했습니다. 어느 날, 이 마을에서 높이뛰기 대회를 열었습니다. 그 개구리는 자신이 대회에서 우승할 거라며 잘난 척하며 아무도 보지 못하게 깊은 산 속에서 혼자 높이뛰기 연습을 했습니다. 개구리는 남들보다 더 높이 뛰려다 착지를 잘못해 다리를 삐끗하고 말았습니다. 개구리는 소리 내어 누군가를 불러 보았지만, 주변에는 아무도 없었습니다. 그러던 중 산길을 지나던 두꺼비가 개구리의 목소리를 들었습니다. 그리고 다리를 삐어 움직이지 못하는 개구리를 찾아내었습니다. 두꺼비는 개구리를 도와주었고, 개구리는 그동안 잘난 척한 것을 후회하며 두꺼비에게 사과했습니다.

모둠 대표가 이야기 발표를 마쳤다면 이야기다움을 판정할 차례이다. 학생들이 말하기 상황을 어려워하는 경우가 있으므로 발표자의 이야기를 주의 깊게 들을 수 있도록 발표와 평가를 동시 진행하는 것도 좋은 방법이다. 판정은 각 모둠별로 심판관을 정해 두거나, 모둠원 모두가 참여할 수 있도록 평가 척도를 마련해 주는 것도 좋다. 사용한 이야기 화소의 수, 사용한 접속어의 수, 등장인물의 관계, 이야기의 재미 등의 측면에서 평가해 볼 수 있다. 또는 다른 모둠원이 발표한 이야기를 정확히 말할 수 있는지를 점검하면서 이야기의 재미를 재확인해 볼 수 있다.

이 수업을 운영할 때 교사는 몇 가지 유의할 점이 있다.

첫째, 구술 이야기의 특성에 주목한다. 이야기 구성의 완결성에 중점을 두기보다는 이야기를 창작할 때의 유창성에 중점을 두어 지도하도록 한다. 이 활동의 핵심은 이야기를 창작할 때 학생의 심적 부담을 줄여 주고 이야기 창작을 즐거운 활동으로 받아들이도록 하는 데 있다. 따라서 이야기를 즉흥적으로 만들어 내는 이야기의 유창성에 중점을 둔다. 이야기 화소가 너무 적을 경우에는 이야기를 완결성 있게 구성하기 어려우므로 이야기 화소 수를 충분히 많이 제시한다. 또는 이야기 구성의 어려움을 줄이기 위해 제시한 화소가 들어 있지 않는 문장이 있어도 된다는 등의 융통성을 허용한다.

둘째, 이야기 화소는 개별적이며 화소 간 연결성이 적은 것으로 한다. 이야기 화소 간 연관성이 너무 깊다면 이야기 창작에 창의성을 발휘하기 어려워지기 때문이다. 이야기의 화소는 연결성이 적도록 간결한 문장이나 단어 위주로 구성하는 것이 바람직하다.

셋째, 놀이 진행 시 참여자의 이야기에 귀 기울이고 이야기의 부담을 느끼지 않도록 서로를 존중하는 분위기를 조성한다. 말하기의 방식으로 게임을 진행하므로 발표자의 이야기에 집중하지 않으면 활동 자체의 진행에 어려움을 겪게 된다.

이를 주의하여 활동을 진행한다면, 학생들은 이야기 협의 과정에서 모둠원 간의 의견을 교환하고 협력을 통해 이야기를 산출하는 집단 창작의 과정을 경험할 수 있다. 그리고 구술 이야기라는 특성은 학생들이 가지는 부담감을 줄이고 이야기 창작을 즐거운 놀이로 인식하게 만들어 줄 것이다. 이와 같은 경험은 즉흥 이야기 창작을 통해 얻어지는 이야기 창작의 창의성, 유창성을 기를 수 있다.

가장 중요한 것은 학생이 이 활동을 통해 즉흥 이야기 창작의 즐거움을 체험하게 된다는 것이다. 아리스토텔레스는 〈시학〉 16장에서 "발견 가운데 제일 훌륭한 것은 개연성 있는 사건을 통하여 뜻밖의 일이 벌어질 때이다."라고 말했다. 즉, 플롯 안에서 예측 가능한 놀람이 일어날 때 이야기는 생동력을 가진다는 것이다(마이클 티어노,

2008: 129). 플롯 안에서 놀람이 일어나는 이야기, 이는 좋은 이야기를 만드는 하나의 중요한 방법이 될 것이다. 조각난 이야기 퍼즐을 하나의 이야기로 맞춤으로써 생동감 있는 즉흥 이야기를 만들어 낼 수 있다.

17

옷에 이야기를 입혀 보자

옷차림에 의미 부여하기

학생들은 매일 이야기를 한다. 자신이 어제 산 장난감, 친구와 함께 한 게임, 지난주에 가족과 다녀온 유원지 등등. 보통 스토리텔링의 도구로 가장 많이 활용되는 '말'로 구현되는 스토리만도 그 양이 엄청나다. 그러나 정작 학생들에게 "이야기 하나 해 보렴." 하고 말하면 바로 자신 있게 이야기하는 경우는 드물다. '이야기는 특별한 것'이라는 생각이 지배적으로 작용하고 있기 때문이다. 그렇다면 이야기는 결코 멀리 있는 것이 아니라 생활에서 계속해 만들어지는 것이라는 사실을 깨닫게 하기 위하여 학생들이 지속적으로 흥미를 가지고 있는 소재를 활용하게 하는 것은 어떨까?

요즘 학생들의 의생활을 보고 예전의 학생들에 비하여 자의식이 강화되었다고 흔히들 이야기한다. 또 외모지상주의의 영향이라고도 한다. 상업 발달의 영향이라고도 하고, 정보의 양이 극대화되면서 학생들의 성장이 빨라지고 사춘기 연령대가 낮아진 탓이라 말하기도 한다. 어쨌든 이전 세대의 학생들이 입던 옷차림과 요즘의 학생들이 입는 옷차림은 확연히 다르다는 데에 모두들 동의한다.

가까운 예로 인터넷 검색창에 '초등학생 옷'이라고 치면 각종 초등학생 전문 의류 쇼핑몰 링크가 뜨고, "어떻게 옷을 입어야 하나요?"라는 학생들의 질문이 쇄도한다. 이전의 학생들이 부모님이 사 주시는 옷을 입었다면, 요즘의 학생들은 자신의 개성과 유행에 어울리는 옷을 주체적으로 소비하고 있다. 따라서 학생들에게 옷차림은 끊임없는 흥미의 대상이며 무한한 이야기를 생산해 낼 수 있는 소재이다. 그렇다면 학생들은 '옷을 구매하게 된 계기', '이 옷을 산 장소', '상의와 하의를 지금처럼 조합한 이유' 등의 이야기를 끊임없이 만들 수 있을 것이다.

인물의 옷차림이 인물의 성격이나 특징, 스토리텔링 전체의 흐름에 영향을 줄 수 있음은 이미 수많은 민담 스토리텔링에서부터 엿볼 수 있던 점이다. 가장 대표적인 예로 〈빨간 모자〉라는 옛이야기의 주인공 '빨간 모자'는 그 옷차림이 인물의 이름을 대신할 정도로 인물의 옷차림이 매우 중요하다는 것을 단적으로 보여 준다. 빨간색은 상징적으로 아이에서 어른으로 이행하는 단계에 위치한 주인공의 연령대를 보여준다고 주장하는 학자들도 있어, 인물의 옷차림이 인물의 특징을 드러내고 있음을 알 수 있다. 또한 옛이야기에 등장하는 마녀들은 검은색의 긴 망토에 챙이 넓은 검은 고깔모자를 유니폼처럼 입고 있어 누가 보아도 마녀임을 잘 알 수 있도록 친절히 자기소개를 하고 있다. 이처럼 옷차림과 인물의 성격 사이에는 깊은 연관이 있다는 것에 이의를 제기하기 어렵다. 따라서 이를 활용하여 삶 속에서 생동하는 이야기를 구연하게끔 하는 활동을 구안하였다.

옷에 이야기를 입혀 보자 활동의 흐름은 아래와 같다.

> 가장 기억에 남는 잊지 못할 옷 이야기하기 → 영화 감상 후 영화 속 인물의 성격 분석하기→ 인물의 의상 바꾸어 주기

먼저, 교사는 학생들과 함께 옷차림에 관한 이야기를 나눈다. '자신이 했던 옷차림 중 가장 기억에 남는 옷'에 대한 이야기가 효과적이다. 다만 여기에서 중요한 점은, 학생들이 자신의 옷차림을 기억하는 이유가 학생 개개인의 성격이나 학생이 경험한 특정한 사건과 연관될 수 있도록 유도하는 점이다. 쉬운 예로, "스키니진이 가장 먼저 떠올라요. 요즘 유행이니까요."와 같은 대답보다는 "오늘 입은 스키니진이 가장 먼저 떠오르는 옷이에요. 요즘 유행이잖아요. 저는 유행하는 옷차림을 하지 않으면 왠지 무시당하는 것 같고, 남들과 달라 보여서 기분이 나빠져요."와 같이 개개인의 성격이 드러날 수 있도록 이야기하게 지도한다. 다음은 이 단계에서 학생들이 수행한 스토리텔링이다.

[학생 활동 사례 1] 3학년

체육 수업이 들은 날에 입는 빨간 츄리닝이 제일 좋아요. 왜냐하면 ○○가 파란 츄리

닝을 입고 오잖아요(둘은 같은 디자인의 색깔만 다른 운동복을 입고 오는 경우가 많다). 그럼 ○○랑 같이 자석맨 놀이를 할 수 있어요. ○○는 원래 조용한 성격인 줄 알았는데, 3학년이 되어 이 옷을 입으면서 더 친해진 것 같아요.

(학생 활동 사례 2) 3학년

저는 고모가 사 주신 갈색 원피스가 제일 기억나요. 작년에 사 주신 옷이고 정말 예쁜 옷이라서 좋아했지만, 이젠 입지 않아요. 처음 그 옷을 입고 온 날 정말 기분이 좋아서 우쭐해져 있었는데, 뒷자리에 앉았던 남자애가 저더러 공주병이라고 놀렸어요. 저는 정말 제가 공주병인가 하는 생각에 기분이 나빠졌어요. 그리고 그 이후로는 한 번도 그 옷을 입지 않았어요. 동생이 크면 물려줄 거고 저는 다시는 안 입을 거예요.

같은 옷을 입고 오는 경우는 초등학생들 사이에서 딱히 특별한 일은 아니다. 하지만 [사례 1]의 어린이는 같은 옷을 입고 온 어린이와 갑자기 둘도 없는 친한 친구가 된다. 같은 디자인의 체육복을 한 명은 빨간색으로 한명은 파란색으로 입고 오는데, 그날은 둘이서 N극맨과 S극맨이 되어 쉬는 시간마다 'N극! S극!'이라는 구호를 외치며 찰싹 달라붙어 다닌다. 이 활동을 통하여 학생들이 옷차림과 성격의 연관성을 인식하게끔 하는 것이 이 단계에서의 목표이다.

다음으로, 학생들은 특정 영화를 함께 감상한다. 이를 통해 영화 스토리텔링의 흐름 및 스토리텔링에 등장하는 인물들의 성격과 특징을 파악하며, 스토리텔링을 이해한다. 영화를 선택할 때에는 학생의 인지발달 수준에 맞는 영화를 고르도록 주의하며, 추후 활동 단계에서의 원활한 진행을 위하여 인물의 성격이 두드러지게 드러나는 영화를 선택하는 것이 좋다. 또한, 이 단계에서 교사가 인물의 의상을 미리 고려하는 것이 좋다. 요즘은 영화나 드라마에서 등장인물이 입고 등장하는 의상이 크게 유행하는 경우가 많아[19] 영화 제작 단계에서부터 이를 염두에 두는 경우가 있기 때문이다. 영화를 다 보고 난 후에는 인물의 성격을 분석한다. 물론 옷차림은 인물의 성격뿐 아니라

19 예로 영화 〈킬빌〉에서 여주인공인 우마 서먼이 신고 나왔던 특정 브랜드의 운동화가 날개 단 듯 팔려 나간 것, 드라마 〈미안하다 사랑한다〉에서 여주인공인 임수정이 입고 나왔던 니트가 거리에 물결치던 것 등을 들 수 있다.

스토리텔링 전체의 흐름이나 특정 장면에서의 시각적 표현의 강조 등과 연관되는 경우도 있다. 그러나 대개 인물의 성격과 긴밀한 연관관계를 보이므로 이에 초점을 두어 활동을 진행한다. 예를 들어 〈해리포터와 마법사의 돌〉이라는 영화를 감상하였다면, 여러 등장인물 중 가장 성격이 두드러지는 인물인 해리를 선택하여 그의 성격에 대하여 토론할 수 있을 것이다. 브레인스토밍 과정을 통하여 여러 성격을 포착해 내는데, 이때의 성격은 인물 내적 특성뿐 아니라 인물 외적 특성까지도 모두 포함한다. 넓은 범위 내에서 찾는 것이 다음 활동의 단계를 더 수월히 진행할 수 있도록 돕는다.

〔학생 활동 사례 3〕 3학년

남들은 무서워서 이름도 못 부르는 볼드모트에게 맞서 싸우는 것을 보니 해리는 용감한 성격인 것 같아요. 또 부모님이 돌아가시고 이모부가 괴롭히는 집에서 사니까 부모님이 많이 보고 싶었을 것 같아요. 그래서 해리는 거울에서 부모님을 봤어요.

〔학생 활동 사례 4〕 3학년

해리는 무서워도 꾹 참고 볼드모트를 물리쳤다. 그런데 해리가 볼드모트에게 화를 많이 냈다. 나는 화가 나도 화를 잘 못 낸다.

마지막으로, 분석한 인물의 성격에 맞게 새로운 옷차림을 부여해 그림으로 나타낸다. 그리고 성격과 옷차림의 상관관계를 설명하도록 한다. 다음의 학생 활동 사례를 보자. 이 학생은 해리의 성격을 '용감함', '부모님을 그리워함', '정의로움', '다혈질' 등으로 분석했고, 용감하고 다혈질인 성격에 맞추어 의상을 빨간색으로 결정하였다. 부모님을 그리워하는 마음은 양 어깨에 어른의 손 모양을 무늬로 넣어 나타내는 등으로 형상화했다. 활동을 진행할 때 막연히 옷차림을 바꾸라고 하기보다는 특정한 장면에서의 옷차림을 바꾸도록 하는 것도 좋은 방법이 될 수 있다.

〔학생 활동 사례 5〕 3학년

이 활동은 옷차림이라는 매일의 일상에도 스토리텔링이

녹아 있다는 점을 알게 하는 데에 그 의의가 있다. 그동안 별 생각 없이 보아 왔던 영화나 드라마 속의 인물들이 입는 옷차림에도 분명 어떠한 의도가 숨어 있다는 것을 이 활동을 통하여 배울 수 있다. 하루하루 생각 없이 입는 듯한 옷에도 나의 성격과 개성이 녹아 있음을 알고, 더 나아가 특정한 스토리텔링 상황에서는 의상 자체로도 스토리텔링을 이끌어 갈 수 있게 된다. 이 활동은 국어 교과에 접목시켜 특정 스토리텔링에서 인물의 성격 파악 활동으로 시작하여 학생 개개인의 옷차림과 성격의 상관관계를 유추하는 방법으로도 활용할 수 있다.

3장 수학·과학 탐구 능력 기르기

2007 개정 교육과정이 도입된 이후 수학과에서 특히 강조되고 있는 부분이 바로 '이야기'이다. 기존의 교과서가 개념과 문제 풀이 위주의 구성이었다면, 2007 개정 교육과정 이후에는 단원 도입부에서 생활 장면의 이야기를 통하여 학생들이 학습 제재에 대한 관심을 갖게 만들고, 정리 부분에서 학습한 수학적 원리나 개념과 관련 있는 이야기로 수학적 사고를 넓혀 준다. 교육과정에서 보이고 있는 이러한 학습의 흐름은 수학 학습에서의 '이야기' 효용성을 상당 부분 인정하고 있는 증거라고 할 수 있다. 수학과 이외에도 과학과나 실과에서도 수업에 이야기를 활용하여 보다 생기 넘치는 수업을 할 수 있다. 이 장에서는 학생들이 재미있게 즐기면서 원리나 개념을 자연스럽게 이해할 수 있는 수업 아이디어를 소개하고자 한다.

달걀이 왔어요는 교사가 학습문제와 밀접한 상황을 흥미 있는 이야기로 구성하여 스토리텔링을 해 주면서, 학생들이 공부할 문제를 자연스럽게 인식하도록 이끄는 수업 전략을 보여 준다. 학습문제와 동떨어진 수업 중 이벤트는 수업의 흐름을 깨고 단순히 그 이벤트만을 기억하게 한다. 그러나 수업과 관련 있는 스토리텔링을 통하여 도입 부분에서의 학습 호기심 유발은 물론, 정리 부분까지 연결되는 자연스런 흐름의 수업을 설계할 수 있다.

생활 속 숨은 도형 찾기는 추상적이고 형식적인 수학적 개념이나 원리의 학습에 스토리텔링적 요소를 활용하여 학생들이 수학적 원리나 개념을 구체적인 경험 차원에서 이해할 수 있게 해 주는 활동이다. 초등학교 1학년부터 6학년까지 도형 영역에 대한 학습을 하게 되는데, 이때 생활 속 한 부분과 연관지어 학습한 도형을 이해하고 그림과 글로 표현해 본다. 학생들에게 직접 'story'를 'telling'해 보는 경험을 제공하는 것이다. 이렇게 수학적 개념이나 원리를 직접 스토리텔링해 봄으로써 학생들은 학습한 내용을 보다 명확하게 이해하고 활용할 수 있게 된다.

수학귀신도 놀라는 수학 공부법은 구체적 조작기의 학생들에게 체험이나 구체적인 활동을 기반으로 하여 재미있는 수학 수업을 만드는 방법을 보여 준다. 학습자가 수업 자체에 재미를 느낀다는 것은 스스로 학습 과정을 수행해 나가는 데 가장 중요한 동기가 된다. 여기에서는 '문장제 내기'나 '모둠 대항 게임' 등 게임 속성을 수업에 도입하여 수학을 좋아하지 않거나 어려워하는 학생들이 자신의 변화를 확인하고 단계별로 성취감을 체험하는 방법을 소개하고 있다. 게임은 스토리라인을 따라가는 이야기 형식을 취한다. 간단한 게임식 수업만으로도 학생의 수업 참여도가 매우 높아지고 흥미 있는 학습 경험을 할 수 있다는 것을 확인할 수 있다.

벌레 호텔은 과학과에서 '작은 생물'에 대한 학습 지도 시 적용해 본 수업기술이다. 벌레 호텔이라는 상황을 설정함으로써 관찰대상과 조건, 과정을 하나의 이야기로 엮어서 지도하면서 관찰 과정에 스토리텔링을 접목시키는 수업 아이디어이다. 일반적인 관찰 수업이 관찰물을 설치하고 일정한 간격으로 변화된 모습을 정리하는 방법으로 운영되는 데 반하여, 이러한 방법을 적용한 관찰 수업은 좀 더 흥미롭고 탐구의 목적이 분명한 수업을 가능하게 해 준다.

강낭콩 포토 자서전은 교실에서 식물을 키우면서 자연에 대한 관심을 갖고 생태에 대한 감수성을 기르는 데 도움을 줄 수 있는 활동이다. 학생들은 식물이 자라는 순간순간을 카메라로 찍거나 직접 그림으로 그리고, 장면과 장면 사이에 자신이 그 식물을 위해 노력한 점이나 식물에 영향을 끼친 것들을 생각하여 그려 넣는다. 식물을 키우면서 학생들이 경험하고 상상하는 크고 작은 이야기들을 엮는 활동을 통하여 더 생기 있는 식물 관찰 수업을 할 수 있다.

이름표를 붙여 줘는 관찰 후 관찰기록장을 작성하는 전통적인 관찰 지도 방식을 벗어나, 과학적 관찰에 의미를 부여하여 효과적인 관찰을 수행하도록 도와줄 수 있는 수업기술이다. 이 활동에서 학생들은 관찰대상을 정하고 그것에 이름을 붙여 주는 과정을 경험하거나, 학생 스스로 직접 관찰대상이 되어 상상해 보는 활동을 하게 된다. 또 관찰의 관점을 정하여 자세히 관찰하게 되는데, 이러한 일련의 경험을 통하여 학생들은 단순히 과학적 지식을 이해하고 암기하는 학습이 아닌 객관적인 정보를 의미와 가치로 수용할 수 있게 된다.

내가 그것이 된 것처럼은 사물과의 동화 경험을 통하여 학습자 스스로 사물(혹은 상품)이 된 것을 가정하고 스스로의 이야기를 풀어내듯 수업을 전개해 나가는 학습활동이다. 이 활동은 학습자가 무엇인가가 되어 변화와 움직임을 보이는 과정을 학습할 때 유용하다. 학습자는 이미 알고 있는 지식을 활용하여 자신이 그 사물이 된 셈치고 스토리텔링을 해 보는 경험을 하게 된다. 수업의 정리 단계에서 이 활동을 하면 학생들이 가지고 있는 지식을 좀 더 정교화할 수 있다.

음식 속 이야기 창고는 학생들이 가지고 있는 음식과 관련된 사연들을 자연스럽게 끌어내어 서로의 경험을 나누고, 음식 자체에 대한 스토리뿐만 아니라 다양한 음식을 공유하고 소통하는 학습활동이다. '티격태격 스토리텔링', '실패 스토리텔링', '자랑 스토리텔링', '강요 스토리텔링', '따라하기 스토리텔링' 등 음식과 관련된 다양한 스토리텔링의 예를 통하여 학생들은 음식 스토리텔링에 편안하게 접근할 수 있다.

내가 만든 날엔 내가 정한 선물로는 학생들이 스스로에게 의미 있는 날을 직접 정하여 그날과 짝지을 음식이나 선물을 만들어 보게 하는 활동이다. 이 활동을 통해 학생들은 축제가 하나의 스토리텔링임을 알게 되며, 축제를 연출하는 기회를 갖게 된다.

이 장에서 소개한 활동들은 수학이나 과학, 실과 등 객관적 사실이나 정보를 주로 다루는 교과에서 활용할 수 있는 스토리텔링 기법이다. 이러한 교과에서 다루는 기본 개념이나 원리를 정리하고 암기할 수도 있지만, 스토리텔링을 활용하여 의미를 재구성하거나 생활 장면에서 적용하고 확장해 보는 수업을 해 보자. 스토리텔링의 과정에서 객관적 정보의 이해뿐만 아니라 학생이 스스로 가치를 내면화할 수 있다는 것 또한 스토리텔링을 활용한 수업의 매력이라고 할 수 있다.

18

달걀이 왔어요

10의 보수 개념 익히기

수업 중 누군가가 "똑똑똑" 문을 두드리고 들어온다. 일상의 교실에서는 회람을 온 학생이거나 옆 반 선생님일 경우가 많다. 그러나 선생님의 남자 친구가 선생님께 꽃바구니를 전달하러 왔다면, 또는 원양어선을 타러 가신 아버지가 몇 년 만에 돌아오셔서 딸을 위해 커다란 곰 인형을 들고 교실로 직접 왔다면 어떨까? 수업의 흐름은 끊기고, 수업 중 일어난 작은 이벤트에만 모든 신경이 쏠리게 될 것이다. 수업의 내용은 생각나지 않지만, 수업 중 누군가가 찾아와서 우리 반에 일어났던 작은 이벤트는 오랜 시간 기억에 남게 된다. 이와 같은 크고 작은 이벤트가 수업에서 일어난다면 어떨까? 달걀이 왔어요[20]는 수업 상황에 작은 사건을 도입한 경우에 해당한다.

교사는 '수업의 상황 요소'를 스토리텔링의 한 요건으로 포함하고 반영하는 기술이 있어야 한다. 이때 교사가 스토리텔링 수행을 하면서 상위 인지해야 할 수업의 상황이란 엄격히 말하면 수업의 맥락적 상황이라 할 수 있다. 달걀이 왔어요 활동은 수업의 맥락적 상황 중에서 수업의 오프닝 상황과 엔딩 상황을 스토리텔링적으로 구성하는 경우이다. 달걀이 왔어요에서는 수업이 시작된 후 선생님이 미리 주문한 택배가 배달되는 상황이 연출된다. 수업의 흐름은 다음과 같다.

> 택배 아저씨가 교실에 등장하여 수업에 사용할 달걀 전달 → 10의 보수 개념 수업활동 → 택배 아저씨가 다시 교실에 등장하여 잘못 전달한 달걀 다시 전달

20 이 활동은 경인교육대학교 교육대학원 홍문숙 선생님의 수업 사례를 바탕으로 구성한 것이다.

수업이 시작되자마자 교실 문 밖에서 택배 아저씨가 "똑똑" 하고 노크하는 소리가 들린다. 학생들은 택배 아저씨와 택배 상자에 대한 호기심으로 가득 차게 된다. 이때 선생님은 택배 상자를 풀어 보면서 스토리텔링적 상황극을 연출한다. 수업에 사용할 달걀 10개를 배달시켰는데 달걀판에는 7개만 들어 있는 문제의 상황이 발생한다. 교사는 이 문제의 상황을 해결하기 위해 공부할 내용을 이끌어 내고 수업을 시작한다. 이 수업의 오프닝 상황을 구체적으로 제시하면 다음과 같다.

택배 아저씨: 똑, 똑. 택배 왔습니다.

선생님: 네, 감사합니다. (사인하기)

선생님: 여기 1학년 2반 앞이라고 되어 있네요.

선생님: 여러분 무엇인지 궁금하지요? (택배 상자를 보이며) 무엇인지 열어 볼까요?

학생들: 어머! 달걀이네.

선생님: 선생님이 오늘 우리 친구들과 공부하려고 달걀 10개를 배달시켰는데, 택배 아저씨께서 시간을 딱 맞춰 가져오셨네요. 달걀이 몇 개 들어 있는지 함께 세어 볼까요?

선생님: 달걀이 7개 들어 있네요. 선생님은 10개를 주문했는데…….

선생님: 택배 아저씨가 가져오지 않은 달걀의 수는 몇 개인가요?

택배 아저씨의 택배 전달은 수업의 시작에 새로운 스토리텔링 상황을 연출한다. 이 상황에서 학생들은 스토리텔링 상황에 참여하게 된다. 수업과 관련 없는 스토리텔링 상황은 수업에 방해 요소가 되지만, 수업의 내용과 높은 상관성을 가진 스토리텔링 상황은 수업의 밀도를 높여 주고 강한 기억으로 남게 된다.

이후에 전개되는 10의 보수 개념 수업활동은 '10개의 모형 달걀을 두 가지로 나누어서 다른 달걀판에 넣기', '10개의 공깃돌에서 몇 개를 꺼낸 후 남은 공깃돌 알아맞히기' 등 학생 활동 중심으로 10의 보수 개념을 익히도록 수업을 전개한다. 수업 중간에 교사는 수업 오프닝에 사용한 스토리텔링 상황을 다시 상기시킨다. "만약에 택배 아저씨가 달걀을 5개만 가져왔다면 몇 개를 더 가져다주셔야 할까요?" 혹은 "만약에 택배 아저씨가 달걀을 3개만 가져왔다면 몇 개를 더 가져다주셔야 할까요?"라는 질문은 10개의 모형 달걀 옮기기 활동을 스토리텔링 상황과 연결시키는 매개가 된다. 학생들의 활동이 끝날 때에 택배 아저씨가 다시 등장한다. 수업의 도입 부분에서 잘못 배달한 달걀을 다시 맞게 가져다줌으로써 10을 가르는 활동을 정리해 주는 역할을 한다. 구체적인 수업 상황이다.

택배 아저씨: 똑똑.

선생님: 누가 왔나 보네요.

선생님: 누가 나가 볼까요?

학생: 어, 아까 우리에게 달걀을 주고 가신 택배 아저씨예요.

선생님: 아까 달걀이 원래 10개가 와야 하는데 몇 개가 모자랐는지 어떤 친구가 아저씨께 이야기해 볼까요?

선생님: 오늘 배운 10 가르기를 잘 생각해서 아저씨에게 이야기해 보세요.

선생님: 와! 아저씨가 우리 친구의 말을 들으시고 3개를 더 주셔서 10개가 되었네요.

수업의 정리 부분에서 택배 아저씨가 다시 등장하여 잘못 전달한 달걀을 다시 준다. 이 경우 학생들은 수업에서 10의 가르기를 배웠기 때문에 택배 아저씨가 달걀 몇 개를 주셔야 하는지를 수업과 관련지어 이야기할 수 있게 된다.

달걀이 왔어요 활동은 스토리텔링적 상황을 수업의 오프닝과 엔딩에 모두 사용한 사례에 해당한다. 스토리텔링적 상황은 이후 수업에서도 언급할 수 있는 스토리텔링 상황이 된다. 10의 가르기와 모으기는 '9+3', '14−6'과 같은 덧셈과 뺄셈에서 기본이 되는 개념이다. "달걀 그릇에 달걀이 9개 있습니다. 그 옆에 달걀이 3개 있습니다. 달걀은 모두 몇 개인지 알아봅시다.", "달걀 14개가 있습니다. 달걀 요리를 하면서 6개를 썼습니다. 남은 달걀은 몇 개인지 알아봅시다." 등의 10의 가르기와 모으기 수업을 할 때 '그때 달걀 가져다주신 택배 아저씨'는 우리 반에서 통하는 스토리텔링이 된다.

오프닝 부분에 교실에 달걀이 배달되는 스토리텔링적 상황을 연출하여 자연스럽게 학습문제를 유도하였고, 구체적 조작물인 달걀 모형과 공기돌을 이용한 조작 활동을 통하여 구체적인 수학적 지식을 습득하게 하였다. 수업의 엔딩 부분에서는 도입 부분에서 사용한 스토리텔링적 요소를 다시 한 번 사용하여 완성도 높은 수업으로 조직하였다.

수업의 맥락적 상황을 도입하기 위해서는 수업의 내용과 긴밀한 연결을 갖도록 구성해 주어야 한다. 단순하게 택배나 편지를 전달하는 역할을 위해서 등장하는 택배 아저씨는 사족에 불과하다. 그러나 10의 보수 개념 익히기에 등장한 택배 아저씨는 학습문제를 가져오고, 또한 학습문제를 해결하고 정리하게 해 주었다. 이후의 덧셈과 뺄셈을 배울 때 '택배 아저씨'의 이야기는 지속적으로 제시되는 스토리텔링이 되는 것이다. 이와 같이 수업의 내용과 긴밀한 연결을 가질 수 있는 스토리텔링 활동이 가능하려면 수업의 맥락적 상황에 대한 교사의 스토리텔링적 교수 기술이 확장 및 공유되어야 할 것이다.

19

생활 속 숨은 도형 찾기

도형으로 그림 완성하고 이야기 쓰기

수의 개념이나 수학적 원리는 추상적이고 형식적인 개념이기 때문에 학습자들이 어려움을 겪는다. 특히 형식적 조작기 이전의 학생들은 기본적인 원리를 이해하고 스스로 설명하기가 쉽지 않다.

수학적 개념이나 원리들을 부분적으로나마 스토리텔링적인 방법에 의존하여 학습의 흥미를 높이는 것은 물론 학생들의 구체적인 경험 차원에서 받아들일 수 있도록 변용할 필요가 있다.

생활 속 숨은 도형 찾기 활동은 학습하는 내용을 일상생활 속의 경험과 연관 짓고 자기 스스로 구성한 이야기를 통해 개념을 정교화할 수 있다. 초등학교 3학년에서는 각, 직각, 직각삼각형, 직사각형, 정사각형, 원의 중심과 반지름, 원의 지름 등을 학습한다. 수학 교과서의 '확인하고 다지기' 과정에서 스토리텔링적 요소를 포함하여 구성하고 있다. 교과서에 실린 3학년 2학기 도형 영역인 3단원이다.

> 〈약속〉 원을 그릴 때에 누름 못이 꽂혔던 점 ㅇ을 원의 중심이라 하고, 원의 중심 ㅇ과 한 점을 이은 거리를 원의 반지름이라고 합니다.
>
> 〈확인하고 다지기〉 원의 중심과 반지름을 넣어 문장을 만들어 보시오.

'확인하고 다지기'에서는 밑줄 친 부분과 같이 "~을 넣어 문장을 만들어 보시오."와 같은 동일한 패턴의 발문을 제시하고 있다. 그러다 보니 학생들은 "원의 중심과 반지름에 대해서 배웠다."는 식으로 성의 없는 답변에 그치는 경우가 많다.

생활 장면 속에서 평면도형의 성질을 이해하고 찾아보는 활동은 수학적 개념을 형성하고 수학적 창의성을 자극할 수 있는 활동이다. 이때 스토리텔링적 요소를 부각시켜 도형을 생활 속 한 부분과 연관 지어 그림과 글로 표현해 볼 수 있다.

도형과 생활 스토리텔링을 적용한 수업의 흐름은 다음과 같다.

도형에 대한 기본 개념 학습하기 → 조건에 맞게 도형 그리기 → 주어진 도형을 이용하여 전체 그림 완성하기 → 완성된 그림과 관련된 이야기 창작하기

먼저 구체적인 조작활동이나 실물 자료를 활용하여 도형의 개념을 학습한다. 개념을 이해하고 나서 학습한 도형을 학습지에 그려 보도록 한다.

도형 그리기가 끝나면 그 도형을 이용하여 어떤 그림을 완성할 수 있을지 떠올려 보고 전체 그림을 완성하게 한다. 이때 교사가 사전에 그린 그림을 예시로 보여 주어 창의적으로 완성도 있는 그림을 그릴 수 있도록 격려하면 좋다.

그림이 완성되면 완성된 그림과 관련된 이야기를 창작한다. 예를 들어 '직사각형'을 학습했다면 '직사각형'이라는 말을 넣어 이야기를 써 본다. 이는 학습한 수학적 개념과 성질을 사고할 수 있는 기회를 제공한다.

다음은 4학년 학생들의 학습 결과물이다.

[학생 활동 사례 1]

제목: 철수가 전동 자전거를 샀어요!

철수라는 한 아이가 있었어요. 그런데 철수 아빠가 예각 전동 자전거를 사 주셨어요. 철수는 바로 예각 전동 자전거를 타러 갔어요. 철수는 신이 났어요. 친구들이 예전에 자전거 있다고 자랑했지만, 이제는 철수가 자랑을 할 수 있게 되었죠. 그런데 철수가 신나게 타고 있는데 밑에 돌이 있는 거예요. 철수는 못 보고 가다가 갑자기 덜컹거리는 소리에 깜짝 놀랐죠. 철수는 예각 전동 자전거를 산 이후 더욱 조심하게 되었답니다.

〔학생 활동 사례 2〕

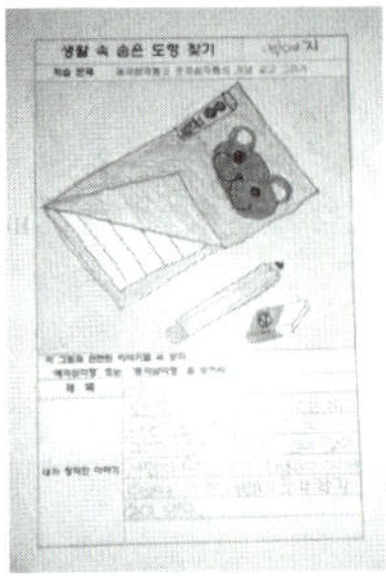

제목: 공책

오늘 엄마께서 마트에서 장을 보고 내 공책을 사 오셨다. 예쁜 곰돌이가 그려져 있었다. 하지만 짐이 많아서인지 약간 구겨져 있었다. 자세히 보니 구겨진 부분이 둔각삼각형이었다.

〔학생 활동 사례 3〕

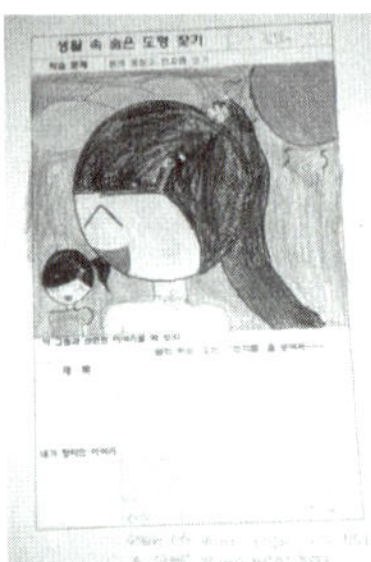

제목: 나는야 빛나는 소녀!

어느 날, 파티에 초대를 받았다. 유명한 사람들이 온다길래 멋을 부렸다. 그런데 햇빛이 뜨거워서 좀 더웠다. 엄마께선 꽃 머리끈을 사 주시고 목걸이를 주셨다. 그런데 뒤에 지나가는 아이가 이렇게 말했다. "너, 몸에서 빛이 나." 그래서 잘 보았더니, 머리끈, 목걸이, 머리핀에 반사되어 빛이 났다. 또, 머리핀을 빼고 햇빛에 대어 봤더니 반지름이 살짝 보였다. 또 다른 애들은 날 '빛나는 소녀'라고 불렀다.

〔학생 활동 사례 4〕

제목: 즐거운 배달

오늘은 화창한 날이에요. 일어나자마자 기쁘네요. "따르릉 따르릉" 전화 소리에요. "자장면 하나 주세요." "정말 기뻐요. 오늘은 스마일 옷을 입고 반지름 모양인 헬멧을 쓰고 가야겠다." 언덕을 올라가야 하니 힘드네. 하지만 수련이 활짝 피어 있는 걸 보니 힘이 나요. 오늘은 정말 즐거운 배달을 했어요.

[학생 활동 사례 5]

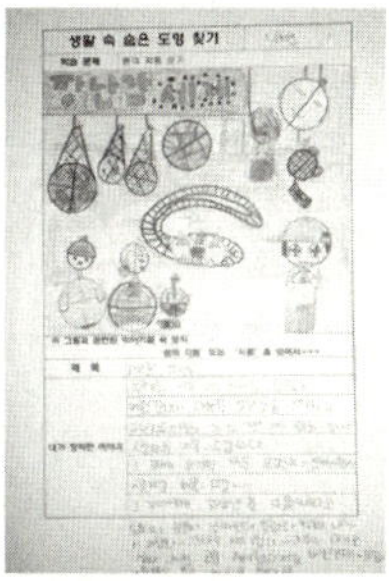

제목 : 사악한 고객님

○월 ○일_ 오늘은 가게를 열었다. 어떤 꼬마가 다양한 장난감을 만지고는 그냥 갔다. 지름이 그어진 비싼 공에 관심이 있나?

○월 ○일_ 수상하다. 그 꼬마가 만지면 뭐든 고장 난다. 정체가 뭐지?

○월 ○일_ 으앙~~~ 그 꼬마에게 고장 낸 걸 다 물어내라고 했더니 울면서 엄마한테 일렀다. 오히려 내가 사과했다. 그 꼬마는 씨익 웃었다. 사과하는 대가로 지름이 그어진 공을 줘야 했다. 제일 비싼 건데 ~으앙~

○월 ○일_ 결국 이사 가기로 했다. 흑흑.

[사례 1]은 '예각과 둔각의 개념 알기'라는 학습문제에 대해 학생이 활동한 결과물이다. 학생은 '예각 전동 자전거'라는 사물을 창작하고 '예각'의 개념을 이야기에 활용하였다.

[사례 2]는 '예각삼각형과 둔각삼각형의 개념 알고 그리기'라는 내용으로 학습하고 나서 활동한 결과물이다. 이 활동을 통해 학생들이 가지는 오개념을 지도할 수 있다. 완성된 그림에는 공책의 종이가 접혀진 그림을 그리고 그 부분을 둔각삼각형이라고 표현했는데, 실제로 공책의 모서리는 직각이기 때문에 논리적 오류가 있다. 이런 경우 학급의 학생들과 함께 이야기를 나누면서 학생들 스스로 수학적인 오류를 찾아내 보도록 하는 것이 좋다.

[사례 3]과 [사례 4]는 '원의 중심과 반지름 알기'라는 학습문제에 대해서 학생이 활동한 결과물로 원의 중심과 반지름을 표시하여 그리고, '원의 중심' 또는 '반지름'을 넣어서 그림과 관련된 이야기를 하였다. [사례 3]과 [사례 4]의 그림을 보면 엄밀한 의미에서의 원의 반지름을 표현하지는 못했으나 반지름의 의미는 파악하고 있다는 것을 알 수 있다. 이런 경우에도 개념을 정확하게 표현한 그림을 사례로 하여 수학적인 오개념을 형성하지 않도록 지도하는 것이 좋다.

▸ **Tip**

초등학교 중학년까지는 '모방'을 많이 하는 시기이다. 특히 그림을 그릴 때에 한 학급에서 3~4명은 거의 유사한 내용 및 구성으로 그림을 그린다. 교사가 학생이 활동하는 모습을 지켜보면서 "우와, 예각을 가지고 어떻게 이런 생각을 했니?"와 같이 창의적인 아이디어에 대한 칭찬이나 격려를 적극적으로 표현한다면 학생들의 창의적 사고에 불을 지필 수 있다.

▸ **Tip**

이 아이디어는 수학교과 지도 영역에서 저학년에서 중학년까지 학습하게 되는 평면도형의 개념 이해 부분에서 적용하는 활동 아이디어지만, 그 외에도 창의성 신장을 위한 교육 및 글쓰기 교육과 연계하여 지도할 수 있는 활동이 될 수 있다. 또 고학년이 되어서 학습하는 입체도형인 '원기둥', '원뿔', '각뿔' 등을 학습할 때도 간단하게 겨냥도를 그린 후 그림을 완성해 보는 활동으로 연결 지어 적용해 볼 만하다.

[사례 5]는 '원의 지름 알기'라는 학습문제에 대해서 학생이 활동한 결과물이다. '원의 지름'을 학습한 학생들이 도형을 그리고, 이를 이용하여 그림을 완성하고 이야기를 써 보는 활동은 다소 어려운 편이다. 학생들이 생활 주변에서 일어날 만한 이야기보다 다소 현실적이지 않는 스토리를 창작하려 할 때 특히 그렇다.

생활 속 숨은 도형 찾기 활동은 도형 영역의 학습활동 시 중심 내용을 학습하고 해당 도형에 대한 개념을 형성하는 데 그치지 않고, 생활 속에 있는 여러 사물들에서 그 도형의 성질이나 특성을 발견해 내는 경험을 제공하는 데 매우 효과적인 활동이다.

스토리텔링 활동을 통하여 학생들이 수학적 개념이나 원리를 시각적으로 표현하고, 그것을 다시 글쓰기 활동으로 연결하여 수의 개념 및 생활 스토리텔링과 연결되도록 한다. 그림 자체에 대한 평가보다 창의적인 아이디어 생성에 의미를 두고 하는 활동임을 사전에 지도한다. 학습한 도형의 개념을 명확하게 하고 창의적인 아이디어를 생성하는 데 주안점을 두도록 한다.

20

수학귀신도 놀라는 수학 공부법

스토리텔링 지향의 문제 만들기

수학만큼 학생의 교과 선호도가 호불호로 분명하게 나뉘는 교과도 드문데, 문제는 '좋아하지 않는다'는 비율이 더 많다는 데 있다. 수학과에서 제시하는 문제를 해결하는 능력은 양호한데, 선호도는 높지 않다. 국제 학업 성취도 관련 평가에서 우리나라는 매년 수학에서 높은 성취도를 보이는 반면 선호도는 크게 낮은 기현상을 반복하고 있다. 이것은 수학이라는 학문의 원리 발견과 그로부터 비롯되는 배움의 즐거움을 학생이 체험하지 못하고 있다는 말이나 같다. 실제로 2007년 TIMSS(국제 수학·과학 성취도 평가 연구)에서 우리나라 학생들의 수학 성취도는 2위, 자신감 지수는 43위였고, 2003년 PISA(국제 학업 성취도 평가)에서 수학의 성취도 결과는 2위, 흥미도는 31위를 기록했다(초등교육과정모임, 2011). 왜 이런 현상이 발생할까? 원인을 한마디로 단정 지을 수는 없겠지만, 학생이 접하는 수학이 결코 재미있는 교과가 아니라는 데는 이견이 없을 것 같다.

- 쉬운 계산 문제만 계속 푸니까 재미없고 따분하다.
- 계산하기가 싫다.
- 다른 과목은 이론만 알면 다 되는데, 수학은 이론을 알아도 이론을 가지고 한 번 더 풀어야 해서 싫다.
- 문제가 너무 많고 복잡하다.
- 너무 복잡하고 어렵고 지루하다.
- 수학이 싫다. 외우고 생각해야 하니까. 그리고 너무 지루하다.

앞에서 예로 든 것처럼 많은 학생들이 수학을 어려운 과목이라고 생각한다. 또 지루하다고 말하기도 하는데, 수학의 교과 활동을 재구성할 필요가 있다. 교과서의 내용, 곧 선후관계를 바꾸는 식의 재구성이 아니라 활동 위주로 전환하는 것을 말한다. 수학은 추상적인 사고가 특히 요구되는 교과목이다. 그러나 발달단계를 고려할 때 초등학생의 수학 수업은 구체적이고 체험적인 형태로 진행할 필요가 있다. '기적의 계산법'으로 유명한 일본의 가게야마 교장은 학생들이 체험을 통하여 지식을 습득하도록 하는 일화를 소개한다(가게야마 히데오, 2008). 예를 들어 km 단위를 도입할 때 칠판에 1000m=1km 하는 식으로 가르치지 않고, 학생들과 함께 줄자를 가지고 직접 1km 거리를 걷는다고 한다. 이렇게 했을 때 학생들이 느끼는 km라는 단위의 크기는 사뭇 달라질 수밖에 없다. 초등학교에서 체육수업을 못 할 일이 생기면 학생들은 난리가 난 듯 흥분한다. 그만큼 몸으로 익히고 체험하는 활동이 아이들에게는 중요하고 즐거운 경험이다. 이렇듯 체험 및 구체적인 활동을 기반으로 하는 수학 수업의 모색이 필요한데, 게임은 그런 연장선상에 있다.

모둠 대항 게임하기, 문장제 내기

▶ **Tip**

- 모둠 대항 게임하기

① 출제자 이름 쓰기

② 문제 내기

③ 다른 모둠과 교환하여 풀기

④ 본래의 모둠에 돌려주고 채점 받기

활동의 목표는 재미있는 수학 수업 만들기에 있다. 학습자가 수업에서 재미를 느낀다는 것은 흥미를 경험한다는 것이고, 이것으로 수학에 대한 긍정적인 태도 변화를 기대할 수 있다. 그렇다면 사람은 언제 재미 또는 흥미를 경험하는가? 과업을 스스로 해결할 때 경험한다고 할 수 있다. 자발성이 가져오는 심리적 성취효과 때문이다. 억지로 하는 활동은 능률도 오르지 않는다.

수학과 스토리텔링은 언뜻 보기에 전혀 어울릴 것 같지 않은 이질적인 대상이지만, 이 둘 사이에도 공통된 속성은 있다. 일정한 흐름이 있다는 것, 특정한 변수에 의해 그 흐름이 바뀐다는 것, 내적인 논리가 포함되어 있다는 것 등이 그것이다. 이 활동은 수학을 잘하게 하려는 목표보다는 수학에 흥미를 갖게 하려는 데 목표가 있다. 즉, 능력의 계발보다는 태도의 조장에 관심을 둔다. 이를 위하여 스토리텔링의 방법론에 기대기로 하며, 구체적으로는 게임과 스스로 문제 내기 같은 방법을 생각해 볼 수 있다. 다시 말해 스토리텔링을 통한 수학적 흥미도의 진작을 목표로 한다. 문장제 내기 같은 방법은 수학교과서에도 소개되어 있기는 한데, 참고자료용으로 제시된 수준이다.

자발성을 기르는 방법으로는 게임이 적절한 모티프를 제공할 수 있다고 본다. 수학이 어려워서 싫다는 학생들이 많은데, 게임을 대하는 태도는 전혀 다르다. 게임이 어려워서 싫다는 경우는 없다. 예를 들어, 온라인 게임에서 어려운 단계를 만나면 격파하려고 더 애쓰는 것이 게이머의 태도이다. 게임에 몰입하면 밤을 새우고 끼니를 거르는 한이 있어도 목표한 바를 성취하려고 애를 쓴다. 왜 그럴까? 게임에 내재하는 속성 때문인 것 같다. 즉각 변화(성장)를 확인할 수 있고, 단계별로 성취감을 체험할 수 있으니 말이다. 게임은 기본적으로 놀이와 체험을 포함하는 활동이다. 의무감 비슷한 압박으로 수학 문제를 푸는 데 익숙한 학생에게 유희의 기회를 제공하여 문제 해결을 즐길 수 있도록 하는 것이다. 옛날부터 아이들이 마당에서 즐겼던 놀이부터 요즘의 온라인게임까지 게임의 기본 구조는 비슷하다. 게임은 기본적으로 스토리라인을 따라가는 이야기의 형식을 취한다. 대개 1단계를 지나야 2단계에 이를 수 있고 2단계를 통과해야 다음 단계에 이를 수 있는 형식이다. 간간이 쉬어가기 형식의 보너스 코너도 있을 수 있다

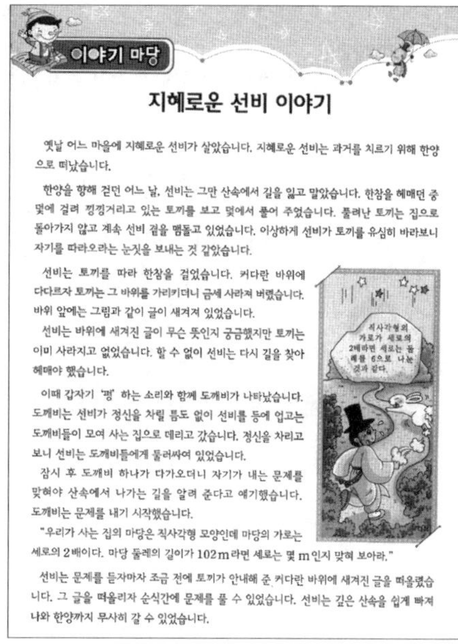
이야기 마당

지혜로운 선비 이야기

옛날 어느 마을에 지혜로운 선비가 살았습니다. 지혜로운 선비는 과거를 치르기 위해 한양으로 떠났습니다.

한양을 향해 걷던 어느 날, 선비는 그만 산속에서 길을 잃고 말았습니다. 한참을 헤매던 중 덫에 걸려 낑낑거리고 있는 토끼를 보고 덫에서 풀어 주었습니다. 풀려난 토끼는 집으로 돌아가지 않고 계속 선비 곁을 맴돌고 있었습니다. 이상하게 선비가 토끼를 유심히 바라보니 자기를 따라오라는 눈짓을 보내는 것 같았습니다.

선비는 토끼를 따라 한참을 걸었습니다. 커다란 바위에 다다르자 토끼는 그 바위를 가리키더니 금세 사라져 버렸습니다. 바위 앞에는 그림과 같이 글이 새겨져 있었습니다.

선비는 바위에 새겨진 글이 무슨 뜻인지 궁금했지만 토끼는 이미 사라지고 없었습니다. 할 수 없이 선비는 다시 길을 찾아 헤매야 했습니다.

이때 갑자기 '펑' 하는 소리와 함께 도깨비가 나타났습니다. 도깨비는 선비가 정신을 차릴 틈도 없이 선비를 등에 업고는 도깨비들이 모여 사는 집으로 데리고 갔습니다. 정신을 차리고 보니 선비는 도깨비들에게 둘러싸여 있었습니다.

잠시 후 도깨비 하나가 다가오더니 자기가 내는 문제를 맞혀야 산속에서 나가는 길을 알려 준다고 얘기했습니다. 도깨비는 문제를 내기 시작했습니다.

"우리가 사는 집의 마당은 직사각형 모양인데 마당의 가로는 세로의 2배이다. 마당 둘레의 길이가 102m라면 세로는 몇 m인지 맞혀 보아라."

선비는 문제를 듣자마자 조금 전에 토끼가 안내해 준 커다란 바위에 새겨진 글을 떠올렸습니다. 그 글을 떠올리자 순식간에 문제를 풀 수 있었습니다. 선비는 깊은 산속을 쉽게 빠져나와 한양까지 무사히 갈 수 있었습니다.

수학교과서에 실린 문장제 내기 사례[21]

이러한 게임의 속성을 수학 수업에 도입해 보자. 우선 간단한 게임식 수업만으로도 학생의 참여도는 매우 높아진다. 게임이 대결을 기본 구조로 한다는 점에 주목하여 모둠별 대항을 해 보도록 한다. 예를 들어, 네 명이 한 모둠으로 구성되어 있는 학급 상황을 생각해 보자. 이제 네 명의 모둠원은 수학 문제를 낼 수 있는 권한을 가진다. 수동적으로 문제를 공급받던 입장에서 문제를 만들어 내는 입장으로 역할이 바뀌는 것만으로도 수업 분위기는 활기차게 변한다. 모둠별로 백지를 한 장씩 나눠 주면 모둠원은

21 교육과학기술부(2012), 『초등학교 수학익힘 4-2 교과서』, (주)두산동아, p. 89.

귀퉁이에 출제자의 이름을 쓴다. 그 다음, 백지의 한가운데에 한 사람씩 돌아가면서 특정 단원의 문제를 낸다. 연산이든 도형이든 교사가 해당 단원은 미리 정해 준다. 그러면 모둠원들은 간단한 수식 만들기, 괄호 넣기, 문장제 만들기 등의 문제를 출제한다. 그것을 다른 모둠과 교환한다. 교환한 문제지, 곧 다른 모둠에서 출제한 문제를 각자의 모둠에서 풀어 본다. 다 풀면 출제 모둠에 돌려주고, 출제 모둠에서는 결과를 채점한다. 이런 식으로 진행하여 많은 점수를 얻은 모둠이 이기는 게임이다. 이때 지나치게 어려운 문제를 내지 않도록 하고, 문제마다 출제자가 생각하는 난이도를 표시하도록 해도 재미있다. 모둠별 대항 게임은 자발성뿐만 아니라 협동성의 계발에도 유효하다. 앞으로의 지식은 네트워크에 의해, 곧 '탁월한 개인'보다는 '영리한 집단'에 의해 생산될 것인데, 이러한 네트워크 기반의 지식 생산 훈련이라는 이점도 기대할 수 있다.

모둠별 문제 만들기 학습지 양식[22]

홍길동	전우치
연놀부	심 청

	난이도
1	☆☆☆☆☆
2	☆☆☆☆☆
3	☆☆☆☆☆
4	☆☆☆☆☆

다음은 이야기의 형식을 품은 수학 문제를 만들어 본다. '문장제'라고도 하는 이 방법은 자신이 가진 수학적 지식을 재구성한다는 점에서 교육적 활용 가치가 크다.

22 학습지 양식은 수원 중앙기독초등학교 홍신표 선생님의 아이디어를 참조하였다.

지식이 학습자에 의해 구성될 때 가장 바람직한 형태로 습득된다는 구성주의적 입장과도 맥이 닿는다. 이는 단원의 정리 차시에서 활용하면 좋다. 교사에 의해 외부에서 주어지는 문제보다 학습자 내부에서 자발적으로 생산된 문제에서 보다 유효한 지식이 구조화되리라는 추측은 어렵지 않다.

[학생 활동 사례 1] 4학년

제목: 공포성

등장인물: 때깔공명, 오랑캐들, 공포왕, 이장군, 김장군

조선시대 어느 날 공포성이 지어지고 그 공포성의 장군들은 공포성을 지켰다. 전쟁 중인 어느 날 공포왕과 이장군, 김장군은 긴급회의를 열었는데 아무 작전이 안 나와 공포성 최고의 지리학자 때깔공명을 불렀다. 때깔공명은 축지법을 쓸 수 있는 신발을 만들었다. 하지만 축지법을 쓰려면 이 신발의 넓이와 둘레를 알아야 한다. 신발의 구조는 이런 식이다.

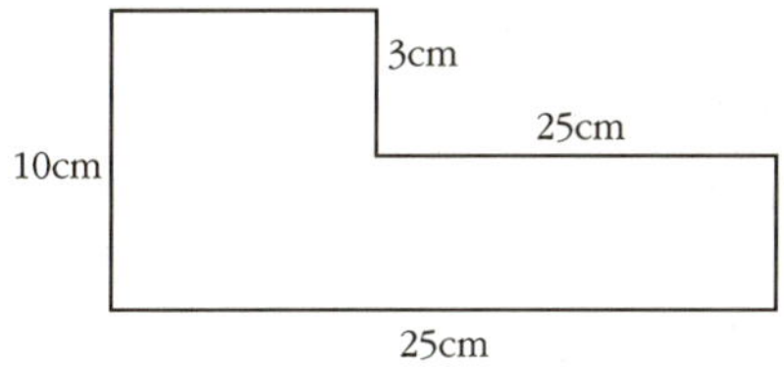

그때 오랑캐들이 쳐들어와서 칼을 뽑자 공포심이 많던 공포성의 사람들은 도망갔다. 오랑캐는 신발을 보고 설명서를 읽은 후 자기네 왕에게 주었고, 오랑캐왕은 신발을 신고 달렸다. 하지만 문제를 못 풀어서 엄청난 속도를 제어하지 못하고, 가다가 바다에 빠져 죽어 공포성의 승리로 전쟁은 끝났다.

[학생 활동 사례 2] 4학년

제목: 호랑이와 전갈과 메뚜기

옛날에 호랑이하고 메뚜기하고 살았는데, 메뚜기가 호랑이가 사는 마을에 들어온 거야. 처음에 호랑이는 메뚜기하고 잘 지내려고 아무 짓도 안 했는데, 메뚜기가 호랑이 무서운 걸 잊어버리고 호랑이 등에 올라탄 거야. 호랑이는 복수를 하려고 메뚜기를

잡았어. 메뚜기가 살려 달라고 간절히 부탁을 해 마음이 여려진 호랑이가 몸을 전갈로 바꿔 문제를 내는 거야.

"우리집 저기 보이지? 우리집 둘레가 80cm인데 넓이는 얼마일까?"

메뚜기는 "(　　　　　)cm^2입니다."라고 해서 살 수 있었어.

게임과 수학은 규칙성과 단계성을 공통분모로 가지고 있다. 둘 다 일정한 규칙을 지켜야 문제 해결이 가능하고 단계별로 난이도가 높아지는 특성이 있다. 이러한 공통점을 바탕으로 수학 수업에 게임의 법칙을 적용해 보자는 것이 이 활동의 출발이다. 게임이 스토리텔링의 순차성과 하이퍼텍스트성 등을 기본 속성으로 가진다는 점에 착안하였다. 단계별 목표를 성취해 가면서 다음 단계로 이동해 나아가는 게임의 방법을 도입하여 학습자는 보다 흥미로운 학습 경험을 하게 된다. 또 개인적으로 풀 때에는 어렵기만 한 문제라도 모둠별 학습을 통해 공동의 문제로 제시되면 서로가 서로의 비계(scaffolding) 역할을 해 줄 수 있다. 실력이 부족한 친구는 모둠원의 도움을 받으면서 부진한 부분에 대한 이해를 높일 기회도 얻게 되는 것이다. 게임에서 말하는 팀플[23]을 수업 현장에서 경험할 수 있다. 이제 수학은 복잡하고 지루한 공부가 아니라 흥미진진한 게임의 세계로 바뀐다.

23 팀플레이(team play)의 줄임말로, 팀의 구성원들이 공동의 목표를 위해 협력하는 일을 의미한다.

21

벌레 호텔

특수 상황에서 꼼꼼하게 관찰하기

스토리텔링을 활용하여 수업을 설계하는 것이 반드시 많은 준비가 필요하거나 특별한 이야기를 활용해야 하는 것은 아니다. 간단한 아이디어만으로도 충분히 재미있는 수업을 설계할 수 있다. 여기서는 스토리텔링적 상황을 설정해 줌으로써 수업에 몰입하도록 하는 두 가지 수업 사례를 소개하고자 한다. 두 가지 수업 사례는 모두 관찰의 조건과 과정을 스토리텔링으로 엮은 것이다.

첫 번째 수업 사례는 과학 관찰이나 실험 단원에서 사용할 수 있는 스토리텔링 전략으로, 여기서 설정된 상황은 '벌레 호텔'이다.[24] 땅에 사는 작은 생물의 생김새와 특징을 배우는 수업을 예로 들어 살펴보자. 보통 땅에 사는 생물을 눈으로 관찰한 다음, 관찰 결과를 정리하거나 돋보기 또는 실체현미경으로 관찰해서 작은 생물의 생김새나 특징, 생활 방식을 발표하는 활동이 이루어진다. 이때 벌레 호텔이라는 상황을 설정함으로써 관찰대상과 조건, 과정을 하나의 이야기로 엮어서 지도할 수 있다. 관찰 과정에 스토리텔링을 접목시킴으로써 작은 생물은 손님이 되고, 학생은 호텔리어가 된다. 수업의 흐름은 다음과 같다.

벌레 호텔 만들기 → 숙박 카드 작성하기 → 손님 꼼꼼히 보살피기 → 최고의 호텔 선정하기

24 이 활동은 경인교육대학교 교육대학원 김명옥 선생님이 『머리 좋아지는 과학놀이 200』(질 프랑켈 하우저, 2008)에서 소개된 '벌레 호텔'(pp. 28~29)을 바탕으로 수업화한 것이다.

먼저, 작은 생물을 관찰하는 조건을 벌레 호텔 만들기로 비유하여 제시한다. 땅 속에 벌레 호텔을 만들어 묻고, 지붕을 올려서 벌레 호텔을 만든다. 자연스럽게 벌레는 손님이 되고, 관찰자인 학생에게는 호텔리어라는 역할이 주어진다. 교사는 다음과 같이 관찰의 조건과 활동을 안내할 수 있다.

> 여러분은 이제부터 호텔리어가 되어 모둠별로 하나의 호텔을 만들어 손님을 모셔야 합니다. 일단 우산이끼와 치즈, 사과 등을 이용하여 우리 벌레 손님들이 좋아할 만한 호텔을 만듭니다. 그런 후 손님들이 가장 많이 다닐 법한 장소에 호텔을 짓겠습니다. 과학 수업이 시작될 때 손님들을 체크인 시키면서 숙박계를 작성할 텐데, 가장 근사한 숙박계를 작성한 호텔이 특 1등급 호텔이 될 수 있습니다. 특 1등급 호텔에게는 루페 1개의 1일 사용권이 주어집니다. 숙박계를 열심히 작성하여 루페 1일 사용권을 획득하세요.

벌레 호텔을 만들었다면 관찰의 조건을 갖춘 것이다. 숙박 카드 작성하기 활동을 통하여 본격적인 관찰이 이루어질 차례이다. 잘 만들어진 벌레 호텔에는 많은 벌레 손님이 모일 것이다. 체크인하는 것이다. 그렇다면 호텔리어는 숙박 카드를 작성해야 한다. 숙박카드를 실험 관찰로 대체해도 괜찮다. 모둠원끼리 의논하여 눈으로 관찰한 결과를 기록한다. 작은 벌레의 이름을 적고, 특징과 환경을 정리한다. 이때 동식물 도감을 함께 활용한다. 외국인 손님을 안락하게 모시기 위해서는 해당 국가의 자연 환경이나 문화를 공부해야 하듯이, 호텔리어에게 조사는 필수 과정이 된다. 이 단계에서는 눈으로 관찰하기와 자료 조사 활동이 병행된다.

숙박 카드를 작성하였다면, 이제 손님을 꼼꼼히 보살필 차례이다. 손님들이 편안하게 지내고 있는지 실제로 방문해서 확인해 본다. 벌레 손님을 돋보기나 루페로 보고 그리거나, 실체현미경에 넣고 자세히 살펴보며 그린다. 벌레의 모습을 심층적으로 관찰하는 과정이다. 관찰 내용을 실험 관찰에 잘 정리한다.

마지막으로, 최고의 호텔을 선정한다. 손님들의 모습을 돋보기나 실체현미경 또는 루페로 관찰하여 그들의 모습을 마치 사진을 찍은 듯이 그려서 선물하고 그들의 특징을 파악하여 최상의 서비스를 제공한 호텔이 최고의 호텔이 되는 것이다. 교사는 학생이 만든 벌레 호텔과 숙박계, 실험 관찰의 기록 내용을 검토하여 최고의 호텔을 선정한다. 그리고 그 모둠은 루페의 1일 사용권을 획득한다.

두 번째 수업 사례는 과학 관찰이나 탐구를 할 때 사용할 수 있는 스토리텔링 전략으로, 여기서 설정된 상황은 '인디아나 존스와 꼬마 과학자들'이다.[25] 화석을 관찰하고 연구하는 수업을 예로 들어 살펴보자. 보통 화석 표본을 관찰하고, 화석의 생성 과정을 알아본 후 화석 모형을 만들어 보는 활동이 이루어진다. 이때 "○○시 ○○구 ○○초등학교 뒷산에서 화석이 발견되었다."는 상황을 설정함으로써 관련 차시(3차시)를 하나의 이야기로 엮어서 지도할 수 있다. 앞의 사례에서 학생이 호텔리어가 되었던 것처럼, 이번에는 고고학자 또는 꼬마 과학자가 되어 보는 것이다. 수업의 흐름은 다음과 같다.

상황 설정하기 → 화석 관찰하기(1차시) → 화석 생성 과정 재현하기(2차시) → 화석 연구하기(4차시)

먼저, 화석을 관찰하는 조건을 설정한다. 이번 수업에서 교사는 인디아나 존스가 되어 고고학자인 학생들과 함께 탐구를 하는 안내자가 된다. 교사는 단순히 "화석을 관찰해 보자."라고 하는 대신, "2011년 ○월 ○일, ○○시 ○○구 ○○초등학교 뒷산에서 화석이 발견되다."라는 신문 기사 형식으로 상황을 제시한다. 그리고 관찰자인 학생에게는 꼬마 고고학자라는 역할이 주어진다. 교사는 다음과 같이 관찰의 조건과 활동을 안내할 수 있다.

어제 우리 학교 뒷산에서 놀던 어린이들이 화석을 발견했습니다. 오늘 여러분은 꼬마 고고학자가 되어 새로 발견된 화석을 관찰할 것입니다. 화석을 관찰하여 그림으로 나타내고, 화석의 특징과 이름을 기록해 봅시다.

화석 관찰하기 단계에서는 본격적인 관찰이 이루어진다. 학생들은 꼬마 고고학자가 되어 진지한 자세로 화석을 관찰하고, 관찰 결과를 '실험관찰지'에 기록한다. 단

25 이 활동은 경인교육대학교 교육대학원 윤명원 선생님의 수업 사례를 바탕으로 구성한 것이다.

순히 제시된 표본을 따라 그릴 때보다 능동적인 자세로 관찰에 참여하게 된다. 정말 새롭게 발견된 화석이라고 가정하고 제시된 화석 표본의 별명(새 이름)을 지어 보는 것도 좋다.

2차시는 화석의 생성 과정을 알아보는 수업으로, 전 차시의 연장선상에서 활동이 이루어진다. 이번에는 교사인 인디아나 존스가 꼬마 과학자들의 방문을 받은 것으로 상황을 설정하여 수업을 설계해 본다. 교사는 다음과 같이 활동을 안내할 수 있다.

> 딩동! 오늘도 꼬마 과학자들이 방문을 하였군요. 안 그래도 손이 모자랄 만큼 바쁘지만, 미래의 고고학자가 될 꿈나무들에게 고고학자가 하는 일을 알려 주어야지요. 오늘 선생님과 함께 화석의 생성 과정을 알아보고, 화석의 생성 과정을 재현해 봅시다.

재현하기 단계에서는 삼엽충 화석의 생성 과정을 통해 화석이 만들어지는 과정을 학습하고 난 후, '나만의 화석 만들기' 활동을 통해 화석의 생성 과정을 재현해 본다.

4차시는 화석을 이용한 연구가 이루어지는 수업으로, 수업의 내용은 '화석 골격 맞추기'를 통하여 화석 발굴 과정을 체험해 보고, 화석의 이용 사례를 조사하는 것이다. 이번에는 학생에게 미션을 주고, '과학자의 방'이라는 상황을 설정함으로써 흥미진진한 수업을 설계해 보자. 교사는 다음과 같이 활동을 안내할 수 있다.

> 오늘은 꼬마 과학자들에게 미션이 주어졌습니다. 지난번 발굴된 화석을 관찰하고 어떤 동물의 화석인지 추리해 봅시다. 골격을 맞추어 보세요. 미션을 완수하면 과학자의 방에 들어가게 됩니다. 과학자의 방에서 고고학자가 되어 화석의 이용 사례를 조사해 봅시다.

미션을 수행하는 것은 가장 흥미진진한 스토리텔링 구조의 하나이다. 화석 골격 맞추기 미션을 완수하면 '과학자의 방'에 들어가는 기회를 얻게 된다. 과학자의 방에서는 화석의 이용 사례를 조사하게 되는데, 실제로 '과학자의 방'에 들어가는 것은 수업의 다음 단계로 자연스럽게 넘어가는 과정이다. 이때 '과학자의 방'은 도서실이나 컴퓨터실이 될 수도 있고, 준비한 책을 활용하여 교실에서 활동이 이루어질 수도 있다.

일반적으로 관찰 학습은 관찰자를 지나치게 무미건조한 상태에 두고 이루어지는 경우가 많다. 이럴 경우, 학생은 관찰 미션을 부여받았기 때문에 수행해야 하는 수동적인 심리적 상태를 갖게 된다. 관찰자에게 특정 스토리 상황의 주인공이 되거나, 특정 스토리 상황에서 부딪친 문제를 해결해야 하는 해결사가 되게 하는 역할을 부여한다. 관찰의 전 과정이 보다 역동적이 되며, 탐구의 강도가 높아질 것이다. 원래 주어진 관찰 미션 이외에 더 많은 것을 능동적으로 발견하게 되는 효과를 가져올 수 있다.

관찰의 조건을 관찰 그 자체로만 주지 말고, 관찰이 필요한 상황을 풍부하게 조성해 주어야 한다. 관찰의 상황을 풍부하게 만들어 주는 것 자체가 스토리텔링의 구조 속으로 들어가는 것이다. 작은 생물을 관찰할 때 관찰자에게 세계 최초의 벌레 호텔을 기획하는 업무를 부여한다면 온갖 벌레들이 이 호텔에서 먹고 자는 모든 것을 개선해야 하는 벌레 호텔 지배인의 역할을 능동적으로 받아들이게 된다. 일반 화석 관찰에 비해 스토리텔링으로 끌어들인 화석 관찰은 관찰 과정이나 결과에서 큰 차이를 가진다.

22

강낭콩 포토 자서전

생태에 대한 감수성 기르기

과학 시간에 생물에 대해 배운 지식, 태도 및 가치를 직접 체험하고 관찰하는 기회를 제공하기 위해 교실에서 식물을 기른다. 그러나 이러한 시도 중 반 이상은 실패를 겪는다. 교사의 꾸준한 관심과 지시가 없으면 몇몇 부지런한 학생들만 식물을 돌볼 뿐 대부분 학생들의 관심은 줄어들기 때문에 식물은 쉽게 죽고 만다. 그래서 교실의 식물이 교사만의 숙제가 되거나, 학생들에게는 잔소리거리로 전락하게 되는 사태가 벌어진다.

이러한 상황이 벌어지는 이유는 생태적 감수성[26] 부족으로 설명할 수 있다. 생태적 감수성을 계발하기 위한 일반적인 접근법은 자연 속에서 아름다움을 느끼고 다른 생물들에 대한 경외감과 사랑을 체험하며 모든 생명체들이 함께 살아가는 세계의 조화로움과 질서를 경험하도록 하는 것이다. 하지만 학교에서의 이런 체험의 기회는 일 년에 한두 번 있는 현장체험학습이 전부다. 이를 보완하기 위한 수단으로 교실에서 생물을 키우면서 관찰하거나 감각적인 접촉을 통해 학습자에게 자극을 줌으로써 자연으로부터 느끼는 고유한 감각을 길러 줄 수 있다. 단순히 생물을 키우는 데 그치는 것이 아니라 학생들 스스로 생물에 대한 관심을 갖게 만드는 것이 중요한데, 강낭콩 포토(photo) 자서전은 이러한 측면에서 도움을 줄 수 있다. 학습활동은 다음과 같은 순서로 이루어진다.

---

26 자연에 대한 흥미와 관심을 가질 수 있는 기회를 통하여 자연을 사랑할 수 있는 마음, 자연의 아름다움을 느끼고 즐길 수 있는 체험활동 후의 자연에 대한 긍정적인 감정 등을 가리킨다.

식물이 자라나는 과정 사진 찍기 → 사진 사이사이에 새로운 장면 넣기 → 사진을 모아 시간 순서대로 붙여 자서전으로 만들기

첫 번째 단계는 식물이 자라는 순간순간을 사진으로 찍는 것이다. 이때 사진을 찍는 시점은 자신이 중요하다고 생각하는 순간이 된다. 사람들마다 같은 경험을 해도 기억에 남는 순간이 다른 것처럼 식물이 자라는 과정도 마찬가지다. 디지털 카메라를 준비하지 못할 경우 학생들이 직접 그림으로 표현해도 무방하다.

그 다음은, 찍은 사진과 사진 사이에 자신이 그 식물을 위해 노력한 점이나 그 식물에 영향을 끼친 것들을 생각해 보게 하고 그림이나 사진으로 연출하여 새로운 장면을 넣는 것이다. 예를 들면 물을 주는 모습, 햇빛이 잘 비치는 곳으로 화분을 옮기는 모습, 싹이 나길 간절하게 바라고 있는 모습을 넣을 수 있다.

[학생 활동 사례 1] 4학년

이때 아이들은 자신이 무의식적으로 행동한 것이 식물에게 어떤 영향을 끼치게 되는지 생각해 보는 기회를 갖게 된다. 작은 손길, 눈길 하나가 식물이 자라는 데 보

이지 않는 작용을 하고 있다는 사실을 알게 되고, 눈에 보이지 않는 햇빛이나 공기도 식물에게 중요한 역할을 한다는 사실을 깨닫게 된다. 또 몇몇 아이들은 끝까지 기르지 못하고 식물이 말라 죽어 버리는 경험을 하게 되는데, 이런 경우에는 자신의 역할이 얼마나 중요한가를 더욱 확실히 알게 된다.

[학생 활동 사례 2] 4학년

식물에 대한 책임 있는 행동을 하는 인간을 기르는 것이 목표이지만, 교육이 바로 행동 자체를 대상으로 할 수는 없다. 행동은 상황에 따라 가변적이고 일시적인 현상이므로 교육은 그 행동의 원천이 되는 신념을 바르게 하는 데 집중해야 한다. 이 단계는 식물에 대한 지식을 가르치는 것이 아니라 학생들 스스로가 자연 환경에 흥미와 관심을 가지도록 도와주고 스스로 책임 있는 행동을 발견하게 한다.

마지막 단계는 식물이 다 자라는 동안 찍었던 사진들을 모아 시간 순서대로 붙이고 자서전[27]으로 만든다. 이때 자서전의 주인공은 내가 아니라 식물이 된다. 식물이 된 것처럼 시간을 돌이켜 보고 나에게 영향을 준 여러 가지 사건들을 되짚어 보는 것이다.

짧은 순간을 담은 사진들이지만 시간 순서대로 연결했을 때는 각각의 숏(shot)[28]이 연결되어 하나의 이야기를 만들게 된다. 식물 사진의 숏 사이에 학생들이 생각해

27 실제 살아온 삶을 사실적으로 기록하는 글이다. 자서전은 자신을 둘러싼 사건과 그 사건에 연루된 다른 인물이 중심이 되어 전개되므로 소설이나 희곡과 같이 줄거리를 갖게 된다. 그리고 자서전의 사건으로는 필자가 드러내고자 하는 생각 또는 주제와 관련된 것이 선택되게 마련이다. 자서전은 실재했던 삶을 드러낸다는 점에서 독자들과의 교감이 쉬울 수 있다. 상상하여 쓴 글이 아니라는 점에서 문학작품과 구별되지만, 정서의 나눔이 쓰기의 중요한 목적 중의 하나라는 점에서 문학작품과 비슷한 성격을 갖는다.

28 복수의 프레임으로 구성된 단일한 시점(영상적 단어)으로 카메라가 촬영을 시작한 순간부터 다음 장소나 시간으로 바뀌기 전까지 지속된다.

낸 장면은 새로운 이야기로 탄생시키는 결정적인 역할을 한다. 따라서 사진을 직접 찍지 않고 교사가 같은 사진들을 나누어 주더라도 학생들마다 각기 다른 이야기가 나올 수 있다.

〔학생 활동 사례 3〕 4학년

〔학생 활동 사례 4〕 4학년

〔학생 활동 사례 5〕 4학년

나는 이제 키가 쑥 자랐습니다. 떡잎도 거의 떨어질 것 같습니다. 주변에 친구들은 아직도 저보다 키가 작습니다. 엄마(학생)가 맛있는 밥을 잘 챙겨 주셔서 나만 쑥쑥 잘 자란 것 같습니다. 다른 친구들보다 더 키가 크려면 엄마가 주는 밥을 편식하지 말고 잘 먹어야겠습니다.

엄마가 오늘은 햇빛이 잘 드는 곳으로 이사를 가자고 했습니다. 엄마 덕분에 배도 부르고 키도 더 클 것 같습니다. 이제 키가 너무 커서 어지럽습니다. 맨날 넘어지고 친구들하고 붙어 있으니까 엄마가 나무 지팡이를 하나 꽂아 주셨습니다. (하략)

이 활동을 통해 학생들은 생태적 감수성이 한 단계 성장한 모습을 보여 준다. 바로 '자연은 곧 생명'이라는 생각을 갖게 된 것이다.

[학생 활동 사례 6] 4학년

4학년 1반이 되기 전에는 집에 엄마가 키우는 화분들도 그냥 대충 보고 관심 하나 눈길 하나 주지 않았다. 하지만 강낭콩 자서전 쓰기를 하면서 말을 못 하고 자신을 표현하지 못하는 동식물의 소중함을 알게 되었다 .

3학년 때는 식물을 기르는 친구들이 이해가 되지 않았다. 그런데 어느 날 우리 집 베란다에 있는 꽃기린이 시들시들한 모습을 보았다. 너무 불쌍해서 얼른 물을 떠다가 주었다. 나는 꽃기린을 보면서 '내가 언제부터 자연에 관심을 가지고 소중히 여겼지?' 하는 생각이 들었다. 하지만 기분이 좋았다.

강낭콩 포토 자서전 쓰기를 하는 동안 한 학생이 쓴 일기이다. 이러한 행동을 하는 스스로에게 '내가 언제부터 자연에 관심을 가졌지?' 하는 의문을 갖는다. 활동의 경험이 스스로 인식하지 못하는 사이에 하나의 신념으로 자리 잡게 된 것이다. 그러한 신념은 결국 시들어 가는 식물 하나를 살려야겠다는 행동으로 옮겨지게 된다. '생명은 소중하다'는 신념이 자기도 모르는 사이에 행동으로 나타난 것이다.

이렇게 학생들이 생명에 대한 인식을 지속적으로 유지할 수 있는 이유는 이 활동이 우리가 경험하고 상상하는 많은 것들을 갖가지 종류의 크고 작은 이야기로 엮는 것이기 때문이다. 우리는 지난 삶을 되새길 때 '이야기'를 떠올린다. 우리도 모르는 사이에 우리는 삶의 그 자취를 이야기의 형태로 남기고 있는 것이다.

▸ Tip

일반적으로 이 활동은 4학년 과학과 교육과정의 '식물의 한살이', 5학년 실과 교육과정의 '식물 가꾸기'와 연계하거나 국어과에 나오는 '나의 일대기 만들기'에도 활용할 수 있다. 단순하게 태어난 순간, 2살 때, 유치원 때, 2학년 때와 같이 시간 순서대로 나열만 하는 것이 아니라, 그 사이사이 보이지 않는 노력과 사랑을 짐작해 그림이나 글로 표현해 보는 것이다.
예를 들어 자장가를 불러 주고 있는 엄마의 모습, 우는 나를 밤새 안아 달래는 아빠의 모습, 할머니의 따뜻한 미소 등과 같은 지나간 흔적들을 더듬어 보는 과정을 통해 가족에 대한 사랑을 되새길 수 있다.

23

이름표를 붙여 줘

과학적 관찰에서 의미 추출하기

과학적 관찰에 의미를 부여하는 것은 효과적인 관찰을 수행하도록 돕는 데 목적이 있다. 관찰은 과학에서 기초가 되면서도 가장 중요한 활동 중의 하나이다. 위대한 과학적 발견은 사소한 관찰에서 시작되었다. 사과가 나무에서 떨어지는 것을 보고 발견했다는, 뉴턴의 만유인력 법칙의 일화를 끄집어내지 않더라도 말이다. 관찰은 일반적으로 탐구 과정에서 가장 기초가 되는 활동으로, 감각기관을 통하여 탐구활동에 필요한 정보를 모으는 활동이다. 관찰만 충분히 이루어져도 과학 탐구 과정은 튼실한 기초를 마련할 수 있다.

전통적인 관찰 지도 방식은 대개 관찰 후에 '관찰기록장'을 쓰도록 하는 것이다. 기록장의 양식은 관찰대상, 관찰 일시, 관찰 내용, 발견한 점 등 교사가 제시한 기록 항목에 따라 빈 칸을 채워 넣는 방식으로 이루어진다. 꼼꼼히 쓰는 게 몸에 배어 있는 학생에게는 별 문제가 아니겠지만, 그렇지 않는 학생에게는 빈 칸 채우기가 고역이다. 관찰의 즐거움은 이미 사라지고 기록의 부담만 낳는다. 이렇게 되면 그 다음에는 관찰활동이 꺼려질 가능성이 크다. 관찰기록장을 활용하면서 유용한 방법을 제공하는 데 이 활동의 취지가 있다.

관찰이 교사의 기대만큼 항상 충실하게 이루어지는 것은 아니다. 이것은 창의성 영역 중 유창성과 관련되는 부분이기도 하다. 관찰대상을 놓고 되도록 많이 발견하라는 문제가 주어졌을 때, 그 결과는 학습자에 따라 큰 편차를 보인다. 이 같은 결과는 개인이 가지고 있는 능력의 문제일 수도 있지만, 관찰 방법에 대한 경험 및 훈련이 부족하기 때문일 수도 있다. 관찰력 역시 여타의 학습 기능과 마찬가지로 훈련을 통하여 향상될 여지가 많다. 말하자면 효과적인 도구를 학생들에게 비계로 제공한다면 보다 발달된 능력을 연마하게 될 것이라는 뜻이다.

그 도구로서 관찰대상에 의미를 부여하는 활동을 제안하고자 한다. 의미란 기본적으로 상대적인 개념이다. 모든 사람이 수용할 수 있는 의미라는 것은 사실 이상에 가깝다. 보통 한 사람이 의미 있다고 판단하는 정보는 자신과 관련 있는 것들이다. 지구 저 너머의 뉴스에 그다지 관심이 가지 않는 까닭은 나와 구체적인 관련성이 적다고 판단하기 때문이다. 따라서 관찰을 보다 효과적으로 수행하려면 관찰대상과 관찰자 간에 어떤 접점을 마련하는 것이 좋다. 사람의 의식은 자신과 관계없는 것은 쉽게 여과시키고, 자신과 관련이 있다고 판단되는 것은 적극적으로 수용한다. 결국 관찰대상에 의미를 부여한다는 것은 그것과 관찰자 사이에 강한 유대감을 형성케 하는 기술적 장치이다. 그렇게 함으로써 관찰자는 관찰대상을 보다 다각적이고 심도 있는 시각으로 관찰할 수 있게 된다. 활동의 흐름은 다음과 같다.

관찰대상 정하기 → 관찰대상에 이름 지어 주기 → 관찰의 관점 정하기 → 관찰하기

먼저 관찰대상을 정한다. 교실에서 곤충이나 작은 애벌레 등을 키우면 좋다. 이런 것들은 기르기도 쉽고, 성장과 변화의 모습이 단기간에 나타나서 관찰하기에 용이하다. 한살이 기간이 짧아야 학생들이 관찰하기에 편하다. 대표적으로 누에나 장수풍뎅이 같은 것들이 있는데, 변태의 과정을 잘 보여 주기도 하고 귀여운 맛도 있어서 학생들에게 인기가 높다. 누에를 처음 보는 여자아이들은 징그럽다는 반응을 보이기도 하지만, 점차 익숙해지고 친해진다. 특히 누에가 뽕잎을 갉아먹고 하루가 다르게 성장하는 모습은 경이로울 정도여서 누구라도 좋아하게 된다. 봉숭아, 강낭콩 같은 식물도 좋다. 어떤 것이라도 학생들이 흥미를 가지는 대상으로 관찰활동을 시작하는 것은 관찰력 향상을 위해 좋은 출발점이다.

관찰대상을 정했으면 다음 과정으로 그것에 이름을 붙여 준다. 이름 붙이기는 이 활동의 핵심 부분에 해당되며, 관찰자가 대상에 대한 애정을 갖게 되는 출발점이 되기도 한다. 애정을 가지게 된다는 말은 의미 있는 대상으로 인식한다는 의미이며, 심도 있는 관찰의 가능성을 내포한다. 사실 이름이라는 것은 실재하는 대상과의 관련

성이 희박하다. 매우 자의적이라는 말이다. 하지만 특정한 이름으로 명명됨으로써 의미를 획득하게 되어 있다. 다음은 학생들이 지은 누에 애벌레의 이름이다. 누누, 누미, 귀융이, 누들, 먹보, 꼬불이, 징이, 누돌프, 징글이, 누씨, 행복이, 누비, 누끔이 등. 누에라는 동물의 이름에서 첫음절을 따서 지은 것, 생김새에서 연상한 것, 자신의 느낌에서 연상한 것 등 이름 붙이기의 양상은 다양하다. 분명한 것은 자신이 이름 붙인 대상에 대한 관찰 태도가 이전과 많이 달라졌다는 점이다. 이름 붙이기만으로도 관찰의 효과는 커진다. 학습자가 쉽게 수행할 수 있으면서도 효과가 큰 것이 이 과정의 특징이다.

다음으로 관찰의 관점을 정하도록 한다. 관찰은 크게 정량적 관찰과 정성적 관찰로 나눌 수 있는데, 학생들의 경우에 이것을 칼로 자르듯 명확히 구분해서 수행하기는 어렵다. 다만, 어디에 중점을 두어 관찰할 것인지 정도의 입장을 정하면 된다. 자신이 관찰할 대상에 이름을 붙였기 때문에 이 부분은 보다 수월해진다. 하루하루 몸의 길이를 재거나 먹는 뽕잎의 수, 똥의 개수 등을 자세히 기록하도록 한다. 전자저울로 몸무게를 재는 것도 좋다. 또한 몸의 색깔, 만졌을 때의 촉감, 먹이 먹는 모습, 잠자는 모습, 배설하는 모습 등을 자세히 관찰한다. 이 관찰 과정을 통하여 관찰자 내부에서 의미화가 진행된다고 할 수 있다. 한마디로 관찰대상을 더욱 애정 어린 시선과 마음으로 대하고 자세히 관찰할 여지를 마련하는 셈이다.

[학생 활동 사례] 4학년

① 이름은 행복이고, 몸길이는 5~6cm 정도, 입부분은 둥글고, 얼굴은 작고 쪼글쪼글하며, 몸이 두껍고, 다리는 14개이며, 눈은 야구공같이 생겼다. 잎을 갉아먹는 모습이 신기하다. 움직이는 모습은 느릿느릿하다. 똥 길이는 약 0.3cm이고, 엉덩이를 내밀고 똥을 싼다.

② 꿈틀이가 뽕잎을 먹으면서 똥을 싸는 것을 보았다. 처음 봐서 너무 신기했다. 어떻게 먹으면서 똥을 쌀 수 있지? 우리 모둠 누에가 제일 많이, 그리고 빨리 먹는 것 같았다. 길이는 약 7cm 정도이고, 잎은 14cm를 먹었다. 정말 신기하다. 입이 딱 벌어졌다.

③ 엄청난 속도로 누돌이가 먹고 있다. 누돌이가 U자로 모습을 바꾸었다. 누돌이의 가

시가 부드럽다. 누돌이가 실을 뽑았다. 너무 많이 먹어서 나뭇잎의 일부분이 끊어졌다. 누돌이가 뽕잎을 들었다. 누돌이가 비만 위기 상태이다. 누돌이가 제일 큰 줄기를 잘 먹고 있다. 누돌이가 포식을 해서 시원하게 똥을 누었다. 누돌이가 1cm나 자라서 7cm에서 8cm로 자랐다. 누돌이가 기계 못지않게 먹고 있다. 나뭇잎이 드디어 끊어졌다. 몸을 1자로 폈다. 멈출 수 없는 폭식을 시작한 것 같다.

④ 눙이는 뽕잎을 먹는 모습이 재미있다. 입을 위아래로 움직이며 동그랗게 뽕잎을 먹는다. 너무 많이 먹는다. 똥을 누며 먹는다. 눙이가 먹다 보면 금새 다리 밑에서 똥이 나온다. 먹고 나면 금새 잠이 든다. 둥글게 웅크리고 잔다. 꼭 달팽이같이. 눙이는 작은 발을 가지고 있다. 귀엽고 작은 발이다. 눙이의 몸은 부드럽다. 눙이의 몸에는 작은 털들이 많이 나 있어서 따뜻하고 부드러운 털옷 같다.

①, ②에서는 정량적 관찰이 이루어졌다. 아직 초보적인 수준이긴 하지만, 관찰 결과를 수치화함으로써 객관성을 확보하였다. ③, ④에서는 주로 누에의 움직임, 먹이 먹는 모습 등을 묘사하였다. 특히 뽕잎을 갉아먹는 누에의 모습과 먹성에 놀라움을 보인다. 대충 봐서는 알 수 없는 모습을 잡아냈다. 즉 먹이를 먹는 패턴, 배설할 때의 모습 등 비교적 자세한 관찰이 어루어졌다. 자신이 이름 붙인 대상에 애정을 갖고 있었기에 자세한 관찰이 가능했다고 여겨진다. 학생들은 정해진 내용 베껴쓰기는 싫어해도 이야기책 만들기는 좋아한다. 관찰기록장 쓰기가 학생들에게는 일종의 이야기책 짓기 활동 역할도 겸한다. 관찰기록장은 A4용지를 반으로 접어서 여러 장 속지를 겹쳐 놓은 다음 스테이플러로 가운데를 박음질해 간단히 만들 수 있다. 관찰대상의 한살이 기간 동안 활용하는 것이 원칙이지만 과학과 단위시간 내에 일회성으로 활용해도 무방하다.

관찰 방법의 또 다른 하나는 내가 직접 관찰 대상이 되어 보는 것이다. 돌의 모양 변화를 상상하는 활동을 예로 들어 보자.

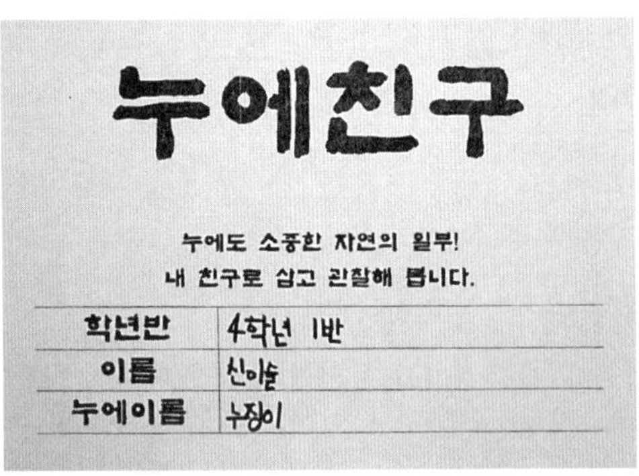

관찰기록장은 A4용지를 반으로 접어서 간단히 만든다.

① 나는 대(大)돌이다. 초록봉산 상류에 있던 큰 돌이다. 사람들은 나에게 돌을 던지고 간다. 나는 그럴 때마다 이곳을 떠나고 싶었다. 그러던 어느 날 하늘에서 천둥 번개가 우르릉 쾅쾅 치던 날 내 머리를 내리쳤다. 그때부터 중(中)돌이가 됐다.

"난 이제 여행을 떠날 거야!"

나는 강을 타고 강의 중류로 갔다. 그런데 어떤 남자애가 내 위에 올랐다. 난 그때 조금 가라앉았다. 내 몸이 바위에 부딪혀 반쪽이 없어졌다.

"으아앙, 나쁜 녀석!"

나는 또 중류를 타고 내려가다 바위에 부딪혔다. 그때부터 나는 소(小)돌이가 됐다. 난 북삼초등학교 방향으로 떨어졌다. 난 애들한테 맞으면서 잔디밭으로 올라갔다. 그런데 누가 나를 잡고 과학실로 데려가 그림을 그렸다. 나는 기분이 좋았다.

② 나는 별님이다. 덩치가 크게 태어났다. 너무 통통해서 많이 못생겼다. 사람들이 나를 볼 때마다 웃으면서 지나간다. 그럴 때마다 너무나 슬프다. 중류에 떠내려 오니 엄마, 아빠가 없다. 풍화작용에 의해 다치며 깨지며 여기저기 다치게 되었다. 너무 아프고 괴롭다. 하류에 오니 중류에 있을 때보다 더욱 더 작아지게 되었다. 중류에서 이리 박고 저리 치고 여기저기 부딪혀서 더욱 작아졌다. 그래서 사람들 눈에 보이지 않으니 '여러분, 저 별님이를 살려 주세요.'

(『좋은 교사』 2011년 8월호, p.45.)

돌이 풍화작용에 의해 작은 크기로 변한다는 것은 객관적 사실이다. 객관이라는 말은 어떤 면에서는 의미의 진공 상태를 뜻한다. 이것을 암기로 기억하는 것이 당연한 학습 내용인 듯 보인다. 하지만 사람은 의미를 만들어 내고 그 안에 살아가는 존재이다. 단순히 필수 학습 요소를 효과적으로 전달하는 수단으로서만 이 같은 방법이 유효한 것은 아니다. 객관적 사실을 의미와 가치로 수용하면서 관찰 능력, 스토리텔링 능력뿐 아니라 무의미한 듯 보이는 자연물을 보는 마음가짐까지 달라질 수 있으리라 기대한다면 지나친 욕심일까?

과학과에서 적용할 수 있는 스토리텔링의 방법은 객관적인 정보에 전달력을 높이는 옷을 입히는 것이다. 시중에 나온 '과학동화'라는 부류의 어린이책들은 이런 방식으로 구성되어 있다. '동물과 식물의 한살이', '인체의 신비' 등 객관적인 사실을 전달하고자 가상의 인물을 중심으로 이야기를 펼쳐 나간다. 이야기가 진행되는 사이사이에 과학적 지식을 전달하는 것이다. 학교에서 사용하는 과학교과서를 이런 식으로 구성하다 보면 분량이 지나치게 많아지고 불필요한 정보가 범람하는 문제가 따른다. 이 같은 방법은 수업 현장에서 교사에 의해 운용되는 것이 바람직하다. 다만, 이런 방법은 객관화된 과학적 사실을 습득하고 관찰 결과의 질을 확보하자는 데 목적이 있는 만큼 지나친 허구성은 주의해야 한다. 즉 과학적 사실, 객관적 관찰 결과를 훼손할 정도의 의미화는 곤란하다는 말이다. 하지만 크게 염려할 것 없다. 교사의 적절한 안내만으로도 학생들은 그 정도의 분별력은 발휘할 줄 안다.

24

내가 그것이 된 것처럼

사물과의 동화 경험 가지기

교실에서 이루어지는 다양한 교육활동 중에서도 교사들이 스토리텔링이라 생각하지 않고 사용해 온 것들이 많다. 특히 내가 아닌 다른 무엇인가가 되어 보는 활동은 학년이나 교과에 구애받지 않고 매우 다양한 분야에서 사용하고 있는 교육 방법이다. 일반적으로 이 활동은 역할놀이와 관련된 활동으로 간주되고 있으나, 그 이면을 들여다보면 '된 셈 치고'라는 측면에서 스토리텔링의 요소가 속속들이 숨어 있다.

이 활동은 각종 교과, 각종 상황에서 무한한 활용력을 지니고 있다. 예를 들어, 현재 초등학교 4학년 교과서의 과학 이야기 활동에서 제시된 '물의 여행'을 살펴보자. 학생이 이 활동을 하기 위해서뿐만 아니라 최우선적으로 알고 있어야 할 지식으로는 '물의 순환'이 있다. 이러한 지식을 과학적 용어를 암기하여 학습할 수도 있겠지만, 그 지식을 학생의 삶에 실제적으로 존재하는 지식으로 전환시켜 부드러운 교육 방식을 적용할 수도 있다. 예를 들면 학생이 일상에서 마주치는 다양한 물의 형태를, 직접 자신이 물이 되었다고 가정하여 스스로의 이야기를 풀어내면서 전개해 나간다. 이 과정에서 학생은 물의 순환을 지식으로서도 알 수 있지만, 자신의 생활 속에서의 물의 모습과 연관 지어 학습할 수 있다는 장점이 있다.

또 다른 예로, 초등학교 2학년 슬기로운 생활 교과에서 다루고 있는 상품의 유통에 대하여 생각해 보기로 하자. 이 활동은 현재 학생들이 상품의 원산지와 일련의 유통 과정을 학습하여 아는 것을 학습목표로 설정하고 있다. 이 학습목표를 달성하기 위하여 사용할 수 있는 효과적인 방법이 바로 여기에서 다루고 있는 내가 그것이 된 것처럼이다. 학생은 스스로가 하나의 상품이 된 것으로 가정하고, 자신이 태어난 곳

(원산지)과 거쳐 온 곳(유통 과정)을 설명하면서 자연스레 상품의 유통 구조를 학습하게 된다. 또한 그 상품이 되어 보는 경험을 통하여 상품으로서의 입장을 공감하는 데까지도 나아갈 수 있다. 즉 인지적 목표로서 유통 구조를 파악하는 것을 달성할 뿐만 아니라, 숨어 있는 정의적 학습 요소로서의 절약, 재활용 등도 느끼며 학습할 수 있게 된다.

마지막으로, 음식물의 소화 과정 역시 이러한 활동으로 학습하기에 매우 효과적인 학습 주제이다. 학생이 직접 음식물이 되어 봄으로써 입, 식도, 위장, 소장, 대장으로 이어지는 소화기관을 따라 여행하는 경험을 가질 수 있다.

위에서 예로 든 활동들의 공통점은 '과정'에 초점을 두고 내가 아닌 무엇인가가 되어 '이동하며 변화하는 모습'을 다룬다는 데 있다. 물론 대상에 대한 공감의 수준에서 본다면 어떠한 학습 주제에도 활용할 수 있는 방법이기는 하지만, 학습의 효율성 측면에서 본다면 '과정'의 앎을 다룰 때 적절한 학습 주제이다. 학생 스스로 무엇인가가 되어 변화와 움직임을 경험해 보는 과정 학습으로 내가 그것이 된 것처럼을 구안하였다. 활동의 대략적 흐름은 아래와 같다.

주어진 대상의 특성 파악하기 → 대상의 특성 갖기→ 대상의 움직임 따르기

먼저, 학생은 주어진 대상의 특성을 탐색한다. 예를 들어 '고무장갑'이라는 상품이라면 '무생물', '공산품', '고무로 만들어짐' 등의 특성을 찾을 수 있을 것이다.

그 다음, 대상의 특성을 갖는다. 이 단계에서 학생의 적극적 공감 능력이 요구된다. 주어진 대상에 대하여 더 잘 이해하는 학생일수록 공감의 정도가 더욱 높고 적극적일 것이다. 학생은 이 단계에서 '내가 아닌 것이 되어 보기' 경험을 가지게 된다.

마지막으로, 대상의 움직임을 따른다. 이 활동은 이전에 지식 요소의 학습이 선행되었다는 전제 하에서 이루어진다. 인지적으로는 대상의 움직임 과정을 대강이나마 알고 있는 상태에서 주어진 활동을 전개하며, 지식을 더욱 익히고 굳게 함으로써 생활로 끌어들이는 결과를 얻을 수 있게 된다.

이 활동은 정리 단계에서 활용하기 좋은 활동이다. 즉, 이미 지식적으로 알고 있는 사실들을 자신이 마치 해당 사물이 된 것처럼 가정하고 일련의 서사 과정을 거쳐

가상적으로 체험함으로써 알고 있던 사실을 더욱 확실히 인지하게 된다. 이와 동시에 지식을 죽어 있는 객관적 대상으로서의 타자가 아닌, 나의 삶에서 작용하며 생동하게 하는 지식으로 살아나게끔 할 수 있다는 점에서 이 활동이 가치가 있다고 볼 수 있다.

▶ **Tip**

이 활동은 7차 개정 교육과정의 초등 과학교과 단원마무리로 제시되는 '과학 글쓰기'에서 자주 사용되고 있는 스토리텔링 활동이다.

이미 교육 현장에서 익숙하게 진행해 오고 있는 방식이기 때문에 교실에서 이 활동을 적용하기는 비교적 수월하다. 다만 지금까지의 활동이 '학생의 흥미'에 초점을 두었다면, 이제는 이 활동을 '지식에의 생명 부여'에 초점을 두고 스토리텔링의 연속선상에서 인식하고 교육할 필요가 있다.

다음은 3학년 학생의 작품이다. 학생은 자석이 자철석[29]이라고 하는 광물에서 추출되어 만들어졌으며, 자기력이라는 성질로 인해 우리 생활의 여러 곳에서 활용되고 있다는 지식을 한 단원에 걸쳐 학습하였다(3학년 1학기 과학). 그러고 난 후 단원정리 활동으로 '나는 자석이다'라는 글을 썼다.

안녕, 나는 자석이야. 나는 자철석이라고 하는 돌에서 태어났어. 자철석이라고 하는 돌은 참 신기한 돌이야. 옛날 사람들이 어떤 장소에서 신발에 있는 쇠붙이가 달라붙는 것을 보고 발견했대. 지구가 하나의 커다란 자석이라서 그것 때문에 자철석이 생긴 것 같다는데, 난 잘 모르겠어. 어쨌든 난 사람들이 돌에서 잘라서 갈고 두드려 만들었어. 그땐 조금 아팠지만 내가 도움이 될 거라는 생각에 꾹 참았어. 그리고 나는 커다란 열차에 바퀴 대신 붙게 되었어. 내가 바로 자기부상열차에 쓰이게 된 거야!!! 자석이 같은 극끼리 밀어내는 성질을 가지고 있기 때문에 열차가 빨리 달리게 하는 데에 내가 쓰인대. 나는 정말 자랑스러웠어. 내 동생들은 여러 가지 모양으로 바뀌었어. 냉장고에 붙어 있는 동생도 있고, 가방에 붙어 있는 애도 있고, 신용카드에 붙어 있는 애도 있어.

29 처음 발견되던 당시 천연 자석으로 쓰였으나, 현재의 자석은 인공 자석이 대부분이며 자철석을 가공하여 사용하는 일은 거의 없다.

이 학생은 이미 알고 있는 지식을 이용하여 자신이 자석이 된 셈치고 스토리텔링을 하였다. 우리가 주시할 점은, 알고 있는 지식과 자신이 스토리텔링하고 싶은 방향 사이의 간극을 메우기 위하여 학생이 스스로 새로운 지식을 탐색하고[30] 활용하였다는 점이다. 즉, 학생이 스토리텔링을 진행해 나가며 완성도와 개연성을 높이기 위하여 새로운 지식에 호기심을 가지고 적극적으로 탐구할 수 있는 물꼬를 터 주었다는 점에서 이 활동이 지식 탐구를 위한 효과적 방안임을 알 수 있다. 또 하나의 긍정적 효과는 이 활동을 통해 학생이 어떤 오개념을 가지고 있는지 엿보고 이를 바로잡아 줄 수 있는 계기가 될 수 있다는 점이다.

교사가 학생에게 지식을 전달하거나 함께 지식을 탐구하며 구성해 나가는 과정에서 학생의 배경지식은 끊임없는 영향을 미친다. 학생들에게 오개념이 생성되지만, 교사가 학생 개개인의 오개념을 확인하고 바로잡아 주기란 매우 어렵다. 그러므로 해당 활동을 통하여 학생 스스로 개념에 대한 오해를 인식하고 교정할 수 있는 기회로 삼을 수 있다면 매우 유의미한 활동이 될 수 있을 것이다. 이 활동을 진행하기 위해 교사가 유의해야 할 점은 학생에게 이것이 '확인과 정리' 활동임을 정확히 인지시키는 것이다.

학생이 이 활동을 할 때 반드시 포함되어야 할 지식을 몇 가지 정해 두는 것이 좋다. 예를 들어 위의 활동 결과물에는 '자석의 원료', '자석의 성질 - 철이 붙음, 같은 극끼리 밀어냄', '자석의 활용 사례'가 포함되어 있으나, '자석의 성질 - 다른 극끼리 잡아당김, N극은 북쪽 S극은 남쪽을 향함'과 같은 지식은 포함되어 있지 않다. 포함되지 않은 지식은 학생이 제대로 이해하고 습득하였는지 확인하기 어려우므로, 교사가 중요하다고 생각하는 지식을 키워드로 제시하고 해당 지식이 반드시 들어가도록 활동하게끔 안내한다면 더욱 효과적일 것이다. 또한 학생의 수준이 일정 수준 이상이라고 생각된다면 굳이 지식의 항목을 제시하지 않고 학생이 배운 모든 지식이 드러나게 활동하도록 하는 것도 좋은 방법이다. 학생에게 지식에 대한 범위를 자유롭게 허용하여 보다 적극적으로 새로운 지식을 탐구할 수 있도록 유도할 수 있기 때문이다.

---

30 자기부상열차에 자석이 사용되는 이유에 대하여 학교에서 학습하지 않았으나, 학생이 가정에서 과제로 작품을 완성하던 중 호기심이 생겨 검색한 지식이라고 했다.

수업의 마무리 단계에서 이 활동을 활용하면 지식을 정교화할 수 있다. 동시에 수업의 주제가 하나의 스토리텔링 구조로서 학생의 지식 구조에 동화될 수 있도록 하는 데 이 활동을 적극 활용한다면 좋을 것이다.

25

음식 속 이야기 창고

음식에 얽힌 이야기 표현하기

옛날 흑산도에 살던 한 홍어장수가 미처 팔지 못하고 남은 홍어가 혹 썩은 것이 아닌지 살펴보았다. 그런데 소금에 절이지도 않았는데 시간이 꽤 지났음에도 물러지지 않는 것이 신기해 한번 맛을 보았더니, 오히려 살점은 더욱 차지고 톡 쏘는 삭힌 맛이 오묘했더란다. 그 뒤 홍어의 맛은 전라도 전역으로 퍼져 나갔고, 흑산도에서도 점차 홍어를 삭혀 먹게 되었다고 한다. 삭힌 홍어와 돼지고기를 김치에 얹어 먹는 것을 '삼합'이라 하고, 여기에 탁주를 곁들이면 '홍탁삼합'이 되는데, 이 '삼합'이란 것이 태어난 데에도 재미있는 사연이 있다. 전라도의 잔치에선 홍어가 최고 인기 메뉴였지만, 그 값이 비싼 것이 흠이었다. 그래서 잔치 손님들은 귀한 홍어만 집어 먹으면 염치없어 보일까 봐 돼지고기와 김치도 함께 집어 먹기 시작했는데, 먹다 보니 이 셋의 궁합이 절묘해 어느새 '삼합'이란 메뉴가 등장했다는 것이다.

이 이야기는 전라도의 유명한 음식 '삼합'이 등장하게 된 이야기이다. 이 이야기 이외에도 음식은 우리 일상에서 필수적인 식생활과 관련되어 아주 다양한 형태로 사람들에게 전해지는 이야기 소재 중 하나이다. 각종 음식에는 옛날부터 전해 내려오는 설화부터 그 지역만의 특수한 상황이 반영된 이야기, 지역 관광지 상품을 위한 특화된 이야기, 문화와 맞물려 있는 이야기들이 숨어 있는데, 이처럼 음식은 범교과적 소재로 스토리텔링과 잘 통한다.

인터넷이 발달한 후로 사람들은 블로그를 통해 음식의 재료와 요리법뿐만 아니라 그 음식을 만들게 된 사연이나 에피소드까지 함께 올리고, 음식에 대한 서로의 마음을 공유하고 소통하기까지 한다. 요즘은 기술의 발전으로 맛집을 찾았을 때의 기쁨이나 소감을 실시간으로 공유하기도 하는데, 이는 또 다른 음식 소비문화를 창조하기도 한다.

이렇게 음식의 재료나 요리법과 관련하여 고학년의 실과 시간에 유용한 음식 스토리텔링 수업을 할 수 있다. 중학년의 사회과 수업에서는 고장의 다양한 음식 소개하기와 관련하여 고장의 자랑거리를 학습하는 장면에서도 음식 관련 스토리텔링을 활용할 수 있다. 음식의 재료가 있는 생산지 체험 이야기도 음식 스토리텔링 중의 하나가 될 수 있으며, 바닷가에서 잡히는 싱싱한 생선잡이의 광경이나 유명한 음식점의 재료들이 재배되어 식탁으로 오는 과정을 생생하게 보여 주는 것도 음식 스토리텔링이다.

또 음식집 메뉴판 속에는 주요 고객층을 배려한 다양한 주인의 생각들이 숨어 있으며, 허영만 씨의 만화 〈식객〉에서처럼 누군가를 위해 음식을 만드는 것에는 저마다의 사연이 담겨 있기도 하다. 이러한 것은 도덕 시간과 연계하여 활동할 수 있다.

음식을 만드는 과정, 음식의 재료, 음식과 관련된 에피소드는 스토리텔링과 통한다. 음식을 소재로 다룬 교과 활동에서 어디에 초점을 두어 스토리텔링 수업을 전개할 것인가는 교사의 시각과 안목에 달려 있다.

학생들이 가장 쉽게 스토리에 접근할 수 있는 방식은 '경험'이므로 음식과 관련한 다양한 사연들을 자연스럽게 끌어내어 주는 것이 좋다. 음식에 대한 이야기들은 결국 음식에 대한 경험을 나누고 공유하는 과정에서 나오기 때문에 음식 자체에 대한 스토리뿐만 아니라 다양한 음식을 공유하고 소통하는 과정 자체도 충분히 스토리화될 수 있다.

음식과 관련된 에피소드를 중심으로 한 활동의 흐름은 다음과 같다.

> 음식과 관련하여 생각 열기 → 음식과 관련된 이야기 나누기 → 우리집 음식 이야기 표현하기

음식 스토리텔링을 위하여 우선, 음식과 관련된 이야기를 편안하게 나누면서 생각을 열도록 한다. 자신이 가장 좋아하는 음식이나 싫어하는 음식, 특별한 추억이 담

긴 음식 등 자유로운 분위기에서 이야기를 나누도록 한다. 이때 마인드맵을 활용하여 각자 가지고 있는 음식과 관련된 생각을 자유로이 펼치게 하는 것도 좋다.

음식과 관련된 이야기를 나눌 때 학생들이 무슨 이야기를 어디에서 어떻게 시작해야 할지 몰라 어려워한다면 음식과 관련된 다양한 스토리텔링의 예를 교사가 소개할 수 있다.

첫째는 '티격태격 스토리텔링'인데, 이것은 음식과 관련하여 티격태격 싸운 에피소드들로 음식점에 갈 때, 음식점에서 메뉴를 고를 때, 반찬 투정을 할 때 티격태격하는 다양한 스토리텔링이다.

둘째는 '실패 스토리텔링'인데, 음식이 늘 성공하는 것은 아니기 때문에 야심차게 준비한 음식이 망하는 경우도 있고, 아무리 열심히 노력해도 음식 맛이 없는 사람도 있다. 말하자면, 실패한 음식에 대한 스토리텔링이라고 할 수 있다.

셋째는 '자랑 스토리텔링'으로 우리집에만 있는 특별 요리, 특별하게 잘 만드는 요리가 있다면 자랑 스토리텔링으로 엮을 수 있다.

넷째는 '강요 스토리텔링'으로, 가족과 함께 식사를 하다 보면 실제로는 맛이 없지만 억지로 맛있는 척하면서 음식을 먹어야 하거나 싫어하는 음식을 강요당하는 상황이 생기기도 하는데, 이와 관련된 경험을 '강요 스토리텔링'이라고 할 수 있다.

그 외에 '따라하기 스토리텔링'도 있다. 예를 들어, 일부러 음식을 먹게 하려고 맛있는 척해 다른 가족이 따라 먹었다가 맛이 이상해서 고생하게 되는 상황을 사례로 할 수 있다.

학교에서 음식과 관련된 이야기 나누기를 간단하게 하고 가정 학습으로 조사하는 방법도 가능한데, 그러면 우리집 음식 이야기가 더욱 풍성해질 것이다.

음식에 관련된 이야기를 나눈 다음에는 '우리집 음식 이야기'를 표현한다. 저학년의 경우 글쓰기를 부담스럽게 생각하는 학생도 많고 다소 어렵기도 하므로, 어머니를 상징하는 손가락 인형을 만들어 손가락에 끼우고 이야기를 하게 한다. 고학년의 경우 '우리집 요리 탄생기', '우리집 음식 도전하기', '내 생애 첫 요리 도전기' 등과 같이 다양한 이야기 소재를 제공한다.

다음은 6학년 학생들의 '음식에 얽힌 이야기 표현하기' 활동 결과물이다.

[학생 활동 사례 1] 6학년

오늘 아침에 엄마가 닭가슴살 샐러드를 해 주셨다. 엄마가 만들어 주시는 샐러드에는 사 먹는 것보다 닭고기가 3배는 더 많이 들어 있다. 난 아침을 잘 먹지 않는데, 엄마께서 닭가슴살 샐러드를 해 주시는 날에는 머스타드 소스까지 한 방울도 남기지 않고 싹싹 먹는다. 학교에 가서 친구들에게 자랑했더니, "와, 너희 엄마는 집에서 그런 것도 해 주셔?" 하고 부러워했다. 그래서 나는 어깨가 으쓱했다.

[학생 활동 사례 2] 6학년

기자: 요즘은 초등학생들 중에도 어려서부터 간단한 요리를 하는 경우도 있는데, 초등학교 6학년이 되어서 처음으로 밥을 하게 되었다는 한 여학생을 만나서 인터뷰를 해 보겠습니다. 안녕하세요, 『어린이신문』 기자 김영수입니다. 김서연 학생, 만나서 반갑습니다. 6학년 때 처음으로 밥을 해 보았다고 했는데, 왜 그전에는 안 했나요?

서연: 엄마가 위험하다고 하지 말라고 하셨어요.

기자: 그런데 어떻게 하게 되었나요?

서연: 엄마가 급히 어디를 가셨는데, 집에 밥이 하나도 없어서 하게 되었어요.

기자: 처음으로 한 밥이 맛있게 되었나요?

서연: 죽이 되었어요. 물을 얼만큼 넣으면 되는지 여쭈어 보았는데, 손등의 2/3 만큼 넣으라고 하셨어요. 저는 그 말을 잘못 이해해 손을 세워 손가락 끝을 밥솥 바닥에 오게 한 후 쟀어요. 밥솥 사용법도 몰라서 한참을 고생하다가 결국 밥이 되기 시작했어요. 27분이 지나 뚜껑을 열어 보니 웬 죽이 한가득 있었어요.

기자: 그 죽을 어떻게 했나요?

서연: 아빠는 화를 좀 내셨지만, 엄마가 안 계시니 아빠와 오빠랑 그냥 먹었어요. 다음 날에 또 밥을 해 보았는데, 완전히 꼬들꼬들하게 되어 너무너무 기분 좋았어요.

기자: 인터뷰해 주셔서 감사합니다.

[학생 활동 사례 3] 6학년

지난 주말에 우리 가족 모두 외식하러 나갔다. 가는 길에 오빠와 나한테 메뉴를 정하라고 하셨다. 나는 짜장면이 먹고 싶었는데, 오빠는 계속 회를 먹고 싶다고 했다.

'난 회가 싫은데…….'

자꾸 자기 생각만 고집하는 오빠가 미웠다.

"오빠, 오늘만 양보해 주면 안 돼?'

나의 애절한 마음이 오빠에게 통했는지 오빠가 양보를 해 주었고, 우리 가족은 그날 인천에 있는 유명한 중국집에 가서 저녁을 먹었다. 그날 먹은 짜장면은 유난히 맛있었다.

[학생 활동 사례 4] 6학년

친구에게

안녕! 오늘은 내가 이 세상에서 가장 좋아하는 음식에 대해서 말해 줄게. 내가 가장 좋아하는 음식은 바로 라면이야. 엄마는 몸에 좋지 않다고 라면을 먹지 말라고 하시지만, 나는 하루에 한 번씩은 라면을 먹고 싶어. 오늘 너에게 라면을 맛있게 끓이는 비법을 알려 줄게. 사람들마다 라면을 끓이는 방법이 조금씩 다른 것 같아. 나는 물이 끓을 때 면을 먼저 넣고 조금 있다가 스프를 넣어서 끓인 적도 있고, 물이 끓을 때 면과 스프, 파, 계란을 한꺼번에 넣고 끓인 적도 있어. 그런데 여러 가지 방법 중에서 가장 맛있는 라면을 끓이는 방법은 라면 봉지에 써 있는 그대로 끓이는 방법이라고 생각해. 너도 이런 방법으로 라면을 끓여 봐. 그러면 아주 맛있는 라면을 먹을 수 있을 거야. 안녕!!

[사례 1]은 음식 이야기 중 '자랑 스토리텔링'으로, 생활문(또는 일기문) 형식으로 쓴 음식 스토리텔링이다. 간단하지만 이러한 글쓰기를 하면서 아침 일찍 일어나셔서 재료를 준비해 정성껏 음식을 만들어 주시는 엄마에 대해 다시 한 번 생각해 보게 될 것이다.

[사례 2]는 밥을 처음 해 본 경험에 관련된 '실패 스토리텔링'이다. 처음으로 밥을 하면서 경험했던 에피소드, 그때의 소감 등을 인터뷰 형식으로 구성하였다. 이렇게

음식과 관련된 경험은 스토리의 소재가 되고, 그 소재를 활용하여 표현하는 과정 자체도 의미 있는 스토리텔링 활동이 된다.

[사례 3]은 '티격태격 스토리텔링'으로, 특별한 추억이 담긴 음식에 대한 이야기를 표현한 활동 결과물이다. '자장면'이라는 일반적인 음식이 가족과 함께 했던 경험 속에서 '특별한 음식'으로 재탄생되는 순간을 표현하였다.

[사례 4]는 편지글의 형식으로 구성한, 음식을 만드는 특별한 방법을 소개하는 '자랑 스토리텔링'의 한 예이다. 음식은 그 자체로 다양한 이야기 변용의 가능성을 지니기 때문에 음식 관련 스토리텔링은 학습자의 일상 경험적 내용을 담아내기에 유용하며, 음식이라는 토픽은 여러 교과의 학습 내용들로 쉽게 연계될 수 있다.

음식 속 이야기 창고는 음식과 관련된 다양한 스토리텔링 활동을 통하여 학생들 스스로 반성적 사고의 경험을 가질 수 있다는 데 또 하나의 의미가 있다.

▶ **Tip**

요리를 하는 과정 자체도 스토리텔링이다. 무슨 요리를 만들지 고민하고, 재료를 사고, 요리를 시작하여 만드는 과정 자체가 스토리텔링이다. 이 과정을 디지털 카메라를 활용하여 사진으로 담아 이야기를 서술한다면 디지털 스토리텔링이 된다. 또한 음식 자체는 문화적 코드로도 작용하므로 음식 스토리텔링은 다문화 교육에서도 활용할 수 있다.

26

내가 만든 날엔 내가 정한 선물로

내 삶의 이벤트 결정하기

동서고금을 막론하고 특별한 날에 특별한 음식을 먹거나 특별한 선물을 주고받는 풍습은 널리 퍼져 있다. 우리나라에는 명절 음식으로 설에 먹는 '떡국', 추석에 먹는 '송편', 정월대보름에 먹는 '부럼'이 있다. 미국에서는 추수감사절에 '칠면조'를 먹고, 중국에서는 춘절에 '니엔가오'를 먹는다. 그리고 물론 이러한 음식들은 각각의 스토리를 품고 있다.

하나의 예로 우리나라에서 설날에 떡국을 먹는 이유를 살펴보면, 흰 음식으로 새해 첫날의 순수를 상징하며, 길게 뽑은 가래떡의 모양으로 재산을 불리고, 엽전 모양으로 썬 떡을 넣어 국을 끓이며 재물이 붙기를 기원했음을 들 수 있다. 더운 여름에 대비하라는 의미로 우리의 명절인 단오에는 임금이 신하들에게 부채를 선물했다고 하며, 서양의 명절 중 하나인 할로윈데이에는 아이들에게 사탕을 나누어 주는 풍습이 있다.

이러한 현상은 재미있게도 현대 사회에서 새롭게 생겨나는 온갖 날들과도 맞물려 벌어지고 있다. 보통 이런 신조(新造) 기념일들은 기업의 상술이나 특정 단체의 뚜렷한 의도 때문에 생겨나고는 하지만, 특정일과 특정 음식을 짝지어 유의미화한다는 데에서 고유 명절 음식의 유래담과도 연관 지어 생각해 볼 수 있다.

가장 유명한 날 중 하나인 빼빼로데이(11월 11일)는 숫자 1이 빼빼로라는 특정 과자와 생긴 모양이 닮았다 하여 생겨진 날로, 빼빼로 과자를 주고받는다. 이는 숫자의 시각적 특성과 음식을 연관시킨 사례이다. 또 다른 날로, 4월 14일 블랙데이가 있다. 이는 앞선 2월 14일 발렌타인데이와 3월 14일 화이트데이에 연관되어 생겨난 날로, 앞의 두 날이 연인의 날인 것에 반하여 연인이 없는 사람들의 날로 새로 만들어졌다. 이 날에는 앞선 두 날의 음식이 초콜릿과 사탕으로 달콤하고 부드러운 음식이었던 것과는 달리, 검고 짭짜름한 자장면을 먹는다. 또 9월 9일은 치킨데이로, 닭이 우는 소리 '구구'를 숫자와 연관시켜 만들었으며, 닭 음식을 먹는 날로 알려져 있다. 5월 14일은 로즈데이로, 발렌타인데이와 화이트데이를 함께 보낸 연인들이 장미를 주고받으며 사랑을 확인하는 날이라고 한다.

이러한 날들은 어느새 우리 생활 속에 깊이 파고들어 익숙해져 있다. 그러나 앞에서 언급한 바와 같이 특정한 단체의 특정한 의도로 만들어져 대중에게 전파되고 있는 날들로, 명절과는 달리 학생들에게 부정적인 영향을 끼칠 우려가 매우 크다. 때마다 각종 신조일들을 챙기는 학생들 때문에 교사들은 이를 막기 위하여, 하다못해 조금이라도 그 악영향을 줄여 보기 위하여 매일 고심하고 있는 것이 현실이다.

여기에서는 학생들이 스스로에게 의미 있는 날을 직접 정하여 그날과 짝지을 음식이나 선물을 만들어 보게 하는 활동을 구안하였다. 학생들은 남들이 만들어 자신에게 강요하는 날이 아닌, 스스로에게 뜻 깊은 날에 스스로가 좋아하는 음식을 먹거나 선물을 주고받게 될 것이다. 또한 이 활동을 통하여 날짜와 이벤트의 연관 짓기 경험을 하며 특정한 자신만의 축제를 연출할 수 있는 기회를 제공받을 수 있을 것이다.

내가 만든 날엔 내가 정한 선물로 활동의 대략적 흐름은 다음과 같다.

> 명절과 음식, 선물의 이야기 듣기 → 신조일 이야기 나누기 → 나만의 하루 정하기 → 관련된 음식이나 선물 정하기

우선 학생에게 명절과 명절에 먹는 특정한 음식, 또는 선물의 이야기를 들려준다. 학생들은 이미 우리의 삶에서 특정한 소품과 특정한 날이 연관 지어진 것은 아주 오랜 옛날부터 있어 왔던 일이며, 전 세계적으로 자연스러운 일임을 알게 된다. 또한 그 전부터 자신들이 별 생각 없이 때마다 먹어 왔던 명절 음식과 주고받았던 선물들에 이야기가 숨어 있음을 알게 될 것이다.

다음 신조 기념일의 이야기를 나눈다. 신조 기념일은 교사보다도 학생들이 더 잘 알고 있다. 학생들과 어느 날 무슨 선물을 나누는지 이야기하여, 그날들이 어떠한 의

> ▶ **Tip**
> 교사가 일방적으로 훈화하기보다 학생들이 스스로 신조 기념일의 악영향을 찾아 문제점을 발견할 수 있도록 유도한다.

도를 안고 있는지 깨닫고 그 상술이나 악영향을 자연스레 인지할 수 있도록 한다.

그 후 자신의 삶에서 중요한 하루를 정한다. 좋은 날일 수도 있고, 나쁜 날일 수도 있다. 달력을 펴 두고 하루하루를 짚으며 의미 있는 날들을 찾아간다. 자신이나 가족의 생일 등은 일차적으로 학생들이 꼽는 날이다. 이러한 날뿐 아니라, '나만 가지고 있는 날'로 무엇이 더 있을지 생각해 보게끔 유도한다. 예를 들어 우리가 드디어 우리집을 사게 된 날을 '내 삶의 마지막 이삿날'로 정할 수도 있을 것이며, 부모님의 결혼기념일을 '내 생일이 예약된 날' 등으로 정할 수도 있을 것이다.

마지막으로 특정 날짜와 연관된 특정 음식을 지정하거나, 특정한 선물을 정해 보도록 한다. 어떤 날짜를 어떤 기념일로 정하였는지에 따라 이 단계에서의 활동 결과물이 달라질 수 있다.

학생들은 이 활동을 통하여 자신의 삶에서 주체적으로 기념일을 결정할 수 있다. 또한 기념일을 결정하고 그 기념일에 맞는 음식이나 사진을 기획해 보는 경험을 가질

[학생 활동 사례] 6학년

7월 7일: 럭키 세븐 데이-친한 친구나 가족에게 "너는 꼭 좋은 일이 생길거야."라는 말을 해 준다. (7월 4일이 내 생일인데, 부모님께서 7월 7일이 럭키 세븐이라고 그때 생일 파티를 해 주셨다.)

2월 2일: 공기데이(0202를 읽으면 공이[기]공이[기]라서)-공기를 주고받거나 친한 사람과 공기를 한다. (나는 공기놀이를 제일 좋아하는데, 이런 날을 만들면 친구들과 공기하기가 더 재미있을 것 같다.)

12월 22일: 사진교환데이-친한 친구들과 사진을 교환한다. (나에게 가장 의미 있는 날이다. 방학식이 12월 22일인데, 애들과 자신의 사진을 교환하면 방학 때 아이들의 얼굴을 볼 수 있기 때문이다.)

수 있다. 이는 학생이 축제를 연출할 수 있는 기회를 갖게 되는 것과 마찬가지이다. 축제가 하나의 스토리텔링임을 알게 되며, 삶에서 유의미한 경험들을 떠올려 보는 시간을 갖고, 타인의 강요에 의한 축제가 아니라 자신이 즐거워하며 누릴 수 있는 축제를 경험하며 삶을 풍요롭게 한다는 데에서 이 활동이 가지는 의의를 찾을 수 있다.

4장 사회 탐구력·역사적 상상력 기르기

초등학교에서는 '사회'라는 교과명 아래 일반사회, 경제, 지리, 역사 등의 여러 사회 분과를 함께 묶어 학습하고 있다. 즉, 초등학생들은 일반사회나 경제, 지리, 역사의 기초적인 지식이나 사회 탐구 과정을 학습하며, 민주 시민으로서 갖추어야 할 자질이나 태도를 배우고 있다고 할 수 있다. 이러한 학습 내용들은 초등학생이 '사회'에서 어울려 살아가고 '사회'를 이끌어 나가는 어엿한 사회구성원이 될 수 있도록 하기 위해 반드시 필요한 요소들이다.

그러나 초등학교에서 사회 교과를 어린이들의 눈높이에 맞추어 의미 있고 재미있게 교육하기란 쉽지 않다. 우선 사회 교과가 암기과목이라는 인식이 비교적 높기 때문이며, 사회 교과에서 사용하는 여러 용어들이 학습자들의 수준에서 이해하기 어려운 단어가 많기 때문이다. 이에 학습자들이 사회 교과를 그들의 실생활과는 관련 없는, 외워야 하는 재미없는 교과로 보고 있는 경우가 많아 안타깝다. 사실 사회 교과는 위에서 언급한 바와 같이 그들의 실생활과 가장 밀접히 관련되어 있는 교과라고도 할 수 있는데 말이다. 여기에서는 학생들이 사회 교과를 학습할 때 그들의 사회 탐구력과 역사적 상상력을 기를 수 있는 방식으로 스토리텔링 활동을 도입하였다. 학습을 의미 있는 것으로 다가서게 함과 동시에 학습자의 수준에 맞는 흥미 있는 수업으로 재탄생할 수 있도록 도와주는 수업 방법들을 제안해 보고자 한다.

뽀로로의 부탁은 문제 해결 학습에 스토리텔링을 도입한 수업 사례이다. 학생들에게 인기 있는 애니메이션이나 영화를 원용하여 문제를 가상현실로 만들어 주고, 학생들이 스토리텔링의 주체로서 문제 해결에 적극적으로 참여하게 하는 것이 이 활동의 핵심 요소이다. 학습의 '동기 상황'뿐 아니라 '교수 내용 전개 상황'에 스토리텔링을 사용할 수 있는 것이 장점이다.

주민등록증을 받다는 수업의 역동성에 더하여 수업을 의미화하고 오랫동안 기억에 남게 하는 가시적 보상의 방식을 소개하고 있다. 이러한 방법을 통하여 학생들은 스스로의 능력을 점검하고 성취감을 느낄 수 있다. 더불어 학습활동과 보상이 본시 학습에서 공부한 내용과 긴밀한 상관성을 갖도록 구성하여, 수업 내용을 스토리텔링적으로 보상받는 방법이다.

같은 상황, 서로 다른 이야기는 경제생활에서 학생들이 같은 상황을 다른 관점으로 볼 수 있는 학습 기회를 갖도록 해 준다. 제시된 상황에 대하여 입장이 다른 스토리를 창작해 봄으로써 자유경쟁과 경쟁업체와의 관계 등 경제 원리를 자연스럽게 이해할 수 있도록 해 준다. 학생의 생활 경험이 스토리 창작의 재료가 됨으로써 경제 원리의 이해와 더불어 여기에 관련된 다양한 사람들의 입장을 다각적으로 이해할 수 있도록 도와준다.

나도 CEO예요는 학생들이 CEO가 되어 사업계획서를 작성해 보는 활동이다. 학생들은 CEO로서의 한 인물을 설정하고, 그 입장에서 주요 고객을 누구로 정하는지에 따라서 제품의 특징에 대해서 다양한 고민을 해 본다. 사업에 관하여 전체적인 구상을 하는 경험을 제공함으로써 학생들이 자신만의 아이디어를 스토리텔링적으로 구성할 수 있도록 한다.

부모님의 발자취를 따라서는 가족들의 구술 스토리텔링을 사회과 학습에 활용하는 활동이다. 학생들에게 일반화된 역사적 사실이 바로 다양한 사람들의 삶에서부터 귀납되어 온 것임을 상기시키고, 자신과 가까운 개인의 사건과 맞물려 있는 역사를 인식하게 함으로써 역사를 자신과 관련 있는 중요한 사실로 받아들이게 한다.

역사 속 인간극장은 학생들이 역사적 사실을 바탕으로 간단한 영상을 계획하여 휴먼 다큐멘터리 장르의 내레이션을 경험하게끔 하는 활동이다. 내레이션 자체가 학습 내용을 기억하기 쉽게 만들고 배운 내용에 대한 재인식 및 조절을 위한 메타적 경험을 제공하는 활동이므로, 학생들은 이미 학습한 내용을 바탕으로 복습, 정리, 평가 등에 이 활동을 경험해 보는 것이 바람직하다.

가까운 옛날이야기는 가치관의 측면에서 교육하기 까다로운 한국 근현대사를 누군가의 의도를 바탕으로 하여 고도의 전략으로 구사되는 기교적 커뮤니케이션으로서의 스토리텔링이 아니라, 인간이 갖는 기본적 표현 욕구와 의사소통 욕구를 기반으로 일상적으로 이어지는 이야기하기 행위라는 관점에서 풀어 나가는 학습활동이다.

도대체 이게 어떻게 쓰였을까는 사물을 고립적인 것으로 보지 않고, 그 이상의 다른 맥락을 연관 지어 생각해 보게끔 하는 활동이다. 이 활동에서 학생들은 새로운 사물의 사용처나 방법을 학습하고, 그 물건이 살아가는 데에 필요한 물건임을 학습하게 된다.

현실과 가상 사이는 역사가 하나의 스토리텔링임을 학생이 인식하게 하고, 이미 일어난 사건이지만 그 사건이 일어나지 않았다면 혹은 반대의 상황이 일어났다면 등의 상황을 가정하게 하여 역사적 사건들이 가지는 의미나 영향들에 대하여 자신의 생각을 가질 수 있는 기회를 제공하는 활동이다.

이와 같은 활동들을 통해 기대할 수 있는 효과로는 다음과 같은 것들이 있다. 첫째, 가깝게 볼 수 있는 효과로는 학생들이 사회 교과에 대한 인식을 새롭게 할 수 있다는 점이다. 학생의 개인적인 생활 스토리텔링을 학습에 적극적으로 개입시킴으로써 사회 교과에서 학습하는 것들이 자신의 삶과 매우 밀접한 것임을 깨닫고, 삶 속에서 적극적으로 사회 교과의 학습 요소들을 찾으려 노력할 수 있다. 둘째, 거시적으로 보아 학생들의 사회 탐구 능력과 역사적 상상력을 신장시킬 수 있다. 위에서 제시한 활동들은 학생들의 반성적 탐구 능력, 문제 해결력이나 의사 결정 능력 등의 사회 탐구 능력을 신장시키는 데에 효과적이다. 또한 자신의 눈앞에서 펼쳐지지 않은 역사적 사건에 대하여 상상하고 그 의미와 영향에 대해 생각해 보게 하는 활동을 통하여 역사적 상상력을 길러 줄 수 있다. 즉, 학생들은 이러한 활동을 반복적으로 경험함으로써 그들이 민주 시민으로서 갖추어야 할 기본적 사회 탐구 능력과 역사적 상상력을 길러 한 명의 어엿한 세계 시민으로 성장할 수 있으리라 기대한다.

27

뽀로로의 부탁

맥락을 동원하여 문제 제시하기

문제 해결 학습이란 문제를 매개로 한 학습 형태로, 학습자가 일상생활에서 부딪히는 문제를 스스로 해결해 나가는 과정을 경험하도록 조직된다. 문제 해결 학습이 성공하려면 일단 학습 의욕과 동기를 부여할 수 있는 문제여야 한다. 제시하는 문제 자체가 구체적인 현실을 바탕으로 할 때 문제에 실질적으로 접근하여 해결하고자 하는 동기를 갖게 된다. 또한 학생이 문제를 명확하게 인식해야 한다. 문제의 핵심이 언어와 문자로 잘 표현되어 해결해야 할 문제가 무엇인지, 왜 해결해야 하는지 분명하게 알도록 한다. 끝으로 문제 해결의 방법은 여러 가지 대안 중에서 최선의 대안을 선택할 수 있도록 구성해야 한다. 문제 해결 학습이 뻔한 해결 방법이거나 한 가지의 해결만이 있을 때에는 문제를 해결해야 할 필요성이 없어지게 된다.

뽀로로의 부탁[31]은 이와 같은 문제 해결 학습에 스토리텔링을 도입하는 방식이다. 스토리텔링은 문제 상황에 가상 현실을 도입하여 학생들을 주체로 참여하게 하고, 문제 해결의 동기를 부여해 준다. 문제 해결 학습에서 스토리텔링은 문제를 가상 현실로 만들어 준다. 스토리텔링으로 만들어진 문제가 가상의 세계라는 것은 알면서도 가상 세계의 현실성과 실제성을 받아들이고 스토리텔링의 주체로서 문제 해결에 적극적으로 참여하게 된다. 결국 학생들을 문제 해결의 주체로 만든다.

이때 손쉽게 적용할 수 있는 스토리텔링이 바로 학생들에게 인기 있는 애니메이션이나 영화를 원용하는 방법이다. 애니메이션이나 영화는 그 자체로 한 편의 스토리텔

31 이 활동은 경인교육대학교 교육대학원 장덕 선생님의 수업 사례를 바탕으로 구성하였다.

링이다. 그 자체에 내재되어 있는 스토리텔링의 구조가 있기 때문에 문제 해결 상황을 가상현실로 구현하는 데 도움을 준다. 예를 들어 '뽀로로'를 수업 시간에 활용한다고 할 때, 학생들은 뽀로로는 북극에 살며 친한 친구는 누가 있으며 어떤 성격인지 알고 있기 때문에 별도의 스토리텔링적 요소를 필요로 하지 않게 된다. 뽀로로는 그 자체로 스토리를 담고 있는 인물이므로 문제 해결 상황의 스토리텔링으로 쉽게 활용할 수 있다.

뽀로로의 부탁 활동에서는 뽀로로가 문제의 제시자가 되고, 학생들은 뽀로로의 부탁을 해결해 주는 도우미가 된다. 뽀로로의 부탁을 해결해 주는 과정이 학습 목표 달성을 위한 하위 활동이 된다. 수업의 흐름은 다음과 같다.

뽀로로의 편지 보기 → 여름에 필요한 물건 고르기 → 여름철 날씨에 따라 필요한 것 고르기 → 여름철에 필요한 것들 사진으로 꾸미기 → 여름철 날씨에 맞는 물건을 상자에 넣어 뽀로로에게 보내기

학생들이 해결해야 할 문제는 뽀로로에게 온 편지로부터 시작된다.

안녕! 초등학교 1학년 친구들
나는 얼음나라에 살고 있는 '뽀로로'야, 너희가 보내 준 사진들을 보면서 정말 신기했어. 내가 사는 얼음 나라는 일 년 내내 겨울이거든. 그래서 예쁘고 귀여운 너희와 신나는 여름을 즐기러 7월에 한국으로 여행을 가려고 해.

그런데 한 가지 문제가 있단다. 난 추운 얼음나라에서만 살아서 여름철에 무엇이 필요한지 잘 모르겠어. 친구들아, 내가 무엇을 가져가야 즐겁게 여름 여행을 할 수 있을지 알려주겠니?

수업 시간에 뽀로로를 활용한 것은 학생들에게 친숙한 애니메이션 주인공이라는 이유만은 아니다. 여름철 날씨에 필요한 것을 우리가 잘 알고 있지만 '여름에 대해 알지 못하는 뽀로로'가 등장했을 때 우리가 알고 있는 것을 다시 설명해야 하는 상황이 된다. 우리가 흔히 실생활 경험에서 익숙하게 알고 있는 것을 주제로 하는 수업에서는, 우리가 알고 있는 그것들을 다시금 낯설게 하고 적극적으로 탐구하게 하는 강력

한 동기가 필요하다.

이 활동에서 뽀로로는 우리에게 익숙한 여름을 자세하게 설명해 줄 필요성을 제기하는 캐릭터로서 학생들은 뽀로로에게 보낼 여름 여행 준비물을 챙기면서 스토리텔링을 형성하게 된다. 뽀로로의 부탁은 우리에게 익숙하고 이미 잘 알고 있어서 학습 의욕을 가지기 힘든 내용을 낯설게 해 주고 새로운 시각에서 다시 회의하고 깨닫게 해 준다.

본격적인 학습활동으로는 여름철에 필요한 물건과 아닌 물건을 고르는 활동과 뽀로로가 오게 될 2박 3일의 여름철 날씨에 필요한 물건을 말하고 그 이유를 말하는 활동이 있다. 또한 뽀로로에게 보낼 편지에 함께 넣을 사진을 꾸미는 활동도 하게 된다. 여름철에 필요한 물건이 담긴 사진을 함께 보냄으로써 뽀로로에게 여름에 대한 지식을 줄 수 있다. 수업의 전체 활동을 이끄는 목적이 뽀로로의 여름 여행에 맞추어져 있다.

정리 활동으로 여름철 날씨에 맞는 물건을 상자에 넣어서 뽀로로에게 보낸다. 1학년임을 감안하여 구체적인 물건을 골라서 상자에 넣도록 구성한다. 물건을 넣을 때에는 이 물건이 왜 필요한지 이유를 설명하면서 넣도록 한다.

뽀로로의 부탁과 같은 활동은 맥락을 동원하여 문제를 제시하는 방식으로 '수업의 상황 요소'를 스토리텔링의 한 요건으로 반영하는 기술 중의 하나이다. 가장 초보적인 수준으로는 '학습의 동기 상황'만 제공할 수 있다. 동기 유발 차원에서 문제 제시 방식을 스토리텔링으로 구성하는 경우라 할 것이다. 수업에서 이야기 제재를 활용하여 동기 유발을 하는 경우로 부분적이고 제한적으로 스토리텔링이 사용되는 경우라 하겠다. '학습의 동기 상황'에 더하여 '교수 내용 전개 상황'에 함께 스토리텔링을 사용할 수 있다.

▸ **Tip**

뽀로로의 2박 3일 여행 스토리를 구성하여 들려줄 때 너무 구체적으로 제시하면 여름철 날씨와 관련된 것 이외에 다른 물건까지 생각할 수 있다. 예를 들어, 첫째 날의 무더운 날씨에 놀이터에서 뽀로로가 우리 반 친구들과 놀 예정이라고 한다면 필요한 물건이 모래놀이 세트까지 나올 가능성이 있다. 이런 경우 여름철 날씨와는 무관한 학습활동이 될 수 있으므로 주의할 필요가 있다.

뽀로로의 부탁은 뽀로로가 문제를 제기한다. 학생들은 동기 유발부터 학습의 정리단계까지 오로지 뽀로로의 여행을 위한 도우미가 된다. 뽀로로에게 여름에 필요한 물건들을 2박 3일간 여행 일정 날씨에 맞추어 상자에 나누어 담음으로써 수업이 마무리된다.

28

주민등록증을 받다

스토리텔링적으로 학습활동 보상하기

칭찬과 보상은 학습의 동기와 활력을 불어넣는 요소 중의 하나이다. 칭찬과 보상은 학습에 대한 내적 동기를 높여 주기도 하고 학습에 역동성을 불어넣기도 한다. 초등학교 저학년의 경우 더욱 그러하다. 학습활동에 대한 보상으로 흔히 칭찬 스티커를 주거나 때로는 사탕, 멸치, 과자 등이 등장하기도 한다. 그러나 이러한 보상은 순간적인 만족감을 줄 수 있을지는 모르지만, 수업을 의미화하고 오랫동안 기억에 남는 보상 방식은 아니다. 학습활동 보상은 어떻게 이루어지는 것이 바람직할까? 그 대안으로 스토리텔링적으로 보상하는 발상에 대해 생각해 보자.

어른들은 사회적으로 용인되는 특정 자격증, 이수증, 졸업장을 받기 위해 노력한다. 요리사로 인정받기 위해서는 요리사 자격증이 있어야 한다. 특정 교육을 받으면 이 교육을 받았다는 이수증이나 졸업장을 수여하고, 이러한 자격증은 개인의 이력이 된다. 학생들에게 이러한 자격증, 이수증, 졸업장 등을 부여한다면 개인의 능력을 점검하고 성취감을 느끼게 해 주는 요소가 될 것이다. 학습활동 보상 행위가 스토리텔링 경험이 될 수 있는 것이다. 학습활동 보상은 성취 경험을 인증하고 강화하는 모의 자격을 부여해 주는 역할을 한다. 모의 자격증이나 인증서 등은 학생 스스로 무슨 활동을 어느 정도 수행했는지를 알 수 있는 척도가 되며, 자기가 한 활동을 되돌아보고 확인할 수 있는 스토리텔링적 요소이다.

스토리텔링적 요소를 가미한 자격증이나 인증서를 전략적으로 운용할 경우 성취 기준이 미달된 학생에게 학습에 대한 자기주도성을 길러 줄 수 있다. 또한 자격증이나 인증서를 단계별로 만들 경우, 단계를 차근차근 밟아 성취하고자 하는 의욕을 높일 수 있다. 학생의 수준보다 높은 성취 기준을 도달하도록 하는 것은 성취 기준이 미달된 학생에게는 학습 의욕을 상실하게 만드는 요인이 된다. 그러나 단계를 나누고 분절해서 수준별로 제시한다면 낮은 수준부터 차근차근 도전할 학습 의욕을 갖게 한다. 자신의 성취 기준에 대한 부정적 인식보다는 적극적으로 참여하게 만드는 요인이 되는 셈이다.

자격증이나 인증서를 주는 행위가 스토리텔링과 무슨 연관이 있는가? 스토리텔링의 형식 면에서 볼 때 이러한 보상 행위는 부분적이고 불안정하고 분절적으로 보인다. 그러나 학습활동과 보상이 본시 학습에서 공부한 내용과 긴밀한 상관성을 갖도록 구성한다면 수업의 내용을 스토리텔링적으로 보상받는 격이 된다. '국민의 권리와 의무'에 관한 학습을 예로 들어 설명해 보자.

> 국민의 권리와 의무에 대한 학습 → 국민의 권리와 의무 게임 → 학습활동에 대한 보상으로 주민등록증 부여

우리나라의 민주 정치와 관련하여 국민의 권리와 의무를 여러 차시에 걸쳐 학습하였다. 국민의 권리에는 평등권, 자유권, 참정권, 사회권, 청구권이 있으며, 국민의 의무에는 납세의 의무, 국방의 의무, 교육의 의무, 근로의 의무, 환경 보전의 의무가 있다. 국민의 권리와 의무는 암기해야 할 내용이기도 하지만 구체적인 사례까지 적용하여 알고 있어야 할 사항이기도 한다. 국민의 권리와 의무에 대한 학습을 하고, 다양한 방식의 국민의 권리와 의무에 대한 게임이나 평가를 실시한다. 스피드 퀴즈 형식이어도 좋고, 필답 고사 형식이어도 좋다. 게임 및 평가를 통해서 국민의 권리와 의무를 다시 확인하고 평가한다. 대체로 여기에서 수업이 끝난다.

그러나 여기에 추가적으로 스토리텔링적으로 학습활동을 보상하면 어떨까? 여러 차시에 걸친 이 학습에 대한 보상을 어떤 방식으로 하면 좋을까? 가장 잘 어울리는 보상은 '주민등록증'이다. 주민등록증은 권리와 의무를 행사할 수 있는 자격증이기도 하고, 우리나라 국민이라는 신분증이기도 한다. 주민등록증이 가지는 상징성을 토대로 보상을 하는 방법이다.

예비 주민등록증은 어른이 되어서 경험할 수 있는 생활 스토리텔링의 한 장면이

주민등록증 위조가 될 수 있으므로 예비 주민등록증 형태로 만들어 주었다.[32]

다. 이들 증명서 자체가 아이들이 자신의 성취감을 자랑할 수 있는 스토리텔링의 소재가 된다. 예비 주민등록증은 우리 반에서 소통되는 국민의 권리와 의무를 행사할 수 있는 도구가 되며, 우리 반의 이야기를 만들 수 있는 소재가 되기도 한다.

학습에 대한 활동 보상을 스토리텔링적으로 하는 방법의 예로서 국민의 권리와 의무에 대한 수업을 하고, 엄격한 기준을 거쳐 예비 주민등록증을 부여하는 방식을 제시하였다. 수업의 효율성과 스토리텔링의 극적 효과를 위해서 자격증을 남발하지 않도록 한다. 엄격한 기준에 따라서 받기 어려운 신분증으로 구성하고, 시간 차이를 두고 발급해 주는 방식도 고려해 봄 직하다. 또한 예비 주민등록증과 관련하여 우리 반의 스토리텔링이 일어날 만한 상황을 만들어 볼 수도 있다.

학습한 내용과 높은 상관성을 가진 자격증 부여는 많은 이야기를 형성할 수 있다. 우리 반에서 소통할 수 있는 다양한 스토리텔링적 수업활동 보상 방식을 준비할 필요가 있다. 이때의 스토리텔링 형식은 부분적이고 불안정하고 분절적인 것이 되어도 무방하다. 예를 들어, 줄넘기 급수제에 따른 자격증 부여를 좀 더 스토리텔링적으로 구성하는 아이디어에는 무엇이 있을지 생각해 본다. 뿐만 아니라 영어 단어 인증제도, 봉사 실적제도 이외의 각종 이수증 장치를 마련하고 꾸준히 도전하고 확인하는 등 우리 반 이야기로 소통할 수 있는 방식에 대한 교사의 관심이 요구된다.

32 2003년 4월에 둘리 탄생 20주년을 맞아 부천시가 둘리를 명예시민으로 선정한 것을 기념해 명예주민등록증(주민번호: 830422-1185600, 주소지: 부천시 원미구 상1동 412-3번지 둘리의 거리)을 정식 수여하였다.

29

같은 상황, 서로 다른 이야기

관점 바꾸기로 알아보는 경제 원리

동화 〈아기돼지 삼형제〉에서는 아기돼지가 튼튼한 벽돌집을 지어 늑대의 침입을 물리친다. 아기돼지 삼형제의 입장에서 서술하여 늑대는 아기돼지를 잡아먹는 못된 인물로 형상화하고 있다. 반면 〈늑대가 들려주는 아기돼지 이야기〉[33]는 늑대의 입장에서 〈아기돼지 삼형제〉 이야기를 완전히 다른 시각에서 그리고 있다. 〈아기돼지 삼형제〉 이야기가 학생들에게 성실함과 유비무환의 교훈을 주었다면, 〈늑대가 들려주는 아기돼지 이야기〉는 늑대의 입장에서 또 다른 사건의 가능성을 보여 주고 있다. 다른 관점에서 이야기를 이끌어 가는 것은 새로운 해석의 여지를 낳게 된다.

누구의 관점으로 상황을 보느냐에 따라 전혀 다른 이야기가 펼쳐지듯이 사회적 상황을 어떤 관점으로 바라보느냐에 따라서 전혀 다른 이야기가 형성되며, 그 과정에서 사회적 개념을 습득할 수 있다.

사회 교과에서 개념을 개조식이나 설명식으로 학습하게 되면 학생들은 사회 교과를 암기 교과로 인식할 가능성이 높고, 개념의 전이나 적용도 잘 이루어지지 않는다. 따라서 여기서는 관점 바꾸기를 통해서 사회적 상황이나 경제 원리를 이해할 수 있도록 구성하였다.

이 아이디어를 적용한 수업의 흐름은 다음과 같다.

33 존 셰스카(2005), 『늑대가 들려주는 아기돼지 이야기』, 보림.

상황 제시하기 → 주어진 상황에서 다양한 관점 찾기 → 다양한 관점 중에서 하나의 관점 정하기 → 선택한 관점에서 상황 바라보기

먼저, 학생들이 보편적으로 인식할 수 있는 상황을 제시한다. 이때 경제생활과 관련하여 학생의 경험에 바탕을 둔 상황을 각색하여 제시하는 것이 좋다.

다음에는 상황에 대한 다양한 관점을 찾도록 안내하는데, 학생들의 사고를 활발하게 열 수 있는 분위기를 조성하는 것이 필요하다. 학생들이 실제 사는 주변 지역에 커다란 슈퍼마켓이 개업을 하는 상황을 제시하고 이 상황에 대해 다른 시각을 갖는 인물을 찾아보도록 하였다.

다양한 관점을 찾아본 후에는 한 가지 관점을 선택하고 선택한 관점에서 상황에 대한 스토리를 창작해 보게 하였다. 이렇게 함으로써 관점에 따라 이야기가 다르게 전개될 수 있음을 아이들이 스스로 체득할 수 있도록 하였다.

본 활동은 사회·경제적 현상 전반에 걸쳐 적용할 수 있는데, 여기에서는 6학년 사회 '우리 경제의 특징'을 중심으로 설명하였다.

학생들이 학습해야 할 내용은 '자유와 경쟁을 바탕으로 한 시장 경제의 기본 특징 이해'이다. 같은 상황, 서로 다른 이야기 활동을 통하여 우리나라와 같은 자유주의 경제제도의 가장 큰 특징인 '자유'와 '경쟁'의 의미와 그 제도가 가지고 있는 장점과 단점을 파악하는 데 목적이 있다.

우리 동네에 ABC마트가 생겼어요!!

우리 동네에는 OK마트, 하나로마트, 2개의 큰 슈퍼마켓과 1개의 작은 슈퍼(유진슈퍼)가 있다. 그런데 지난 일요일 'ABC마트'라는 대형 할인마트가 개점을 했다.

제시하는 상황은 학생들이 실제로 생활하는 지역의 상황으로 설정하였다. 학생들은 OK마트 주인이나 가족, 하나로마트 주인이나 가족, 유진슈퍼의 주인이나 가족, ABC마트 주인, 동네 주민, 동네 꼬마, ABC마트에 취직하고 싶은 사람, 다른 마트에서 일하는 직원, 옆에 있는 가게 주인 등 다양한 관점을 찾아냈다.

이렇게 주어진 상황에서 다양한 관점을 찾는 것은 주어진 하나의 경제 상황 속에서 다양한 입장, 즉 경제주체인 생산자와 소비자, 기존 경쟁업체, 신규 업체의 입장을 찾아보고 인식하게 되는 과정이 된다.

다음 단계에서는 관점을 정하여 주어진 상황에서 글쓰기를 해 봄으로써 '자유와 경쟁의 의미'를 스토리텔링적으로 이해하도록 하였다.

다음은 학생들이 관점을 정하여 창작한 결과물이다.

[학생 활동 사례 1] 6학년

선택한 관점: ABC 할인마트 아들의 관점

창작한 이야기: 우리 아빠가 우리 동네에 대형 슈퍼마켓을 열게 되셨다. 어릴 때부터 나는 우리 집이 슈퍼마켓을 했으면 좋겠다고 생각했는데, 드디어 내 소원이 이루어져서 개업 전날에는 잠이 오지 않았다. 개업식 날 아빠가 나보고 동네에 떡을 돌리라고 하셨다. 쑥스럽지만, 우리 아빠 가게를 다른 사람들에게 많이 알려야 장사도 잘될 테니 열심히 해야겠다.

[학생 활동 사례 2] 6학년

선택한 관점: OK마트 주인의 관점

창작한 이야기: 우리 동네에는 슈퍼마켓이 세 개나 된다. 나는 그중에서 OK마트를 3년째 운영하고 있는데, 그동안 내가 손님들을 친절하게 대하고 장사를 하니 단골손님도 꽤 있다. 그런데 지난 주말에 우리 동네에 우리 가게보다 훨씬 큰 가게가 오픈을 했다. 우리 가게보다 다섯 배는 큰 대형 슈퍼마켓인데, 개업 날 세일을 엄청 많이 해서 손님들이 많이 몰렸다. 그래서 우리 가게는 다른 날보다 장사가 훨씬 안되었다. 앞으로 이 동네에서 살아남으려면 대책을 마련해야겠다.

[학생 활동 사례 3] 6학년

선택한 관점: 유진슈퍼 주인의 관점

창작한 이야기: 나는 십년 전부터 동네에서 작은 슈퍼를 운영하고 있다. 그동안 큰 슈퍼마켓 세 개가 생겨서 손님들이 줄어들기는 했지만, 그래도 우리 가게를 많이 이용

하는 손님들 덕분에 가게를 운영해 왔다. 그런데 대형 슈퍼마켓이 또 하나 생겼다. 아내의 말로는 오픈 기념 세일로 엄청 싸게 파는 물건도 있고 사은품도 준다고 해서 손님들이 엄청 많이 몰렸다고 한다. 앞으로 걱정이다. 이래서 가게를 계속 운영할 수 있을지…….

〔학생 활동 사례 4〕 6학년

선택한 관점: 동네 꼬마

창작한 이야기: 일요일에 우리 동네에 아주 큰 슈퍼가 새로 생겼다. 원래 슈퍼가 3개 있었는데 그것들보다 더 큰 슈퍼가 생기니까 왠지 기분이 좋다. 개업 날은 아이스크림을 무조건 100원에 팔아서 동생이랑 세 개나 사 먹었다. 앞으로는 ABC마트에 가서 물건을 사야겠다.

〔학생 활동 사례 5〕 6학년

선택한 관점: 동네 주민 중 실업자였다가 ABC마트에 취직한 사람

창작한 이야기: 드디어 내가 오늘 취직을 했다. 3년 동안 백수였는데, 우리 동네에 개업한 ABC마트에 취직하고 내일부터 출근하기로 했다. 내가 취직을 했다고 우리 부모님이 너무 좋아하신다. 열심히 일해서 오래오래 다녀야겠다.

〔학생 활동 사례 6〕 6학년

선택한 관점: OK마트에서 일하는 직원

창작한 이야기: 우리 동네에 새로 생긴 ABC마트에서 직원을 뽑는다고 한다. 내가 지금 일하는 OK마트에서는 한 달에 100만 원을 주는데, ABC마트에서는 120만 원을 준다고 해서 고민이다. 지금 일하는 곳에서 사람들과 정도 많이 들고 사장님도 아주 잘 대해 주시는데 어떻게 하면 좋을까?

[사례 1]은 신규 업체를 운영하는 주인의 관점에서 주어진 상황을 바라보았고, [사례 2]와 [사례 3]은 기존 경쟁업체의 관점에서 새로운 경쟁업체가 생기는 상황에서 어떤 생각이 들지 스토리를 창작한 작품이다. 이러한 사고 과정에서 대형 슈퍼마

켓이 생기면 기존 경쟁업체나 소규모의 상점들이 피해를 보게 된다는 것을 이해할 수 있다. 또, 새로운 경쟁업체의 등장으로 기존의 업체들이 경쟁에서 살아남기 위해 노력을 하게 된다는 것도 인식하였다. [사례 4]는 소비자의 입장에서 자유경쟁이 주는 장점 중 '가격경쟁'에 대한 부분으로, 업체 간의 가격경쟁이 소비자들에게는 이로운 선택의 상황이 된다는 것을 이해하고 있다. [사례 5]와 [사례 6]은 새로운 업체가 생길 때 발생하는 '고용의 효과'에 대한 부분을 인식하여 정리하고 있다.

같은 상황, 서로 다른 이야기는 다양한 입장에서 상황을 바라보고 스토리를 창작해 봄으로써 자유경쟁이 소비자에게 주는 이점과 경쟁업체에게 주는 영향 등의 경제 원리를 스토리 속에서 자연스럽게 이해할 수 있는 활동이다. 스토리텔링 활동을 통하여 학생들은 경제주체로서 보다 흥미 있고 자연스럽게 경제 개념과 원리를 살아 있는 지식 형태로 인식하게 된다.

▶ **Tip**

이 아이디어는 경제교육 분야뿐만 아니라 사회과의 다른 영역에서도 활용할 수 있으며, 토론활동 시 어떤 상황에 대해 찬반양론이 아닌 다양하게 관점화할 수 있는 부분에서 활용할 수 있다. 예를 들어 쓰레기 매립지나 납골당 등의 혐오시설 설치가 필요한 경우, 입장에 따라서 어떻게 바라보는지 스토리텔링을 해 봄으로써 사회시설에 대한 인식을 다각적으로 할 수 있다.

30

나도 CEO예요

사업계획서 만들기로 사회적 상상력 기르기

학생들이 직접 CEO가 되어서 사업계획을 구상해 보는 활동은 스토리텔링적 요소가 강하고, 사회적 상상력을 기르는 데 매우 효과적일 수 있다. '청바지의 유행이 바뀐다'라는 상황을 사회적 상상력을 통해 조망해 보자. 원래 청바지가 처음 생산되었을 당시에 청바지는 미국 서부 광산 노동자들이 입던 튼튼하고 실용적인 바지였다. 그러나 청바지를 누구나 입는 패션 아이템으로 구상하여 큰 성공을 거둔 CEO가 있었다.

최근에 스키니진이 유행하는 것도 사회적 상상력으로 이해할 수 있다. 요즘에는 통통한 것보다 날씬한 것을 선호하는 사람들의 심리가 다이어트 열풍을 부추긴다. 이러한 대중들의 심리를 간파하고 이것을 사업 아이디어로 구상하여 날씬하지 않으면 입을 수 없는 스키니진이 탄생됐다. 이처럼 유행을 선도하기 위해, 또 많은 수익을 거두기 위해 기업에서는 부단한 노력을 하고 있다.

사회과 경제 영역의 '기업의 역할'을 학습하면서 '사업계획서 만들기'를 구안하였다. 사회의 일반적인 현상에서 '특별함'을 찾는 과정이 바로 사회적 상상력을 기르는 과정이다. 사업계획서를 만들어 보는 활동은 이런 의미에서 활동 내내 학생들의 사회적 상상력을 이끌어 내는 스토리텔링 활동이라고 할 수 있다.

사업계획서 만들기 활동은 초등학생들의 눈으로 한 기업을 구상하는 단계에서부터 설립, 주요 고객층에 대한 연구, 실제 운영해 나갈 때의 어려움 등을 종합적으로 생각해 보게 한다. 또한 생산자와 소비자, 시장의 원리, 경제생활에서 기업의 역할 등의 내용을 총체적으로 이해할 수 있다. 한 기업의 CEO가 되어 보고, 상품 개발에 대한 아이디어를 내고, 상품의 소비 대상들에 대한 고려나 기업을 운영하면서 예상되는 어려움이나 보람 등을 일련의 흐름 속에서 재조직하게 된다. 수업의 흐름은 다음과 같다.

도화지 책 모양으로 접기 및 지면 구성 계획 → 다양한 자료를 참고하여 아이디어 구상하기 → 구체적인 사업계획 세우기 → 사업계획서 출간 또는 설명회

먼저, 교사와 함께 책 모양을 접어서 지면 구성 계획을 수립한다. 지면 구성 계획을 미리 해 놓으면 학생들이 목표의식을 가지고 사업 구상을 할 수 있다.

다음은 이야기 자료로 학습 문제를 인지하는 단계이다. 예를 들어, 실제 기업인을 인터뷰한 동영상 자료나 기업의 활약상을 담은 영상 자료를 보여 준다. 사업계획을 세우는 데 어려움을 겪지 않도록 시청각 자료나 참고할 만한 자료들을 충분히 살펴보는 시간을 제공하는 것이 좋다.

다음 단계는 학생들이 직접 사회적 상상력을 발휘하여 CEO의 입장이 되어 사업계획서를 만들어 보는 단계이다. 우선 전체적으로 회사를 설립하는 데 필요한 것들에 대하여 짚어 본 후 개별 활동에 들어간다. 사업계획서를 세울 때 고려해야 할 사항에 대해서는 브레인스토밍 방식으로 자유롭게 발표해 보고, 이때 교사는 학생들이 미처 생각하지 못한 부분에 대해 조언하면서 활동에 도움을 주는 것이 좋다.

다음은 CEO가 사업계획을 세울 때 생각해 보아야 할 내용으로, 학생들의 발표 내용과 교사의 조언을 종합하여 정리한 것이다.

- 회사의 이름은 무엇으로 정할 것인가?
- 무슨 상품을 만들 것인가?
- 회사 설립 이유는 무엇인가?
- 회사의 사훈은 무엇으로 할 것인가?
- 제품의 특징은 무엇인가?
- 상품의 주요 고객은 누구인가?
- 사원들을 위한 정책에는 어떤 것이 있는가?
- 회사를 운영하면서 예상되는 어려움은 무엇인가?

사업계획서를 구상하는 과정에서 학생들은 가상의 CEO가 되어 구체적인 상황을 설정한다.

〔학생 활동 사례 1〕 6학년

- 이름: ○○○
- 나이: 38세
- 출신학교: 서울대학교 컴퓨터공학과
- 경력: 대학 졸업 후 컴퓨터 관련 회사에서 10년 동안 일함.
- 가정 상황: 결혼한 지 10년. 아들 1명과 딸 1명, 아내와 살고 있음.
- 외모: 키 178cm에 건강해 보임. 똑똑해 보이고 인상이 좋아 보임.
- 회사를 세우게 된 동기: 직접 회사를 경영하고 싶어서.

〔학생 활동 사례 2〕 6학년

- 회사이름: JH COMPUTER
- 의미: 내 이름의 영어 첫 글자와 컴퓨터를 판매하는 회사임을 표현.

〔학생 활동 사례 3〕 6학년

- 제품의 특징
  - 디자인이 매우 다양한 컴퓨터와 노트북.
  - 이 세상에서 단 하나뿐인 디자인을 가질 수 있음.
  - 컴퓨터나 노트북의 본체나 모니터를 원하는 바탕으로 만들어 줌.
- 주요 고객: 다른 사람은 갖지 않은 독특한 디자인의 제품을 찾는 젊은 사람들.

〔학생 활동 사례 4〕 6학년

- 어려운 일이 생길 때 무이자로 돈을 빌려 준다.
- 아기가 어릴 때에는 일찍 퇴근하게 해 준다.
- 일하다가 쉬거나 재미있게 놀 수 있는 공간을 만들어 준다.

학생들 스스로 CEO로서의 한 인물을 창조하는데, 그 인물은 아이들이 꿈꾸는 미래의 모습이기도 하기 때문에 굉장히 구체적으로 설정하는 아이들도 많다. CEO의 설정에서부터 이 활동의 스토리텔링적 성격은 매우 강하게 나타난다. 동화책을 쓸 때보다 더 구체적인 인물이 설정되고, 그 인물에 대한 학생들의 감정이입이 직접 이루어지며, 기업을 운영해 나가기 위해서 고려해야 할 점이 일종의 플롯으로 구성되기 때문이다.

[사례 1]은 CEO로서 가상의 인물을 설정한 것이다. [사례 2]는 '회사 이름을 무엇으로 정할 것인가'에 대한 학생 활동이다. 회사의 이름을 정하는 부분에서도 학생들마다 저마다 개성 넘치는 스토리텔링이 이루어지는데, 어떤 학생은 단 한 글자 속에 많은 의미를 담기도 하고, 어떤 학생은 아름다운 고유어로 자신만의 생각을 담은 회사 이름을 짓기도 한다. [사례 3]은 제품에 대한 특성과 주요 고객에 대한 설명을 제시하고 있다. [사례 4]는 '사원들을 위한 정책에는 어떤 것이 있는가?'에 대한 학생 활동의 예이다. 이 경우 학생들은 어른들에게 간접적으로 들은 내용이나 또는 여러 가지 매체를 통하여 직접 보거나 들은 장면들에서 아이디어를 얻거나 재구성하여 사업계획의 한 부분으로 구상하였다.

이 활동에 참여하는 동안 학생들은 자신이 설정한 가상의 CEO 입장에서 주요 고객을 정하기도 하고, 제품의 특징에 대해서도 다양한 고민을 해 보고 사업 전체적인 구상을 하면서 스토리를 창작하는 활동 속에서 자신만의 아이디어를 흥미진진한 이야기로 바꾸는 과정을 경험하게 된다.

스토리텔링의 구조 속에서 이루어지는 나도 CEO예요 활동은 다음과 같은 교육적 효과가 있다.

첫째, 자기만의 아이디어로 기업가들이 경험하는 사업 구상을 해 봄으로써 활동 전반에서 창의적인 사고 과정을 경험하게 된다. '사업계획서 만들기' 활동은 가장 핵심이 되는 상품 선정부터 내용 체계를 만드는 과정까지 세부적이면서도 총체적인 사고가 함께 어우러진 창의적 사고의 산출물이라고 할 수 있다.

둘째, 이러한 학습활동은 학생들에게 딱딱한 공부라기보다는 일종의 놀이의 의미로 다가간다. 그렇기 때문에 학생들은 사업계획서를 만드는 과정 자체를 즐기는 동시에 중요한 내용은 자연스럽게 인지하게 된다.

셋째, 학생 스스로 CEO의 입장이 되어 보고 사업계획서를 완성하는 과정 자체는 인물, 배경, 사건이 구조화되는 하나의 커다란 스토리를 만들어 가는 과정에 다름 아니며, 학생들은 자신들이 기존에 가지고 있던 배경지식을 구조화하고 경험을 재조직화하게 된다.

한 회사를 이끌어가는 CEO가 되어 작성하는 '사업계획서'는 그들만의 독특한 시선으로 그들만의 눈높이에 맞는 사업계획서가 될 것이다. 그것은 어른들은 생각하지 못하는, 학생 눈높이에서 작동하는 사회에 대한 상상력이다.

▶ **Tip**

여기에서는 경제 영역의 수업에서 사업계획서를 세워 보는 활동을 제시하였지만, 이외에도 지리 영역의 수업이나 일반 사회 영역의 수업에서도 이 아이디어를 활용할 수 있다. 예를 들어, 4학년의 '주민자치와 지역 사회의 발전' 내용을 수업할 때에는 학생들이 거주하는 지역의 단체장인 '시장'이 되어 지역 사회의 발전을 위해 구상해 보는 활동을 전개할 수 있다. 6학년의 '우리나라의 민주 정치' 등의 수업을 할 때에는 선거와 관련된 여러 입장에서 원하는 바를 이루기 위한 전략을 세워 보는 활동으로 변용할 수 있다.

31

부모님의 발자취를 따라서

구술 생애사 스토리텔링으로 수업하기

박경리의 『토지』나 조정래의 『태백산맥』, 『한강』, 최명희의 『혼불』. 이 소설들의 공통점은 우리 민족이 겪은 시대적 흐름과 역사적 사건들을 잘 보여 주는 이야기라는 것이다. 이 이야기들 속에 등장하는 인물들의 삶은 사회적·역사적 배경과 긴밀한 관계를 가지고 있으며, 이를 통해 사건에 개연성을 부여한다. 위와 같이 소설을 통해 그 당시의 사회상을 깊이 있게 이해하고, 이것이 사람들의 삶에 어떠한 영향을 주었는지 살펴볼 수 있는 것은 작가의 사회와 역사에 대한 인식과 통찰에서 비롯된다.

훌륭한 작가들의 사회적·역사적 식견과 방대한 배경지식은 그저 놀랍기만 하다. 사회와 역사에 대한 그들의 인식과 통찰은 무엇에서 비롯되는가? 사람들의 삶의 모습에 대한 관찰과, 그 시대와 관련된 이야기와 문화유산을 연구하는 데에서 시작되었을 것이다.

사회과에서 가르치는 사회 현상과 역사적 사실은 우리가 실제로 살아가는 데 필요한 통찰력을 길러 주고 우리 민족에 대한 자긍심을 갖게 하는 데에 도움을 준다. 따라서 사회과의 교육 내용은 거시적인 관점의 사회·역사와 나와 내 주변의 사회·역사를 분리시킬 수 없다. 그러나 우리는 가끔씩 일반화된 역사적 사실에 묻혀 그 사실이라는 것이 다양한 사람들의 삶으로부터 귀납되어 온 것임을 잊을 때가 있다.

다양한 사람들의 삶이라는 것은 내 가정에서부터 시작될 수 있다. 나의 아버지와 어머니가 겪었던 민주화 항쟁, IMF 위기, 나의 할아버지와 할머니가 겪었던 6·25와 새마을운동은 우리가 배우는 현대사와 다르지 않다. 우리 민족 전체를 아우르는 거시적인 시각이 아니라 이러한 사건들이 개인의 삶에 어떻게 투영되는지, 실제 영향은 어떠하였는지를 아는 것은 현대사를 나와 동떨어진 이야기로 여기지 않게 하는 데 매우 중요하다. 역사적 사실뿐만이 아니다. 거점 개발과 인구의 이동, 출산율의 저하, 산업의 발달과 쇠퇴와 같은 사회 변화의 추이 역시 역사의 흐름과 관련짓지 않고서는 제대로 이해하기 어려운 개념이다. 이들은 통계 자료로만 제시되기 때문에 그 통계적 숫자 안에 어떠한 이야기가 포함되어 있는지 생각하지 못하고 지나치기 쉽다. 그것이 개인의 역사와 맞물려 이해되지 않을 때 우리는 이를 하나의 사실로만 이해할 뿐, 나와 관련 있는 중요한 사실로 인식하기 힘들다.

따라서 나, 부모님, 조부모님으로 이어지는 우리 가족사를 통하여 사회의 흐름을 이해하고 역사를 바라보려는 시각에서 구술 생애사 스토리텔링 수업은 매우 중요한 의의를 지닌다. 예시 수업은 현재의 지역별 인구분포와 인구의 이동을 학습하는 차시에 해당한다. 활동의 순서는 다음과 같다.

> 부모님 인터뷰하기 → 부모님의 이야기를 정리하여 표현하기 → 발표하며 정보 통합하기 → 통계 자료와 비교·논의하기

부모님의 삶을 인터뷰하는 단계에서 학생들은 작가가 되어 이야기 수집을 위해 부모님 인터뷰를 하게 된다. 이 학습에서는 부모님에게 주거지 이동과 관련된 질문을 하고 답을 얻는 과정에서 장소에 따른 부모님의 삶의 모습이나 경험을 듣게 된다. 인터뷰를 한 후에는 부모님의 이야기를 정리하고 표현해 본다. 이 단계는 크게 둘로 나뉘는데, 첫째는 '지도와 표에 부모님의 주거지 이동 관련 정보를 표시하기'이다. 부모님에게 질문을 하고 얻은 답을 중심으로 지도에 부모님이 삶의 터전을 바꾼 과정을 화살표를 이용하여 순서대로 나타내도록 한다. 이동 원인도 함께 기록해 둔다.

두 번째 단계는 '우리 부모님의 인생 이야기 표현하기'이다. 인터뷰 내용을 토대로 부모님의 삶을 한 편의 이야기로 만들어 일대기적 형식의 글쓰기, 카툰 그리기, 대담 형식으로 인터뷰 보여 주기, 시 쓰기, 사진과 함께하는 프레젠테이션 대본 만들기 등 학생들 각자 여러 가지 방법으로 표현해 보기로 한다. 이때 표현은 공간의 변화가 잘 드러나도록 유도한다. 장소에 따라 개인의 삶이 어떻게 달라지는지, 그 당시의 생활이 어떠했는지, 우리 부모님이 어떻게 살아오셨는지를 나의 관점에서 정리한다. 이

를 통해 학습목표도 달성하고 부모님에 대한 애착도 갖게 된다.

'발표하며 정보 통합하기' 단계에서는 학생들이 부모님의 이야기를 담은 지도와 표현된 작품을 발표해 보고 정보를 통합해 보는 경험을 갖는다. 발표자는 실물 화상기를 이용해 전체 학생을 대상으로 짧게 발표하고, 발표 도중 교사는 지도에 표시한 정보를 하나의 지도에 여러 가지 색으로 옮겨 표시한다.

종합하여 정리한 부모님의 삶의 이야기 지도를 실물 화상기를 통하여 학생들에게 보여 주고 경향성을 찾는다. 이때 모든 학습자가 다 발표할 필요는 없으며, 통계와 관련된 경향만 의미 있게 설명해 줄 수 있을 정도면 된다. 사례 학생들의 근거지는 서울이므로 주로 부모님께서 지방에서 이동해 온 경우가 많다. 이러한 경향성은 통계지리정보서비스 웹 페이지의 '인구이동 통계 서비스(http://sgis.kostat.go.kr)'를 통하여 보여 줄 수 있다.

이러한 이동 모습과 지역별 인구 분포를 함께 보여 준다면 도시로의 인구 이동의 다양한 원인과 그로 인한 도시의 인구 밀집, 농촌의 인구 과소 현상 등을 논의하기 위한 준비가 된 것이다. 인구이동 통계 서비스는 전입과 전출 지역을 자유롭게 지정하여 인구 이동의 흐름을 살펴볼 수 있도록 되어 있어 농촌 지역이라고 할지라도 얼마든지 활용 가능하다. 다음은 인터뷰 항목과, 인터뷰한 내용을 정리하기 위한 학습지이다.

여러분들의 부모님은 여러분들이 태어나기 이전부터 어떻게 살아오셨을까요? 여러분들이 작가라고 생각하고 부모님의 인생을 한 편의 이야기로 쓰기 위해 부모님의 삶의 모습을 인터뷰해 봅시다.

- 어머니와 아버지는 어디에서 태어나셨습니까?
- 그 이후에 살아가면서 지역을 옮겨 살아 본 경험이 있나요? 언제, 어디에서, 왜 이사를 가게 되었나요?
- 삶의 터전의 변화에 따라 어머니와 아버지의 인생사를 들려주세요.

1. 부모님의 이야기를 들으며 다음의 지도에 부모님의 삶의 발자취를 선으로 나타내 보세요.

〔학생 활동 사례 1〕 5학년

〈아버지의 발자취를 따라서〉

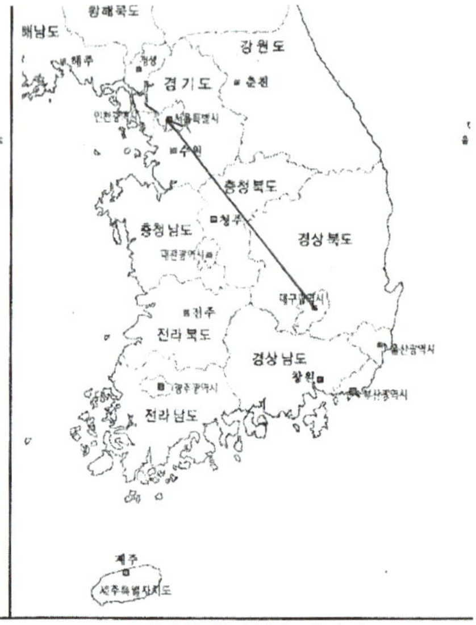

〈어머니의 발자취를 따라서〉

2. 위에 나타낸 정보를 표 안에 보기 좋게 정리하여 봅시다.

〔학생 활동 사례 2〕 5학년

아버지	주거지변화	경상북도 안동	대구광역시	서울	경기도 광명	경기도 시흥	경기도 광명	금천구 시흥
	이동의 원인	태어났다	할아버지가 직장을 얻기 위해	서울에 직장이 있어서.	결혼	돈이 없어서 (집안 경제 사정)	엄마의 취직	환경과 교육
어머니	주거지변화	대구시 지묘동 팔공산 자락	서울	경기도 광명	경기도 시흥	경기도 광명	금천구 시흥	•
	이동의 원인	태어났다	결혼 때문에	신혼집	전세값이 올라 경기도 시흥에서 아파트 그의	엄마의 취직	할머니, 할아버지와 함께 살게 되고 동생 (쾌적한 환경과 교육) 왔레기 때문에	•

25년 후 결혼과 동시 〈1〉

3. 위의 질문들에 대한 대답을 토대로 우리 부모님이 지역을 이동했던 경험과 그 까닭을 중심으로 어머니, 아버지의 인생을 다음과 같은 방법으로 자유롭게 표현해 봅시다.

• 부모님 일대기 쓰기　　• 대담 형식으로 글쓰기

• 카툰으로 그리기　　• 사진과 함께 프레젠테이션 대본 쓰기

• 시 쓰기

(학생 활동 사례 3) 5학년

성북동에선...
아빠
응애앵~
친할머니
아이고! 경사다!
외할머니
아이고 경사났네 경사났어!
응애애!
둘다 잘 크고 있던 1972년....
내 직장이 영등포니 영등포로 가자!
엄마
외할아버지
응.
할아버지의 직장때문에 영등포로 엄마는 이사가고....
영등포행
1980년에는....
내가 인천에 집 샀다 가자
할아버지가 인천에 집을 사서 이사를 간다
인천행
1992년 아빠는 사당동으로 이사를 오고
여기는 직장하고 멀고 교통이 불편하니 이사가자!
1974년 엄마는 신림동으로 오고
같은 백화점에서 만나서 결혼하였다.
딴따다단
결혼해서 사당동과 신림동에서 산다.
신림동
그래.
장사할래!
계란장사가 망해서 2004년 이사간다
그렇게 우리집은 지금 시흥2동으로 왔다

통계 자료는 분석하고 읽어 내야 할 과제가 분명하다. 그러나 그 안에 들어 있는 숫자는 단순한 숫자가 아니라 하나하나의 사람들임을 인지하고 그 안에 담긴 스토리와 연결 짓게 해야 한다. 딱딱한 수업에서 벗어나 사람들이 모여 사는 모습, 즉 사회 자체를 체험하게 해 주는 것이다.

이와 같은 과정은 통계 자료를 통해 사회과 수업에서 설명하고자 하는 개념과 현상을 질적으로 설명해 준다. 학생들은 인구 분포와 인구 이동이 왜 특정한 경향을 가지는지 스스로 주변으로부터 찾아 나가는 탐구자이다. 또한 주변에서 탐구한 사실을 토대로 학생들끼리, 논의를 통해 통합하고 정리하며 예외적인 사실들을 토론하는 데에서 지식의 이해를 높일 수 있다.

학생들은 나와 관련된 것에서부터 시작된 학습을 좋아한다. 그래서 자신의 이야기를 하는 것 또한 좋아한다. 사회적 현상을 이야기하는 것은 어려우나 내 가족의 생애를 이야기하는 것은 자신과 관련된 중요한 스토리이기 때문에 즐겁게 활동할 수 있다. 이처럼 학습의 인지적 부담을 낮춰 주고 학습에 쉽게 진입하도록 동기를 이끌어 낼 수 있다는 점이 부모님의 구술 생애사 스토리텔링이 가진 장점이다.

구술 생애사 스토리텔링은 위에서 언급했듯이 현대사 학습에도 유용하다. 현대사에서 중요한 사건들을 학습하기 전에 부모님과 조부모님의 구술 생애사를 듣도록 한다면 이는 좋은 역사 자료, 살아 있는 역사가 된다. 특히 설이나 추석 전 명절에 이러한 과제를 부여한다면 가족 간 대화의 물꼬를 트는 데에도 좋은 역할을 하게 된다. 나의 가족사를 아는 것은 나와 가족을 이해하는 첫걸음이며, 가족에 대한 애정과 관심을 키울 수 있는 좋은 기회이다. 가족 간의 정을 돈독히 하고 훗날 나의 자녀에게 우리 집에 대해서 이야기해 줄 수 있는 이야깃거리를 갖게 되는 것은 우리의 삶을 더욱 가치 있게 만든다.

32

역사 속 인간극장

역사 다큐멘터리 구성하기

TV 프로그램 중 대표적인 휴먼 다큐멘터리를 꼽으라고 한다면 단연 〈인간극장〉(KBS)이 먼저 떠오른다. 이 프로그램은 우리 사회에 살아가고 있는 다양한 사람들의 모습을 가까이서 보여 주면서 꾸준히 인기를 모으고 있는 프로그램으로, 그 트레이드 마크는 특유의 내레이션이다. 사람들은 내레이션을 들으며 인물의 상황이나 생각, 감정을 더 잘 이해하게 되는데, 이는 내레이션이 영상에서 보여 주는 것 이상을 말로 전달해 주기 때문이다.

일반적으로 내레이션(narration)은 영화나 방송극, 연극 등에서 장면에 나타나지 않으면서 장면의 진행에 따라 그 내용이나 줄거리를 장외(場外)에서 해설하는 일 혹은 그런 해설을 뜻한다. 내레이션은 관찰자 내지는 전지적 작가 시점에서 이야기를 전달하기 때문에 학습 내용을 기억하기 쉽게 만들어 주며, 배운 내용에 대한 재인식 및 조절을 위한 좋은 교육 방법이 될 수 있다. 학습할 때 가장 많이 배우는 사람은 가르치는 사람이라고 하지 않던가.

그렇다면 무엇을 내레이션할 것인가? 우리가 가르치는 교육과정은 스토리의 창고이다. 무궁무진한 이야기가 존재하고 있는 집과 같다. 그중에서도 내러티브 교과서를 표방하고 있으면서 사람들의 이야기가 켜켜이 쌓여 있는 '역사' 교과는 내레이션 활동에 매우 적합하다.

역사 속 인간극장 수업에서는 사회과에서 학습한 역사적 사실을 바탕으로 간단한 영상을 계획하여 내레이션을 해 보기로 한다.

장르는 내레이션의 역할과 기능이 주를 이룰 수 있도록 휴먼

▶ **Tip**

내레이션을 위해서는 간단한 영상 자료가 필요하다. 그러나 우리의 목적이 영상 자료의 제작에 있지 않으므로 활동에서는 스토리보드에 중요 장면을 간단히, 그리고 그 흐름에 따라 내레이션 대본을 적는다.

다큐멘터리로 설정하였다. 본래 텔레비전 다큐는 경제적·소통적 제약에 따라 영화에 비해서는 영상보다 음성의 역할이 강화되는데, 특히 휴먼 다큐에서는 내레이션이 강력한 권력을 행사한다(김대행, 2004). 따라서 내레이션을 통한 학습 내용의 메타적 이해에 목적을 두는 이 활동에 적합하다. 또한 그간의 강자 중심의 역사에서 소외되고 감추어져 있는 '사람'의 생활에 초점을 맞추어 역사적 사건을 해석해 본다는 측면에서도 장점이 있다. 이는 영상 속 스토리를 단순히 객관적으로 묘사하는 수준을 넘어서서 전지적 작가 시점과 같이 어느 정도 자신의 주관적 가치 평가가 포함된다는 측면에서, 역사를 역사가가 서술한 그대로가 아니라 자신이 원하는 대로 뒤집어 볼 수 있게끔 해 준다. 활동의 흐름은 다음과 같다.

주인공 만들기 → 스토리보드 작성하기 → 내레이션 대본 쓰기 → 내레이션하기

우선 인물을 선정한다. 학습지에 ①신석기 시대 한 부족의 일원, ②고조선 시대의 한 부족의 일원, ③삼국 시대 4~5세기에 걸쳐 한강 근처에 살았던 평민, ④무신정변 이후에 살았던 백성 등 4부류의 시대 인물을 주고 택일하여 이야기를 구성하도록 한다. 시대와 인물의 선정 과정에서 이미 학생들이 어느 시대에 대해 잘 이해하고 자신 있게 이야기할 수 있는지 알 수 있다. 인물을 선택하였으면 역사 인생극장의 주인공 이름과 나이, 계층, 사는 시대와 나라, 지역 등의 정보를 만들도록 한다. 주인공의 모습을 어느 정도 구상한 후 그 캐릭터가 겪은 사건과 관련 도구, 문화재 등을 생각해 보도록 한다. 이때 역사적 사실로서의 사건, 문화재 등이 주인공과 알맞게 구성되고 선택되어야 한다.

사건을 만들고 난 후 사건의 경과를 그림으로 간단히 나타낸다. 스토리보드를 그림으로 나타내는 데 시간을 많이 할애하지 않도록 활동의 주된 목적을 확인해 줄 필요가 있다. 역사 이야기를 만드는 과정에서 학생들이 사건을 이해하는 데 적절하다고 판단되는 정보들을 선정하고 현재의 관심과 동기에 비추어 과거의 경험을 재해석하며 의미를 생성하는 인식 과정을 포함한다(강현석, 2011). 따라서 이 활동은 학습자가 내적으로 의미를 새롭게 재구성한다는 측면에서 학습 내용에 대한 메타적 이해를 가능하게 하는 학습 방법의 하나라고 말할 수 있다.

[학생 활동 사례 1] 5학년

그 이후 장면에 따른 내레이션을 써 본다. 사건을 단순히 기술하는 것이 아니라 자세히 그 사람의 행동이나 사건의 전개, 그때의 마음 상태를 알려 주는 것이 내레이션이라는 것을 주지시킨다. 또한 내레이션 대본을 쓸 때에는 학습한 역사적 사건이나 개념들이 포함되도록 하여 역사적 사실이나 학습 내용과 동떨어진 결과가 나오지 않도록 해야 한다. 미션의 형태로 '우리가 배웠던 역사적 개념 다섯 가지 이상 반드시 내레이션에 포함시키기'라는 과업을 주어 학습 효과를 높일 수 있다.

[학생 활동 사례 2] 5학년

빠삐꼬 씨는 가족들과 맛있는 식사를 하기 위해 아들과 빗살무늬 토기에 먹을 음식을 만들고 있습니다. 빗살무늬 토기는 긴 고깔처럼 생겼고, 바깥 면엔 빗살무늬가 있어서 빗살무늬 토기라고 합니다. (중략) 오늘은 곡식을 추수하는 날입니다. 빠삐꼬 씨의 아내 아미고 씨는 갈판과 갈돌로 껍질을 벗기거나 가루를 냅니다.

[학생 활동 사례 3] 5학년

부모님께 돈을 받은 백설이는 기분이 좋아 밖으로 나와 물건 몇 가지를 샀다. 물건을 산 후 집으로 향하던 중, 백설이는 한 장군과 한 가난한 양민을 보았다. 그러다 백설이는 얼마 전에 무신정변이 일어났음을 알았는데, 그건 100년 넘게도 지속될 거라고 부모님께서 말씀하셨다. 그 양민은 많은 세금을 냈고, 그 장군 관리는 기분이 좋아져 길을 떠났다. 그리고 백설이는 그림으로 그 모습을 그리리라 마음먹었다. (중략) 백설이는 그 그림의 제목을 '미륵하생경변상도'라 지었다. 백설이는 부잣집에 들어가 그 그림을 용 전각무늬 거울 틈 안에 끼워 넣었다.

위의 작품들은 5학년 학생들이 쓴 것으로, 각각 신석기 시대의 부족 일원과 고려시대 무신정변 이후에 살았던 백성을 주인공으로 하였다. 이 활동은 인물, 사건, 배경에 대한 사실적 이해를 통하여 이야기를 만들고 그 위에 설명을 입히기 때문에 사실을 훨씬 더 깊고 의미 있게 이해하게 되는 과정이므로 본 차시 수업보다는 복습이나 정리, 혹은 평가에 활용하는 것이 적절하다.

내레이션 대본을 가지고 발표를 해 볼 수도 있다. 모둠별로 잘된 내레이션 대본을 뽑아 모둠원들이 스토리보드에 등장하는 인물들을 연기하고 이 장면에 맞추어 내레이터가 대본을 읽어 가며 반 친구들에게 보여 주는 형식이다. 연기를 하는 아이들은 직접 몸으로 그 시대를 체험해 보고, 내레이터는 대본을 통해 학습하며, 청중들은 재미있게 발표를 지켜보면서 역사 속의 장면을 눈앞에서 확인한다.

추가적인 활동으로, 같은 스토리보드를 가지고 서로 다른 사람이 내레이션해 볼 수 있다. 사실에 대하여 사람마다 의견, 관점이 다르다는 점을 부각시켜 수업할 수 있다. 이 수업을 통해 역사관에 따라 역사가 어떻게 기록되는지도 생각해 볼 수 있다.

▶ **Tip**

활동을 하면서 주의할 점은 아이들의 이야기 창작이 역사적 사실의 범위를 크게 넘어서지 않도록 하는 것이다. 내레이션을 하는 과정에서 역사에 대한 왜곡과 과장이 드러날 경우 잘못된 점은 수업 후 종합적으로 정정하여 다시 지도함으로써 어느 정도 해결될 수 있다. 이를 잘 활용하면 잘못된 역사 인식을 올바르게 하는 기회도 될 수 있다.

33

가까운 옛날이야기

할머니가 들려주는 한국 근현대사

스토리텔링은 구술시대 이래 인간의 '일상적' 커뮤니케이션 양식이었다. 그런데 90년대 이후 정치, 경제, 사회 그리고 미디어 대중문화 분야 전반에 걸쳐 대중의 의식과 소비의 흐름을 주도하려는 의도에 의해 '기교적' 커뮤니케이션 양식으로 정립되었다. 이 기교적 커뮤니케이션 양식으로서의 스토리텔링은 대중지향적·소비지향적 성격이 강한 맥락으로 읽을 수 있다(류은영, 2009: 239). 즉, 스토리텔링이라는 커뮤니케이션 양식은 일상적 속성과 기교 속성을 동시에 갖는다. 교과 교육에서 스토리텔링을 활용하고 접근하고자 하는 일련의 시도들 역시 스토리텔링의 일상적 커뮤니케이션 양식으로서의 속성이 갖는 교육적 가치를 복원하려는 방향과 기교적 커뮤니케이션 양식으로서의 속성이 갖는 측면에 대한 비판적·성찰적 태도를 길러 주는 방향으로 이루어질 수 있다.

한국 근현대사와 관련된 교수·학습 방법에 있어, 스토리텔링의 두 가지 양상 중 어느 쪽으로 나아가느냐에 따라 다소 상반된 역사 교육적 관점을 취할 수 있을 것으로 본다. 만약 스토리텔링의 기교적 커뮤니케이션 양식으로서의 측면에 주목한다면, 주로 역사 기술의 주체는 누구인가, 기술된 역사의 이면에는 어떠한 정치적 의도가 숨어 있는가와 같은 질문으로 이어지게 될 것이다. 그런데 이러한 질문들은 '균형 잡힌 역사관은 무엇인가'라는 보다 복잡한 문제를 불러일으킨다. 이러한 문제는 이념적 평가라는, 보다 복잡하고도 민감하며 거대한 사항과 연결될 수밖에 없기 때문이다.

최근 한국 사회에서 일어난 '역사 교과서 편향 문제'라는 이슈 역시 바로 한국 근현대사 기술(記述)이 기교적 커뮤니케이션 양식으로서의 스토리텔링이라는 관점과 밀접하게 관련되어 있는 현상으로 볼 수 있다. 이것은 어느 한 편의 관점이 절대적으로 옳거나 그릇되었다기보다는, 한국의 근현대사 자체가 워낙 복잡하고도 민감한 사안들이 뒤얽힌 현상이기 때문일 것이다. 이런 이유로 한국 근현대사와 관련된 교육은 지나치게 요약되거나 단순화된 채 지나가 버리기 쉽다. 오늘날의 다양한 사회 문제와 밀접하게 연관되어 있다는 점에서 한국 근현대사에 대한 진지한 성찰과 탐구는 필수적이라 할 수 있다. 그럼에도 불구하고 교사들이 이 부분에 쉽게 다가가기 위한 통로는 많지 않았다.

반면 스토리텔링이 일상적 커뮤니케이션 양식이라는 점에 주목한다면, 한국 근현대사 교육이 갖는 어려움을 풀어 가는 실마리를 찾아볼 수 있다. 스토리텔링은 지금처럼 커뮤니케이션의 기교로 인식되기 이전에, 인류의 역사 이래 언제 어디서나 누구에게나 열려 있는, 일상적 커뮤니케이션 양식이었다. 바로 이러한 점 때문에 스토리텔링 연구가들은 스토리텔링의 개념이나 미학적 원리를 정립하는 것이 훨씬 더 어렵고 다층적이라는 점을 말하기도 한다.

"우리는 모두 어릴 때 스토리텔링의 기본적인 사항들을 배웠으며, 이 능력을 평생 보유하고 있다. 스토리텔링은 모든 사람들이 끊임없이 하는 행위이다."(스티브 대닝, 안진환 옮김, 2005: 15~16.) 즉, 누군가가 대중문화의 소비나 정치적 의도의 목적을 가지고 고도의 전략으로 구사되는 기교적 커뮤니케이션으로서의 '스토리텔링'이 아니라, 남녀노소 누구라도 갖고 있는 기본적 표현 욕구와 의사소통 욕구를 기반으로 일상적으로 이어지는 이야기하기 행위라는 관점에서 한국 근현대사 교육을 시도해 보는 것이 가능하다는 말이다.

이렇게 본다면 한국 근현대사 교육은 바로 우리 가족의 이야기에서 시작될 수 있다. 자신의 가족으로부터 그들의 인생사를 듣고, 그 이야기로부터 당대의 모습을 구성해 보는 것이다. 할머니, 할아버지가 들려주시는 집안 경조사의 풍습과 절차들, 할머니 할아버지의 어린 시절 추억들, 혹은 고생담들. 이 이야기들은, 비록 한 개인의 목소리이지만 그 개인이 살아온 시대의 기억들을 고스란히 담고 있는 생생한 이야기라고 할 수 있다. 여기에 한 사례가 있다.

나는 3월에 시집와서, 남편의 직장이 있는 상주에서 남편과 단출하게 살다가, 6·25 동란을 맞아 나 홀로 고향인 김천 본가로 돌아왔다. (…) 며칠 후 저녁밥을 먹는데, 온 동네가 발칵 뒤집혔다. 어둠살이 내려앉을 무렵, 완장을 두른 남자들이 집집마다 돌아다니면서 빨리 피난을 가라고 성화다. 우리는 저녁밥도 먹는 둥 마는 둥 밥상도 마루에 놓아둔 채 각자 보따리를 이고 메면서 집을 나섰다. 그때가 음력 6월 9일인가 10일인가? 내 생일이 음력으로 6월 10일이다. 난리가 나지 않았으면 친정에서 고기랑 미역이랑 어른들 예단 옷감 등을 싣고 왔을 텐데—처음 딸을 시집을 보내면 첫 해는 딸의 생일을 시집 어른께 알리는 뜻에서 일꾼을 통해 물건들을 보내는 법이다—나는 그렇게 해서 결혼 첫 생일도 못 얻어먹었다. (…) 이고, 지고, 어린아이는 업고, 손을 잡고 그렇게 길을 간다. 모두들 하는 말이 하룻밤이라도 집에서 자고 간다고 도로 온단다. 우리도 가던 길을 멈추고 다시 집으로 돌아왔다. 자다가 들으니 먼 곳에서 지축을 흔드는 대포 소리가 밤새도록 들린다. 그 음산한 대포 소리는 날이 새면서 더 크게 들렸다. 3일간을 더 집에 머물렀는데, 대포 소리는 깜짝 놀랄 만큼 크게 들렸다. 한나절이 지나면서 옆집도 떠나고 연달아 모두 피난길을 떠난다. 아버님께서는 "더 있고 싶어도 못 있겠다."고 하시기에, 그날 따라 아침부터 부슬부슬 내리는 비를 맞으며 우비도 없이 피난길을 떠났다. 돼지 한 마리를 키웠는데, 그냥 두고 가면 굶어 죽을 것 같아서 그냥 놓아 주었다(이숙영, 2002: 67).

아침저녁으로 무서리가 내리고 피난지에서 돌아가는 고단한 귀향길이 시작되었다. 맨 앞에는 아버님께서 자전거에 옷가지와 식량을 싣고 가시고, 그 뒤에는 큰시동생(당시 17세)이 보따리를 지고 따르고, 그 뒤에는 작은시동생(당시 15)이 또 자기 보따리를 지고, 그 뒤에는 어머님께서 한 보따리를 이고, 그 뒤에는 작은시누이(당시 8세)가 된장이 담긴 작은 주전자를 들고, 그 뒤에는 큰시누이(당시 13세)가 조그만 양은솥에 점심을 담아 이고, 나는 맨 끝에서 내 보따리를 얽어 메고, 여러 피난민들 틈에 끼여 끝도 없는 신작로를 걸었다. (…) 온 식구가 먼지투성이이고 지치고 힘들고 배고프다. 오늘밤은 또 어디서 자야 하는지. (…) 신작로 한 굽이를 돌 때마다 엉성하게 꽂아 놓은 팻말들이 심심찮게 눈에 뜨인다. 나는 남편 생각에 유심히 들여다본다. '아무개야, 청도서 피난하고 고향으로 돌아가니 집으로 오너라', '아버지, 저는 징집을 당해서 국군에 들어갑니다. 이영식' 또는 '영자야, 시집 식구하고 어디로 피난 갔느냐? 수복하거든 친정에 다니러 오너라' 등등. 피난 갈 때도 그 무수한 팻말이 사람 눈길을 끌더니 올라갈 때도 마찬가지다. 가족이 무엇이고 혈육이 무엇인지, 모두 다시 한 자리에 모이면 눈도 한 번 안 흘기고 살겠지(이숙영, 2002: 89).

위의 글은 1930년에 태어나 10대 후반 체험한 6·25를 기술한 것으로, 지은이는 전문적인 작가가 아니다. '우리 손자 손녀들에게 내가 살아온 이야기를 직접 들려주어야 하겠다는 생각'으로 시작된 글이며, 처음부터 출판을 목적으로 작성된 글도 아니다.[34] 이 장면에는 갑자기 닥쳐온 전쟁의 그림자로 인해 소박하고 평범한 소시민의 일상이 겪는 혼란과 난관이 구체적인 이야기로 펼쳐진다. 여기에는 전쟁에 대한 이념적 해석이나 평가가 없다. 하지만 이 이야기를 듣는 이들은 이 이야기를 통해 전쟁이 각 개인의 삶을 폭력적으로 뒤흔들고 파괴할 수 있다는 점을 생각할 수 있고, 전쟁의 비인간성에 대해 성찰하게 만들며, 전쟁 속에서 더욱 단단하게 확인되는 가족에 대한 사랑을 느끼게 한다.

이와 관련된 학습활동은 간단하다.

한국 근현대사의 한 사건 중 당시의 생활사적 경험을 인터뷰하기→ 인터뷰 내용을 한곳에 모아 공유하여 사례를 풍성하게 수집하기 → 다양한 사례를 듣고 해당 사건이 일어났을 당시 사람들의 생각과 느낌에 대해 말풍선 만들기 → 해당 사건에 대한 사진을 중심으로 인터뷰한 내용을 정리한 자료와 학습자가 작성한 말풍선을 붙이고 교실 벽에 게시하기

먼저, 할머니나 할아버지 혹은 어머니와 아버지 등 가족으로부터 한국 근현대사의 특정 사건과 관련된 경험을 인터뷰한다. 가령 6·25전쟁이라면 적어도 1950~1953년 사이의 경험과 기억을 가진 가족을 인터뷰하도록 하며, 이때에는 녹음과 녹화 등의 방법을 통해 기록할 수도 있다. 특별한 경우가 아니라면 이야기해 주

34 특히 내 손주들에게 전쟁과 가난을 겪은 이야기를 내 육성으로 해 줌으로써 그들에게 무언가 세상 사는 지혜를 줄 수 있겠다는 생각이 들었다. 그러니까 처음부터 무슨 책을 내기로 작정한 것은 아니었다. 우선은 내가 겪은 6·25 경험이라도 손주들을 위해 한 번은 소상히 기록으로 남겨 두어야 하겠다고 생각한 데서 출발한 것이다(이숙영, 2002: 6).

는 사람의 말을 그대로 들을 수 있도록 각색이나 편집은 하지 않는 것이 좋다.

인터뷰한 내용은 학급 홈페이지나 교실 컴퓨터 혹은 인쇄물 등을 통해 공유하도록 하되, 가능하면 많은 사례를 모으는 것이 좋다. 같은 사건이라도 언제, 어디에서 경험했는가에 따라서 서로 다른 이야기가 될 수 있는데, 이렇게 다른 이야기들이 많을수록 한 사건을 다각적으로 이해하는 데에 도움이 된다. 역사에 대한 이해는 보다 풍부한 자료를 통해 다양한 시각을 체험하는 것이 중요하기 때문이다.

사례를 통해 알게 된 점이나 느낀 점은 말풍선 모양의 학습지에 적도록 한다. 여기에는 해당 사건에 대해 재진술할 수도 있지만, 그 사건에 대한 학습자 나름의 해석과 비평이 가미되는 것이 바람직하다. 이러한 해석과 비평이 유의미한 것은 바로 구체적인 경험과 사례에 대한 이해를 토대로 하기 때문이다.

마지막 과정은 해당 사건에 대한 사진이나 기록물을 중심으로 인터뷰한 내용을 정리한 자료, 인터뷰 장면의 일부를 캡처한 사진 등을 동심원 모양으로 배치하여 붙인다. 가장 마지막 동심원에 해당하는 위치에 학습자의 해석과 비평이 담긴 말풍선을 둥글게 배치하여 붙인다. 이러한 디자인은 학습하고자 하는 한국 근현대사가 많은 사람들의 실제 삶과 관련되어 있고 나의 생각과 판단으로 연결된다는 점을 가시적으로 보여 주는 의미가 있다. 이렇게 만든 커다란 자료는 교실 벽이나 뒷면에 부착하여 일정 기간 동안 학습자들이 다시 읽고 생각해 볼 수 있도록 해 준다.

여기에서 제안한 가까운 옛날이야기 활동은 생활사 사건을 중심으로 펼쳐지는 이야기들을 통해 정치적 사건을 중심으로 기술되는 교과서 역사 교육의 빈 곳을 채워 줄 수 있다. 또 역사란 지나가버린 사람들의 이야기가 아니라 현재의 나와 이어져 있는 나의 이야기라는 점을 이해하게 해 준다. 정치사와 생활사가 서로 통합될 때에 비로소 한 시대의 모습이 총체적으로 그려질 수 있다.

34

도대체 이게 어떻게 쓰였을까

옛 물건 쓰임 정확히 알기

학교에서 어떤 사물의 쓰임을 배우는 일은 흔하다. 그러나 대개 기계적으로 사물의 이름을 외우고 쓰임을 주입 받는 식으로 수업이 이루어지곤 한다. 이럴 경우 학생은 그 물건을 인간의 삶과 연관 지어 생각하기 힘들다. 쉽게 말해 학생이 '가래 - 농기구' 라는 지식을 암기했다고 해서, 그 학생이 '가래'의 쓰임새를 정확히 알고 있다고 말하기는 어렵다는 것이다. 학생이 학교에서 배우는 모든 물건들은 인간의 삶 속에서 필요하기 때문에 존재했거나 존재하는 것들이다. 따라서 이러한 물건들을 인간과 떼어 독립적인 사물로만 인식하는 것은 효과적인 수업이라고 할 수 없다.

보다 효과적인 학습을 위하여 사물과 이야기를 연관 짓는 경험이 필요하다. 사물을 고립적인 것으로 보지 않고 그 이상의 다른 맥락을 연관 지어 생각해 내는 것이 바로 스토리텔링이다. 학생은 도구가 쓰이는 특정한 상황이 포함된 이야기를 듣고 이야기할 수 있게 된다. 이 물건은 어디에 썼던 것일까, 어떤 점이 편리했을까, 어떤 사람들이 썼을까, 이 물건을 쓰다가 생긴 재미있는 일은 없었을까 등의 물음과 그에 대한 답으로서의 이야기를 통해 학습하고 있는 사물이 인간과 별개의 것이 아님을 알고, 사물의 쓰임과 필요성도 보다 구체적으로 인식하여 암기를 넘어선 이해로 나아갈 수 있을 것이다. 도대체 이게 어떻게 쓰였을까 활동은 또한 창의적 사고를 활성화시키는 데에도 효과적이다.

이 활동의 대략적 흐름은 다음과 같다.

생활 도구의 쓰임 상상하기 → 도구와 관련된 옛이야기 듣기 → 들은 이야기를 바탕으로 물건의 사용 설명서 쓰기

먼저, 교사는 학생들이 쉽게 접해 보지 못했을 만한 우리 조상의 생활 도구를 제시한다(1단계). 이때 제시할 생활 도구는 학생이 직접적으로든 간접적으로든 접해 보지 못했을 도구를 제시해야만 활동의 효과가 극대화될 수 있다. 왜냐하면 도구의 쓰임을 알아맞히는 것, 다시 말해 교사의 발문에 정답을 제시하는 것이 이 수업의 목표가 아니기 때문이다. 도구는 외양으로 쓰임새를 쉽게 알아맞힐 만한 것으로 시작하여 조금씩 난이도를 높여 반복 활동하는 것도 좋다. 수업을 재개할 때, 옛날 물동이를 일 때 쓰던 도구인 '똬리'를 제시하였다. 사진만 제시했을 때는 학생들이 지름의 길이나 부피 등을 가늠하지 못하여 난감해하는 경우가 있었다. 그래서 찰흙으로 만든 모형을 한 모둠당 하나씩 주고, 사진을 화면에 띄워 원래 이 물건의 재료는 지푸라기임을 인지시켰다. 학생들은 모둠별로 교사가 제시한 물건을 관찰하고 직접 만져 보며, 어떠한 용도로 쓰였을지에 대해 자유롭게 의견을 나눈다. 이때 주의할 점은 학생의 의견에 제동이 걸리지 않도록 하는 것이다. 일종의 브레인스토밍 활동으로도 볼 수 있는 단계로, 학생이 자칫 남의 눈치를 보거나 틀린 답을 말해 비웃음을 살까 걱정하지 않게끔 유도한다. 실물을 제시할 수 있다면 학생이 자유롭게 탐색할 수 있도록 부재료들을 준비하는 것도 필요하다. 돋보기라든지 물, 간단한 농기구 등 사고를 다양화할 수 있는 자료들을 준비한다면 사고의 원활한 흐름에 큰 도움이 될 것이다.

다음 단계에서는 교사로부터 도구의 진짜 쓰임을 듣고, 왜 그러한 용도로 쓰였을지를 생각해 본다(2단계). 이때 교사는 무미건조한 설명이 아니라 그 도구가 등장하는 이야기를 가지고 수업을 전개하여, 학생이 그 도구의 쓰임을 실생활 속에서 생각하도록 유도한다. 이전의 자신의 생각과 비교하는 활동도 이 단계에서 이루어진다.

〔교사 예시〕

옛날 옛날에 아주 마음씨 고운 며느리가 살았어요. 그 며느리는 남편을 일찍 잃고 홀시어머니를 모시고 살면서도 온 동네에 효부로 소문이 났었어요. 특히 며느리는 새벽 일찍 이웃마을에 있는 차고 맑은 우물물을 길어 와서 정화수를 떠 놓고 시어머니의 장수를 빌었기 때문에 이웃사람들의 칭찬이 입에 마를 날이 없었답니다. 그런데 그렇게 물을 뜨러 갈 때 며느리에게 반드시 꼭 필요한 물건이 하나 있었어요. 바로 똬리였답니다. 며느리가 사용하는 똬리는 시집온 첫 해에 남편이 만들어 준 것이었어요. 물을 길으러 가는 색시가 혹시 무거운 물동이에 머리가 아프지는 않을까, 혹시 물동이를 이고 오다 떨어뜨려 깨뜨리고 울지나 않을까 걱정하며 만들어 준 것이었답니다. 죽은 남편이 곁에 있는 것 같은 생각을 하며 며느리는 새벽마다 똬리를 머리에 얹고 그 위에 물동이를 이고는 물을 길으러 나서곤 했지요. (후략)

▶ **Tip**

사용설명서에서 한 단계 더 나아가 광고 제작까지도 가능하다.

마지막으로 이미 들은 이야기를 참고하여 물건의 사용설명서를 쓴다(3단계). 사용설명서는 해당 물건의 쓰임과 구조를 속속들이 알고 있을 때에 효과적으로 쓸 수 있는 글이다. 앞선 활동에서 생활 속 물건의 쓰임을 알게 되었다면 더욱 잘 쓸 수 있다. 이때 이전의 활동에서 상상한 내용 중 기존의 물건 쓰임새와 덧붙여 쓸 만한 것이 있다면 연관 지어 쓰게 한다. 또한 그 도구가 쓰였던 상황과 그 도구를 사용하던 사람에 대해 계속 상상할 수 있도록 자극하면 더욱 실감나는 사용설명서를 쓸 수 있을 것이다.

각 단계의 활동 집단의 크기는 앞의 단계별 소개에 제시된 것처럼 진행하는 것이 가장 효과적이고, 모든 학생의 참여를 유도할 수 있다. 그러나 학급의 특성 및 사정을 고려하여 융통성 있게 변형할 수는 있다. 이 활동을 진행할 때 가장 중요한 것은 도구가 물건 자체로 존재하는 것이 아니라 인간의 생활 속에서 삶에 포함되어 있음을 계속해서 주지시키는 것이다. 따라서 집단의 크기와 각 단계의 활동 순서는 탄력적으로 적용할 수 있을 것이다.

이 활동은 현재 초등학교 5학년 사회과 3단원 '우리 겨레의 생활 문화'라는 부분에서 유용하게 활용할 만하다. 더 간접적인 관련 단원으로, 초등학교 2학년 바른생활 3단원 '아름다운 우리나라'에서 심화 활동으로 활용할 수도 있다. 초등학교 3학년 사회과 단원에서 과거와 현재의 의례 비교 학습에서도 부분적으로, 활용할 수 있다. 또한 창의성 교육, 다문화 교육의 관점에서도 활용 가치를 지닌다.

교실에서 교사는 어떠한 방식으로 이 활동을 진행할 수 있을까? 이 활동을 진행할 때 가장 주의할 점은 우선 어떤 도구를 선정해야 좋을지 그 수준을 정하는 문제일 것이다. 어느 정도의 도구를 보면 학생들이 도구의 쓰임을 추측하며 흥미를 가질 수 있을까? 지금의 생활과 너무 동떨어진 생활 방식에 관련된 도구라면 학생들의 유창한 사고가 발현되지 않을 것이며, 반대로 학생들이 접해 본 물건의 경우 흥미가 낮아지고 창의적 사고를 활성화하려는 본 활동의 취지와도 어긋나게 된다. 따라서 교사가 보다 효과적으로 이 활동을 진행하기 위해서는 사전조사가 필요하며, 그 사전조사는 어떤 특정한 형식의 활동보다는 교실에서의 지속적 관찰을 통한 조사가 더 효과적일 것이다.

두 번째로 주의할 점은 그 도구를 실제로 구할 수 있는가의 문제이다. 학생들이 일상생활에서 접하기 어려운 도구를 선정하려다 보면 교사부터가 그 도구를 구하기 어려운 경우가 많다. 또한 모둠별로 하나씩 탐색할 도구를 나누어 주어야 하므로 약 4~6개 정도의 동일한 물건이 필요하다. 실물을 대체하기 위하여 사진을 활용할 수도 있다. 이때 주의할 점은 사진을 한 각도에서만 찍어 제시할 경우 활동의 폭이 매우 좁아질 수 있다는 점이다. 예를 들어, 씨앗을 담아 두는 도구인 '종달비'를 정면의 앞에서 찍은 사진 한 장만으로 학생들에게 쓰임을 상상하게 한다면 학생들은 그 도구가 무엇인가를 담을 수 있다는 것은 생각하지 못할 것이다. 이 도구의 위와 아래, 좌측, 우측, 정면, 후면을 모두 찍어 제시하고, 가능하다면 실제 크기도 제시하여 상상의 폭을 넓히도록 하는 것이 좋다. 물론 실제 도구를 제시할 수 있다면 더할 나위 없이 좋겠으나, 여건상 불가능할 경우 시각 보조 자료를 쓸 수 있다.

그러나 초등학교 저학년 수준에서는 여러 각도에서의 사진과 실제 크기를 제시한다 하여도 교사가 원하는 결과를 내기란 쉽지 않다. 무엇보다 학생들이 인지적으로 각 면의 사진을 머릿속에서 하나로 모아 입체적 사물로 재조형해 내는 것이 불가능하기 때문이다. 이런 학생들에게는 시각 자료를 활용하기보다는 교사가 약식으로 제작한 가짜 도구를 제시하는 것도 한 방법이다. 실제 지게를 보여 줄 수 없다면, 지게의 사진을 여러 각도에서 찍어 제시하기보다는 수수깡을 이용한 미니 지게를 만들어

각 모둠에 나누어 준다.

이 활동은 특히 학생의 창의적 사고를 필요로 하는 활동이다. 1단계에서 행해지는 사고 활동은 확산적 사고 활동이다. 이 단계에서는 길포드가 구분한 네 가지 창의성 요소[35]가 복합적으로 작용하여 학생의 확산적 사고가 활성화된다. 3단계에서는 자신만의 사용설명서를 만드는 활동을 통해 독창적 사고 활동을 경험할 수 있다. 이전에 알고 있던 피상적 도구의 쓰임새를 넘어 학습한 도구의 쓰임이 잘 드러나도록 스스로의 사용설명서를 창작하는 활동은, 남의 것이 아닌 나의 것을 만든다는 측면에서도 그 의미를 가질 수 있다.

이 활동을 통해 학생은 위에서 언급한 대로 교사의 스토리텔링을 듣고 스스로 스토리텔링함으로써 사물과 인간의 관계를 명확하고 구체적으로 인식할 수 있으며, 창의적 사고의 활성화 기회를 갖게 된다. 또한 스토리텔링의 본질이 인간과 인간의 특정한 의사소통 방식임을 고려할 때, 학생의 창작 스토리텔링이 더욱 확산되어 나갈 수 있는 가능성까지도 열어 두고 있다는 데에서 활동의 의의를 찾을 수 있다.

35 길포드는 확산적 사고를 창의성으로 파악함으로써, 지적 혹은 인지적 기능으로 창의성을 제한하였다. 그는 창의성의 주요 요소를 유창성(많은 아이디어를 생성하는 능력), 융통성(다양한 시각에서 다양한 유형의 아이디어를 산출하는 능력), 독창성(남들과 다른 아이디어를 생성하는 능력), 그리고 정교성(세부적으로 개선하거나 발전시키는 능력)으로 구분하였다(Guilford, 1959; 『창의성의 이해』, 2008: 26에서 재인용).

35

현실과 가상 사이

역사적 사건의 의미와 영향 생각하기

우리는 매일의 생활 속에서 역사를 접하고 있다. 역사란 인류 사회의 변천과 흥망의 과정, 또는 그 기록을 뜻한다. 지금 당장 TV를 틀어도 어느 채널에서나 볼 수 있는 사극의 소재 역시 역사이며, 지금 이 글을 읽는 독자의 책장을 찾아봐도 분명 역사 서적 한 권쯤은 쉽게 발견할 수 있을 것이다. 그렇다면 역사를 소재로 한 영화나 책, 드라마 등은 모두 그 독자에게 역사적 사건을 정확히 전달하고 있을까?

재미있게도 그렇지만은 않다. 왜냐하면 역사는 하나의 이야기이기 때문이다. 하나의 사건이 화자가 누구인지에 따라 달라지는 것처럼, 역사를 기술한 사람이 누구인지에 따라 전혀 다른 의미와 울림을 가지게 된다. 따라서 학생들이 학교에서 배우는 역사는 있었던 일을 특정한 누군가의 목소리를 통해 이야기로 듣고 있는 것이라고도 할 수 있다. 그럼에도 역사 수업에서 다루는 내용들은 금과옥조처럼 여기며 외워야 하는 대상으로 다뤄진다. 따라서 학생들에게 학교에서 배우는 역사란 그저 재미없고 단순하게 기계적으로 암기해야 하는 것으로만 비쳐질 뿐이다.

이 활동에서는 학생이 특정한 역사적 사실을 학습하고 특정 사건과 인과 관계에 있는 사건들을 배우면서 그 사건이 일어나지 않았다면 어땠을지에 대해 상상해 보는 기회를 갖도록 한다. 역사가 하나의 스토리텔링이기 때문에 역사를 바꾸어 생각하는 것 역시 변형된 스토리텔링 활동이라고 할 수 있다. 이미 일어난 사건이 만약 일어나지 않았다면, 혹은 일어나지 않았던 일이 실제로 일어났다면 생겼을 다양한 후속 결과들을 생각해 보는 활동을 통해 학생들은 이전의 단순한 암기식 역사 수업에서 벗어나 그 의미나 영향들에 대하여 자신의 생각을 가질 수 있는 기회를 갖게 된다. 그럼으로써 역사적 상상력뿐만 아니라 역사의 인과관계와 같은 논리성까지도 경험할 수 있게 된다. 이 현실과 가상 사이 활동의 대략적 흐름은 아래와 같다.

> 특정 역사적 사건 학습하기 → 뒤집어 생각해 보기(있었던 일을 없었던 일로, 혹은 없었던 일을 있었던 일로) → 뒤집은 역사 사건의 의미와 영향 생각해 보기 → 뒤집은 역사 시대의 신문 기사 쓰기

먼저, 학생들은 특정한 역사적 사건을 학습하게 된다(1단계). 이 학습은 이전까지의 학교 수업에서 이루어져 왔던 역사 수업이라고 생각하면 된다. 학생들은 어떠한 사건이 일어나게 된 이유나 그 사건의 의의, 결과, 다른 후속 사건 등을 배운다. 예를 들어 '알렉산더 대왕의 동방원정'을 다루는 수업에서, 학생들은 이전의 펠로폰네소스 전쟁과 필립포스의 페르시아 정벌 제안, 알렉산더 대왕의 동방원정이 가지는 의미로서의 세계제국 건설, 헬레니즘 문화의 탄생 등을 배운다. 또, 그 결과적 영향으로 현재 우리나라의 석굴암 불상과 헬레니즘 문화의 연관성 등을 학습하게 된다.

그 다음, 이전 단계에서 학습한 결과를 아예 뒤집어서 생각해 본다(2단계). 이때 학생들이 창의적으로 상상할 수 있는 기회를 갖게 하기 위하여 자율성을 어느 정도 보장해 주도록 한다. 즉, '알렉산더 대왕의 동방원정'의 '뒤집어 생각하기'는 '동방원정 일어나지 않음'뿐만 아니라, '페르시아의 대승', '알렉산더 대왕 병사', '오리엔탈 문화의 배척', '지구상 단일국가' 등 다양하게 접근할 수 있을 것이다.

그 후 앞 단계에서 '뒤집어 생각하기'로 벌어진 역사적 사건의 의의나 영향을 생각해 본다(3단계). 이때 학생에게 폭넓은 역사적 상상력이 요구된다. 학생은 1단계에서 학습한 역사적 사건의 의의나 영향을 반대로 생각하는 것에서 더 나아가, 자신의 생각을 덧붙여 역사적 의의를 규정해 보는 것이 좋다. 예를 들어, 2단계에서 학생이 '오리엔탈 문화의 배척'으로 '알렉산더 대왕의 동방원정'을 뒤집어 생각했다면, 3단계에서는 '헬레니즘 문화 발생하지 않음', '그리스 문화의 세계화' 등을 떠올릴 수 있을 것이다. 그 결과 '석굴암 불상의 서양인 버전'이나 '전통 문화의 말살' 등을 상상할 수 있다. 학생이 역사적 사건을 상상하고 그 사건의 논리적 인과관계 고리를 찬찬히 따져 그럴싸한 역사적 사건을 상상하도록 독려하는 것이 중요하다.

4단계에서는 3단계에서 상상한 사건의 실제 인물이 되어 신문기사를 써 보도록 한다. 이때의 신문기사는 반드시 지금껏 활동한 역사적 사건을 다루는 기사일 필요는 없다. 그 사건에서 파생된 다른 사회 · 문화적 변화가 실제의 삶 속에 어떻게 반영되고 그 삶의 단상을 알리는 신문기사에서 어떻게 표현될 것인지를 상상해 보는 단계이기 때문이다. 즉, 3단계까지의 활동에서 '알렉산더 대왕의 동방원정'을 '오리엔탈 문화의 배척'으로 뒤집어 생각하고 그 의의와 영향을 '전통 문화의 말살'로 상상하였다면, 이 단계에서 신문기사로 '백제 초기 불상 발견, 완벽한 동양인 모습 재연 가능성은 희박'과 같은 표제의 글을 쓸 수도 있는 것이다.

〔교사 예시〕

• 백제 초기 불상 발견, 완벽한 고대인 모습 재연 가능성 보여

지난 일요일인 27일에 충북 제천에서 백제시대 초기의 것으로 보이는 불상이 발견되어 화제다. 이 불상은 낮은 코와 넓은 턱, 좌우로 긴 눈의 형태로 보아 그 당시 백제인들의 모습을 그대로 본떠 만든 것으로 추정된다. 그러나 이렇게 이목구비가 전혀 파손되지 않은 채 남아 있는 불상은 처음 발견된 것이라 학계의 비상한 관심을 불러일으키고 있다. 과거 대원정 이전의 우리 땅에 살던 사람들의 얼굴은 어땠을지 모두가 추정만 하고 있을 뿐 이를 단적으로 보여 주는 미술작품은 전혀 남아 있지 않다. 백제시대 불상 발견을 계기로 한반도에 살던 고대인들의 모습을 재연할 수 있을지 귀추가 주목된다.

〔학생 활동 사례〕 5학년

• 만약에 고구려가 삼국을 통일하여 남북이 분단되지 않고 만주가 한국 땅이라면

2011년 8월 23일, 우리나라가 드디어 중국과 수교를 하게 되었다. 만주를 두고 계속하여 영토 분쟁을 벌여 왔던 중국이 만주가 한국 영토임을 인정하는 문건을 주며 거래를 제안해 왔기 때문이다. 지금까지 한국의 뛰어난 경제력과 기술력을 바라보기만 했던 중국은 큰 결심을 한 것으로 보인다. 중국과의 수교를 기반으로 하여 유럽까지도 우리나라의 영향력이 크게 미치게 될 것으로 모든 경제학자들은 낙관하고 있다.

이 활동은 초등 5학년 사회 수업 역사 단원 전반에서 사용할 수 있다. 더 나아가 중등에서의 역사 수업 전반에도 유용하게 활용할 수 있는 활동으로, 학생의 창의성을 신장시키고 역사적 상상력을 길러 주며 논리적 사고를 발전시킨다. 사회 교과가 지식이나 기능의 신장뿐 아니라 우리 사회에 대한 가치·태도까지도 다루고 있음을 염두에 둔다면 이 활동을 통하여 우리 민족의 역사에 대한 자부심과 반성적 태도 역시 길러줄 수 있을 것으로 기대된다.

5장 도덕적 판단력 기르기

우리는 종종 '머리는 좋지만 인성이 나쁜 아이'를 본다. 이는 도덕적 판단을 구체적 스토리텔링으로 연결하지 못하고 지식 항목으로만 알고 있는 경우라고 볼 수 있다. 도덕적 규범이나 도덕적 판단은 구체적 경험으로 이루어질 때 진정한 태도로 내면화될 수 있다. '도덕적 판단력'은 학생들의 생활 스토리텔링을 활용함으로써 의미 있는 학습으로 연결될 수 있다. 학생들의 경험이 바탕이 된 생활서사는 '나의 이야기', '우리의 이야기'가 되므로 자기주도적 학습이 될 가능성이 높다. 이 장에서 논의하는 '도덕적 판단력 기르기'에 동원되는 스토리텔링은 학생들의 생활서사를 바탕으로 하였다. 수업기술과 사례를 소개하면 다음과 같다.

우리 반 우화 만들기는 학급에서 발생한 다툼, 학생 간의 갈등과 오해 등의 문제 상황을 '우화'로 만들어 보는 활동이다. 우화는 인격화한 동물이나 사물이 주인공이 되어 사건을 풍자적으로 표현한다. 우화의 형식을 빌려 우리 반에서 일어난 사건을 우의적으로 표현해 봄으로써 학생 스스로 잘못된 점과 교훈을 찾아보게 한다. 결국 학생들은 일상생활에서 경험하는 문제 상황을 우화로 바꾸어 보면서 도덕적 판단과 반성을 하게 된다.

착한 인물 토너먼트 대회는 인물이 가지는 선악의 수준을 질적으로 판단해 보는 활동이다. 이야기 속 인물의 성격을 선과 악으로 이분화하여 단절적으로 사고하는 것이 아니라 입체적으로 접근하는 것이다. 착한 인물을 선별하여 토너먼트 형식으로 올라가되, 특정 인물이 더 선한 이유를 변론해 봄으로써 인물에 대한 이해와 도덕적 판단을 동시에 학습하게 된다. 요즘 세상이 복잡해지면서 선과 악을 구별하기가 점점 어렵고 모호해지고 있는데, 그래서 더욱더 학생들은 선과 악을 입체적으로 판단하고 사고할 기회를 가질 필요가 있다.

내가 만드는 도덕 사전은 학생들의 경험을 바탕으로 도덕적 가치규범을 학습하는 활동이다. '정직(正直)'이라는 도덕 덕목은 '마음에 거짓이나 꾸밈이 없이 바르고 곧음'을 뜻한다. 그러나 가치 규범의 사전적인 의미는 추상적이고 관념적이므로, 학생의 생활 맥락 속에서 도덕규범이 발견되고 이해될 수 있도록 하는 것이 더 효과적이다. '정직은 더 많이 받은 거스름돈을 되돌려 주는 것'과 같이 자신의 경험을 바탕으로 가치덕목을 정의 내리고 그 의미를 파악하게 한다. 이는 경험을 인지화하는 과정이 된다.

꼴불견 시리즈는 내가 하는 잘못된 행동이 다른 사람에게 얼마나 부정적으로 인식되는지 알게 하고, 타인에 대한 배려심을 기르기 위해 구안된 활동이다. 학교생활을 하면서 꼴불견이라고 생각했던 행동을 생각해 보고 그림으로 표현하게 한다. 수업 시간에 시끄럽게 떠들어 수업에 방해가 되는 경우, 수도꼭지를 세게 틀어 다른 사람들에게 물을 튀기는 경우, 청소 시간에 놀기만 하는 경우, 급식 시간에 맛있는 반찬을 혼자 많이 떠 가는 경우 등 구체적인 상황으로 표현한다. 이러한 행동은 자기중심적 행동으로 다른 사람에 대한 배려가 없는 행동들이다. 익숙해서 무심코 지나치기 쉬운 행동을 그림으로 가시화하고 '꼴불견'이라는 단어로 명명함으로써 부정적 행동을 억제하는 태도를 길러 줄 수 있다.

위에서 제시한 활동은 도덕적 가치, 도덕적 판단을 학생들의 생활서사를 바탕으로 수업화한 것이다. 우리는 살아가면서 여러 가지 갈등 상황에 직면한다. 개인의 이익과 공공의 이익 간의 선택, 공정성과 집단 규범 간의 선택, 개인이 가진 소신과 사회와의 갈등 등 삶의 순간에 도덕적 판단을 해야 하는 상황이 발생한다. 이때 스토리텔링으로 접근하는 도덕적 판단은 앎과 삶을 연결하는 매개가 될 것이다.

36

우리 반 우화 만들기

현실을 우화로 번역하기

끝까지 고집을 부리는 한 아이에게 어느 날 덜컥 '파리지옥'이라는 별명이 붙었다. 과학과 교과서에 나와 교실에서 키우기 시작한 '파리지옥' 때문이었다. '파리지옥'이라는 별명을 붙이는 행위는 인물에 대한 이해를 바탕으로 한다. '파리지옥'이 지닌 속성에 관한 은유인 것이다. 여기서는 외모에서부터 성격에 이르기까지, 특징을 잡아 별명을 잘 짓는 학생들의 능력을 활용한 우리 반 우화 만들기 활동을 소개하고자 한다.

우화는 인격화한 동식물이나 사물이 주인공이 되어 그들의 행동을 통해 풍자와 교훈을 전달한다. 유대인에게는 '우화'와 관련하여 다음과 같은 이야기가 전해진다.

> 혹독한 추위와 굶주림에 떨면서 '진실'이라는 이름의 소녀가 마을로 들어섰을 때, 마을 사람들은 소녀를 문전박대하였다. 왜냐하면 사람들은 벌거벗은 소녀의 모습에 놀랐기 때문이다. 그런데 때마침 지나가던 '우화'라는 이름의 소년이 '이야기'라는 황금빛 망토를 입혀 소녀를 다시 마을로 돌려보내자, 사람들은 기꺼이 소녀를 자신의 집 안으로 초대하였다.

있는 그대로의 '진실'보다 '이야기에 담긴 진실'이 더 설득력이 있다는 점에서 '우화'의 가치를 확인할 수 있다. 말하고자 하는 바를 그대로 드러내지 않고, 다른 것에 빗대어 설명하는 수사법을 알레고리(Allegory)[36]라 한다. '다른 것으로 말하기'라는

---

36 그리스어 '다른(allos)'과 '말하기(agoreuo)'라는 단어가 합성해 만들어진 '알레고리아(allegoria)'의 영어식 표현이다.

용어가 함축하듯이, 알레고리는 두 겹의 의미 층을 갖는다. 〈이솝 우화〉는 알레고리의 대표적인 예이며, 동물들의 이야기를 통해 인간의 탐욕이나 어리석음을 드러낸다.

우화는 일반적으로 알려진 사실, 도덕적인 문장, 실생활의 지혜 등을 비유적 표현 방식에 기대어 구체적으로 설명하며, 같은 이치로 도덕과 수업에서 이야기 자료로 많이 활용된다. 우화는 직관적으로 도덕적 명제를 명료하게 인식하도록 하는 도구일 뿐만 아니라 의지와 행동에 영향을 끼친다(Vgl. Wolfgang Kayser; 윤시향, 2002에서 재인용). 이때 이야기는 짧을수록 실재적이며, 특수성을 가질수록 생동감을 갖는다. 따라서 학생의 생활 경험과 닿아 있는 우리 반 우화 만들기를 통하여 학생은 실천의지를 다질 수 있고, 수업은 생동감을 갖게 된다.

5학년 도덕과를 중심으로 구체적인 수업 장면을 살펴보자. 선택한 수업 주제는 '문제를 민주적으로 해결하기 위해 노력한 일 반성하기'이며, 가치 덕목인 '정의(justice)'와 관련하여 '민주적 절차'에 대해 배우게 된다. 수업의 큰 흐름은 다음과 같다.

경험 탐색하기 → 경험 선택하기 → 이야기 구상하기 → 우화로 쓰기

먼저, 학생의 생활경험 중에서 다수결 원칙에 따라야 했던 경우나 소수의 의견을 존중해야 했던 경우 등의 갈등 상황을 탐색한다. 이 과정에서 바람직한 행동을 했을 때도 있고, 잘못된 행동을 했을 때도 있을 것이다. 우화를 만들기 위해서는 학습 주제와 관련된 경험을 떠올리는 것이 중요한데, 이때 브레인스토밍을 하면서 친구들과 함께 이야기를 나누면 '경험' 자료의 양이 늘어난다. 자신의 경험이 떠오르지 않아 곤란할 때 친구의 경험을 활용할 수도 있고, 친구의 경험을 듣다 보면 관련된 자기 경험이 떠오르기도 한다.

브레인스토밍을 한 후에는 학생들과 함께 '문제를 민주적으로 해결하기'라는 주제를 가장 잘 드러낼 수 있는 경험을 선택한다. 문제를 민주적으로 해결하지 못하여 싸움이 일어난 경험도 좋고, 문제가 민주적으로 잘 해결된 경험도 좋다. 우화는 단지 동물들의 이야기가 아니며, '우화'의 형식을 빌려서 '주제'를 잘 드러내야 하므로, 적절한 경험의 선택은 '우화 만들기'를 성공으로 이끄는 첫걸음이라 할 수 있다.

경험을 선택한 후 본격적인 '우리 반 우화 만들기'에 들어간다. 먼저, 주제를 잘 전달할 수 있는 '사건'을 떠올리게 한다. '어떠한 일이 일어났는가? 이 일에 어울리는 배경을 어떻게 만들 것인가? 사건에 어울리는 인물의 성격은 무엇이며 성격에 부합하는 동물을 어떻게 그릴 것인가?'를 생각한다. 이 단계에서 '인물, 사건, 배경'의 요소는 상호 간에 영향을 미친다. 주인공으로 '말'을 선택했을 때 배경은 '바다'보다 '초원'이 되기 쉬우며, '음식'을 서로 더 먹겠다고 싸우는 사건의 주인공으로는 '달팽이'보다 '돼지'가 더 어울린다.

마지막으로, 구상한 내용을 글로 쓴다. 첫 시간에는 참고 작품을 관련된 일화와 함께 들려주면 도움이 된다. 활동 후 주제가 잘 드러나는지 확인해 보고, 우수 작품을 들려주는 기회를 가지면 더욱 좋다. 좋은 글을 접하는 경험을 통하여 학생은 자신의 쓰기 능력을 향상시킬 수 있다. 또한 학생들은 일화 속 실제 인물이(반 친구 또는 선생님인 경우가 많다) 어떠한 동식물에 비유되었는지를 확인하는 과정에서 많은 즐거움을 느낀다.

다음은 학생이 쓴 우화이다.

〔학생 활동 사례 1〕 5학년

어느 마을에 나무 집에 사는 원숭이, 풀밭에 사는 말, 산에 사는 멧돼지, 외양간에 사는 돼지가 있었습니다. 원숭이와 말, 멧돼지, 돼지가 모여서 함께 소풍을 가기로 했습니다. 다 같이 정상에 올라가서 친하게 밥을 먹었습니다. 밥을 먹고 난 후 놀이를 시작하려고 할 때 갑자기 말과 돼지가 싸우기 시작했습니다. 원숭이와 멧돼지는 달려가서 싸우는 것을 말렸습니다. 말은 빨리 달리기 경주를 하자고 하였습니다. 돼지는 많이 먹기 경주를 하자고 하였습니다. 둘은 원숭이와 멧돼지가 말리는데도 서로 자기 주장만을 하며 싸움을 멈추지 않았습니다. 그때 산의 관리인이 나타나서 말과 돼지를 혼냈습니다. 그때야 말과 돼지는 자기의 잘못을 인정했습니다.

이 우화는 '자신의 느낌을 다양한 방법으로 표현하기'와 관련하여 모둠별로 표현방법을 정할 때 있었던 다툼을 바탕으로 쓴 것이다. 학생들은 '노래로 표현하기, 글로 표현하기, 몸짓으로 표현하기, 그림으로 표현하기' 등의 표현방법 중에서 서로 자기가 더 잘하거나 하고 싶은 것을 선택하려고 다투었다. 말은 달리기 경주를 하자고 하고 돼지는 많이 먹기 경주를 하자고 하는 사건으로 표현된 점에서, 알레고리가 잘 형성된 것을 확인할 수 있다. 여기서는 인물의 성격보다는 외모에 어울리게 캐릭터를 선정하였고, 주인공인 동물에 맞게 사는 곳을 설정하고 있다. 또, 동물들이 소풍을 가서 겪은 일로 이야기를 풀어가는 점은 제법 우화의 특성을 잘 표현하고 있다. 교사는 "산의 관리인은 말과 돼지를 혼낼 때 뭐라고 이야기했을까?"와 같은 질문을 통해 학생에게 도움을 줄 수 있으며, 학생은 대화 글을 통해 주제를 더 명확히 전달할 수 있다는 것을 인지하게 된다.

그러나 학생이 항상 주제를 효과적으로 드러내는 우화를 만드는 것은 아니다. 다음 글을 살펴보자.

[학생 활동 사례 2] 5학년

옛날 치타, 멧돼지, 여우가 숲 속 왕궁에 살고 있었어요. 1년에 한 번 열리는 운동회 날이었어요. 치타, 멧돼지, 여우가 계주 선수를 뽑았어요. 결국, 치타가 계주 선수가 되었어요. 육식동물팀과 초식동물팀으로 팀을 나누었어요. 육식동물팀은 초식동물팀을 깔보았어요. 육식동물팀이 방심하는 사이에 초식동물팀이 계주에서 이겼어요. 두 번째 줄다리기도 초식동물팀이 이겼어요. 육식동물팀은 실망했지만 육식동물의 왕인 사자가 시원한 고기(아이스크림)를 사 주었어요. 그 후로 육식동물과 초식동물은 사이좋게 지냈어요.

이 작품은 운동회에서 두 경기를 모두 백군에게 지고 실망했을 때, 담임선생님께서 아이스크림을 사 주어서 맛있게 먹었던 경험을 바탕으로 우화를 만든 것이다. 달리기가 빠른 친구를 치타에 비유한 점에서 은유가 잘 드러난 것을 제외하면, 주인공이 동물로 바뀌었을 뿐 사건을 순서대로 쭉 나열하고 있다. 더군다나 사자가 시원한 고기를 사 준 것으로 이야기를 끝맺고 있어 본인이 표현하고자 했던 "약하다고 깔보지 말자."라는 주제를 명확하게 드러내지 못하였다. 이런 경우 교사는 "사자가 시원한 고기를 사 준 것과 육식동물과 초식동물이 사이좋게 지내게 된 것이 서로 상관이 있을까?", "육식동물 팀은 왜 경기에서 지게 되었을까?"와 같은 질문을 통하여 주제를 명료하게 드러낼 수 있도록 도움을 주어야 한다. 또한 이 작품은 줄다리기에서 왜

지게 되었는지 설명하지 않고 있다. 사건을 지나치게 간략히 표현하고 있는 것이다. 이런 경우에는 우화를 만든 후 짝끼리 바꾸어 읽으면서 궁금한 점이나 설명이 부족한 점을 질문하고 고쳐 쓰도록 하는 것이 좋다.

이 활동은 도덕과 수업뿐만 아니라 생활지도에도 활용될 수 있다. 반성문 쓰기는 개인적인 차원의 교육적 처방이 될 수 있다. 그러나 이를 확대 적용하여 '우리 반 우화 만들기'를 하면, 개인적 차원을 넘어서 교육 내용을 일반화하여 지도할 수 있다는 장점이 있다. 학급에서 발생하는 분쟁, 일탈, 이기심 등의 문제 상황에 대하여 우리 반 우화 만들기 활동을 해 보면, 학생들 스스로 잘못된 점과 고칠 점(교훈)을 잘 찾아내는 것을 확인할 수 있다.

37

착한 인물 토너먼트 대회

인물의 성격 꼼꼼히 들여다보기

이야기에 등장하는 인물의 성격은 인물의 행동을 만들어 내며, 이야기의 분위기와 톤을 결정하여 주제를 암시한다. 물론 이야기에서 말하고자 하는 전체적인 주제가 중요하지만, 그것을 파악하기 위해서는 인물의 성격을 올바르게 알아 두어야 할 필요가 있다. 특히 초등학교 학생들은 구체적으로 존재하는 인물을 통해 이야기를 파악하고 기억하는 방식에 더 익숙하다. 인물의 외형적인 모습이나 장식 도구에서부터 성격, 기질 등 내면적인 자질을 통해 그 인물의 특성을 다양하게 파악하게 되고, 이는 이야기를 보다 심층적으로 이해할 수 있도록 도와준다.

하지만 막상 수업 시간에 이야기를 읽고 나서 인물의 성격을 파악하는 질문을 던지면 학생들은 비슷비슷한 답을 내놓는다. 흥부도 착하고, 신데렐라도 착하고, 의좋은 형제들도 마음씨가 착하고, 콩쥐도 착하다. 또 놀부는 나쁘고, 『마당을 나온 암탉』(황선미, 2000)의 족제비도 나쁘고, 볼드모트도 나쁘다. 이처럼 수많은 이야기 속의 인물들의 성격을 선과 악으로 이분화하는 현상이 나타난다.

여기에는 학생들이 어릴 때부터 착하게 살아야 한다고 배워 온 영향이 크게 작용한다. 학생들은 어른들에게 "아, 착하기도 해라."와 같은 칭찬을 들으면 어깨가 으쓱해지고, 유치원이나 학교에서 받는 칭찬도장에 목숨을 걸기도 한다. 그래서 동화책 속 주인공도 착한 주인공을 좋아하고, 책을 읽는 동안 착한 주인공을 마음속으로 응원하며 이야기를 읽어 내려가고 '나중에 이런 착한 사람이 되어야지.' 하는 다짐도 하곤 한다.

하지만 요즘 '착하다'는 말 속에는 여러 가지 의미가 담겨 있다. 사전적 의미로는

'언행이나 마음씨가 곱고 바르며 상냥하다.'로 분명히 제시되어 있지만, 우리는 일상생활에서 '착하다'의 의미를 명확하게 정의하기 어렵다. 친구가 지우개를 잘 빌려 주는 것도 착한 것이고, 선생님 말씀을 잘 듣는 것도 착한 것이며, 친구에게 양보를 잘해도 착하다고 말한다. 어떤 사람들은 얼굴이 예쁜 여자를 착하다고 표현하기도 한다. 심지어 '착해 빠졌다'와 같은 표현으로 착한 것이 어리석은 것, 세상을 살아가는 데 있어서 손해 보는 것이라고 말하는 사람도 있다. 이처럼 점차 세상이 복잡해지면서 선과 악을 구별하기가 점점 어렵고 모호해지고 있다. 이때 학생들은 선악을 판단하기 위한 감수성을 발휘해야만 한다.

이처럼 선악을 입체적으로 살펴보고 그에 대한 판단력을 길러 주기 위해 구안한 활동이 착한 인물 토너먼트 대회이다.

알고 있는 인물 모두 생각해 내기 → 비슷한 성격(선/악)의 인물끼리 모아 보기 → 인물 토너먼트하기 → 우승 인물이 '왜 가장 ~한지 설명하기'

먼저, 다양한 이야기 속에 등장하는 인물들의 목록을 작성한다. 교사가 조건에 맞는 인물 목록을 미리 준비해도 되지만, 학생들과 함께 브레인스토밍하여 찾아보는 것이 좋다. 이때까지 읽고 듣고 본 모든 이야기 속 인물들을 총동원하는 것이다. "어린 시절 읽었던 전래동화 속 인물을 떠올려 봐.", "어제 텔레비전 드라마에서 봤던 주인공도 좋아."와 같이 교사가 개입해 주면 학생들은 자연스럽게 방대한 이야기의 세계에 빠져들 것이다. 모둠별로 정해진 시간에 많은 인물들을 적어 내게 하는 것도 좋은 방법 중 하나이다.

이렇게 찾은 인물들을 다시 선하고 악한 성격의 인물 두 가지로 분류한다. 이 활동에서부터 학생들은 특정 인물이 왜 선하거나 악한 인물로 분류되는지 생각하는 기회를 갖는다. 또, 서로 다른 감수성을 가지고 있기 때문에 인물을 분류하는 과정에서 토론을 벌이는 모습도 발견할 수 있다. 이 과정에서 교사는 더 많은 학생들과의 토론을 통해 결정할 수 있도록 안내하는 수준으로 참여하는 것이 좋다.

〔학생 활동 사례 1〕 5학년

<table>
<tr><td>선한 인물</td><td rowspan="2">홍부, 놀부, 볼드모트, 민소희, 늑대(빨간모자), 호랑이(팥죽할머니), 신데렐라, 뽀로로, 잎싹, 마음이, 의좋은 형제, 콩쥐, 심청, 샬롯, 펀, 에이브리, 윌버, 주커만씨 부부, 백설공주, 마녀, 팥쥐, 손오공, 저팔계, 사오정, 삼장법사, 저그, 프로토스, 테란, 안중근</td><td>악한 인물</td></tr>
<tr><td>홍부, 신데렐라, 뽀로로, 잎싹, 마음이, 의좋은 형제, 콩쥐, 심청, 샬롯, 펀, 윌버, 백설공주, 손오공, 사오정, 삼장법사, 안중근</td><td>놀부, 볼드모트, 민소희, 늑대, 호랑이, 에이브리, 주커만 씨 부부, 마녀, 팥쥐, 저팔계, 저그, 프로토스, 테란</td></tr>
</table>

세 번째 단계는 선한(악한) 집단 속 인물들끼리 토너먼트 형식을 통해 가장 선한(악한) 인물을 뽑아 보는 것이다. 이 활동은 모둠 활동으로 진행한다. 주어진 인물들끼리 서로 선한 정도를 비교하여 상위 대결로 올라갈 때마다 그 인물을 선택하게 된 이유를 설명하게 하고, 최종적으로 뽑힌 우승 인물에 대해서 '왜 가장 선한가?' 혹은 '왜 가장 악한가?'를 변론하는 시간을 갖게 한다.

실제로 4명의 학생들이 8명의 인물을 놓고 가장 착한 캐릭터를 뽑는 과정의 일부를 살펴보면 다음과 같다.

〔학생 활동 사례 2〕 5학년

학생 1: 난 신데렐라보다 홍부가 더 착한 것 같아. 홍부는 제비다리를 고쳐 줬잖아. 신데렐라는 별로 남을 위해 착한 일을 한 것은 없잖아?

학생 2: 왜? 가족들을 위해 청소하고 밥하고 일했잖아.

학생 3: 맞아. 남을 위해 희생한 것이니까 신데렐라도 착하지.

학생 4: 가족이 남이냐? 그리고 신데렐라는 새엄마가 시키고 구박하니까 한 거지, 스스로 한 건 아니잖아?

학생 1: 그래. 홍부는 누가 시키지도 않았는데 모르는 제비를 도와주고, 형인 놀부도 도와주잖아. 그러니까 더 착하지.

학생 4: 그래. 착한 일 한 것으로 치면 홍부가 더 많이 했으니까 홍부가 더 착하네.

학생 1, 2: 그래. 홍부를 4강에 올리자.

(중략)

학생 3: 안중근 의사는 우리나라의 독립을 위해 목숨을 바쳤으니까 무조건 올려.

학생 2: 그런데 안중근 의사는 이토 히로부미를 죽였잖아.

학생 3: 야, 이토 히로부미는 나쁜 사람이잖아.

학생 1: 그래도 사람을 죽이는 것은 나쁜 것 아닌가?

학생 4: 이토 히로부미는 더 많은 사람을 죽였어.

(하략)

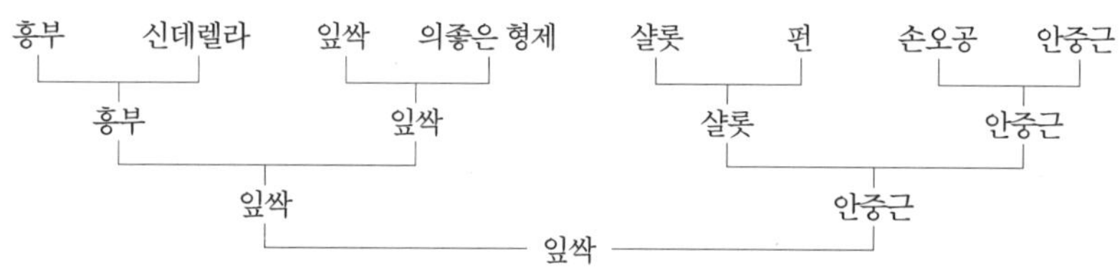

이 과정에서 학생들은 새엄마의 꾸지람과 구박을 피하기 위해서 착한 행동을 한 신데렐라와 불쌍한 동물을 도와주는 인지상정(人之常情)의 행동을 한 홍부를 놓고 '어떤 행동이 더 착한가?'에 대해 집중적으로 토론하게 된다. 이러한 이야기를 놓고 벌이는 사회적 상호작용을 거쳐 학생들은 자연스럽게 다음 단계의 도덕성[37]으로 발달하는 발판을 마련하게 된다.

또한 '안중근'과 같이 특별한 시대적 상황 속 행동(이토 히로부미를 사살한 것)의 경우 사람에 따라 서로 다른 도덕적 잣대로 판단될 수 있다는 사실도 인식하게 된다. 이를 통해 도덕성에 대한 사회적 논의가 얼마나 중요한지 알게 되고, 실제 주변에서 일어나는 여러 가지 사건을 바라보는 시각과 그에 대한 도덕적 판단력을 기를 수 있다.

---

37 콜버그의 도덕발달이론에 따르면 도덕성은 크게 전 인습적 수준(처벌과 복종 지향, 쾌락주의 보상-규칙이 내면화되지 않았으며, 벌을 피하기 위해서거나 보상을 받기 위해 외부에서 주어진 규칙을 따름), 인습적 수준(착한 소년 소녀 지향, 법과 질서유지 지향-다른 사람의 승인을 얻기 위해서 또는 사회적 질서유지를 위해서 규칙과 사회적 규범을 따르려고 노력함), 후 인습적 수준(사회적 계약 지향, 보편적 윤리 지향-옳고 그름을 정의의 원리에 의해서 판단함)을 거쳐 발달한다.

이 활동에 익숙해지면 좀 더 인물의 성격을 세분화하여 접근할 수 있다. 이를 통해 문학교육에서의 상호텍스트성을 기를 수 있다. 학생들은 하나의 이야기의 한정성과 특수성에서 벗어나 보다 다양한 인식을 전개하는 확산적 사고를 통해 감상의 차원을 달리할 수 있다. 이야기 간의 유사점과 차이점을 인식하여 문학작품 이해의 타당성을 높이고 풍부하면서도 객관성 있는 관점에서 인물을 바라보는 능력을 기를 수 있다.

그리고 이야기 속에서 반복적으로 나타나는 글의 구조에 대해 교사의 설명보다 상호텍스트성을 통해 스스로 체득할 때 다른 작품에서도 적용할 수 있는 시야를 가질 수 있다. 또한 여러 문학작품이 공통적으로 가지고 있는 요소를 반복적으로 확인함으로써 문학작품에 친근감을 느끼고 독서에 강한 흥미를 갖게 된다.

38

내가 만드는 도덕 사전

경험을 바탕으로 한 가치덕목 정의하기

도덕과는 학습자의 생활에 밀착되어 있는 교과이다. 추상적인 도덕 기준을 전수하고 수용하는 기계적인 지식 전달 방식의 교육 방법으로는 교과 목표가 지향하는 바를 성취하기 어렵다. 학습자의 생활 맥락 속에서 도덕규범이 발견되고 이해되며 적용되어야 한다. 정직이나 근면과 같은 도덕규범을 학생들이 몰라서 안 지키는 것은 아니다. 학생들의 생활과 직접적인 관련성이 희미하다고 판단하기 때문에 그 중요성을 모르고 적용점도 못 찾게 되는 것이다. 도덕 사전 만들기는 도덕과의 규범적 내용을 교육할 때 사용할 수 있다.

따라서 교육과정 안에 있는 도덕적 가치규범들을 효과적으로 교육하려면 생활 속에서 그것들을 발견하고 가져와야 한다. 학습자가 직접 경험한 생활 속의 일화들은 효과적인 학습재료 역할을 하며 인지적 접근을 강화한다. 생활에서 얻은 일화들은 도덕적 가치규범을 보다 선명하게 이해하도록 돕는 역할을 한다. 도덕과 수업의 흐름을 보면 대략 '안다 → 생각한다 → 행동한다'의 순서로 진행된다. 즉, 인지적으로 분명히 알게 되면 그것에 대하여 애착을 갖고 마침내 행동으로 이어지게 된다는 입장이다. 인지화가 곧 행동화로 이어진다는 도식적인 이해는 논란의 여지가 있을 수 있다. 그러나 분명한 것은 인지화 없이는 심정화, 행동화는 기대하기 어렵다는 점이다. 학습자의 경험을 토대로 하여 인지화를 활성시키는 것이 이 활동의 목표라고 하겠다. 핵심은 경험의 인지화 과정이다.

이 활동의 흐름은 대략 다음과 같다.

도덕적 가치 규범 알아보기 → 브레인스토밍 → 나만의 의미 규정해 보기 → 나누기

우선, 교사는 가르치려는 가치규범을 소개한다. 이때 교과서에 수록된 예화자료를 활용하거나 교사가 직접 이야기를 들려준다. 특정 규범을 사전적으로 가르치는 것이 아니라 구체적인 상황을 통하여 그것에 대하여 이해하도록 소개하는 것이다. 여기까지는 교과서 차원의 의미 규정 단계라고 할 수 있다. 학습공동체가 인정할 수 있는 공통된 의미의 합의는 바른 개념 형성을 위해 꼭 필요하다. 학생들마다 학습 내용에 대한 반응과 수용 정도가 다르기 때문에 이 부분에서 사전적 의미를 깊이 강조할 필요는 없다. 대략의 의미에 대한 울타리를 쳐 주고 그 중요성을 인식시킨다.

해당 수업의 주제가 되는 가치규범에 대하여 브레인스토밍을 통하여 다양한 아이디어를 얻도록 한다. 브레인스토밍은 말 그대로 폭풍이 휘몰아치듯 다양한 아이디어를 쏟아 내는 활동이다. 대개 학생들은 모둠 형태로 수업에 참여한다. 모둠 구성원들의 다양한 아이디어와 의견을 들으면서 사고는 확장되고 활성화된다. 브레인스토밍의 형태는 여러 가지가 있지만, 널리 사용하는 마인드맵의 형태가 접근하기 쉽다. 종이 한가운데에 중심이 되는 단어를 적고 그것으로부터 뻗어 나가는 생각들을 자유롭게 적도록 한다. 이때 내 생각에서 또 다른 생각이 파생될 수도 있고, 친구의 생각에서 또 다른 나의 생각이 파생될 수도 있다. 각자 필기구의 색깔을 달리 정해서 그것으로 활동을 진행하면 나의 생각과 친구의 생각이 어떻게 뻗어 나가고 연결이 되는지 확인할 수 있어 재미있다. 또, 미리 시간을 정해 주는 것이 좋다. 생각은 자유롭게 하되 시간을 한정시키면 두뇌 활동 중 유창성이 증진되는 효과가 있다. 브레인스토밍

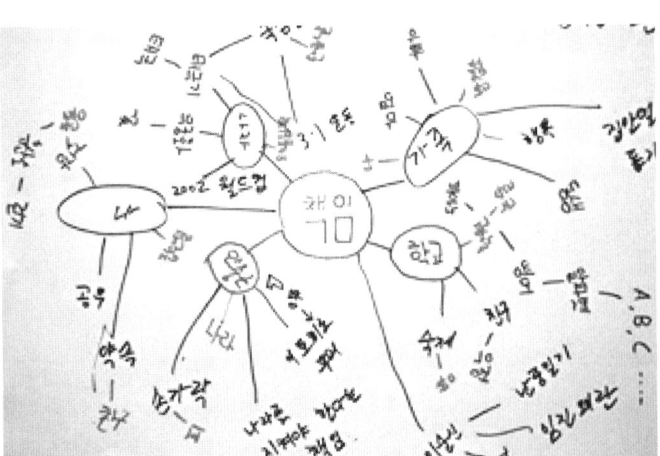

'책임'에 관한, 마인드맵을 활용한 브레인스토밍

활동은 나만의 도덕 사전을 만들기 위한 씨앗 준비의 단계라고 할 수 있다. 여러 가지 생각을 끄집어내는 과정을 통해서 그 생각들을 자신의 경험과 연결 짓고 그 연결점을 기화로 해서 의미 있는 인지화를 이루는 것이다.

그 다음은 본격적으로 도덕적 가치규범에 대하여 나만의 의미 규정을 해 보도록 한다. 학습자가 직접 의미 사전을 만든다고 생각하면 쉽다. 예를 들어, '정직'이라는 단어를 설명한다고 해 보자. "정직이란 무엇인지 말해 봅시다." 교사가 빈칸을 제시하면서 학생들에게 그것을 채우도록 주문했을 때 대부분의 응답은 아래와 같이 나타난다.

교사 제시부: 정직이란 ________ 이다.

학생 응답부: 정직이란 솔직한 마음이다.

정직이란 바르고 곧은 마음이다.

정직이란 바른 행동이다.

정직이란 거짓말을 하지 않는 것이다.

정직이란 솔직한 행동이다.

정직이란 착한 마음이다.

정직이란 칭찬받을 수 있는 행동이다.

그 의미를 요약해 보면 대략 이렇다. 솔직하고 거짓이 없는 마음과 행동. 틀린 것은 아니지만 딱딱하고 건조하며 밋밋하다. 도덕적 가치라는 것은 애초에 상대적인 속성을 지녔다. 수학의 공리처럼 누구나 인정할 수 있는 형태의 지식이 아니어서 자신이 생각하는 가치의 개념이 저마다 조금씩 편차가 있기 마련이다. 게다가 그 가치라는 것 또한 추상적이어서 손에 딱 잡히지도 않는다. 어쩌면 이렇게 상대적이고 추상적인 것을 교조적으로 받아들이고 이해했기 때문에 이런 답이 나온다고 볼 수 있다.

하지만 여기에 '경험'이라는 양념을 치면 맛이 확 달라진다. 경험이란 사건의 조합으로 이루어진 이야기이기 때문에 스토리텔링의 요소가 강하게 포함되어 있다. 또한 경험을 굳이 분류하자면 긍정적 경험도 있겠고 부정적 경험도 있을 것인데, 어느 것이라도 활용하기 좋다. 자신의 경험에서 핵심적인 매개 역할을 한 단어를 전면에 내세우고, 그렇게 말한 까닭을 서술하도록 한다. 이때 PPT 안내 자료 등을 이용하여 활동의 지침을 제시해 주면 좋다. "정직이란 ＿＿＿＿＿ 이다. 왜 이와 같이 정직의 의미를 말했는지 씁니다. 언제 있었던 일인지, 어떤 일이 있었는지, 무엇을 깨달았는지 등을 자세히 써 봅니다. 중요한 것은 자신의 경험을 쓰는 것입니다."

학생들의 활동 사례를 살펴보자.

[학생 활동 사례] 4학년

① 정직이란 드레스이다. 내가 작년에 콩쿨에 나갔을 때 드레스를 빌려 입어야 했어요. 그런데 우리집에는 드레스가 없었어요. 그래서 드레스를 빌리러 가게에 갔어요. 그래서 저한테 꼭 맞는 드레스를 빌려 가지고 집에 왔어요. 그런데 모르고 그 가게에 연락처를 안 주고 왔어요. 집에 계속 놔두고 입을 수도 있는데, 한 번 입고 그 가게에 다시 가져다주었어요. 그때 엄마께서 칭찬을 해 주셨어요. 그래서 기분이 좋았어요.

② 정직이란 발냄새이다. 작년에 여행을 갈 때 기차 안에서 양말을 벗었다. 그리고 다리를 폈다. "누구야!" 하고 사람들이 소리쳤다. 원인은 내 발냄새였다. 내 발에서는 청국장보다 된장보다 지독한 냄새가 났다. 나는 정직하게 말했다. "저요." 나는 엄마한테 한 대 맞았다.

③ 정직이란 책임과 약속이다. 내가 3학년 때 친구와 놀자고 약속을 하였다. 그런데 마침 그때 나에게는 돈이 조금 있었다. 그래서 나는 친구에게 떡볶이 500원어치를 사 주었다. 왜냐하면 친구가 나중에 사 준다고 했기 때문이다. 그리고 그 친구랑 놀 때마다 친구는 떡볶이를 사 준다고 약속을 했는데, 계속 안 사 줘서 좀 싫었다. 그리고 나는 그 친구가 책임감이 없다는 사실을 알았다. 나는 이 친구처럼 하지는 않을 것이다. 그리고 약속을 지킬 것이다.

①과 ②는 정직에 대한 의미를 자기 나름의 경험을 바탕으로 규정하고 있다. 밑줄 친 부분만 봐서는 정직과 드레스, 정직과 발냄새가 어떤 관련이 있는지 알 수 없다. 뒤에 이어지는 이야기를 봐야 그 이유를 알 수 있다. 수업에서 처음에는 이렇게

자신만의 의미를 내세우도록 하고, 그 다음에 그 이유를 설명하도록 하면 듣는 학생들이 흥미롭게 듣는다. ①의 경우에는 말미에 본인의 도덕적 만족감까지 진술하였다. ②는 장난스럽지만 친구들에게 좋은 반응을 얻었다. ③은 자신의 경험에 대한 시간적 배경이나 자신의 감정, 다짐 같은 것들을 비교적 충실히 진술하였다. 어쨌든 중요한 것은 자신의 경험을 바탕으로 만들어야 한다는 것이다. 이렇게 의미 규정과 함께 이유를 밝힌 내용을 서로 나누어 보는 것으로 이 활동은 마무리된다.

이렇게 자기 경험을 바탕으로 도덕적 가치규범을 이해하면 그것을 보다 선명히 알 수 있다. 선명히 안다는 것은 견고한 인지화가 이루어진다는 말이며, 그것은 심정화, 행동화로 이어질 개연성이 크다는 말도 된다. 이 활동을 통해 얻을 수 있는 몇 가지의 부가적인 이익도 생각해 보자. 먼저 구체적인 스토리로 설명하면서 경험적 말하기 능력, 곧 개인적 스토리텔링 능력의 향상을 도모할 수 있다. 또한, 솔직한 자기 경험을 바탕으로 말함으로써 상대에게 신뢰감을 주고 소통의 질을 확보할 수 있다. 앞서 언급한 것처럼 경험은 사건의 조합으로 이루어지는 스토리텔링의 성격이 강하기 때문에 이것을 이용하여 도덕과 수업에 적절히 활용할 만하다.

39

꼴불견 시리즈

역지사지의 태도 기르기

한동안 사회를 떠들썩하게 했던 인터넷 동영상이 있었다. 지하철을 탄 시각 장애인의 안내견을 보고 소리를 지르고 역무원에게 항의를 한 젊은 여자, 발을 꼬고 앉았다고 다리를 치며 발을 내려놓으라고 할아버지에게 삿대질까지 하며 온갖 욕을 해 대던 젊은 남자, 노약자석에 앉아 앞에 서 있는 할아버지에게 자신이 내리면 앉으라고 소리를 지르고 욕을 한 여대생 등 공공장소에서의 천태만상(千態萬象)을 촬영한 동영상들이 놀랄 만큼 쏟아져 나왔다. 사람들은 공공장소에서 몰지각한 행동을 하는 사람을 보고 '왜 저런 행동을 할까?' 의아해하고 '나는 저러지 말아야겠다.'는 생각을 하게 된다. 하지만 여전히 우리 사회 속 무너진 공공질서의 모습은 종종 나타난다.

학생들이 생활하는 학교에서도 어른들의 모습은 그대로 재현된다. 복도에서 서슴지 않고 뛰는 아이들, 화장실 휴지를 낭비하는 아이들, 물을 틀어 놓고 잠그지 않는 아이들, 교실에서 큰 목소리로 시끄럽게 떠드는 아이들, 서로에게 욕을 하며 싸우는 아이들 등 교사의 눈을 피해 벌어지는 이런 모습들은 여느 교실에서나 쉽게 찾아볼 수 있다. 그렇다면 과연 이 학생들은 학교 규칙을 몰라서 그런 행동을 하는 것일까? 아니다. 분명히 자신들이 지켜야 할 규칙에 대해 잘 알고 있음에도 불구하고 잘못된 습관들을 반복하는 것이다. 이것은 '다른 애들도 하는데 나도 하면 어때?'라고 생각하거나 내가 하는 행동이 남에게 어떤 피해를 미치는지 짐작하지 못하기 때문이다. 반면, 남들이 그런 행동을 해서 나에게 미치는 피해에 대해서는 아주 민감하게 반응한다. 여기서 우리는 〈명심보감〉의 소중한 교훈 "내가 하기 싫어하는 일은 남도 하기 싫어하고, 내가 하고 싶어 하는 일은 남도 하고 싶어 한다."를 생각해 보아야 한다.

타인에 대한 배려, 즉 역지사지(易地思之)의 태도를 길러야 하는 것이다.

꼴불견 시리즈는 내가 하는 잘못된 행동이 다른 사람에게 얼마나 부정적으로 인식되는지 알게 하고, 타인에 대한 배려심을 기르기 위해 구안된 활동이다.

○○○○ 꼴불견 그리기 → 그림을 모아 벽화나 동영상으로 만들기→ 꼴불견 시리즈물 만들기

학생들과 함께 만든 '학교생활 꼴불견 시리즈'를 예로, 활동 과정을 살펴보면 다음과 같다. 첫 번째 단계는 학교생활을 하면서 꼴불견이라고 생각했던 행동을 생각해 보고 그림으로 표현하게 한다. 학생들은 수업 시간에 시끄럽게 떠들어 수업에 방해가 되는 아이들, 수도꼭지를 세게 틀어 다른 사람들에게 물을 튀기는 아이들, 청소 시간에 놀기만 하는 아이들, 급식 시간에 맛있는 반찬을 혼자 많이 떠 가는 아이들 등 구체적인 상황을 잘 생각해 낸다.

▶ **Tip**

학교생활 속 꼴불견 찾기를 할 때는 "지난번에 ○○가 그랬잖아."와 같이 특정 친구의 행동을 꼬집어 말하여 서로 다투는 일이 생기지 않도록 교사가 사전에 지도해야 한다.

이때 그림 대신 사진으로 대체해도 좋다. 친구들과 함께 그 상황을 재연하여 사진으로 찍는 것이다. 디지털 카메라를 사용하면 그림을 그리는 것에 어려움을 느끼는 학생들이 있을 때 유용하다. 실제로 상황을 재연하여 연출하기 때문에 학생들이 훨씬 더 큰 재미와 흥미를 갖고 참여하게 된다.

[학생 활동 사례] 5학년

두 번째 단계는 학생들이 그림들을 모두 모아 벽화처럼 꾸미는 것이다. 각각의 그림에는 학생들이 직접 경험하거나 들은 이야기들이 숨어 있다. 각각의 그림들끼리 서로 연결되는 것은 아니지만, '학교생활에서 지켜야 할 예절'이라는 동일한 주제 아

래 그림들은 하나의 이야기를 만들어 낸다. 학생들이 벽화를 보며 그 숨은 이야기를 찾아내고, 함께 이야기를 나눔으로써 간접적인 경험을 할 수 있다. 벽화라는 매체를 통해 다른 사람들과 이야기를 공유하는 기회도 가지게 된다.

그림 속 이야기를 더 많은 사람들과 공유하는 또 다른 방법은 그림들을 그림파일로 변환하고 배경 음악이나 내레이션을 추가해서 한 편의 UCC(User Created Contents)로 제작하는 것이다. 고학년 학생들의 경우 조작이 간편한 동영상 제작 프로그램, 예를 들어 Window Movie Maker를 활용해 직접 만들어 보게 하는 것도 좋다.

마지막으로 학교생활 꼴불견에 이어 지하철(버스) 꼴불견, 백화점 꼴불견, 영화관 꼴불견, 이웃 간의 꼴불견 등과 같이 꼴불견 시리즈로 연결해 나갈 경우 도덕 시간에 배우는 다양한 공공 예절을 좀 더 재미있고 새로운 시각으로 접근할 수 있다. 또, 지역 특성상 지하철, 백화점, 영화관 등 특정 공공장소를 쉽게 접할 수 없는 경우 교사가 인터넷 자료를 예시로 보여 주거나 지역의 여건에 맞게 변형하여 활용할 수 있다.

그리스 속담에는 이런 말이 있다. "사람은 앞뒤에 하나씩 자루를 달고 다닌다. 앞에 있는 자루에는 남의 허물을 모아 담고, 뒤에 있는 자루에는 자신의 허물을 주워 담는다." 뒤에 있는 허물을 담은 자루는 자신에게는 보이지 않지만 반대로 남의 눈에는 잘 보인다는 것을 늘 염두에 두고 자기 성찰을 게을리하지 말아야 한다는 뜻이다. 꼴불견 시리즈 활동을 통해 학생들은 자기 자신을 돌아볼 수 있는 기회를 갖게 될 것이다.

▶ **Tip**

꼴불견 시리즈를 짧은 동영상 형태의 공익광고로 제작하여 국어과 교육과정과 연계하여 활용할 수도 있다.

6장 예술적 감응력 기르기

학생들이 호불호를 확실히 드러내는 교과는 무엇일까? 바로 음악, 미술, 체육의 예체능 교과가 아닐까 싶다. 저학년일 때는 즐겁게 보내던 예체능 교과의 시간이 어느새 아무것도 할 수 없거나 하기 싫은 시간이 되어 버린 이유는 바로 아직도 기능주의 중심의 수업이 이루어지는 경우가 많기 때문일 것이다.

초등교육에서 음악, 미술, 체육 등 예술 영역의 각 교과가 요구하는 기능을 숙달하게 하는 것 못지않게 중요한 것이 예술적 감응력을 발견하고 길러 주는 일이다. 즉, 예술 영역의 다양한 감수성, 창의적 표현 능력, 감상 능력, 타인과의 의사소통을 통한 협력 등 다양한 예술 영역의 영향을 내면화하여 적극적으로 발현하는 능력을 길러 내는 것이다. 이를 위해서 스토리텔링은 필수적이다. 스토리텔링이라는 것 자체가 바로 나와 너, 세상에 적극적으로 반응하고 이를 내면화하여 통합하는 과정을 담고 있기 때문이다. 이 장에서 소개하고 있는 8가지 활동은 다음과 같다.

뮤지컬 가수처럼은 뮤지컬의 등장인물처럼 화자가 처한 상황을 생각하며, 내가 화자가 되어 노래를 불러 보는 활동이다. 노래에서 화자의 상황, 감정, 처지를 생각해 보고 나의 비슷한 경험 등을 떠올려 감정을 살려 노래 부르기에 도전한다. 이 활동을 통해 학생들은 스토리 리텔링(story-retelling)의 과정을 경험하며 노래를 종합적으로 이해하고 표현할 수 있게 된다.

선율에서 느끼는 이야기 세계는 음악 감상 활동 방법을 소개하고 있다. 음악을 이미지, 언어로 변환하는 과정을 통해, 즉 음악을 듣고 음악에 어울릴 가사를 붙여 불러 봄으로써 음악을 입체적으로 감상할 수 있다.

미술에 담긴 이야기를 찾아서는 미술 감상 영역에서 활용될 수 있는 활동이다. 작품 속 등장인물의 생각을 작품의 시대, 작가의 특징, 그림에서 드러나는 인물의 특징 등을 고려하여 읽어 내고, 그림 속 인물의 관점에서 이야기를 만들어 본다. 학생들은 작품 자체를 해석해 내는 능력과 미술작품의 이면에 감추어진 스토리를 상상해 내는 능력의 결합을 통해 새로운 그림 읽기의 경험을 하게 된다.

살아 움직이는 그림은 동시성과 현장성을 지닌 '경기 중계하기'의 방식을 이용하는 활동이다. 그림 속 숨은 그림을 찾고, 인물의 생각과 말을 생각해 보고, 각 인물의 특징, 인물 간의 관계, 현장의 분위기 등을 묘사하는 중계를 통해 학생들은 그림을 입체적으로 감상하며, 그림에 숨어 있는 의미를 발견하여 나의 언어로 창의적으로 리텔링하는 기회를 갖게 된다. 이와 같은 '중계하기' 방식의 활동은 사회과의 역사나 지역화 수업, 체육과의 게임규칙 설명 등에 적용해도 좋다.

내 그림 팔아요는 미술시간에 자신이 창작한 작품을 다른 사람들에게 판매하는 활동이다. 이 과정에서 판매자는 작품의 가치를 높이기 위해 작품의 의미에 대해 적극적으로 설명하거나, 구매자들이 적극적으로 작품에 관심을 갖도록 전략을 구안한다. 미술과 표현 영역에서 학생들의 활동 의욕을 높이고, 감상 영역에서 적극적으로 다른 아이들의 작품을 감상하게 하는 두 가지 효과를 얻을 수 있다. 더 나아가 작품 전시에서 '큐레이터 되어 보기 활동'을 통해 감상을 심화할 수 있다.

여기엔 이런 표지판을은 이야기를 도상으로 나타내는 미술활동이다. 학생에게 가장 가까운 경험 스토리텔링을 시각적으로 표현함으로써 언어를 통한 스토리텔링 이외의 새로운 스토리텔링 방식을 경험하게 된다. 이 활동을 통해 학생들은 자신의 생각, 경험 등을 시각적으로 표현하는 방식을 알게 된다. 이는 모든 자신의 생각, 의도 등을 시각적·청각적·신체적으로 표현하는 다양한 예술활동의 기초가 된다.

그림글자에 이야기가 들어 있어요는 시각 기호 중 하나인 그림글자의 특징을 알고 그림글자로 표현해 보는 활동이다. 그림글자 만들기를 통해 자신이 가진 이야기를 글자라는 시각 기호로 표현함으로써 학생들의 시각 문화 환경에 대한 민감성을 높이는 효과를 경험할 수 있다.

몸으로 말해요는 신체 표현에 이야기를 담아내는 활동이다. 이를 통해 학생들은 지루하게 여겼던 표현 활동 영역에 적극적으로 참여하여 신체 표현에 대한 기본적인 이해, 즉 신체의 아름다움을 발견함과 동시에 신체를 통해 이야기를 표현하는 능력을 함께 기를 수 있다. 이에 미션 수행과 발표회의 방식을 결합하면 학생들의 흥미를 더욱 높일 수 있다.

제시된 활동은 음악, 미술, 체육 교과에서 활용할 수 있는 다양한 스토리텔링 수업의 모습이었다. 이는 현재의 문화예술 환경과 예술교육의 방향과 일치한다. 현대의 사회는 다양한 문화를 향유하고 다양한 예술작품이 쏟아져 나오는 시대이다. 특별한 재능과 기능을 가지고 있는 예술가뿐만 아니라 일반인도 자신의 생각과 의도를 예술작품으로 만들어 내고 여러 사람과 공유한다.

이에 학생들에게 필요한 예술교육은 학생들이 예술적 감응력을 가지고 적극적으로 감상하고, 체험하고, 표현할 수 있도록 하는 것이다. 스토리텔링이라는 방법은 학생들의 예술에 대한 창의적 감수성을 향상시키며, 다양한 예술의 표현 영역을 경험하고 작품에 대해 심층적으로 감상할 수 있도록 돕는다. 이는 학생들이 적극적이고 즐겁게 음악, 미술, 체육 수업에 참여할 수 있도록 해 주며, 결국 기능이 뛰어난 한 명의 예술인이 아닌 창의적이고 소통하는 예술인 대중을 만들어 내게 될 것이다.

40

뮤지컬 가수처럼

노래 속 화자가 되어 보기

〈나는 가수다〉, 〈위대한 탄생〉, 〈슈퍼스타 K〉 등 가수 또는 예비 가수들의 경연 프로그램은 대중들의 사랑을 받으며 음악에 대한 관심을 증폭시켰다. 경연자들은 제각기 사람들의 공감과 호응을 얻기 위해 편곡을 하거나 자신에게 맞게 노래를 부르려고 애쓴다. 그중에서도 원곡에 대한 탐구와 충실한 해석을 통해 원곡에 내재된 감정과 느낌을 잘 표현한 경우에는 사람들에게 커다란 감동을 준다. 다르게 말하면, 노래하는 사람이 노래에 충분히 몰입하여 청자에게 이야기하듯 전달한 것이라고 할 수 있다.

노래를 통해 이야기를 하는 대표적인 예로는 뮤지컬이 있다. 뮤지컬에 등장하는 인물들은 저마다의 감정과 생각을 노래로 표현한다. 그들에게 노래는 곧 말이고, 말은 곧 노래이다. 그러므로 우리는 노래를 들으면서 그들이 하는 이야기에 귀 기울이게 된다.

이는 다분히 문학적이다. 노래를 감상하는 것은 인간의 삶과 희노애락(喜怒哀樂)을 읽는 것이다. 그래서 이별한 사람이 이별 노래를 들으면 나도 모르게 눈물이 나고, 가사와 리듬이 신나는 노래를 들으면 절로 기분이 좋아지게 된다. 노래를 부르는 화자에 나를 대입시켜 감정이입하기 때문이다. 따라서 노래의 감상 역시 문학의 감상과 같이, 가사 속에 등장하는 이야기를 파악하고 화자가 처한 상황을 탐구함으로써 그 질을 높일 수 있다.

노래의 화자와 화자가 처한 상황에 대한 탐구는 감상뿐 아니라 표현에도 영향을 미친다. 노래하는 것은 연기와 비슷하다. 내가 인물이 되어 내 이야기를 하는 것이기 때문이다. 연기자들의 인터뷰를 보면 어떤 작품을 촬영할 때 그 인물이 되어 생활한다고 이야기한다. 노래도 그러하다. 내가 화자가 되어 노래하면 몰입의 정도가 커지므로 표현력이 증대된다. 물론 가사 분석을 통한 화자에의 감정이입을 통해서만 감정의 전달이 이루어지는 것은 아니다. 목소리의 톤과 크기, 표정, 몸짓, 음의 길이와 강세 등 수많은 요소들이 노래를 통해 감정과 서사를 감동적으로 전달하는 데 영향을 미친다. 그러나 위와 같은 요소들의 분석과 설정을 위해서 가장 우선시되어야 할 것은 노래의 내용에 대한 이해이기 때문에 이 활동에서는 노래의 화자에 대한 탐구를 우선순위에 두고 수업을 진행하려고 한다.

이 활동은 음악 감상 수업, 표현력 증진 수업 내지는 연극 수업을 위한 동기 유발 활동으로 활용할 수 있다. 활동의 흐름은 다음과 같다.

노래 듣고 가사 확인하기 → 노래의 화자 찾아보기 → 화자가 처한 상황과 감정 구체화시키기 → (노래 분석하기) → 감정을 살려 노래 부르기(뮤지컬 배우 오디션에 참가하기)

먼저, 〈거위의 꿈〉(이적 작사)이라는 노래를 들려준다. 가사의 일부는 다음과 같다.

그래요 난. 난 꿈이 있어요. 그 꿈을 믿어요. 나를 지켜봐요. 저 차갑게 서 있는 운명이란 벽 앞에 당당히 마주칠 수 있어요. 언젠가 난 그 벽을 넘고서 저 하늘을 높이 날을 수 있어요. 이 무거운 세상도 나를 묶을 순 없죠. 내 삶의 끝에서 나 웃을 그날을 함께해요.

이 노래는 꿈을 가진 사람이 장애물과 사회의 편견을 넘어 자신의 꿈을 이루어 가기를 다짐하는 듯한 가사로 이루어져 있다. 학생들에게 이 노래를 들려준 후 노래 가사를 나누어 준다. 그리고 이 노래를 부르는 사람은 누구인지, 이 사람은 어떠한 상황에 처해 있는지 간단한 이야기로 만들어 보도록 한다. 그리고 이 사람과 나의 공통점이나 비슷한 경험을 떠올려 보도록 한다. 이후에 학생들에게 이 노래에 담긴 의미가 무엇일지, 이 노래가 어떤 상황이나 이야기에 잘 어울릴지, 어떻게 부르는 것이 좋을지 등 다양한 관점에서 노래에 대해 이야기한다. 초등학교 고학년의 경우 다양한 음악적 약속이나 기호들을 학습한 상황이라면 점점 크게, 점점 여리게 등의 기호를 직접 가사에 표시하도록 하여 곡을 해석해 보는 활동을 넣어도 좋다.

다음은 이 활동을 위한 질문과 학생들의 답변이다.

〔학생 활동 사례 1〕 5학년

1. 이 노래를 부르는 사람은 누구일까?

   ⇒ 키위새.

2. 주인공은 어떤 상황에 놓여 있을까? 이 사람의 상황을 간단히 이야기로 만들어 써 보자.

   ⇒ 다른 새들은 날 수 있다. 그러나 키위새는 날 수 없다. 그래서 사냥꾼에게 잡혀서 현재는 보호를 받고 있다. 키위새는 다른 새들처럼 날고 싶어서 노력한다.

3. 주인공은 지금 어떤 마음이 들까?

   ⇒ 다른 새들은 날아다니는데, 나만 못 나니 속상하고 답답하다.

4. 나도 비슷한 마음이 든 적이 있다면 언제일까?

   ⇒ 형들이랑 게임할 때 너무 못해 답답해서 확 소리를 질렀는데, 맞아서 속상했다.

〔학생 활동 사례 2〕 5학년

1. 이 노래를 부르는 사람은 누구일까?

   ⇒ 꿈이 있고, 그 꿈을 이루려는 사람들.

2. 주인공은 어떤 상황에 놓여 있을까? 이 사람의 상황을 간단히 이야기로 만들어 써 보자.

   ⇒ 자신의 꿈을 이루기 위해 노력하고 앞으로 나아가려 하는데 편견 등으로 막아서는 사람들 때문에 힘들어하는 것. 하지만 자신의 꿈을 위해서 다시 굳은 의지를 다지는 모습.

3. 주인공은 지금 어떤 마음이 들까?

   ⇒ 처음에는 '정말로 포기할까……'라는 생각이 드는데, 나중에는 '그래. 나는 할 수 있어.'라고 다짐한다.

4. 나도 비슷한 마음이 든 적이 있다면 언제일까?

   ⇒ 친구들이 4학년 때 나를 왕따시켰을 때.

다음의 〈꼴찌를 위하여〉(한돌 작사)는 초등학생들에게는 〈거위의 꿈〉보다 가사를 직접적으로 전달하고 있어 적용하기에 더 쉽다. 이 외에도 음악 교과서에 제시된 동요들로 활동할 수 있다. 〈꼴찌를 위하여〉의 가사와 학생 활동 사례는 다음과 같다.

> 지금도 달리고 있지 하지만 꼴찌인 것을. 그래도 내가 가는 이 길은 가야 되겠지. 일등을 하는 것보다 꼴찌가 더욱 힘들다. 바쁘게 달려가는 친구들아 손잡고 같이 가보자. 보고픈 책들을 실컷 보고 밤하늘의 별님도 보고 이 산 저 들판 거닐면서 내 꿈도 지키고 싶다. 어설픈 일등보다는 자랑스런 꼴찌가 좋다. 가는 길 포기하지 않는다면 꼴찌도 괜찮은 거야.

〔학생 활동 사례 3〕 5학년

1. 이 노래를 부르는 사람은 누구일까?
   ⇒ 우리 반 꼴찌.
2. 주인공은 어떤 상황에 놓여 있을까? 이 사람의 상황을 간단히 이야기로 만들어 써 보자.
   ⇒ 나는 우리 반 꼴찌다. 맨날 숙제도 안 하고 시험에서 10점을 받아서 혼난다. 엄마한테도 혼나고, 학원도 몰래 빠진다. 그래도 나는 스트레스 받고 나 혼자만 아는 일등보다 나처럼 행복하고 잘 노는 꼴찌가 더 좋은 것 같다. 그리고 일등해도 꼭 좋은 사람이 되는 건 아니다.
3. 주인공은 지금 어떤 마음이 들까?
   ⇒ 꼴찌라 좀 슬퍼하다가 그래도 꼴찌가 더 좋다고 생각한다. 일등은 불쌍한 것 같다. 노는 재미를 모른다.
4. 나도 비슷한 마음이 든 적이 있다면 언제일까?
   ⇒ 수학 시험 20점 맞고 혼났을 때. 그래도 문제집 안 풀고 많이 자고 친구들이랑 늦게까지 노는 게 더 좋다.

학생들은 가사를 보고 노래의 화자와 그 안에 담긴 이야기, 자신의 공통된 경험 등을 떠올리며 감정을 살려 노래 부르기에 도전한다. 이때 노래 부르기 단계는 누가 더 이러한 노래의 분위기와 의미를 잘 살려 불렀는가를 통해 가수 내지는 뮤지컬 배우를 뽑는 오디션 형식으로 진행해 보아도 재미있다.

좋은 가수는 노래 가사와 멜로디에 담긴 감정을 청중에게 가슴 저리게 느끼도록 해 준다. 이때 가수의 음악적 표현은 곡의 해석에서 나온 것이므로 노래 부르기에 앞서 그 노래에 대한 적절한 해석이 선행되어야 한다. 곡의 재해석 혹은 노래 다시 부르기는 스토리 리텔링이다. 자신의 관점에서 같은 가사와 멜로디를 자기만의 음색으로 다시 부르기 때문이다. 기존의 노래를 자신의 경험과 감성으로 다시 부르는 작업은 학생들이 노래를 얼마나 이해하고 곡에 자신의 감정을 얼마나 풀어낼 수 있는지를 확인하는 작업이 될 것이다.

41

선율에서 느끼는 이야기 세계

스토리텔링으로 음악 감상하기

고전음악(classic)을 감상하다가 아름다운 선율에 꿈과 현실을 오간 경험을 해 보았을 것이다. 음악에 대한 이해 없이 감상만 할 경우 제대로 감상이 되지 못하는 경우가 많다. 그래서 요즘에는 '이야기가 있는 청소년 음악회'와 같이 음악에 이야기를 접목시킴으로써 관객들의 관심을 유도하기도 한다. 음악회에서 음악 중간에 지휘자가 음악가와 음악에 대해 설명을 해 주기 때문에 사람들은 음악과 더 친숙하게 느낀다. 지휘자는 스토리텔러가 되며, 음악은 한 편의 이야기가 된다.

이와 같이 음악 감상 수업에 스토리텔링을 적용할 수 있다. 음악작품이 생겨날 때는 작품 동기와 관련된 스토리텔링이 있다. 예를 들어, 하이든이 지은 〈놀람교향곡〉은 음악회장에서 조는 귀부인들을 놀라게 하기 위하여 만들어졌다는 이야기가 전해진다. 조용히 진행시켜 나가다가 갑자기 큰 음이 터져 나와 청중들이 깜짝 놀랐다고 하여 '놀람'이라는 표제가 붙게 되었다는 것이다. 또 베토벤의 〈월광〉 곡에는 눈이 먼 소녀가 아름다운 달밤의 풍경을 보지 못한 것이 너무 마음이 아파서 지었다는 이야기가 전해지기도 한다. 이처럼 작품에 얽힌 스토리텔링은 음악을 감상하는 데 도움이 된다.

멜로디에 가사를 붙이거나 시에 멜로디를 붙이는 활동은 음악 자체에 스토리텔링을 결합한 방식이다. 정지용의 시 〈향수〉는 1930년대 우리나라의 농촌을 묘사하고 있으며, 어린 시절의 추억과 고향의 정경을 그리게 한다. 이 시를 노래로 만들었는데, 시에서 느껴지는 분위기가 음악의 선율을 타고 대중에게 큰 감동을 전달하였다.

이와는 반대로, 음악을 감상하고 특정 장면을 떠올리기도 하면서 음악적 감동을 스토리텔링으로 바꾸는 과정이 작사를 하거나 뮤지컬을 만드는 기초가 된다.

스토리텔링을 활용한 음악 감상법에는 여러 가지가 있는데, 여기에서는 멜로디에 어울리는 가사를 붙여 부르면서 음악을 감상하도록 지도하는 방법을 소개하고자 한다.

이 아이디어를 적용한 수업의 흐름은 다음과 같다.

> 전체 음악 듣기 → 가사 붙일 멜로디 정하기 → 음악 다시 들으며 멜로디에 가사 붙이기 → 멜로디에 가사 붙여 부르기

음악에 대한 간단한 이야기로 학생들의 관심을 이끈 다음 전체 음악을 들려준다. 음악을 감상할 때 음악과 관련된 이야기를 자세하게 들려주는 것도 좋지만, 지나치게 자세하게 들려주면 학생들이 붙이는 가사가 거의 비슷하게 된다. 학생들이 멜로디 자체에 반응하게 할 목적이라면 음악에 대한 최소한의 정보만 주고 멜로디에서 느끼는 대로 가사를 붙여 보도록 한다. 반면, 음악을 이해하는 목적으로 음악 감상을 한다면 음악에 대한 정보를 최대한 많이 제공한다.

전체 음악을 들어 본 후에는 가사를 붙일 멜로디를 학생들과 함께 정하도록 한다. 곡 전체를 두고 볼 때 반복되는 구간이나 또는 학생들의 주관적인 선택에 따라 가사를 붙일 부분을 정할 수 있다. 작곡가와 작품 창작 배경이 음악 감상에 영향을 주기도 하지만, 음악을 듣고 떠오르는 이미지를 노랫말로 바꾸는 과정 자체에서 음악 감상 활동이 이루어진다고 할 수 있다. 가사를 붙일 부분을 정한 후에는 해당되는 부분을 반복해서 들으며 학생 각자가 멜로디에 가사를 붙인다. 각자 붙인 노랫말을 소개하고 멜로디에 가사를 붙여 노래를 불러 보는 활동으로 마무리한다. 자연스럽지 않은 부분은 수정하고 다른 친구가 쓴 노랫말로 함께 노래 부르면서 생동감 있는 음악 감상 활동이 되도록 이끈다.

이 활동을 하기 전에 음악과 관련하여 우리 생활 장면에서 사용되는 상황이나 학생들의 경험을 공유하여 음악에 대한 관심을 높인 후에 감상 활동을 전개한다.

여기에서는 베토벤의 〈엘리제를 위하여〉와 정지용의 시에 김희갑이 곡을 붙인 〈향수〉로 음악 감상 활동을 한 사례를 소개하고자 한다.

다음은 학생들이 〈엘리제를 위하여〉의 주요 부분에 가사를 붙인 사례이다.

〔학생 활동 사례 1〕 6학년

저는 당신을 사랑합니다.

제 꽃다발을 받아 주세요.

저는 당신을 위해 모든 것을 바치겠습니다.

〔학생 활동 사례 2〕 6학년

딴짓하지 말고 공부해~

딴짓하면 성적 떨어져.

공부 잘하면 정말로 좋은 거 잘해 줄게.

[사례 1]은 베토벤과 테레제와의 사랑을 토대로 가사를 지은 것이다. 이렇게 가사를 붙인 학생들은 음악을 들으면서 테레제를 향한 베토벤의 사랑하는 마음을 느낄 수 있을 것이다. [사례 2]와 같이 음악작품 배경과 관련 없이 자기가 느끼는 대로 연상되는 가사를 붙이기도 한다. 음악 감상 수업이 목적이라면 앞의 사례와 같이 스토리텔링에 기반하여 가사를 붙이도록 지도하는 것이 좋다.

〈향수〉는 '1930년대 정지용 시인이 쓴 시에 곡을 붙여 만든 노래'라는 정도의 안내만 한 후 가사 없이 멜로디로만 전체를 들려준 후 원래 어떤 내용의 시였을까 생각해 보도록 하였다.

다음은 〈향수〉를 듣고 학생들이 멜로디에 가사를 붙인 사례이다.

▶ **Tip**

교사의 발문 예시

- 처음 듣기: 눈을 감고 들어 보자. 들으면서 어떤 풍경이 떠오르는지 생각해 봅니다. 음악이 끝나면 어떤 모습이 떠오르나요?
- 두 번째 듣기: 다시 들으며 어떤 노랫말을 붙이면 좋은지 적어 봅시다.

〔학생 활동 사례 3〕 6학년

공원 벤치에 앉았던 그녀의 뒷모습은 꽃 한송이 같이 가냘펐네.

그녀는 마치 슬픈 기억을 회상하듯 그리운 표정을 짓고

날 보던 그녀의 눈빛이 누군가의 그리움을 찾는데

[학생 활동 사례 4] 6학년

하얀 구름 위에 앉아 있던 맛있는 구름과자 하지만 먹어 보진 못했지

어린 시절 즐거웠던 많은 추억들 아직도 기억에 생생하네

엄마가 나보고 미안하다며 주셨던 달콤한 사탕 하나가 너무 그립네

▶ **Tip**

대부분 음악 감상 수업이 학생 주도적으로 이루어지기보다 수동적으로 이루어지는 경우가 많다. 저학년 수준에서는 음악을 듣고 간단한 선으로 표현해 보기도 하고, 대부분 어떤 느낌이 드는지 말이나 글로 표현하는 정도의 활동을 한다. 여기에서 소개한 방법 이외에도 개인별 또는 소그룹별로 특정한 주제에 어울리는 음악을 찾아 엮어서 친구들에게 들려준다든지, 간단한 역할극 속에 음악을 삽입하여 공연한 후 극의 전개 과정에서 음악이 어떤 역할을 하는지 등에 대해서 함께 생각해 보는 것 등이 스토리텔링을 활용한 음악 감상 전략이 될 수 있다.

[사례 3]은 전체 노래에 대한 느낌이 이성 간의 사랑을 노래하는 느낌을 받아 노랫말도 그러한 내용을 바탕으로 만든 것이고, [사례 4]는 어린 시절 추억을 노래하는 느낌을 받아 붙인 노랫말이다.

멜로디에 학생들이 직접 지은 가사를 부르면서 음악을 감상하면 학생들이 주도적으로 음악을 감상하게 된다.

42

미술에 담긴 이야기를 찾아서

스토리텔링으로 미술 감상하기

네덜란드의 후기 인상파 화가인 빈센트 반 고흐(Vincent Willem van Gogh, 1853~1890)는 선명한 색채와 정서적인 감화로 20세기 미술에 지대한 영향을 미친 작가이다. 그의 대표작으로는 〈해바라기〉, 〈고흐의 방〉, 〈별이 빛나는 밤〉 등 여러 작품이 있지만, 많은 사람들에게 깊은 인상을 남기는 작품은 아마도 암울하고 소름끼치는 〈귀에 붕대를 감은 자화상〉일 것이다. 이 귀가 잘린 자화상이 사람들에게 깊은 인상을 남기는 이유는 작품 그 자체로서도 그렇지만, 귀가 잘리게 된 이야기에 대한 궁금증 때문이기도 하다.

미술작품이 생겨날 때는 작품 동기와 관련된 스토리텔링이 있다. 고흐가 자화상을 그린 이유에도 스토리텔링이 존재한다. 고흐는 인물의 본질과 내면을 표현하기 위해서 초상화를 그렸다고 한다. 고흐가 동생에게 보낸 편지에 "사람들은 말하지, 자기 자신을 아는 것은 어려운 일이라고. 나 역시 그렇게 생각한다. 자기 자신을 그리는 것 또한 어려운 일이야."라고 한 것처럼, 반 고흐의 작품에는 그의 독특한 심리 상태가 표출되어 있다. 이렇게 작가의 삶에 대해서 안다면 작품 이해의 폭이 넓어질 것이다.

미술 감상을 할 때에는 탐정이 되어 실마리로 가득 찬 작품들을 보면서 그림 속의 사람이 누구이며 그 속에서 어떤 일이 일어나고 있는지를 알아내려고 할 필요가 있는데, 이러한 미술 감상 활동에 스토리텔링을 적용해 볼 수 있다. 스토리텔링을 적용한 미술 감상 활동은 작품 자체를 해석해 내는 능력과 미술작품의 이면에 감추어진 스토리를 상상해 내는 능력이 결합된다.

여기에서는 '작품 속 인물들의 생각을 스토리텔링으로 엮기' 활동을 통한 미술 감상 수업을 소개하고자 한다.

> 그림 보고 해석하기 → 그림 속 인물들의 생각 읽기 → 그림 속 인물의 관점에서 스토리텔링 하기 → 그림 다시 감상하기

이 활동은 많은 인물이 등장하는 그림을 감상할 때 활용할 수 있다. 그림 속에 등장하는 한 인물의 관점에서 그림의 상황을 스토리텔링하게 하는 것이다.

먼저 그림을 꼼꼼히 들여다보고 객관적으로 해석해 보도록 하는데, 이 과정을 통하여 미술작품 속의 배경이 무엇인지 알 수 있다. 또 인물들의 모습에서 사회적인 현상이나 문화 등을 짐작할 수도 있는데, 학생들이 작품을 보고 해석한 바를 왕성하게 발표해 보는 시간을 통하여 그림에 나타난 것을 최대한 많이 발견할 수 있도록 지도한다.

다음은 그림 속 인물들의 생각을 읽는 단계로, 작품에 등장하는 인물들 간의 관계나 표정 등을 바탕으로 특정 인물의 입장에서 스토리텔링을 해 보도록 한다. 같은 작품이지만 작품 속 어떤 인물의 입장에서 들려주느냐에 따라 전혀 다른 이야기가 전개될 것이다. 학생들의 다양한 스토리텔링 활동이 이루어지고 나서 작품을 다시 감상하면 처음과는 다른 눈으로 작품을 바라볼 수 있게 된다.

김홍도의 〈서당〉을 중심으로 이 활동을 살펴보자. 우선, 김홍도의 〈서당〉을 숨은 그림을 찾듯이 꼼꼼하게 관찰하여 구체적으로 살펴보도록 지도하면 많은 정보를 발견할 수 있다.

이 그림에는 전체 10명의 인물이 등장한다. 나이 많은 훈장님, 혼나고 있는 듯한 아이, 놀리는 듯한 아이들, 갓을 쓴 어른, 부잣집 아이, 가난한 집 아이, 책을 보는 아이 등등. 등장인물 모두가 남자라는 점과 같이 그림에서 읽어 낼 수 있는 것을 최대한 찾게 하고, 그림을 해석한다. 숨은 그림을 찾다 보면 궁금증이 발생한다. '왜 남자만 있을까?', '훈장님 앞에 있는 아이는 무슨 잘못을 했을까?', '책을 읽고 있는 듯한 아이는 왜 그런 표정을 짓고 있을까?' 등. 이런 과정을 통해 풍속화의 의미를 파악할 수 있다.

그림 해석을 하고 난 후 그림 속 인물들의 말이나 생각을 상상해 보게 한다. '훈장님이라면?', '가운데 앉아 있는 아이라면?' 이러한 방식으로 즉흥적인 말하기를 이끌어 내도 좋고, 인물들의 표정이나 행동을 보고 무슨 생각이나 말을 했을지 말주머니를 이용해 완성해 보게 하는 것도 좋다. 그중 한 인물이 되어서 그림에 대해 스토리텔링하게 한다. 이후에 김홍도의 그림에 대한 의미를 다시 알려 준다.

다음은 '그림 속 인물들의 생각을 스토리텔링으로 엮게 하기' 전략을 활용하여 미술 감상 활동을 한 결과물이다.

〔학생 활동 사례 1〕 6학년, 훈장님이 들려주는 그림 이야기

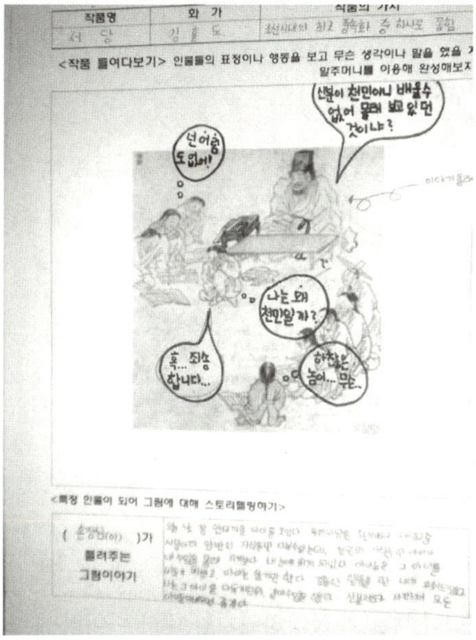

오늘 낮, 참 안타까운 아이를 보았다. 우리 서당은 조선에서 세운 서당이라 양반의 자식들만 다닐 수 있는데, 천민의 자식 중 한 아이가 내 수업을 몰래 지켜보다 눈에 띄게 되었다. 아이들은 그 아이를 비웃기 바빴고, 아이는 울기만 하였다. 경솔한 행동을 한 내가 후회되었다. 나는 그 아이들 다독거린 뒤 같이 수업을 했다. 신분제도가 사라져 모든 아이들이 배우면 좋겠다.

먼저 작품의 이름과 화가에 대한 정보를 학생들과 함께 나눈 후에 말주머니를 이용하여 인물의 생각이나 말을 상상해 보는 '작품 들여다보기' 활동을 하도록 했다. 이러한 활동이 이루어진 후에 그중 특정인물이 되어 그림에 대해 스토리텔링을 해 보는 방식으로 미술 감상 활동을 진행하였는데, 이 학생의 경우 작품이 창작된 조선시대에 대한 역사적 지식을 활용하여 스토리텔링을 하였다.

[학생 활동 사례 2] 6학년, 혼나는 아이가 들려주는 그림 이야기

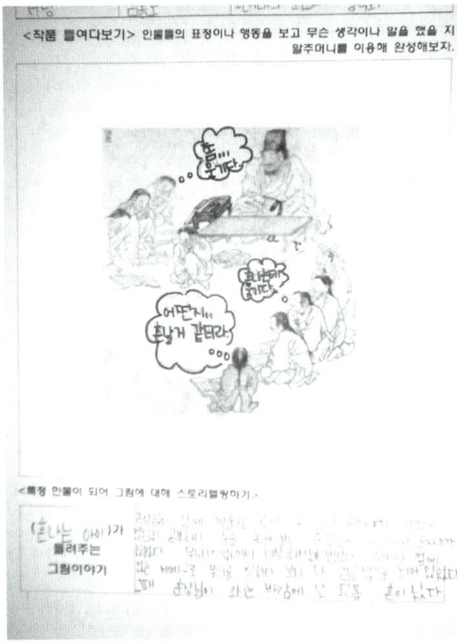

훈장님이 장에 가신다고 먼저 우리끼리 공부하라고 하셨다. 열심히 공부하다 눈을 돌려 보니 훈장님이 아끼시는 도자기가 있었다. 무늬가 없어서 너무 허전해 보였다. 그래서 옆에 있는 서예 용구로 무늬를 그리다 보니 온통 검은색으로 되어버렸다. 그때 훈장님이 오시는 바람에 난 된통 혼이 났다.

[사례 2]는 학생 자신이 '혼나는 아이'가 되어 스토리텔링하였다.

[학생 활동 사례 3] 6학년, 응석이가 들려주는 그림 이야기

오늘 서당에서 아주 이상한 일이 일어났다. 훈장님께서 화장실에 다녀오신 후, 내 친구 홍도에게 로션을 빌려 달라고 말씀하셨다. 홍도가 불쌍하였지만 내가 아니라서 다행이기도 하였다.

이 학생의 경우, 훈장님과 '홍도'와 '홍도 친구 응석이'라는 인물을 설정하고 현실적인 배경으로 스토리를 창작하였다. 상상력을 발휘하는 것도 좋지만 그림에 대한 해석을 토대로 해야 한다는 점으로 볼 때, 이 작품이 창작된 시기나 작품이 창작된 배경과 전혀 어울리지 않은 스토리텔링을 한 경우에는 교사의 세심한 지도가 필요하다.

작품 속 인물이 되어 그림을 자세히 보게 되면 작가가 표현하려고 한 것이 무엇

인지, 작품이 어떤 가치가 있는지 꼼꼼히 살펴보게 된다.

미술 수업이 표현 중심으로 이루어지는 반면, 감상 수업은 상대적으로 소홀하게 다루기 쉽다. 감상 수업은 대체로 직관적이고 주관적으로 이루어지기 쉽다. 또, 작품에서 주어진 정보나 의견을 그대로 수용하여 감상하는 '수용적 감상'에 그치는 경우가 많다. 스토리텔링을 활용한 미술 감상 수업은 작품을 꼼꼼히 살펴보고 상상력으로 작품을 해석하게 해 주체적이고 창의적인 감상이 되도록 한다.

▶ **Tip**

스토리텔링을 활용한 또 다른 미술 감상 전략으로는 '작품의 맥락을 스토리텔링으로 지도하기'와 '그림 속 인물의 이야기 스토리텔링하기' 등이 있다.

'작품의 맥락을 스토리텔링으로 지도하기'는 작품의 문화적 가치나 미술사적 가치가 무엇인지, 그림을 어느 상황에서 그렸는지, 제목에는 어떤 의미가 담겨 있는지 등 작품과 관련된 배경과 작품 속 인물을 교사의 풍부한 스토리텔링으로 들려줌으로써 그림에 대한 이해를 높이게 하는 방법이다.

'그림 속 인물의 이야기 스토리텔링하기'는 주로 인물화나 초상화처럼 인물 자체를 소재로 다룬 그림을 감상할 때 활용할 수 있는 전략으로, 그림 속 인물을 중점적으로 살펴보고 인물의 표정이나 행동에 주목하여 무엇을 하고 있는지를 함께 이야기 나눈다.

43

살아 움직이는 그림

김홍도의 〈씨름〉 중계하기

"훈수를 들다"라는 관용구가 있다. 바둑이나 장기 따위를 둘 때에 구경하던 사람이 끼어들어 참견하는 것을 말한다. 그래서 흔히 남의 일에 끼어들어 수를 가르쳐 줄 때 "훈수를 들다."라고 말한다. 동네 어른들의 내기 장기에서 훈수를 두다 시비가 붙는 일은 허다하며, 그럼에도 불구하고 '훈수꾼'은 좀처럼 사라지지 않는다. 눈앞에서 벌어지는 놀이나 경기에 대해 참견하고 말하고 싶은 것은 본능이며, 이는 학생들에게도 적용된다. 살아 움직이는 그림은 이러한 인간의 본성을 활용하여 학생들의 구술 스토리텔링 능력을 향상시키기 위한 활동으로, 미술 감상 수업에도 활용될 수 있다.

'중계하다'는 중계(中繼)에서 파생된 말로, '중간에서 이어 주다'라는 뜻을 가지고 있다. 그러나 이 말을 이처럼 물리적으로만 이해해서는 안 된다. 함은주·원영신(2001)은 서사 연구 관점으로 TV 스포츠 프로그램을 분석하였는데, 그는 스포츠 중계방송을 이렇게 규정한다.

> 스포츠 중계방송은 스포츠의 여러 장면과 피사체(참가 선수들과 관중, 경기장 등) 중에서 이야기하고자 하는 의도에 따라 대상들을 선택하고 편집하여 재구성한 하나의 큰 이야기인 것이다. 중계자는 경기 그 자체가 아니라 자신의 의도에 따라 재구성한 이야기를 청중에게 들려주게 되며, 이야기는 놀이의 요소인 긴장·평형·안정·전환·대조·변주·결합·해체·해결의 과정이 담기게 된다. 스포츠의 경우 그 자체가 놀이적 특성을 가지고 있기 때문이다.

그러나 이러한 구술 스토리텔링 능력은 단기간에 발달시킬 수 있는 것이 아니다. 언어 기능 중 '말하기'를 교수·학습할 때 보통 말할 내용을 떠올리고, 글로 쓰고, 말하고, 평가하는 네 단계를 거친다. 구술 스토리텔링 능력은 이러한 단계가 머릿속에서 동시적으로 이루어지고 조절 작용이 함께 이루어져야 하므로, 향상시키는 데 오랜 시간이 필요하다. 따라서 놀이를 중계하는 활동도 단계적으로 학습하는 것이 바람직하다.

여기서는 김홍도의 그림 〈씨름〉을 활용하여 그림(놀이)을 중계하는 활동을 한다. 그림은 놀이의 동시성의 제약에서 벗어날 수 있고, 영상에 비하여 조작이 간편한 장점이 있다. 〈씨름〉은 상하 2단으로 관객을 배치한 중심부에 맞붙은 씨름꾼을 배치한 원형구도의 그림으로, 고조된 경기 분위기와 구경꾼 그리고 경기엔 관심이 없는 엿장수의 모습이 인상적인 작품이다. 이 수업의 큰 흐름은 다음과 같다.

숨은 그림 찾기 → 궁금증 해결하기 → 생각/말주머니 그리기 → 중계 대본 쓰기 → 중계하기

먼저, 그림을 인쇄한 학습지를 나누어 주고 학생이 그림을 꼼꼼히 관찰하게 한다. 그림에 담긴 내용을 최대한 많이 발견하게 하는 것이 목적으로, 그냥 관찰하기보다는 '숨은 그림 찾기'와 같은 놀이 형식으로 운영하면 학생의 흥미를 더욱 높일 수 있다. 부채를 들고 있는 사람, 신발을 벗어 놓은 사람, 갓을 벗어 놓은 사람 등 교사가 미리 준비한 문제의 답을 찾아 그림에 표시한다. 또는 영어 수업에서 자주 쓰이는 카드 빨리 집기 게임(catch the card)을 활용할 수도 있다. 이때에는 교사가 "부채를 들고 있는 사람!"을 외치면, 상대방보다 먼저 찾아 손가락으로 짚어야 한다.

다음으로, 그림을 관찰하는 동안 생긴 궁금증을 해결한다. 교사와 학생이 함께 이야기를 나누며 왜 남자만 있을까, 여자들은 무엇을 하고 있을까, 장소는 어디일까 등의 궁금증을 해결한다.

그러고 나서 그림 속 인물들의 생각이나 말을 상상해 본다. 각 인물의 표정이나 행동을 보고 무슨 생각과 말을 했을지 생각/말주머니를 넣는다. 숨은 그림 찾기, 궁금증 해결하기, 생각/말주머니 그리기 활동은 중계할 거리를 풍부히 해 주는 역할을 한

다. 앞선 활동들을 통하여 중계의 대상은 씨름 경기 자체뿐만 아니라 구경꾼과 경기가 벌어지는 장소까지 확장된다. 또한 생각/말주머니를 넣는 활동은 단순히 설명적·묘사적 말하기를 넘어서, 중계자가 적극적인 추론을 통하여 이야기를 재구성하여 전달할 수 있도록 해 준다.

마지막으로, 중계를 위한 대본을 쓰고 중계를 해 본다. 다음은 실제 활동을 통하여 학생이 쓴 중계 대본이다.

[학생 활동 사례 1] 4학년

안녕하세요? ○○○방송국의 ○○스포츠 해설가 ○○○입니다. 현재 남자 1번 선수와 남자 2번 선수가 씨름을 하고 있습니다. 신분이 높은 사람들은 지나가면서 경기를 보고, 신분이 낮은 사람들은 땅에 앉아 구경하고 있습니다. 그 옆에는 경기에는 관심 없고 돈만 벌면 된다는 표정을 하고 있는 엿장수도 보입니다. 구경하고 있는 사람들이 흥을 돋워 주면서, 1번과 2번의 경기가 더 치열해지고 있습니다. 과연 이 마을의 씨름왕은 누가 될지 궁금합니다. 술을 마신 구경꾼들이 엿장수에게 조용히 하라고 소리치고 있습니다. 아! 경기가 끝났습니다! 이번 경기는 무승부입니다. 이상 ○○○방송국의 ○○스포츠 해설가 ○○○이었습니다. 감사합니다.

[학생 활동 사례 2] 4학년

네, 전국씨름대회 결승전입니다. ○선수와 △선수의 대결입니다. 이제 시작입니다. ○선수 위험해요. △선수가 ○선수를 들었습니다. 하지만 ○선수도 가만히 있지는 않아요. ○선수가 △선수의 다리를 겁니다. 안다리걸기가 나왔습니다. 둘 중 누가 씨름의 제왕이 될지는 잠시 후에 공개됩니다. (10분 후) 네, ○선수 엎어치기를 시도하죠. △선수 안다리걸기로 ○선수를 거의 넘어뜨릴 뻔했습니다. △선수 엎어치기에 걸렸죠. 하지만 ○선수가 놓쳤어요. 숨 막히는 대결입니다. 우승자는 누가 될까요? 앗, △선수 기습적으로 엎어치기를 합니다. ○선수 이렇게 지는 건가요? 앗, ○선수 갑자기 서더니 되치기를 합니다. △선수 위험해요. ○선수가 승리합니다. ○선수의 아버지가 기뻐합니다. ○선수는 백 냥을 받는 영광을 얻었습니다. ○선수가 오십 냥을 △선수에게 주었습니다. 전국씨름대회 여기서 막을 내립니다.

[사례 1]은 구경꾼과 경기장의 풍경을 자세히 묘사하면서, 경기장의 고조된 분위기를 잘 전달하고 있다. 말주머니 넣기 활동을 통하여 술을 마신 구경꾼들이 엿장수에게 조용히 하라고 소리치고 있다고 재구성하여 전달하였다. 그러나 상황 묘사에 치중한 나머지 경기 자체에 대한 중계가 생략되었다.

[사례 2]는 두 선수의 경기 상황을 자세하게 전달한다. 단순히 상황을 묘사하는 것을 넘어서 "○선수 위험해요.", "○선수도 가만히 있지는 않아요.", "숨 막히는 대결입니다." 등과 같이 평가를 가미해 재구성하였다. 그러나 경기 외적인 요소는 재구성 과정에서 간략히 다루어지거나 생략되었다.

미술 감상 수업에서 그림을 중계하는 활동은 표현 재료나 기법의 탐색을 넘어서, 그림 속 이야기를 풀이하고 해석하도록 도와준다. 중계하기 활동을 적용할 미술작품을 선택할 때에는 움직임이 많거나 서사성이 높은 작품을 선택하도록 한다. 이 활동은 풍속화나 역사화, 기록화[38] 등의 감상에 폭넓게 활용될 수 있으며, 학생의 생활 경험을 표현한 그림의 감상에도 활용할 수 있다.

▸ **Tip**

1. 동시성과 현장성이라는 특성을 가진 '중계하기' 활동은 사회과의 역사나 지역 관련 수업에 활용하면 좋다. 예를 들면, 〈정조대왕 어가행렬도〉나 지역 행사를 중계하는 수업을 설계할 수 있다.
2. 체육과의 게임 활동을 할 때 '중계하기' 활동을 하면, 게임의 규칙이나 전략을 익히는 데 도움이 된다.

38 특정한 사실을 사실적으로 묘사하여 그 내용을 시각적으로 전달한 그림. 문자 이외에 특별한 기록 수단이 없던 시대에 살던 사람들은 그림이 지닌 시각 매체로서의 기능에 의존하여 다양한 종류의 기록화를 남겼다. 기록화는 당대의 인물과 생활상을 있는 그대로 재현하였다는 측면에서 넓게는 풍속화로 분류될 수 있다. 또한 과거에 실제로 일어난 사건과 행사를 내용으로 한다는 면에서는 역사화의 범주에 포함된다. 기록화의 대표적인 예로는 〈정조대왕 어가행렬도〉가 있다.

44

내 그림 팔아요

미술작품 판매 스토리텔링 경험하기

'미술작품 판매'는 미술작품에 대한 감상 과정에서 활용할 만하다. 감상은 표현과 함께 미술 교과에서 중요한 축을 이룬다. 작품이란 학습자가 표현한 생활의 일부이며 경험이기 때문에 이것을 이해하고 수용하는 감상은 작품과 맺는 소통이라는 면에서 중요하다. 미술 교과에서 작품은 학습자 외부에 독립적으로 존재하는 것이 아니다. 곧, 자신이 생산한 작품에 대한 학습자의 의식과 경험이 반영된 내용물이다. 감상은 기본적으로 타인의 작품을 해석하고 수용하는 행위이기도 하지만, 내 작품에 대한 깊이 있는 이해의 행위이기도 하다. 창작 및 표현 활동에서 미처 발견 못한 시각을 감상 과정에서 발견할 수도 있다. 소위 말해서 내 작품에 대한 메타인지의 효용이 있는 것이다. 또한, 타인의 감상을 효과적으로 돕는 매개 역할도 할 수 있는 것이 이 활동의 특징이다. 학년에 관계없이 활용할 수 있으며, 미술과의 정리 단계에서 적절히 활용할 만하다.

이 활동의 특징은 작품을 판매하는 것이다. 물론 실제로 돈이 오가는 판매가 아니라 가상의 판매 방식이다. 물건을 팔기 위해서는 팔고자 하는 물건에 대하여 잘 알고 있어야 한다. 뿐만 아니라, 물건에 대한 자신감이 있어야 한다. 그 자신감이란 개성에 대한 것일 수도 있고, 디자인에 대한 것일 수도 있다. 어쨌거나 자신이 팔고 싶은 물건에 대하여 속속들이 알고 자신감을 갖는 것은 필수이다. 따라서 학습자는 자신이 생산한 미술작품에 대하여 잘 알고, 그것에 대한 자신감을 가지고 구매자 앞에 서야 한다. 작가와 큐레이터의 역할을 겸한다고나 할까? 다소 장난스러울 수 있지만, 유용한 감상 경험으로 작용한다. 자신과 타인의 작품을 꼼꼼히 살필 수 있는 계기가 된다.

물건을 판다는 것은 상대를 설득하는 전략을 사용한다는 말이다. 설득을 위해서는 객관적 사실을 바탕으로 한 논리성 외에 상대의 마음을 얻으려는 감성적 전략도 필요하다. 이것의 실질적인 방법이 스토리텔링 기반의 말하기이다. 스토리가 내용을 말한다면, 스토리텔링은 전달 방식을 말한다. 현대의 많은 상품이 단순히 성능만으로 판매고를 올리는 것은 아니다. 성능뿐만 아니라 광고를 통한 말하기 전략으로 물건을 판다. 알다시피 광고는 기본적으로 강력한 스토리텔링 활동이다. 광고를 통하여 잠재적 소비자의 구매 의욕을 자극하고 실질적 구매자로 만드는 것이다. 이 활동의 흐름은 대략 다음과 같다.

작품 생산 → 퀴즈로 '다시 보기' 활동 → 작품 판매 연설 → 감상의 심화

보통 미술시간은 두 시간을 연이어 진행하는 연차시로 운영된다. 이 중에서 후차시 일부를 위에 소개한 활동으로 진행해 본다. 작품 판매 전략은 자신이 판매할 작품에 대하여 자세히 살피고 본격적인 판매 준비를 하는 것을 말한다. 내 작품에 대하여 누군가 이러저러한 평가를 해 주는 것이 아니라 스스로 작품을 자세히 보는 단계이다. 처음에는 교사의 조력이 더해지면 좋다. 학습자를 대상으로 교사가 질문을 던짐으로써 학습자의 전략 수립을 돕는 것이다. 먼저, 교사가 작품 하나를 들어 학생들에게 퀴즈 형식으로 작품을 다시 보게 한다. 교사는 특정 학생의 작품으로 퀴즈를 내고, 학생들은 퀴즈에 대한 답을 예상한다. 이때 작품 생산자는 작가 역할을 맡아서 정답에 대한 판정을 내린다. 필자가 실제 수업 활동에서 활용한 예와 결과를 살펴보면 다음과 같다.

〔학생 활동 사례 1〕 4학년

교사: 그림 중간에 있는 이 동그란 것들은 무엇일까요?

학생1: 물에 돌 던지면 동그라미가 퍼지잖아요. 그 표시 같습니다.

교사: 작가님! 맞나요?

작가: 아닌데요.

학생2: 꽃 같아요. 그런데 너무 커요.

작가: 맞아요. 꽃입니다.

교사: 네! 다음 질문입니다.

이런 식으로 작품에 대하여 다시 보기의 기회를 마련한다. 또, 학습자가 직접 자신의 작품을 들고 나와서 친구들에게 퀴즈를 내도 좋다. 그렇게 함으로써 자기 작품에 대한 친구들의 관심도 모으고, 자신의 관점을 새롭게 발굴할 수도 있다. 자신감을 얻는 기회이기도 하다. 질문과 답변은 작품에 대한 새로운 시각을 얻는 데 매우 유용하다. 그 옛날, 그리스의 유명한 철인이 질문법으로 무지를 깨닫게 했다는데, 괜한 말은 아니지 싶다.

그 다음에는 본격적으로 작품을 판매해 보도록 한다. 판매할 때 작품에 대한 내용 소개와 함께 자신의 작품이 가진 장점이나 매력을 적극 소개해야 한다. 여기에는 작품의 제목, 작품의 내용, 작품 구현의 이유 등이 포함된다. 이제 학습자는 본격적으로 자기주도성을 가지는 단계에 이른다. 예를 들어 보자. "이제 내 작품을 팔 거예요."

교사의 안내와 함께 간단한 PPT자료를 소개하면 좋다. 곧 작품의 제목, 표현기법, 내 작품의 우수성 등을 밝히고 그에 따른 값을 스스로 매겨서 제시하도록 하는 내용이다. 이 수업에서는 두 가지만 강조한다. 첫째, 수묵화의 표현방법에 관한 기능적인 면으로서 먹의 농담을 살리도록 할 것. 수묵화의 전범이 되는 옛 작품 및 동시대 학생들의 작품을 예시로 보여 준다. 둘째, 작품완성 후 판매할 것이라는 것. 다시 말해서 표현의 디테일보다는 감상을 위한 전략에 무게중심을 둔다.

[학생 활동 사례 2] 4학년

이 작품의 제목은 '수상가옥'입니다. 물 위의 기와집과 나무를 그린 작품입니다. 물 위의 기와집 옆 나무에 연한 먹과 진한 먹을 같이 사용하여 좋은 것 같고, 그림자와 파도가 잘 그려졌습니다. 본래는 땅 위에 있는 집을 그리려고 했는데, 그림자를 그리다 보니까 꼭 물 같아서 물 위에 있는 집으로 하였습니다. 그림의 가격은 이만 삼천 원입니다. 종잇값이 천 원, 제 노력 값 만 원, 붓이랑 먹과 같은 재료비가 만 이천 원입니다. 그래서 이만 삼천 원입니다. 사실 분 계십니까?

[학생 활동 사례 3] 4학년

이 작품의 이름은 '옛사람들의 생활 풍경'입니다. 한 초가집에 산 경치가 좋고 논과 밭이 있고, 옛사람들이 꽃을 키우며 살아가고 있었습니다. 그리고 강에서 사람들이 씻으며 빨래하고 우물가에서 물을 길어다 마셨습니다. 정말 살기 좋은 곳입니다. 이 그림을 그린 이유는 옛사람들의 생활이 흥미로워 보여서 그리고 싶었기 때문입니다. 이 그림은 풍경이 참 좋아 자랑하고 싶습니다. 그림의 가격은 만 원입니다.

[사례 2]는 그림의 내용 자체에 중점을 두어 설명한 경우이다. 자신이 그린 작품의 내용이 어떤 것인지, 그 안에는 어떤 요소들이 들어 있는지 등을 설명하였다. 그러면서 자신의 작품이 가진 장점을 먹의 농담과 관련지어 스스로 평가하였다. 설명 및 설득의 후반부에서는 작품의 가격을 매긴 기준을 제시함으로써 구매자에게 정확한 정보를 제공하려고 하였다. [사례 3]은 작품 자체의 내용보다는 자신이 그것을 그린

이유에 대하여 서술하고 있다. 평화롭게 살았던 옛사람들의 생활과 아름다운 풍경을 그리고 싶었다고 그 이유를 밝혔다. 이 활동을 진행하다 보면 개인차가 있는 것을 발견하게 된다. 즉 작품 자체는 좋은데 그것을 설득력 있게 설명하지 못하는 경우가 있는 반면, 작품은 그다지 훌륭하지 않은데 이야기를 잘 풀어내는 경우가 있다. 하지만 크게 신경 쓸 만한 변수는 아니다. 중요한 것은 학습자가 자신의 작품을 가지고 감상하는 과정에서 이야기를 만들어 낸다는 점이다.

이야기는 미술작품의 감상을 풍성하게 하는 매개 역할로 작용한다. 일례로, 추사 김정희의 〈세한도〉가 그려진 배경에 대하여 알면 그림을 보는 시각과 느낌이 사뭇 달라진다. 또, 고흐가 자기 얼굴에 붕대를 감고 있는 그림을 볼 때에 고갱과의 비하인드 스토리 같은 것들을 알면 작가의 고뇌와 그림의 깊이를 다시 느끼게 된다. 이처럼 그림에는 이야기가 담겨 있는 법이다. 예로 든 것은 타인의 작품을 감상할 때의 경우에 해당되지만, 자신의 작품을 감상할 때도 이야기는 적절한 매개물 노릇을 한다. 본질적으로 그림은 시간의 흐름이나 의식의 형상 등을 한 장의 화면에 나타내는 방식으로 이루어진다. 그런데 이런 시각적 구현만으로는 시간이나 사건, 의식 등을 온전히 형상화하기 어렵다. 언어의 보완이 있을 때 상생의 표현 가능성이 열리는 법이다. 이것은 스토리텔링의 기제가 미술 감상에 적용된 경우이다.

나아가 보다 풍성한 미술 감상을 위해 스토리텔링의 기제를 달리 적용해 볼 수도 있다. 전시를 해 보는 것이 그런 예가 되겠다. 일정한 주제를 가지고 모둠별 전시회를 열어 보도록 한다. 예를 들어, '여름방학 이야기', '친구들과의 게임', '우리들의 소란' 등 주제를 정하여 전시회를 열 수도 있겠다. 미술관이나 박물관, 테마파크 등 사람들이 많이 찾는 장소는 대부분 이런 스토리텔링의 구조를 가지고 있다. 전시회라고 해서 거창하게 생각할 필요는 없다. 수업 시간 후반부에 잠깐 적용해 볼 정도라면 된다. 모둠에서 정한 주제를 바탕으로 큐레이터가 되어 사람들에게 간단히 전시물을 소개하는 활동이라면 족하다. 칠판에 붙인 그림을 보면서 소개하는 경험, 칠판 앞에서 작품 설명을 한다는 이 단순한 경험이 스토리텔링의 또 다른 모습이며, 그 능력을 신장시키는 통로가 되는 것이다.

45

여기엔 이런 표지판을

이야기를 도상으로 나타내기

인간의 역사가 곧 스토리텔링의 역사라면 문자 이전의 시대에는 어떤 방식으로 표현을 했을까? 문자가 생기기 전까지 인간의 스토리텔링에 대한 욕구를 충족시켜 준 것은 다름 아닌 그림이었다. 이는 선사시대의 벽화나 암각화 등을 보아서도 쉽게 알 수 있는 사실이다. 문자를 사용하기 이전의 인간은 이야기하고자 하는 욕망을 그림을 통해 표현할 수 있었을 것이다. 그렇다면 문자가 발달한 지금은 더 이상 스토리텔링의 분야에 그림이 끼어들 여지는 없는 것일까? 이에 대해 "아니오."라고 대답하고 싶다.

이전에는 스토리텔링의 도구로서 글이나 말이 이성의 검열을 거친 후 표현되는 것임에 반해, 그림은 이성보다는 감성이나 본성에 가깝다는 편견을 벗어나지 못하였다. 그러나 최근에 들어 그림은 그 가치를 새로이 평가받고 있다. 즉, 언어와 그림의 차이점은 스토리텔링의 어떠한 특성을 나타낼 수 있는 도구인가의 문제가 있으나 어느 것이 더 낫고 어느 것이 더 못하다는 우열의 관계가 아님을 인식하기 시작한 것이다. 그림은 어떤 면에서는 언어가 가진 장벽을 뛰어넘을 수 있는 힘을 가지고 있다. 이에 근자의 스토리텔링은 전적으로 언어에만 매달리지 않고 그림이나 사진 등의 시각적 표현 도구도 자유로이 부리며 사용하고 있는 것이다.

여기에서는 학생이 자신의 체험 스토리텔링에 비추어 특정한 상황이나 요구를 시각적 기호로 도상화하는 활동을 구상하였다. 기존 학교 현장에서 이와 비슷하게 해오던 활동으로는 포스터 그리기와 표지판 만들기가 있다. 포스터는 구체적 문자 텍스트가 삽입되어 포스터로 알리거나 주장하고자 하는 바가 직접적으로 드러난다. 반면, 표지판의 경우 대중들에게 이미 약속된 시각적 기호의 조합으로 알리고자 하는 바를 나타내므로 포스터에 비해 시각적 이미지에 기대는 면이 크다. 이 활동은 학생에게 가장 가까운 경험 스토리텔링을 시각적으로 표현하는 활동으로, 문자 텍스트를 포함하지 않으며 약속된 기호의 사용이 두드러지지 않는다는 점에서 포스터 그리기와 표지판 만들기의 중간 지점에 위치한다고 볼 수 있다. 이는 학습자에게 뛰어난 회화적 능력을 요구하지는 않지만, 이제껏 스토리텔링이 언어로만 이루어진다고 믿어 왔던 학생들에게 새로운 스토리텔링의 방식을 경험시켜 줄 수 있는 기회로 작용할 수 있다. 또한 감정을 표현하는 것에 익숙하지 않은 학생들은 자신의 마음, 고민, 비밀에 관한 이야기를 도상화하여 다른 사람에게 간접적으로 전달할 수도 있다.

이 활동의 대략적 흐름은 아래와 같다.

> 특정 경험 스토리텔링 떠올리기 → 가장 유의미한 스토리텔링을 압축하여 시각화하기 → 표지판의 제목과 시각화 방식 설명하기

먼저, 학생들은 특정한 자신의 생활 경험 스토리텔링을 떠올리게 된다. 학생들에게 자신의 일상에서 이야깃거리를 찾아보라고 했을 때 학생들은 막막하고 답답하다는 반응을 보인다. 이럴 때에 교사는 오늘 아침에 일어나서 부모님과 있었던 일, 지난 일요일 가족과 함께 했던 일, 어제 선생님께 꾸중 들었던 일 등을 떠올리도록 구체적인 상황에 대한 열린 발문을 던짐으로써 학생이 자신의 주변에 풍부한 경험 스토리텔링이 있음을 인지하도록 돕는다.

그 후 스토리텔링들을 그림으로 표현하게 된다. 이때 학생에게 구체적이거나 예술적인 그림을 요구해서는 안 된다. 다만, 이 단계에서 그린 표지판을 특정 장소에 게시할 것임을 알릴 필요가 있다. 좀 더 재미의 요소를 첨가하려면, 표지판을 모두 만들고 난 후 표지판 알아맞히기 게임을 실시하겠다고 예고할 수도 있다. 학생들은 자신이 떠올렸던 사건들을 그리며 그 당시 자신이 그 상황에서 어떤 점을 재미있게 생각하거나 슬프게 여겼는지, 어떤 점이 자신에게 유의미했는지 등을 생각할 기회를 가질 수 있다.

▶ **Tip**

학생이 그림 그리기에 부담을 느끼게 될 경우, 스토리텔링보다 회화 활동의 측면에 치우치기 쉬우므로 "알아볼 수만 있게 그려도 좋아요." 등의 개입으로 활동의 성격을 잃지 않게끔 유도할 필요가 있다.

또한, 이 단계에서는 시각화되지 않은 사건을 시각화하여 표

현한다는 점에서 학생의 창의적 변용 능력을 요구하게 된다. 이 단계에서의 결과물은 추상적인 선이나 단순화된 도형일 수도 있고, 구체적 사물의 그림이 될 수도 있다. 예를 들어 '휴지통'이라는 사물을 그린 학생의 경우, 원기둥 형태의 단순한 도형으로 나타낼 수도 있고 철제 그물망으로 제작된 구체적 사물을 그릴 수도 있을 것이다. 어떠한 결과물이든지 자신의 스토리텔링을 나타낼 수 있고, 독자가 이해할 수 있다면 교사가 허용한다는 것을 활동 중에 계속하여 상기시켜 줄 필요가 있다.

마지막으로 제작한 표지판에 제목을 붙이고 자신이 그렇게 시각화한 이유를 쓰도록 한다. 다음은 학생이 제작한 표지판과 그에 대한 설명이다.

[학생 활동 사례 1] 3학년

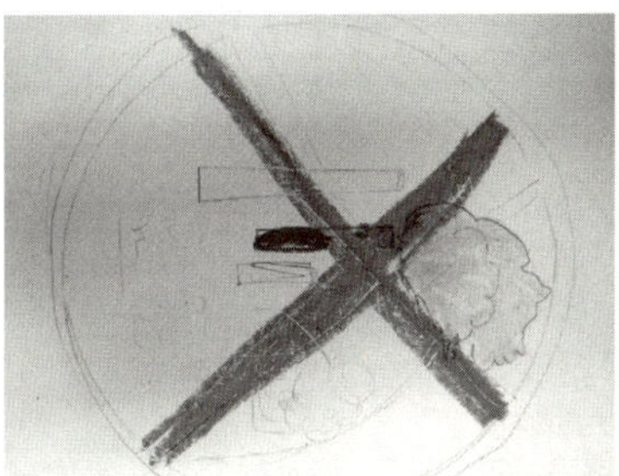

제목: 큰아빠, 담배 좀 끊으세요.

설명: 정말 시골 갈 때 밤마다 큰아빠가 담배를 펴 가지고 목이 아파요. 차라리 어디 굴 속이나 그런 데에서 혼자 담배를 피우세요. 아니면 담배를 피우지 마세요.

담배가 윗부분은 불을 붙이는 부분이니까 빨간색으로 칠하고, 손잡이 부분은 파란색으로 색칠하고 피우지 마시라고 ×를 쳐 놓았다.

[학생 활동 사례 2] 3학년

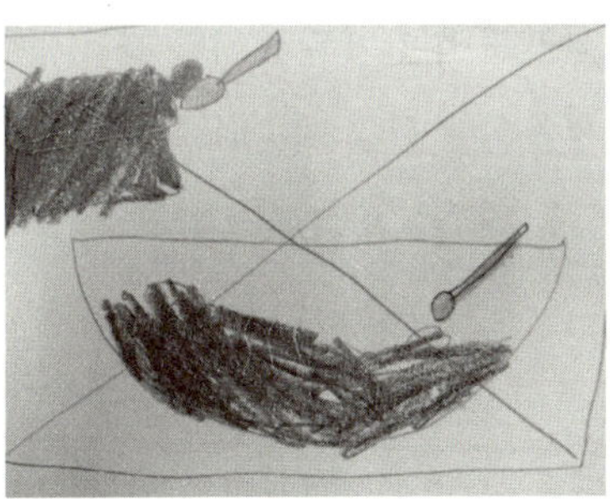

제목: 비빔밥에 고추장 많이 넣지 않기

설명: 고추장 통이 빨간색이여서 마음을 전하고 비빔밥을 빨간색으로 해서 마음을 전했다.

우리 엄마는 비빔밥을 자주 해 주신다. 고추장을 조금만 넣으면 맛있는데, 매일 크게 한 숟가락을 푹 넣어서 맵게 만든다. 나는 매운 걸 먹기 싫은데도 자꾸 먹으라고 해서 싫다.

〔학생 활동 사례 3〕 6학년

제목: 분노 금지

설명: 평소에 화내는 일이 많은데, 화를 참기 위해서.

[사례 1] 학생의 경우 또래에 비해 언어적 능력이 조금 부족한데, 스스로 이를 부끄럽게 여기고 발표나 수업 활동에 잘 참여하지 않았다. 그러나 이 활동을 진행한 결과 자신의 평소 불만 사항을 그림에 붙여 써 두었다. 그리고 다음 명절에 큰아빠에게 이 표지판을 주겠다고 말했다. 학생의 스토리텔링을 도상화하여 청자에게 직접 전달하게 되었다는 측면에서 이 학생은 유의미한 활동을 한 것이다. [사례 2] 학생은 평소에 편식이 심해 교사와 부모가 연계 지도하고 있었는데, 이에 대한 불만 사항을 나타낸 그림을 그렸다. [사례 3] 학생은 스스로에게 전하고 싶은 스토리텔링을 도상으로 나타내었는데, 평소 쉽게 화를 내는 자기 자신에게 조금 더 참자는 의지를 보였다.

이 단계의 활동을 진행하다 보면, 학생들이 그동안 생활 속에서 접해 왔던 다양한 표지판이나 포스터를 이용하여 결과물을 내는 경우도 있다. 이러한 시각적 결과물 역시 학생에게 유의미한 스토리텔링 방식으로 허용하여 스토리텔링의 폭을 넓혀 줄 필요가 있다.

이 활동은 기존에 진행해 왔던 미술 시간의 포스터 그리기나 표지판 만들기의 대체 활동으로 활용할 수 있다. 이 활동을 통해 학생들은 자신의 의도나 상황을 시각적으로 표현하는 방식 역시 스토리텔링의 한 갈래임을 체득할 수 있을 것이다.

46

그림글자에 이야기가 들어 있어요

이야기를 시각 기호로 변형하기

미술 수업은 스토리텔링 기법이 활발하게 활용되고 있는 교과 중 하나이다. 미술 수업에서의 스토리텔링은 특히 미술 감상이나 미술사 학습에 주로 활용된다. 그러나 미술 수업에서 스토리텔링은 더 다양하게 활용될 수 있다.

그림글자에 이야기가 들어 있어요는 시각 기호 중 하나인 그림글자의 특징을 알고 스토리텔링을 통해 나의 이야기를 그림글자로 표현해 보는 활동이다.

그림글자는 조상들이 그림의 형상에 기원하는 내용과 글자가 가진 이야기를 담아 표현하던 방식이다. 이는 우리 조상들이 가져온 전통적 스토리텔링 방식이라 할 수 있다. 글자는 그 글자가 가지는 의미를 구체적으로 생각해 보는 것만으로도 이미 스토리텔링 과정을 거친다. 특히 그림글자는 그림이라는 시각적 요소가 강조됨으로써 글자가 가진 스토리텔링의 특성을 더욱 강력하게 부여받게 된다.

그림글자 만들기를 통해 자신이 가진 이야기를 글자라는 시각 기호로 표현하면서 시각 문화 환경에 대한 민감성을 높일 수 있다. 그리고 이야기에 어울리는 조형 요소와 원리를 조합하여 시각 기호로 표현할 수 있는 능력을 기를 수 있다.

이 활동은 다음과 같은 순서로 이루어진다.

시범 보이기 → 이야기 떠올리기 → 이야기의 핵심이 되는 글자 생각하기 → 조형 요소와 원리 생각하며 그림글자 만들기 → 그림글자의 배경이 되는 이야기와 함께 그림글자 감상하기

1단계는 교사가 시범을 보이는 것이다. 먼저, 그림글자의 특징에 대해 설명한 뒤

▸ **Tip**

교사의 이름을 표현한 그림글자를 제작하여 보여 주거나 경험이 드러나는 그림글자를 보여 주어 학생들의 흥미를 높일 수 있다.

교사가 자신의 이야기를 들려준다. 그리고 그 이야기를 나타낸 그림글자를 보여준 뒤, 이야기의 특성이 글자에 어떻게 나타나 있는지 함께 이야기해 본다.

교사의 시범 후 학생들은 스스로 그림글자를 제작할 수 있도록 이야기를 떠올려 본다. 생활에서 겪었거나 인상 깊게 들었던 이야기를 떠올려 간단히 마인드맵이나 그림으로 나타내도 좋고, 자세히 글로 정리해도 좋다. 혹은 수업내용과 연관되는 특정의 경험, 단어로 한정지을 수도 있다.

그리고 이야기의 핵심이 되는 글자를 정한다. 핵심글자는 길지 않도록 단어 중심으로 정하도록 한다.

핵심글자를 정했으면 이 글자에 이야기가 표현되도록 한다. 이때 그림글자는 이야기의 소재들을 글자에 그림으로 끼워 넣는 것이 아니라 다양한 조형 요소와 원리를 이용하여 글자 자체가 하나의 이야기가 되어야 함을 강조한다. 학생들이 어려움을 느낄 수 있기 때문에 미술 시간을 통해 이미 학습한 다양한 조형 요소와 원리에 대해 상기시켜 줄 필요가 있다. 글자의 선, 색, 형, 질감 등의 요소를 생각하도록 한다. 그리고 글자 간의 짜임새 측면에서 강조, 비례, 조화, 대칭, 균형 등의 원리에 대해 고려해야 한다. 이러한 조형 요소와 원리는 개별적으로 학습하기보다는 그림글자에 대상의 느낌이나 특징이 드러나도록 표현하는 방법을 통해 종합적으로 학습하는 것이 좋다. 이것은 학생들에게 조형 요소와 원리를 쉽게 이해시킬 수 있다. 예를 들어, "'호리호리' 글자를 호리호리한 느낌이 나타나도록 이미지를 만들어 주세요.", "'펄럭펄럭' 글자를 바람에 날리는 듯한 느낌이 나타나도록 이미지를 만들어 주세요." 등의 연습과제를 제시하고 학생들의 작품을 함께 살펴봄으로써 그림글자의 조형 요소와 원리를 알 수 있도록 한다.

이처럼 그림글자의 조형 요소와 원리를 학습한 뒤 이를 고려하여 이야기가 깃든 그림글자를 그리거나 만들어 본다.

〔학생 활동 사례〕 4학년

이 학생은 엄마 생일에 있었던 일에 대해 그림글자를 만들었다. 그림글자에는 가족들의 즐거운 얼굴과 집에서 흘러나오는 노랫소리, 엄마에게 준 선물과 케이크 등이 표현되어 있다. 엄마 생일에 있었던 즐거운 기억이 담긴 이야기를 글자로 표현하였다. 네 개의 글자는 비슷한 크기로 균형을 이루고 있으며, 자음을 강조하여 자음에 이야기의 핵심 그림을 그려 넣었다. 글자의 획은 파란색으로 색을 통일하여 글자 간의 조화를 이루고 있다.

이처럼 그림글자를 완성했다면 그림글자의 배경이 된 이야기를 발표하고 그림글자로 잘 표현되었는지를 함께 감상하는 시간을 갖도록 한다. 발표를 하는 학생은 자신의 그림글자와 관련된 이야기를 소개하고, 그림글자로 표현할 때 조형 요소와 원리의 어떤 부분들을 고려하여 표현했는지 연관 지어 설명하도록 한다. 다른 학생들은 평가자가 되어 이야기를 글자로 간결하게 표현했는지, 이야기에 알맞은 조형 요소와 원리를 그림글자로 표현했는지, 표현방법이 창의적인지 등(이우종 외, 2011: 67-삽화로 나타내기 평가 관점 변형)을 고려하여 평가해 보도록 한다.

▶ **Tip**

교사는 간단한 동료평가 척도를 제시할 수 있다.

평가 항목	평가 점수
• 이야기를 글자로 간결하게 나타냈나요? • 이야기에 알맞은 조형 요소와 원리를 그림글자에서 찾을 수 있나요? • 표현방법이 창의적인가요?	
◎ 매우 잘함 ○ 보통 △ 노력이 필요함	

또는 친구에게 조언하고 싶은 말을 간단히 적어 보도록 하는 것도 좋다.

이를 통해 다른 친구들의 이야기에 귀 기울이고 이야기를 시각 기호로 형상화한 그림글자 간의 연관성을 재학습할 수 있다.

이 활동은 경험한 일이나 인상 깊게 들은 이야기를 그림글자로 만드는 활동이다. 학생들이 자신의 이름을 활용하여 활동을 진행할 수도 있다. 자신의 이름에 담긴 뜻, 자신이 태어날 때 부모님이 꾼 태몽 등에 대해 조사해 오도록 하여 자신의 이름을 그림글자로 만들어 보는 것이다. 이는 자신만이 지닌 특별한 이야기를 자신의 이름으로 표현함으로써 자신의 이름, 탄생에 대해 의미 있는 재발견을 할 수 있도록 해 줄 것이다.

이 수업을 운영할 때 교사는 다음과 같은 점에 유의해야 한다.

첫째, 이 활동은 이야기를 그림글자라는 시각 형태로 기호화하는 활동이다. 따라서 학생들에게 시각적으로 형상화할 때 고려할 사항이 조형 요소와 원리에 대해 충분히 학습할 수 있도록 한다. 조형 요소인 점, 선, 면, 색, 형, 명암, 질감, 공간과 조형 원리인 리듬, 비례, 강조, 조화, 율동, 대칭, 균형의 특징과 의미에 대해 학생들이 탐구할 수 있도록 한다. 이는 미술 교과의 학습 내용에 포함되므로 다양한 양상으로 수업을 진행할 수 있다. 또는 자연이나 조형물에서 조형 요소와 조형 원리는 보통 여러 개가 복합적으로 관계를 맺고 있으므로(이우종 외, 2011: 83) 이 활동을 통해서 종합적으로 학습할 수도 있다.

둘째, 그림글자를 제작하는 활동 자체도 중요하지만 이를 발표하고 감상하는 활동 역시 중요하다. 이 활동에서 이야기와 그림글자와의 연관성을 조형 요소와 원리를 통해 생각해 보도록 하고, 얼마큼 이야기를 글자로 잘 표현했는지 평가해 볼 기회를 제공한다. 학생들이 서로의 이야기를 귀 기울여 듣는 기회를 마련한다. 그리고 이를 시각 기호로 형상화하는 방법에 대한 지식을 습득하고 활용하며 평가할 수 있는 식견도 기를 수 있다.

이런 점들을 주의하여 활동을 진행하면 학생들은 스토리텔링의 과정을 통해 이야기를 그림글자라는 하나의 시각 기호로 제작하는 능력을 기를 수 있다. 이는 시각 표현에 있어 조형 요소와 원리에 대한 이해와 활용을 가능하게 한다. 또한 그림글자로 표현하는 과정에서 창의력을 신장시키고 시각 표현에 대한 미적 감각을 기를 수 있다.

이 활동은 미술 교과에 국한하지 않고 다양한 교과와 영역에 활용할 수 있다. 국어 교과에서는 이야기 학습 후 정리하는 활동으로 활용할 수 있다. 또한 이름의 의미, 태몽 이야기를 자신의 이름으로 표현하는 활동은 재량시간에 자기이해를 위한 활동으로 활용할 수도 있다.

47

몸으로 말해요

신체 표현에 이야기 담아내기

흑백영화 속에 등장하는 찰리 채플린. 우스운 걸음걸이, 한껏 웃어 보인 얼굴로 바쁘게 공장에서 나사들을 조이고 있다. 그는 한마디 말도 우리에게 하지 않지만, 우리는 찰리 채플린의 몸짓과 표정을 통해 그가 전하고자 하는 이야기를 이해할 수 있다. 그의 몸짓을 통해 우리는 웃기도 하고 울기도 한다. 이처럼 때로는 말보다 몸이 우리에게 더 많은 이야기를 전해 준다.

인간의 몸은 말이나 글 이전부터 다양한 이야기를 전하던 수단이었다. 즉, 신체 표현은 인간이 언어 이전부터 사용하던 가장 원초적인 말하기의 방식이다. 현재 우리 학생들 역시 가장 원초적인 말하기의 방식인 신체 표현을 배우고 있다. 바로 체육시간을 통해서이다.

체육 교과의 신체 표현 활동은 신체 동작의 아름다움을 깨닫고 신체의 다양한 동작을 통해 타인에게 이야기를 전달하는 데에 그 목표가 있다. 그러나 학생들은 신체 표현 활동을 지루하게 여기는 경우가 많다. 학생들은 신체 표현 활동이 메시지를 전달하고 신체의 아름다움을 표현하는 일종의 언어라는 것을 알지 못하기 때문이다. 인간이 본래 신체로 언어를 말하던 그 기원으로 돌아가 신체 표현 활동을 생각해 보자. 즉, 신체 표현을 통해 의미를 가진 메시지인 이야기를 다른 사람들에게 전달하는 것이다.

▶ **Tip**

이 활동은 체육시간의 신체 표현 활동에 활용할 수 있다. 또는 교육 연극과 관련하여 연계 지도할 수 있다.

몸으로 말해요 활동은 신체 동작과 이야기를 결합하여 신체 동작이 단순한 몸의 연속 동작이 아닌 이야기를 전개해 나가는 과정임을 알게 한다. 이는 신체 표현에 대한 기본적인 이해, 즉 신체의 아름다움을 발견함과 동시에 신체를 통해 이야기를 표현해 내는 능력을 함께 기를 수 있게 한다. 또한, 부가적으로 동작의 순서를 쉽게 기억할 수 있게 하며 개별 동작에 대한 이해를 높이는 장점이 있다.

이 활동은 다음과 같은 순서로 이루어진다.

학습해야 할 신체 동작 알기 → 이야기와 신체 동작 결합시키기 → 신체 표현 활동하기 → 발표하기

이 활동은 모둠 구성원 간의 상호작용을 통해 주제를 연구하는 과정에서 학생 스스로 지식을 조직하도록 하는 프로젝트 학습 방법을 적용한다. 따라서 학생 간의 상호작용과 주어진 과제에 대한 이해가 중요하다.

먼저, 학습해야 할 신체 동작을 알아본다. 전차시를 통해 학습한 신체 동작 중 선택할 수도 있으며, 해당 차시 학습목표에 알맞은 신체 동작을 교사가 제시할 수도 있다. 이 신체 동작은 주제와 이야기를 중심으로 선정할 수도 있으며, 사용하는 도구, 사용하는 신체 부위, 동작의 빠르기 등에 따라 달리할 수도 있다.

다만, 제시하는 신체 동작이 체육 교육에서 표현 활동의 해당 차시 목표를 달성할 수 있는 것인지 고려하여 신중하게 선정해야 한다. 학생들은 신체 동작이 전혀 제시되지 않을 경우 오히려 어려움을 겪을 수 있다. 따라서 완성하고자 하는 신체 표현 활동의 조건을 제시하는 것이 좋다.

다음은 6학년 표현 활동을 위한 신체 동작을 제시한 것이다. 4명으로 모둠을 구성하여 표현 활동을 구상하도록 하였다. 신체 표현의 주제는 자율적으로 정하며, 주제 표현에 알맞은 음악 역시 모둠이 선택할 수 있다. 신체 동작은 총 10가지로 제시하였으며, 동작 선정 시 모둠원 모두가 참여할 수 있도록 하였다.

〈이야기가 있는 신체 표현〉

모둠원은 다음의 제시한 동작을 모두 수행해야 합니다. 다음 동작을 3분 내에 수행해야 하며, 동작에 알맞은 음악과 이야기를 생각하여 신체 표현 활동을 구성하세요. 각 동작 4박자씩, 순서는 바꾸어도 됩니다. 단 아래의 10가지 동작이 모두 들어가야 합니다. 인사 방법은

기본 인사 방법으로 해도 되고, 모둠마다 특징 있게 바꾸어도 됩니다.

1. 인사
2. 개인별로 같은 동작을 모두 함께 하기
3. 모둠이 두 팀으로 나누어져 서로 다른 동작하기
4. 모둠 중 한 명만 다른 동작으로 표현하기
5. 좌우앞뒤로 이동하기
6. 앉거나 누웠다가 일어나기
7. 모든 사람의 몸이 하나로 연결되는 동작하기
8. 빨라졌다가 느려지고 다시 빨라지는 동작하기
9. 도구를 사용하는 동작하기
10. 인사

신체 동작을 제시할 때에는 학생들이 협의 과정에서 창의성을 발휘할 수 있도록 변형의 여지가 있는 동작들을 제시한다. 동작의 제약이 너무 크다면 학생들은 신체 표현을 구성하는 과정을 어렵게 느낄 것이다.

제시한 동작을 수행할 수 있도록 모둠 구성원 간의 의견을 나누고 협의할 시간을 주어 계획서를 작성하도록 한다. 이때 교사는 표현하고 싶은 이야기에 어울리는 동작을 생각해 보고 이 동작이 미리 제시한 동작의 조건을 충족하게 구성하도록 지도한다. 그리고 계획서를 작성할 때 각자의 역할이 잘 드러나도록, 활동에서 소외되는 구성원이 없도록 주의를 기울이도록 해야 한다.

이렇게 구성한 이야기와 신체 동작은 모둠 구성원과 충분히 연습할 수 있도록 한다. 음악과 이야기에 알맞게 동작을 추가하거나 대체하는 작업을 통해 음악, 이야기, 신체 표현의 어울림을 생각해 보고 스스로 조정할 수 있도록 한다. 적절한 음악의 선택과 동작을 조정하는 과정은 이야기 다듬기와 같은 단계로서, 이야기를 가장 효과적으로 표현하는 신체 동작을 검토할 수 있도록 하는 시간이 된다.

마지막으로, 발표의 시간이다. 발표자와 관람자 모두 진지하고 적극적인 태도로 표현 활동에 임하도록 한다.

[학생 활동 사례] 6학년

제목: 공주납치사건	
표현 활동 전개	해당되는 제시 동작
다함께 인사를 한다.	동작 1
범인이 옆돌기하며 등장한다. 범인은 앞구르기를 한다. 또 다른 범인이 공주를 납치해 달아난다.	동작 4, 동작 6
경호원이 범인을 발견하고 총을 쏘며 대치한다.	동작 9
범인과 경호원이 원을 그리며 위치를 바꾸어 대치한다. 서로 팔을 내지른다.	동작 5, 동작 8
범인이 먼저 경호원을 주먹으로 때린다. 경호원도 주먹으로 범인을 때린다.	동작 3
또 다른 범인이 범인을 안아 경호원에게 던져 경호원을 쓰러뜨린다.	동작 7
경호원이 범인을 목마 태워 넘어뜨린다. 다시 한 번 경호원이 총격을 하고 범인은 쓰러진다. 경호원이 공주를 찾아내어 데려온다.	동작 7
다함께 인사를 하며 마무리한다.	동작 10

교사는 학생들이 다른 모둠의 활동을 평가할 수 있도록 평가 척도를 제시하여 상호평가에 진지하게 임하도록 한다. 발표하는 신체 표현에 관해 표현한 이야기의 내용이 무엇일지 상상해 보도록 하거나, 구성된 신체 동작이 조건을 모두 다 충족하고 있는지 평가해 보도록 한다면 관람자는 적극적인 관람 태도를 유지할 수 있다.

또한, 발표한 표현 활동을 촬영하여 다시 감상한다면 학생의 활동에 대한 만족감도 높이고 스스로를 객관적으로 평가하여 자신의 신체 표현에 대해 점검할 수 있는 계기를 마련해 줄 수 있다.

이 수업을 운영할 때 교사는 다음과 같은 점에 유의해야 한다.

첫째, 신체 표현에 대한 기본 이해가 중요하다. 신체 표현은 단순한 신체 동작의 조합이 아니라 인간의 언어로서 작용함을 이해하도록 한다.

▸ **Tip**

교사는 학생들에게 제시한 동작표를 배부하고 각 모둠의 활동을 보면서 제시된 동작 중 사용된 동작을 동그라미로 표시하며 제거하도록 하여 간단히 평가를 할 수도 있다.

둘째, 제시한 동작을 모두 표현 활동을 통해 나타내야 하는 미션 해결 방식을 통해 활동에 대한 학생들의 적극적 참여를 유도할 수 있다. 그러나 이야기를 기반으로 수행되어야 함을 학생들이 잊지 않도록 한다.

셋째, 프로젝트 학습에 있어 가장 중요한 것은 교사와 학생, 학생과 학생 간의 상호작용이다. 따라서 교사는 적극적인 자세로 학생이 제시된 미션을 해결할 수 있도록 조언을 아끼지 않아야 한다. 학생은 서로 문제 해결을 위한 기본 지식과 방법이 다를 수 있음을 이해하고 협동하여 미션을 해결할 수 있도록 노력해야 한다.

이를 유념하여 활동을 진행한다면 학생들은 신체 표현 활동에 대한 새로운 재미를 발견할 수 있게 될 것이다. 또한 신체 표현이 말이나 글 이외의 또 다른 언어로서 이야기를 표현하고 있음을 알게 함으로써 신체를 통해 이야기를 전달하고 소통하는 방법에 대해 알게 된다.

3부

창의적 체험과 학급 경영을 위한 스토리텔링 활동

1장 진로 활동

진로지도는 학생의 미래와 깊이 관련된다는 점에서 교육의 역할에 대한 비중이 어느 영역보다 무겁다고 할 수 있다. 다시 말해, 학생이 자신의 길을 발견하고 스스로 찾아가도록 돕는 것이 진로교육의 목표인 동시에 활동의 내용이 될 것이다. 너무나도 당연한 이 명제가 목표와 활동의 내용이 된 까닭은 학생들에게 이것이 결코 당연하지 않기 때문이다. 즉, 교육을 통하여 성취하고 도달해야 할 도착점 행동이 된 것이다. 예를 들어, 학생들을 보면 사소한 결정 하나도 스스로 하지 못하고 교사의 지시와 통제를 바라는 경우가 많다. 휴지 조각 하나를 들고 와서 "선생님! 이거 어디에 버려요?" 하고 묻는 아이는 놀랍게도 저학년 학생들만이 아니다. 물론 이것이 일반적인 현상이라고 단정하기는 어렵지만, 그렇다고 특수한 경우에 국한되는 것도 아니기에 일반적인 교육의 필요성이 발생하는 것이다. 이런 학생에게 '진로'라는 먼 후일의 과제는 도무지 실감이 나지 않을 것이다. 그래서 지금도 부모님과 선생님이 가리켜 주는 길로 생각 없이 가다가 뒤늦게 당황하는 학생들이 적지 않다. 앞서 언급한 대로 진로지도의 목표는 학생이 자신의 길을 가도록 돕는 것인데, 이를 통하여 학생은 자신의 능력을 마음껏 발휘하고 행복한 인생, 성공하는 삶을 살게 될 것이다. 여기에는 자발성이 필수요소로 작용하며, 이 자발성은 스토리텔링의 속성이기도 하다.

그렇다면 진로지도의 범주는 어떻게 잡아야 할 것인가? 먼저, 학생 스스로에 대한 이해가 있어야 한다. 자기이해는 기본적으로 자신에 대한 반성적 성찰 등 개인적인 활동을 통해서도 가능하지만, 배움의 공동체를 통한 외부적 시각에 의해 촉진될 수도 있다. 즉, '내가 아는 나'와 '타인이 아는 나'의 다각적인 성찰은 자기이해에 유효하게 작용하는데, 학교라는 배움의 공동체는 여기에 효과적인 기제로 작용할 개연성이 크다. 둘째, 진로 정보 탐색의 과정이 필요하다. 자기이해가 자신과의 대화로 인한 것이었다면, 진로 탐색은 대상과의 대화로 형성되는 것이다. 학습자 외부에 존재하는 직업 세계의 실제를 탐색함으로써 자신의 진로에 대한 스키마를 형성할 수가 있다. 세 번째는 진로 계획이다. 자기이해와 진로 정보 탐색이 이루어졌다면, 진로에 대한 계획이 뒤따라야 한다. 구체적인 계획은 아니더라도 스스로의 진로를 계획해 본다는 것은 학습자의 자발성 발현에 주효한 활동이다.

이 장에서는 다섯 개의 활동을 소개하고 있다. 위에서 분류한 범주에 따라 구분하면 인생 그래프, 미래일기 쓰기는 자기이해 활동에, 달인 찾아 동네방네, 미래를 내다보는 직업소개소 등은 진로 정보 탐색 활동에, 인생 게임은 진로 계획 활동에 해당된다. 하나씩 대략 소개하면 다음과 같다.

인생 그래프는 개인의 역사를 스토리텔링하는 활동이다. 지나온 시간 속에서 자신에게 있었던 사건들을 열거하고, 그 각각의 사건들을 평가하여 친구들에게 드러냄으로써 내가 아는 나를 보다 입체적으로 알도록 하는 데 목적이 있다. 이 활동으로 하이콘셉트(high-concept)와 하이터치(high-touch)의 스토리텔링 능력 또한 신장되는 것을 기대효과로 보았다. 이 활동의 절차는 과거의 기억을 떠올려 이분면의 그래프 상에 나타냄으로써 그래프를 완성하고 그 결과를 발표하는 것이다. 이때 각각의 사건은 자신의 평가에 따라 행복이나 불행의 정도가 다르고, 그에 따른 표시 위치도 달라진다. 이 활동은 자신을 입체적으로 보도록 하여 결과적으로 자기이해에 이르도록 하고, 자기 정체성 탐구에 도움을 준다는 특징이 있다.

미래일기 쓰기는 학생이 자신의 강점지능을 발견하여 그것을 바탕으로 미래일기를 써 보도록 하는 활동이다. 이 활동은 하워드 가드너의 다중지능이론에 바탕을 두고 있다. 즉 자신의 강점지능을 탐구하여 이것을 토대로 자신의 미래를 그려 본다는 것인데, 자신의 강점을 탐구한다는 점에서 자기이해의 기능이 내재되어 있다.

달인 찾아 동네방네는 직업전문가를 '달인'으로 규정하고, 달인의 요건을 정리하여 생활 범위 안에서 실제로 달인을 찾아보는 활동이다. 또한 달인을 찾아 인터뷰하여 그 직업적 특성을 정리하는 활동이다. 이것은 생활 주변의 실제적인 직업전문가를 찾아본다는 점에서 진로 정보 탐색 활동이요, 인터뷰를 통하여 직업적 특성을 정리한다는 점에서 탐색 활동을 심화하는 특징이 있다.

미래를 내다보는 직업소개소는 널리 알려진 이야기 속에서 한 명의 인물을 정하여 인물의 특성을 골라낸 후 그 특성에 알맞은 직업을 찾아보는 활동이다. 이때 학습자의 빈약한 스키마 보완을 위해 직업사전을 미리 준비하도록 권고하고 있다. 이야기의 인물을 매개로 한 진로 정보의 탐색은 궁극적으로 학생 개인의 진로 정보 확보에 도움이 된다.

인생 게임은 마치 게임의 구조를 본떠서 자신의 꿈을 이루어 나가는 것을 형상화한 스토리텔링 방식이다. 출발점과 도착점이 나타난 보드게임판을 만들고 그 과정에는 도착점에 이르기까지의 시련과 노력 등이 포함되도록 한다. 도착점은 보드게임판을 만든 학습자의 장래 직업이다. 즉, 자신이 원하는 성공적인 직업인이 될 때까지의 플러스·마이너스 요인들이 나타난 게임 스토리텔링이다. 이 활동은 자신의 꿈을 향해 나아가는 여정에서 겪게 될 시련과 성장을 성찰함으로써 자신만의 영웅담을 만들어 낸다는 특징이 있다.

이와 같은 진로교육 관련 스토리텔링 활동은 학생의 자발성을 이끌어 낸다는 효과를 기대할 수 있다. 여타의 내용 교과와 달리 진로교육은 외부에서 주어진 객관적 자료만으로는 자신만의 지식을 구성할 수가 없다. 여기서 자신만의 지식이란 학생 내부에서 창발된 학습 동기를 바탕으로 미래의 도착점 행동까지 포함하는 개념이다. 진로 지식 등은 객관적인 정보만으로도 축적이 가능하겠지만, 자신의 미래를 구상하는 정의적 기획에는 자발성이 반드시 필요하다. 즉 인지적 지식 축적과 정의적 기획이 병행되어야 하는데, 스토리텔링 활동은 이와 같은 다각적 요구 조건을 효과적으로 성취하도록 도와준다.

01

인생 그래프

개인의 역사 스토리텔링

학기 초에 새로운 친구들과 적응을 위해 자기소개를 하는 경우가 많다. 그런데 자기소개라는 것이 대부분 이름이나 사는 곳 정도를 말하는 데서 그치곤 한다. 이름이나 거주지를 아는 것은 듣는 사람 입장에서 흥미로울 것이 없는 내용들이다. 말하는 사람도 낯선 친구들 앞에 서니까 즉석에서 유창하게 말하기는 어려운 노릇이겠지만, 역시 김빠지는 노릇이다. 나를 소개한다고 하면 이름뿐 아니라 이제껏 살아온 흔적들이 드러나야 할 것이다. 이 구체적인 자료를 손에 들고 있다면, 듣는 사람도 재미가 있고 말하는 사람도 흥이 난다. 이 활동의 목표가 여기에 있다. 나에 대해서 구체적인 말하기 자료를 만들어 재미있는 말하기를 해 보자는 것이다. 나를 소개한다는 것은 타인 앞에 나를 드러내는 것이고, 내가 아는 나를 보다 입체적으로 보는 지름길이다.

이를 위한 효과적인 전략으로 인생 그래프 그리기를 제안한다. 인생 그래프는 지나온 시간 속에서 행복했던 기억, 그 반대의 기억들을 지면에 나타내는 활동이다. 가로축과 세로축으로 이루어진 이분면의 기준선을 중심으로 위쪽에는 행복한 기억, 아래쪽에는 그 반대의 기억을 위치시키도록 하는데, 각자가 생각하는 행복과 그 반대의 정도에 따라 높낮이를 달리 한다. 회사나 교회 등 여러 집단의 오리엔테이션 프로그램으로 비교적 잘 알려져 있는 활동인데, 초등학생들에게는 아직 낯선 것이기도 하다. 미래 인재의 요건으로 '하이콘셉트(high-concept)'와 '하이터치(high-touch)'라는 개념이 있다(박영숙 2011: 69). 이야기를 구성지게 표현하는 능력, 감정이입 능력 등을 요소로 하는 개념인데, 인생 그래프 활동은 이런 개념에도 선이 닿아 있어 교육적으로 더욱 유용하다고 할 수 있다.

사건 떠올리기 → 사건 평가하기 → 그래프에 나타내기 → 발표하기

▶ **Tip**

각 단계별 교사 반응을 제시하면 다음과 같다.

① 사건 떠올리기

교사 발문: 눈을 감고, 지금까지 내가 살아온 시간을 돌아봅시다. 행복했던 기억도 떠오르고, 슬펐던 기억도 떠오르죠? 그 기억들을 생각나는 대로 종이에 써 봅니다.

② 사건 평가하기

교사 발문: 행복했던 기억은 가로축의 위쪽에 나타냅니다. 행복의 정도는 사건마다 다를테니 그래프 위에 나타내는 높이도 다를 거에요. 반대로, 불행하다고 생각하는 기억은 그래프의 아래쪽에 나타냅니다. 불행의 정도가 강할수록 사건의 위치는 아래쪽에 표시합니다.

③ 발표하기

교사 발문: 지금까지 작성한 인생 그래프를 들고 친구들에게 나를 소개하여 봅시다.

첫 번째 절차는 과거의 기억을 떠올리는 단계이다. 출생부터 지금 여기까지 오는 동안의 모든 기억이 범위에 포함된다. 그중에 어떤 것은 행복한 기억일 것이고 어떤 것은 그 반대의 기억일 것이다. 의식이 닿는 최근의 기억부터, 의식에는 없지만 분명히 존재했던 기억, 그러니까 돌잔치 같은 기억들이 있겠다. 이런 것들을 일단 무작위로 떠올린다. 잠시 눈을 감고 생각해 보자고 제안하면 보다 풍부한 결과물을 얻을 수 있다.

- 태어남
- 세발자전거를 타게 됨
- 태권도 하얀띠를 받음
- 친구에게 피하라고 하다가 친구 대신 교통사고가 남
- 할아버지가 돌아가심
- 햄스터가 새끼를 여섯 마리 낳음
- 동생이 태어남

인생 그래프의 기본형

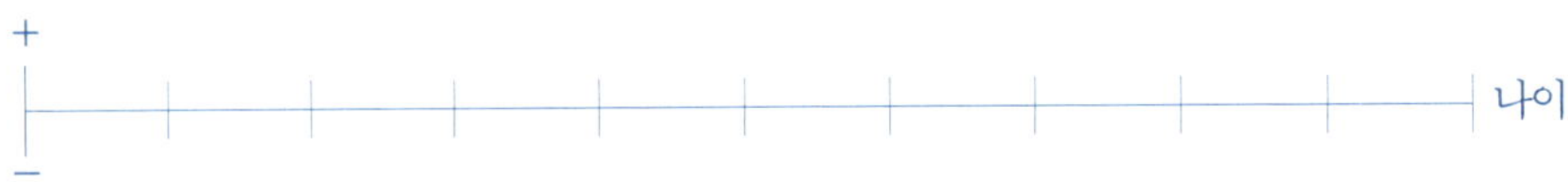

두 번째 절차는 떠올린 기억을 평가하는 단계이다. 중립적인 기억이란 없다. 그러니 기억이 어느 한쪽으로 치우칠까 미리 염려할 필요는 없다. 기억이라는 것은 기억의 주인에 의해 취사선택된 것들이다. 어떤 것이든 한쪽으로 치우칠 수밖에 없다. 그 치우침이 한 사람의 삶을 형성해 온 것이다. 어떤 학생은 이러할 것이고, 어떤 학생은 저러할 것이다. 이 활동은 교정에 목적을 두는 것이 아니다. 예를 들어, 동생이 태어났

(학생 활동 사례 1) 4학년

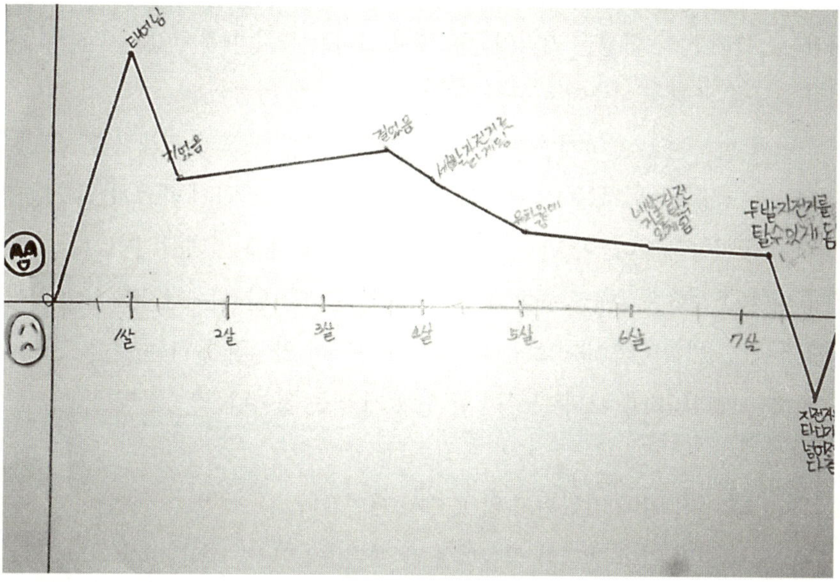

(학생 활동 사례 2) 4학년

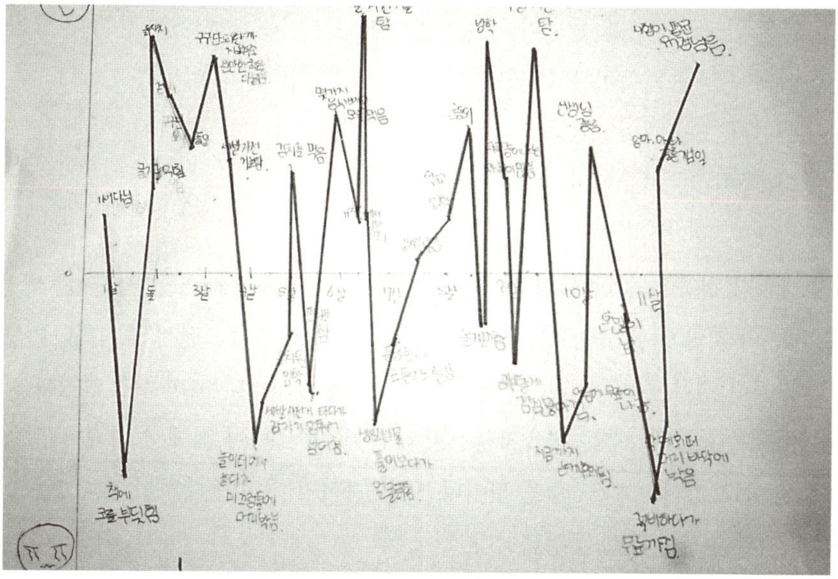

다는 객관적인 사건은 같은데도 어떤 아이는 행복의 기억으로 평가하고 어떤 아이는 그 반대로 평가한다. [사례 1]의 학생은 전반적으로 자신의 기억을 행복의 지면에 표시하였다. [사례 2]의 학생은 기억이 공평해야 한다는 생각 때문이었는지 전체적으로 기억의 분포를 균형을 맞추어 배분하였다.

세 번째 절차는 발표하기 단계이다. 지면에 표시한 자신의 그래프를 보고 이것을 바탕으로 청중 앞에 자신에 대해 소개를 하는 것이다. 말하기 재료가 있으니 풍성한 말하기가 가능해진다. 이 단계에서는 두 가지의 효과를 기대할 수 있다. 먼저 타인에게 나를 소개함으로써 학습공동체에게 나의 존재를 알리는 계기로 삼는 것이 그 하나요, 나를 소개하면서 내가 보는 나를 보다 분명히 인식하게 하는 것이 또 하나다. 자신에 대한 메타인지를 보다 분명히 할 수 있게 되는 것이다.

- 나한테 어떤 일이 있었는지 알게 돼서 재미있다.
- 앞으로 어떤 일이 생길까 상상했을 때 재미있었다.
- 발표하는 애들의 내용이 재미있다.
- 옛날을 되돌아보니 기억이 새록새록 해서 재미있었다.
- 다른 친구의 발표를 들으며 나는 '이럴' 때 다른 친구는 '저랬다'는 것을 알았다.
- 나의 인생을 되돌아볼 수 있고 슬픈 날, 기쁜 날을 알 수 있었다.
- 쓰면서 그냥 재미있었다.
- 다른 아이랑 비교할 수 있어서 좋았다.

학생들의 반응은 일단 긍정적이다. 활동 자체에서 즐거움을 경험했다는 반응도 많고, 자신의 지난 일을 돌아보면서 또는 친구들의 발표를 들으면서 즐거웠다는 반응도 많다. 어떤 경우에는 미래의 일까지 상상하면서 즐거웠다는 반응도 있었다. 학습활동에서 우선 필요한 것은 학습자의 자발적인 참여이다. 이 점에서 이 활동은 성공 가능성을 품고 있다고 봐도 좋을 것이다. 또한 자신과 타인에 대하여 흥미로운 인식을 갖게 된다는 점이 또한 긍정적이다.

이 활동은 일반적으로 잘 알려져 있다. 그럼에도 활용의 예는 많지 않은 듯하다. 교육적 활용 가치가 높지 않다는 판단 때문이 아닐까 생각된다. 현대 학교 교육의 특징은 분권화된 교과 위주의 학습이라는 성격이 강하다. 이런 시각에서 본다면, 한 사람의 기억을 지면에 나타내는 활동이 특별할 것도 없다. 하지만 미래의 교육은 교과 지식보다는 비판 능력 및 창의력, 정보 선택 및 활용, 공동체의식이나 리더십 등 종합적인 사고력을 필요로 하는 경향성으로 나아갈 것이다. 즉, 국어, 수학, 과학 등의 교과목 개념이 아니라, 문제 해결 능력, 의사 결정 능력, 비판적인 사고, 창의적인 사고, 의사소통 능력, 팀워크, 리더십 등의 개념으로 정립될 것이다(박영숙, 2011: 171). 앞서 언급한 '하이콘셉트'라는 개념과 선이 닿는 대목이다. 이 활동은 자신의 기억을 스토리텔링하는 것이다. 이렇듯 미래 교육의 관점에서 본다면 이 활동의 교육적 함의는 매우 높다.

02

미래일기 쓰기

미래일기로 여는 진로교육

미래일기 쓰기는 진로교육에서 활용할 만하다. 진로교육은 직업 조사, 직업 체험, 부모님 회사 탐방 등 다양한 방법으로 진행된다. 요즘은 다양한 직업 체험을 할 수 있는 어린이 전용 테마파크도 생겨서 한층 좋은 환경이 되었다. 진로교육의 목표는 학생이 자신의 나아갈 길을 분별하도록 하는 데 있다. 당장 그 길로 나서지는 못하더라도 방향만 정한다면 성공한 진로교육이다. 물론 발달 과정에서 목표하는 진로는 바뀔 수 있다. 다만, 학교 진로교육에서는 학생이 향방 없이 달음질하지 않도록 길잡이 역할을 한다면 성공하는 것이다. 마치 운동장에 직선을 그을 때 멀리 보고 나아가면 올곧은 선을 그을 수 있는 것처럼 먼 곳을 바라볼 수 있도록 해 주면 되는 것이다.

그러기 위해서는 먼 곳을 바라볼 수 있어야 한다. 내 미래의 모습을 그려 볼 수 있게 하면 된다. 실제적인 방안으로 미래일기 쓰기를 제안한다. 미래일기란 아직 오지 않은 미래의 시간을 떠올려 일기 형식으로 나타내는 것이다. 일기의 기본적인 성격은 과거의 사건을 진술하는 것인데, 미래일기는 그 방향성이 반대이다. 미래의 사건을 서술하는 것이기 때문에 상상력이 필요하다. 상상이라고 해서 황당무계한 공상을 떠올리면 곤란하다. 여기서 말하는 상상이란 어느 정도 사실에 기초한 가상의 현실을 말한다. 사실이라는 기초가 마련되었을 때 상상의 구조물은 안정성을 얻는다.

그렇다면 미래일기 쓰기에서 기초 역할을 하는 '사실'이란 무엇을 말하는가? 일기를 쓰는 당사자의 재능을 말한다. 각자가 가지고 있는 재능을 토대로 한 미래일기 쓰기여야 진로교육의 재료로 적합하다. 그런데 대부분의 초등학생들은 자신이 가지고 있는 능력을 잘 모른다. 어른도 모르는데 아이가 모르는 건 어찌 보면 당연하다.

재능이란 다른 말로 하면 '잘하는 것'이다. 그런데 이게 생각보다 쉽지 않은 말이다. "너는 무엇을 잘하니?" 하고 물었을 때 즉답이 나오는 경우는 별로 없다. 물음을 바꿔야 한다. 잘한다는 것은 첫째로 좋아하고, 둘째로 빨리 배우며, 셋째로 만족감을 경험하는 것이다. 말을 이렇게 바꿔 보면 나한테 무슨 능력이 있는지 대략 가늠할 수 있다. 이것을 다중지능이론에서는 강점지능이라고 한다. 예를 들어 축구를 좋아하는 남자아이의 경우, 좋아하기는 하지만 실력이 거의 늘지 않으면 '잘한다'고 볼 수 없다.

따라서 이 활동은 먼저 각자에게 있는 강점지능을 발견하게 하는 것이 우선되어야 한다. 그 다음에 그것을 토대로 미래일기를 쓰게 하면 된다. 강점지능은 하워드 가드너가 주장한 다중지능이론을 바탕으로 한다. 즉, 사람마다 능력의 모양과 방향이 다르다고 전제하여 그것을 몇 가지 범주로 나눈 것을 말한다. 언어지능, 논리수학지능, 신체운동지능, 음악지능, 공간지능, 자연친화지능, 자기성찰지능, 인간친화지능 등으로 나누는데, 이게 고정적인 것은 아니다. 최근에는 실존지능 또는 종교지능이라는 것이 추가되기도 하였으며, 그 확장성은 유동적이라고 보아야 한다. 그러니까 지능이라고 하면 IQ라고만 생각하던 종래의 고정관념에서 벗어나 인간의 능력이 그 하나만으로 규정되는 것은 아니라는 것을 말해 준다. IQ에서 나아가 EQ라는 개념도 소개되었지만, 다중지능은 그것보다 확장성이 더 넓은 개념이다.

학생들이 거쳐야 할 이 활동의 흐름은 대략 다음과 같다.

강점지능에 대하여 알기 → 나의 강점지능 알아보기 → 미래일기 구상하기 → 미래일기 쓰기

교사는 학생에게 강점지능을 소개한다. 이 과정은 이제껏 학생이 알고 있던 지능에 대한 오해를 풀고, 사람마다 지닌 능력이 다양함을 알게 하는 과정이다. 그리고 다중지능의 종류와 의미를 소개해 준다. 여기에 박지성, 빌 게이츠, 모차르트 등 각각의 지능을 대표할 만한 인물을 구체적으로 들려주면 빠른 이해를 도울 수 있다.

(예) 서로 어울리는 것끼리 줄로 연결하시오.

언어지능	•	• 음악을 이해하고 표현하는 능력, 악기를 연주하는 능력을 말하며 대표적으로 모차르트, 베토벤 등의 인물이 있다.
논리수학지능	•	• 언어를 사용하여 이해하고 표현하며 적절히 전달하는 능력을 말하며 아나운서, 작가 등이 여기에 해당된다.
신체운동지능	•	• 색깔, 선, 모양 등 시공간 형태를 인식하고 도표, 지도 등을 해석하는 능력으로 외과의사, 예술가 등이 여기에 포함된다.
음악지능	•	• 몸을 사용한 각종 운동, 섬세한 동작 등에 관련되는 능력으로 운동선수가 여기에 해당되며 박지성을 예로 들 수 있다.
공간지능	•	• 상대방을 잘 파악하고 문제를 잘 해결하는 리더의 능력으로 정치가, 외교관 등이 여기에 포함된다.
자연친화지능	•	• 식물, 동물 등 자연물과 자연현상에 관심이 많고 탐구를 잘하는 능력으로 동식물학자, 환경운동가 등이 있다.
자기성찰지능	•	• 자신을 잘 알고 이해하며 표현하는 능력으로 종교가, 심리학자,상담가 등이 여기에 해당된다.
인간친화지능	•	• 숫자나 규칙 등에 대한 이해가 높고 문제를 창조적으로 해결하며 과학자, 수학자 등이 여기에 해당된다.

강점지능을 찾는 것이 필요한데, 표준화된 검사를 실시하면 좋겠지만 여건이 안 될 경우 스스로 자기 점검을 해 보는 것도 효과가 있다. 이 활동은 이처럼 표준화 검사를 실시하기 어려운 때 활용해 볼 수 있다. 학생 각자가 지닌 강점지능 발견과 미래 일기 쓰기를 돕기 위해 다음과 같이 간단한 안내지를 배부하면 좋겠다.

나의 재능	좋아하는 것	
	잘하는 것	
	빨리 배우는 것	

내 직업	하는 일	
	이 직업을 선택한 이유	
내 사인		
좌우명(나의 다짐)		
앞으로의 계획		

이제 본격적으로 미래일기 쓰기에 들어간다. 미래일기를 쓸 때 서두와 결말은 어느 정도 가이드라인을 정해 주는 것이 좋다. 그러니까 서두에서 구체적인 날짜와 장소 등 일기의 배경이 되는 단서를 밝히도록 하고, 결말에서도 되도록 해피엔딩의 형식을 취하도록 한다. 옛이야기의 형식은 "옛날 옛날에~" 하는 식으로 시작하는데, 별것 아닌 것 같은 이 말에서부터 이야기가 풀려 나온다. 배경을 밝히는 방식으로 시작하면 그것이 마중물 같은 역할을 한다. "서기 2050년 9월 2일 아침, 태양이 창문으로 쏟아져 들어오는 것을 보며 나는 눈을 떴다." 이런 식으로 교사가 한두 문장을 제시한다. 결말을 제한 없이 열어 놓으면 일부 남자아이들은 친구들을 웃기려고 괴상하거나 때로는 잔인한 내용으로 끝맺음하는 경우가 있다. 나쁘다고 할 수만은 없지만 바람직한 것도 아니므로 예방할 수 있다면 그렇게 하는 것이 좋다. 일기의 내용에는 자신의 강점지능을 바탕으로 한 사건이 펼쳐지도록 주문한다. 이 주문으로 학생들의 미래일기는 동일한 서두에서 다양한 전개로 나아갈 여지가 생긴다. 스토리텔링 이론에서는 이것을 '원 소스 멀티 유즈(One Source Multi Use)'라고 한다.

[학생 활동 사례 1] 4학년, 강점지능: 자연친화지능

2050년 9월 2일 아침, 창문으로 햇빛이 비쳤다. 평소처럼 눈을 떴다. 오늘은 어린이날이지만, 나는 병원에 출근하기로 했다. 병원에 가면 내가 좋아하는 친구들이 많기 때문이다. 나는 수의사다. 먼저, 집에 있는 동물들에게 밥을 주고 동물병원으로 출근을 했다. 점심을 먹으려고 하는데 갑자기 아줌마가 고양이 한 마리를 데리고 오셨다. 고양이 배가 볼록 튀어나와서 왔다고 하셨다. 고양이 배를 만져 보니 임신이었다. 곧 새로운 생명이 태어난다고 생각하니 기뻤다. 저녁이 되어 집에 갔다. 그런데 집 밖에서 강아지 소리가 들렸다. 밖에 나가니 새끼강아지가 있었다. 나는 불쌍해서 집에 데

리고 왔다. 나는 스무 살 때 전국을 돌아다니며 유기견과 도둑고양이를 집으로 데려 왔다. 나는 고양이 28마리, 강아지 37마리를 키웠다. 사료 값이 많이 들었다. 그래도 괜찮다. 생명보다 소중한 것은 없기 때문이다. 오늘도 보람찬 하루였다.

[학생 활동 사례 2] 4학년, 강점지능: 인간친화지능

오늘 아침부터 태풍이 심하게 불었다. 새 학기 첫날인데 말이다. 지금 비상이다. 지금 메시지를 보내느라 난리가 났다. "오늘은 태풍이 불어 등교 시간이 늦춰졌으니 10시까지 등교시켜 주십시오." 반 배정을 시작한다. 나는 1학년을 맡았다. 10시가 되니 어느 정도 태풍은 그쳤다. 아이들이 하나둘씩 등교 중이다. 1학년 아이들이 너무나 귀엽다. 얼핏 봐도 장난꾸러기들 같았다. 그리고 드디어 입학식이 시작됐다. 병설유치원에 다니던 애들은 몇몇 알고 있다. 그래서인지 날 반갑게 맞아주었다. 아이들을 보니 내 어렸을 적이 생각난다.

'나도 저 아이들처럼 저랬을까?'

아이들은 뭐가 그리 좋은지 히히덕거리고 있다. 교실로 들어간다. 내가 맡은 반은 1학년 3반이다.

"오늘은 입학식이예요."

내가 말하니까 아이들이 박수를 쳤다. 하지만 아이들이 떠들어서 감당이 안 됐다. 1학년인데 때릴 수도 없고……. 오늘의 험난한 하루는 마무리됐다.

8:03 쓰기 시작해서 8:53 끝내다

여기서는 한 시간 안에 간단히 시도해 볼 만한 내용을 소개하였지만, 보다 깊이 있는 수업으로 기획할 수도 있다. 사실 한 시간 수업으로 자신의 강점지능을 찾는다는 것은 어려운 일이다. 따라서 학기 초에 몇 시간의 계획을 잡아서 강점지능 찾기 프로젝트 같은 걸 진행해도 좋겠다. '내가 아는 나', '나도 알고 남도 아는 나', '나는 알지만 남들은 모르는 나', '나는 모르지만 남들은 아는 나' 등 나에 대한 다양한 시각을 수집한다면 강점지능 찾기가 더 객관성을 확보할 여지가 있다. 여기서 '남'이라는 타인의 범주에는 교실 안의 친구, 가정 안의 부모님이나 가족 등 다양한 영역의 구성원들이 포함된다. 그러니까 나에 대한 탐구를 다각적으로 하기 위해서 워크시트를 마

련해 학교에서 활동하거나 가정에서 과제로 활동하도록 하면 된다. 그러다 보면 혼자 생각만으로 아는 자신보다 더 넓은 시각의 나를 새롭게 발견할 수 있다. 또한, 스키마 활성화를 위해 직업군 조사를 선행하면 좋다. 학생들이 알고 있는 직업이란 대개 한정되어 있다. 많은 배경지식이 풍성한 글쓰기를 보장하는 것은 아니지만, 필요조건의 역할은 할 수 있다. 다양한 직업군에 대해서 알면 자신의 미래에 대한 구상이 더 용이해진다.

일기 쓰기는 스토리텔링의 대표적인 형태 가운데 하나이다. 현대 스토리텔링의 결과물 중의 하나인 영화와 비교해 보자. 탄탄한 구성의 원작을 바탕으로 만들어진 영화가 있는 반면에, 감독의 눈에 띈 사소한 사물 하나가 영화로 탄생하기도 한다. 그 사소한 사물로부터 아이디어가 튀어나와 콘셉트 작업이 이루어지면 시놉시스가 만들어지고, 마침내 한 편의 영화로 완성되는 것이다. 일기 역시 일상의 한 사건을 끄집어내어 그와 관계된 사건들을 서술하는 가운데 의미를 부여하면서 글쓰기 행위를 하는 것이다. 미래일기 쓰기란 아직 실현되지 않은 미래의 한 시점을 아이디어로 엮어서 만들어 내는 이야기다. 쓰는 이의 상상이 동원되고, 스토리텔링의 능력이 향상된다. 이 활동은 주로 고학년에서 진로지도를 할 때 유용하게 사용할 수 있을 것이다.

03

달인 찾아 동네방네

스토리텔링으로 직업의 세계 이해하기

과거 진로교육은 고3 학생들의 입시상담과 동의어로 인식되었던 적도 있지만, 최근에는 초등학교 입학 전부터 학습자의 잠재적 소질과 능력을 계발하여 직업 선택으로 이어지게 해야 한다는 주장이 큰 설득력을 얻으면서 진로교육에 대한 범위가 확대되고 있다.

2009 개정 교육과정에 제시된 진로교육의 영역 및 내용 예시는 아래와 같다(교육과학기술부, 2009).

영역	내용 예시
자기이해 활동	자기이해 및 심성 계발 자기 정체성 탐구 가치관 확립 활동 각종 진로 검사
진로 정보 탐색 활동	진로 정보 탐색 직업 정보 탐색 입시 정보 탐색 직장 방문 직업 체험 활동
진로 계획 활동	학업 및 직업에 대한 진로 설계 진로교육 및 상담 활동
진로 체험 활동	직업 세계의 이해 직업 체험 활동

각 영역별 예시된 내용은 학습자의 미래 삶을 위해 필수적인 탐색 영역임에도 불구하고 지금까지 이들 내용은 부수적인 내용으로 여겨져 온 경향이 있다. 이런 점에서 현재의 학교 교육이 학습자의 '진로'에 대해 장기적이고 개별적이며 직접적인 개

입 프로그램을 제공하지 못했다는 반성을 해 본다. 또, 각 교과 교육이 학습 내용과 학습자의 미래 삶을 연결시켜 생각해 보게 하는 기회를 제공하기보다는 소위 '진도 나가기'에만 연연하는 측면이 있음도 부인할 수 없다. 입시제도를 비롯한 보다 복잡한 사회적·문화적·경제적 측면의 여러 문제적 현상들이 얽혀 있다는 점을 생각하면 이와 같은 상황은 보다 다각적인 차원의 해결책이 필요한 문제이다. 그렇다고 해서 제반 사회 문화적 상황들이 해결될 때까지 진로교육을 미루어 둘 수도 없다.

여기에서는 스토리텔링을 통한 진로교육의 한 방법으로 '주변에서 달인을 찾아 달인이 들려주는 직업의 희로애락 기록하기'를 제안한다. 이 방법은 적어도 3차시 이상의 시간을 요하며, 학습자가 탐구과정 전반에 대해 구상하고 탐구하는 일련의 프로젝트 과정을 포함하고 있다. 핵심적인 과정을 순서대로 정리하면 다음과 같다.

> '달인'이라는 개념에 대해 브레인스토밍하며 달인에 대한 인식을 공유하기 → SBS 프로그램 〈생활의 달인〉 내용을 소개하거나 보여 주면서 한 분야에서 '달인'의 경지에 오른 직업인 소개하기 → '직업인'이라는 관점에서 '달인'에 대한 자신의 생각과 느낌을 글이나 그림으로 표현하고 발표하기 → 학습자 개인별 혹은 모둠별로 각기 정립한 '달인'의 개념을 '달인의 요건'으로 정리하기 → 학습자 생활 범위 내에서 달인의 요건에 해당하는 직업인 10명(내외)을 선정하여 이들을 인터뷰하여 직업적 특성을 정리하기 → 인터뷰 내용을 공유하고, 각자 자신의 진로 계획에 참고할 점을 정리하고 발표하기

'달인'은 근래 텔레비전 프로그램을 통해 대중적인 인지도를 얻게 된 용어로, 사전적 의미는 '널리 사물의 이치와 도리에 정통한 사람이나 특정 분야에 통달하여 남달리 뛰어난 역량을 가진 사람'이다. 동시에 '달인'은 전문적인 직업인을 보다 친근하게 부르는 의미도 가진다. 영어에서 '달인'의 사전적 의미를 갖는 단어 'master', 'expert'의 사회적 용례와 비교해 보면, '달인'이라는 용어는 직업인의 전문성을 폐쇄적이고 세련되게 일컫기보다는 친근하고 소박한 정서를 환기하는 경향이 있다고 할 수 있다.

사회 각 분야에서 일가를 이룬 사람들은 자신의 성공 노하우를 담은 자서전, 이른바 '성공기'를 펴내는데, 많은 사람들이 성공기를 통해 그 분야의 구체적이고 경험

적인 정보와 지식들을 습득하기도 한다. 이들 성공기 역시 일련의 정보들을 스토리텔링을 통해 제시한다. 스토리텔링은 특정 분야의 직업인으로서 알아야 할 핵심적인 정보가 인생의 굴곡을 헤쳐 나가면서 겪는 정서적·심리적 변화와 도전 속에 절묘하게 섞여 있어서, 한 분야에 대한 전문인으로서의 면모와 자신의 인생을 충실히 살아 낸 한 인간의 경계가 불분명하며 무의미하다는 것을 보여 준다. 반면, 이러한 성공기는 사회적인 명성을 얻은 직업인들의 전유물이라는 점에서 성공한 사람에 대한 편견이나 제한적 관점을 줄 수 있다는 문제가 있다. 가령 성공한 직업인이란 경제적 척도로 결정된다거나, 당장은 무모해 보이는 도전이라도 밀어붙인다면 필연적으로 성공으로 이어질 것이라거나, 사회적 명성을 수반하는 직업만이 가치 있다거나 하는 것들이다.

실제 현재의 진로교육이 풀어야 할 문제 중 하나는 학습자 자신의 적성이나 소질보다는 사회적 명성과 경제적 성취를 진로 결정의 방향타로 삼는다는 점이다. 반면, 생활 속에서 쉽게 마주칠 수 있고 그들의 직업적 특성이 내 생활 속에서 구체적으로 살아 움직인다는 점에서 '달인'이라는 용어와 '달인들의 이야기'는 진로교육에 현실성을 부여해 줄 수 있지 않을까. 추상적인 개념으로서의 직업이 아니라, 미래의 삶을 꾸려 나가기 위한 '구체적인 일'이자 '현실적인 생활'이라는 것을 이해하는 것이 현재의 진로교육에서 필요한 부분이다.

다행히도 이미 많은 교사와 학교는 진로교육에 대한 중요성을 깨닫고 다양한 진로교육 프로그램을 기획하거나 실행하고 있다. 특히 테마파크에서 체험학습을 하는 사례가 일반적인데, 이 테마파크 역시 정보를 효과적으로 전달하고 학습자의 경험을 일련의 이야기로 구성하도록 이끈다는 점에서 스토리텔링을 활용하고 있다. 이외에 학교에서 이루어지는 진로교육의 일반적인 유형으로는 지역 사회의 인사들을 초청하여 학부모나 학생들과 만나 이야기 나누게 하기, 미래에 유망한 직업군에 속한 직업인의 사례를 조사하여 소개하기 등이 관찰된다. 이 유형 역시 직업에 대한 추상적인 진술과 일반적인 정보보다는 실제 직업인의 생생한 목소리를 통해 구체적인 직업의 세계를 경험할 수 있다는 점에서 스토리텔링의 기능이 백분 활용되는 방법이다.

이 지점에서 스토리텔링을 보다 적극적으로 진로교육과 접목시킴으로써 진로교육이 직업에 대한 일정 정보를 얻는 데에서 그치는 것이 아니라 인생의 설계이자 미래와 삶에 대한 태도라는, 보다 정서적이고 동기적인 측면을 강조할 수 있다.

앞에서 제시한 과정을 실제 적용하고자 할 때에는 몇 가지 고려할 사항이 있다. SBS 프로그램 〈생활의 달인〉 내용 중에서 학생에게 소개할 내용을 선정할 때에는 그 내용을 통해 드러내고자 하는 진로교육의 특성이 무엇인지를 교사가 명확하게 판단하고 고려해야 한다. 예를 들어, 구체적인 직업 세계를 소개하는 데에 초점이 있다면 웨딩드레스 디자이너, 철판요리 전문가, 파티 플래너 등 현재의 학습자들이 흥미를 가질 법하고 미래 사회에서도 직업적 가치가 높을 것으로 예상되는 직업들을 중심으로 소개하도록 한다. 반면, 직업이 사회·문화·경제적인 복합관계 내에 존재한다거나 직업인으로서 갖추어야 할 성실한 태도 등에 초점이 있다면 사향 산업과 관련된 직업도 선택할 수 있을 것이다.

이어서 '달인의 요건'에 사회적 명성이나 경제적 척도와 더불어 근무 기간(예: 10년 이상 종사한 사람), 그 직업을 갖게 된 동기나 계기(예: 부모님의 반대에도 불구하고 선택한 사람), 직업과 관련된 시련과 도전(예: 그 직업을 유지하면서 큰 시련을 극복했다거나 새로운 도구나 방식을 발명한 사람) 등의 요건이 포함되도록 이끌어 준다. 이런 요건들은 그 직업에 대한 사전적 설명에서는 쉽게 얻을 수 없는 정보들이므로 인터뷰를 통해서 알아낼 수 있도록 한다. 그리고 이 내용들은 학습자들에게 직업이 생활, 곧 사람들의 삶과 얼마나 밀착되어 있는지를 이해하게 해 줄 중요한 단서가 될 수 있다.

04

미래를 내다보는 직업소개소

인물의 숨은 능력을 진로와 연결하기

모든 인간은 태어나면서부터 무수히 많은 이야기를 듣고 무수히 많은 이야기를 말한다. 이야기를 듣고 싶어 하고 이야기를 하고 싶어 하는 인간의 욕망은 삶 그 자체라 할 수 있을 만큼 강렬하다. 어린 시절에 할아버지와 할머니, 부모님께 옛날이야기를 해 달라고 조르던 기억이 있을 것이다. 그리고 그 이야기 속에 등장하는 용감하고 착한 인물과 신기한 물건들을 상상하며 자신과 비교해 본 경험이 있을 것이다. 이 보편적인 기억이 바로 인간의 보편적인 스토리텔링 욕구와 일맥상통한다.

그 무수한 이야기에 등장하는 인물들은 각각 다른 곳에서 다른 모습을 지니고 있는 다른 인물들로 보이나, 사실은 몇몇의 인물들이 다른 가면을 쓰고 있는 것에 지나지 않는다. 예를 들어 콩쥐와 신데렐라, 심청이는 모두 '착한 여자'의 서로 다른 얼굴들로 생각할 수 있다. 이렇게 전형적 캐릭터들이 등장하는 옛이야기는 우리에게 교훈이나 삶의 지혜를 주는 이야기로 전해지고 있다. 그러나 그 인물들은 정말로 전형적일까?

이 활동에서는 그저 뻔하다고만 생각했던 인물의 색다른 면을 재조명해 보는 기회를 가진다. 또한, 시간적·공간적 제약을 뛰어넘어 인물 자체의 성격을 더 넓은 시야로 보아 인물의 특성을 더욱 구체적으로 파악하고 이를 통해 그 인물이 등장하는 이야기를 더 잘 이해하여 자신의 삶에 반영할 수 있다. 그리고 인물의 성격이나 흥미, 적성을 파악하여 실생활과 연관 짓는 활동을 함으로써 자신의 성격, 흥미, 적성까지도 돌이켜 생각해 보는 기회를 가질 수도 있을 것이다. 이렇게 미래를 내다보는 직업소개소는 이야기 속 인물을 재조명하여 인물의 실제 삶과 관계를 맺는 활동이다.

이 활동의 대략적 흐름은 아래와 같다.

옛이야기와 그 속의 인물 한 명 정하기 → 인물의 특성 목록 만들기→ 인물의 특성 중 이 인물만이 가지고 있는 특성 하나 찾아내기 → 특성이 발휘될 수 있는 직업 찾기 → 나의 특성 목록 만들기 → 나의 특성이 발휘될 수 있는 직업 찾기

맨 처음 학생은 자신이 이미 잘 알고 있는 옛이야기와 그 속의 인물 한 명을 정한다. 이때 자신이 가장 정확하고 자세히 알고 있는 이야기를 설정하는 것이 좋으며, 활동의 난이도를 낮추려면 인물을 이야기 속의 주인공으로 정하는 것이 좋다. 이야기에서 가장 특성이 많이 드러날 수 있는 인물이 주인공이기 때문이다. 이 활동을 처음 해보는 학생과 교사라면 학급 전체가 하나의 이야기를 정하여 그 이야기를 다시 듣고, 그 주인공에 대하여 활동하는 것이 더 쉽고 효과적일 것이다. 예를 들어 〈콩쥐팥쥐〉의 콩쥐에 대하여 활동할 것이라든지, 〈심청전〉의 심청에 대하여 활동하겠다든지 하는 방식으로 설정한다.

그 후 학생들은 자신이 정한 인물의 특성을 나열한 목록을 만든다. 이때 학생이 이미 가지고 있는 특정 이야기에 대한 사전 지식이 크게 작용할 것이다. 그 이야기를 이미 여러 번 접하여 정확하게 알고 있는 학생이라면 아주 세세한 사건이나 장면까지도 기억해 내어 목록에 반영할 수 있을 것이며, 이미 그 이야기에 대해 생각해 본 경험이 있는 학생이라면 다른 학생들은 생각하지 못하는 기상천외한 특성을 떠올리기도 할 것이다. 예를 들어 콩쥐의 특성으로 '착하다' 외에 '집안일을 잘한다', '부당함을 잘 참는다', '동물과 이야기를 할 수 있다', '능력 밖의 일을 당하면 운다', '싫다는 말을 못 하는 사람이다' 등의 특성을 나열할 수 있다.

인물의 특성을 모두 나열했다면 자신이 설정한 캐릭터만이 가지고 있는 특성을 하나 골라낸다. 이때 중요한 점은 반드시 비슷한 성격의 다른 캐릭터와는 차별화되는 특성을 골라내야 한다는 것이다. 예를 들어 심청이와 콩쥐는 둘 다 효심이 깊고 착한

▸ **Tip**

이때 교사의 효과적인 발문이 필요하다. 특히 학생의 발달단계에 따라 생각해 낼 수 있는 특성의 목록이 달라질 수 있으므로 교사는 학생의 수준을 고려하여 특정 장면을 떠올리게 하거나, 주제를 재조명하게 하는 방식의 반문을 던져 활동에 생기를 더할 필요가 있다. 예를 들어, "콩쥐를 도와준 건 누구였니? 네가 그런 어려움에 빠져 있었다면, 너도 두꺼비와 황소의 도움을 받을 수 있었을까? 못 받았을 거라면, 왜 못 받았을 거라고 생각하니?" 의 발문으로 콩쥐의 '동물과의 의사소통 능력'을 끌어낼 수 있을 것이다.

캐릭터이나, 콩쥐는 심청이와 달리 동물과 의사소통이 가능하며 심청이는 콩쥐와 달리 물속에서도 숨을 쉴 수 있다는 점을 생각해 낼 수 있다.

그러고 난 후 인물의 특성이 반영될 수 있는 직업을 찾아본다. 이 역시 학생이 이미 직업군에 대하여 가지고 있는 사전 지식이 어느 정도인지에 따라 그 활동 결과의 수준이 달라진다. 현대 사회에 존재하는 여러 직업을 모두 떠올려 이야기의 시간적·공간적 배경에 얽매이지 않고 인물의 특성 한 가지만을 고려해 직업을 찾도록 한다. 이는 위에서 이미 언급한 대로 스토리의 배경을 뛰어넘어 실제 삶 속의 직업과 캐릭터를 관계 지음으로써 이야기를 우리의 생활 속으로 끌어들여 오는 단계이다. 이 활동이 좀 더 의미 있고 효과적으로 적용되기 위해서는 교사가 미리 다양한 직업과 그 직업이 필요로 하는 특성을 정리하여 학생이 활용할 수 있도록 제공할 필요가 있다. 예를 들어, 불편한 드레스를 입고 유리 구두를 신고도 건장한 왕자가 미처 따라오지 못할 정도로 빨리 달릴 수 있었던 신데렐라는 단거리 육상 선수가 될 수도 있었을 것이다.

다음으로, 이야기 속 인물의 특성 목록을 작성했던 형식으로 자신의 특성 목록도 작성해 보게 한다. 이때 앞에서 이야기 속 인물이 특정 상황에서 했던 말이나 행동을 떠올려 특성 목록을 작성한 것처럼 자신이 어떠한 상황에 닥쳤을 때 하는 행동이나 말, 생각을 바탕으로 보다 꼼꼼히 자신의 특성을 파악할 수 있도록 유도한다. 이는 보통 특별한 조작이나 실험 장치 없이 자신의 행동을 자연 상태에서 관찰하는 자연적 관찰법으로, 좀 더 발전하여 표준화 검사나 상담법 등을 활용한 특성 찾기로도 이어질 수 있다(김영기 외, 2010: 230).

마지막으로, 학생이 파악한 자신의 특성을 어느 직업에 연결 지을 수 있을지 직업 탐색의 기회를 갖도록 한다.

교실에서 교사가 이 활동을 진행하다 보면, 가장 먼저 마주치는 문제점은 무엇보다도 학생들이 생각보다 직업에 대하여 거의 아는 것이 없다는 점이다. 실제로 6학년 학생들을 대상으로 해당 활동을 진행한 결과, 학생들은 실재하는 직업을 단편적으로밖에 알고 있지 못하여 인물의 특성을 파악한 후에도 적합한 직업을 짝짓지 못하는 경우가 많았다. 이를 보완하기 위하여 학생을

▶ **Tip**

이 활동은 현재 초등학교 실과의 진로 학습 부분에서 유용하게 활용할 만한 활동이다. 지속적인 활동으로 학생의 심화된 진로 수업에 활용할 수도 있다. 또한 창의성 교육에서도 가치를 지닌다.

위한 직업사전을 준비해 두면 새로운 직업을 찾는 데에 도움을 받을 수 있다. 예를 들어, 신데렐라의 대모에게 '디자이너'라는 새 직업을 찾아 주었던 학생은 직업사전을 통해 '의상 코디네이터'라는 직업을 선택할 수 있었다. '디자이너'라는 포괄적 직업명보다 더 구체적이고 특성에 더 잘 들어맞는 직업을 찾게 된 것이다.

〔학생 활동 사례 1〕 6학년

〈신데렐라〉에 나오는 대모의 특성을 생각해 보았다. 그랬더니 원래는 볼품없는 신데렐라인데 숨겨진 아름다움을 찾아서 새로운 모습으로 꾸며 준 것이 특성이라고 생각했다. 그래서 처음에는 디자이너라는 직업을 정해 주었다. 그런데 다시 생각해 보니, 디자이너는 새로운 옷을 만들어 내는 사람이라서 대모가 한 일이랑은 잘 안 맞는 것 같았다. 그래서 의상 코디네이터로 직업을 바꾸었다.

〔학생 활동 사례 2〕 6학년

〈헨젤과 그레텔〉에 나오는 마녀는 과자로 집을 만들었다. 그래서 건축가라는 직업이 어울릴 것 같았다. 그런데 선생님이 주신 직업사전을 보니 푸드 코디네이터라는 직업이 있는 것을 알았다. 음식을 더 맛있어 보이게 배치하고 꾸미는 일을 하는 사람이라고 한다. 마녀는 튼튼한 집을 지으려고 한 것이 아니고 아이들이 과자를 뜯어 먹게 꼬셔서 아이들을 잡아먹으려고 집을 지은 것이니까 건축사보다는 푸드 코디네이터라는 직업이 더 잘 어울릴 것 같아서 직업을 바꾸었다.

이 활동은 이야기 속 인물의 삶을 나의 삶과 연결시킨다는 면에서 스토리텔링 활동이며, 동시에 개인의 진로 정보를 탐색·수집하고 자신에게 알맞은 정보를 선택하여 진로 계획에 적극 활용한다는 면에서 진로교육 활동이다. 학생이 이야기 속 인물의 특징을 보다 다양하고 창의적으로 탐색할 수 있게끔 기회를 열어 주고, 또한 크게 신경 쓰지 않고 지나쳤던 인물의 특정 행동을 통해 새로운 직업의 길이 열림을 알게 하여 자신의 진로 역시 무궁무진한 가능성으로 열려 있음을 깨닫게 하는 것이 이 활동의 목표라 할 수 있을 것이다.

05

인생 게임

보드게임을 활용한 진로교육

『반지의 제왕(*The Lord of the Rings*)』은 영국의 소설가 톨킨의 3부작 판타지 소설로, 판타지 소설의 바이블 혹은 고전으로 평가받는 작품이다. 이는 영화, 만화, 게임 등으로 재창조되며 출간 후 50여년이 지난 지금까지도 전 세계적으로 독자들의 사랑을 받고 있다. 이 소설은 민간에 전승되는 유럽의 옛 설화를 바탕으로 창작된 것으로, 절대반지를 향한 호빗족의 영웅 '프로도'의 영웅담을 그렸다.

이러한 이야기의 원형은 그리스로마 신화에 등장하는 헤라클레스 이야기에서도 찾아볼 수 있다. 제우스와 인간 알크메네 사이의 아들인 헤라클레스는 헤라의 미움을 받는다. 그는 자신에게 부여된 열두 가지의 과업을 용기와 기지를 발휘하여 성공적으로 수행하여 그리스의 가장 위대한 영웅으로 칭송받게 된다. 자세히 들여다보면 위의 이야기들은 전형적인 민담(탐색담·영웅담)의 구조를 갖추고 있다.

민담과 밀접하게 관련된 장르, 즉 기본적으로 영웅적 판타지에서 가장 분명하게 나타나는 모티브로는 퀘스트(quest)가 있다. 퀘스트는 보물, 납치된 공주, 혹은 단순히 행운을 찾아 주인공이 집을 떠나는 민담에서 흔히 볼 수 있다. 광범위하게 본다면 이는 대상이나 사람 찾기로 제한되지 않고, 자아에 대한 퀘스트도 포함된다(니콜라예바: 2009). 오늘날 아이들이 즐겨하는 게임도 퀘스트를 모티브로 하는 대표적인 예이다. 게임 용어로서 퀘스트는 '임무'를 뜻하며, 플롯은 미션 수행 구조로 이루어진다.

여기서는 2011년 상반기에 방영된 KBS 드라마 〈드림하이〉를 중심으로 인생 게임 수업을 살펴보고자 한다. 이 이야기 역시 앞서 언급한 고전들과 맥을 같이 하는 작품이다. 인기 아이돌 가수들이 주인공으로 등장하여 자신의 꿈을 이루어 가는 과정을 그린 것으로, 이 드라마의 주인공들은 스타가 되기엔 결정적인 약점을 하나씩 가지고 있다. 소름 끼치는 가창력을 지녔지만 '꿀벅지'가 아닌 '뚱벅지'를 가진 아이, 외모와 음악성은 훌륭하지만 편견에 사로잡혀 있는 아이 등. "루저들이 화려하게 비상하는 모습"을 보여 주겠다는 기획의도에 걸맞게, 시청자들은 이들이 자신들이 지닌 1%의 재능을 불씨 삼아 약점을 극복해 가는 모습에 응원과 박수를 보냈다.

우리의 학생들도 위 이야기의 주인공들과 같다. 그들은 수많은 약점들을 가지고 있지만, 재능의 불씨 또한 가지고 있다. 민담의 주인공들처럼 시작은 미흡하지만, 각자의 인생에서 영웅이 되기를 꿈꾼다.

그러나 학교 현장의 진로교육은 직업의 탐색 및 교육기관의 선택에 치우쳐 이루어지는 경향이 있다. 미래의 나의 모습을 그려 보는 활동 또한 단순히 이미 모든 것을 성공적으로 이뤄 낸 후의 모습을 상상해 보는 활동에 그치는 경우가 많다. 현재의 나와 미래의 나를 연결 짓지 못한다면, 그것은 손에 닿지 않는 한낱 꿈에 불과하다. 인생 게임은 자신의 꿈을 이루어 나가는 과정을 퀘스트 구조의 이야기로 파악함으로써 현재의 나와 미래의 나를 양 극단에 세워 두는 한계를 극복하고 도착점까지의 한 계단 한 계단 성장 과정을 성찰하게 한다는 점에서 의의가 있다.

이 수업은 크게 '게임 만들기'와 '게임하기'로 나누어진다. 수업의 전체적인 흐름은 다음과 같다.

> 출발점과 도착점 설정하기 → 인물 설정하기 → 사건 구상하기 → 보드게임 만들기 → 게임하기

먼저, 게임의 출발점과 도착점을 설정한다. 출발점은 '현재의 나'이며, 도착점은 퀘스트 과정을 거쳐 '꿈을 이룬 나'이다. 〈드림하이〉를 예로 들면, 출발점은 '가수가 꿈인 중학교 3학년의 나'이며, 도착점은 '가수로 데뷔한 나'가 된다.

다음으로, 퀘스트 과정에서 만나게 될 인물을 설정한다. 여기서 말하는 인물은 주인공이 방해인물에 직면하여 발전해 가는 것을 도와주고 격려하거나 그의 성장을 방해하여 더 많은 도전을 부여하는 조연을 말한다. 마인드맵을 활용하여 조연을 설정하

는데, 이때 지지인물[1]과 방해인물[2]로 나누어 설정한다. 지지인물은 부모님이나 선생님, 친한 친구일 수 있으며, 방해인물의 대표적인 예는 경쟁자일 것이다. 그러나 이는 고정적이지 않으며, 상황에 따라 달라진다. 부모님이 나의 진로 계획에 반대하실 경우 방해인물이 될 수도 있고, 친구가 경쟁자가 될 수도 있다.

다음엔 꿈을 이루어 가는 탐색 과정에서 경험하게 될 사건을 구상한다. 현실 속 꿈을 이루는 과정이 늘 순탄한 것은 아니다. 따라서 사건은 시련과 발전으로 나누어 구상한다. 먼저 자신이 꿈을 이루어 가는 과정에서 만날 수 있는 시련들을 브레인스토밍을 통해 나열해 본다. 예를 들면 예고 진학에 실패할 수도 있고, 가정 형편이 어려워질 수도 있으며, 부상을 당할 수도 있고, 경쟁자에게 질 수도 있다. 발전을 구상할 때에는 노력을 통하여 꿈을 이루어 가는 모습을 단계적으로 구상한다. 열심히 연습하여 상급반으로 진학하거나, 선생님의 도움으로 장애를 극복할 수 있다. 여기서 주의할 점은 사행성 사건이나 운을 배제하고 노력을 통한 성취를 강조해야 한다는 점이다. 로또에 당첨되어 꿈을 이룬다는 이야기를 통해서는 어떠한 교육적 효과도 기대하기 어렵게 된다. 또한 직업사전을 미리 준비하여 이 단계에서 활용하도록 하면 좋다.

출발점과 도착점을 설정하고 인물과 사건을 구상하였으면, 본격적으로 보드게임 만들기에 들어간다. 가장 먼저 출발점과 도착점에 현재의 나와 미래의 꿈을 이룬 내 모습을 적는다. 그 후 출발점부터 도착점 사이의 빈 칸에 시련과 발전의 사건들을 번갈아 써 넣는다. 마지막으로 시련의 사건에는 '−2칸', '1번 쉬기' 등을, 발전의 사건에는 '+3칸', '한 번 더 던지기' 등을 써 넣어 게임의 재미를 더한다. 그런데 이 과정에서 실제로 학생이 구성하는 게임판

▶ **Tip**

보드게임을 만들기까지의 과정에서 출발점과 도착점을 설정하기는 어렵지 않으나, 브레인스토밍을 통하여 인물과 사건을 구상하는 것에 어려움을 느끼는 아이들이 있다. 한두 가지의 시련과 발전의 사건을 쓰고 난 뒤 아이디어가 떠오르지 않아서이다. 이런 경우에는 꿈이 같은 학생들끼리 2인 1조로 활동을 하도록 하면 아이디어를 풍부히 하는 데 도움이 된다.

---

1 짝패(sidekick)와 멘토(mentor)로 나누어 볼 수 있다. 짝패는 프로타고니스트(protagonist)가 목표에 도달하도록 돕는다. 프로타고니스트의 심층적 내면이나 공유하기 어려운 감정을 말해 주기 위해 존재한다. 주인공의 양심의 목소리로서 행위하며, 때로는 주인공의 내적 발전을 강제하기 위해 그의 목표에 반대하는 모습을 보이기도 한다. 멘토는 프로타고니스트가 목표에 도달하도록 돕는다. 주인공에게 지침과 영감을 주는 나이 든 인물의 모습을 취하는 경우가 많다.

2 안타고니스트(antagonist). 프로타고니스트의 목표 성취를 방해한다. 꼭 악당일 필요는 없다. 장애인물이라고도 하나, 직관적 인식을 돕기 위하여 여기서는 방해인물이라고 명명하였다.

을 살펴보면, −2칸을 가면 +3칸이 나오는 등의 배열상 '중첩' 현상으로 오류가 생긴다. 이럴 경우에는 '−2칸', '+3칸' 등의 벌칙이나 혜택이 적혀 있는 게임판을 미리 만들어서 나누어 주고, 학생은 벌칙과 혜택 칸에 각각 시련과 발전의 사건만 적어 넣도록 할 수도 있다.

마지막으로 만든 보드게임을 직접 해 본다. 주사위를 굴려 말을 이동하고, 먼저 도착점에 도착한 사람이 승리한다. 2인 1조로 게임을 하더라도 각자 자기의 게임판을 이용하여 게임을 할 수도 있고, 함께 만든 게임판을 이용하여 게임을 할 수도 있다. 각자 자기의 게임판을 만들 경우에는 시련(벌칙)과 발전(혜택) 칸 수를 동일하게 만들도록 제한하면 된다. 게임을 통하여 학생들은 시련과 노력을 통한 발전을 경험하고, 꿈을 이루어 나가는 체험을 하게 된다. 이는 현실의 모습에 닿아 있다는 점에서 더욱 의미가 있다.

다음은 예시자료로 활용하기 위하여 만든 보드게임 〈드림하이〉의 게임판이다.

다음은 실제 수업을 통하여 학생이 만든 보드게임판이다.

〔학생 활동 사례 1〕 5학년

〈출발〉 초등학교 5학년	스타크래프트를 즐기나 실력이 형편 없음 -1칸	열심히 노력하여 꽤 잘하게 됨 +2칸	부모님께 프로게이머가 꿈이라고 했다가 혼남 출발점으로	♠
				중·고등학교 공부로 게임 잠시 중단 한 번 쉬기
예선전 탈락 한 번 쉬기	선배의 도움으로 경기 출전 +2칸	시력이 나빠져 게임 잠시 중단, 아르바이트 시작 -1칸	♠	대학 입학 한 번 더 던지기
♠				
4강 진출 한 번 더 던지기	4강 탈락 -2칸	교통사고로 1개월 입원 침체기	경기 우승 +1칸	〈도착〉 프로게이머가 됨

[사례 1] 학생은 초등학교 5학년생으로 장래희망은 프로게이머이다. 학생이 생각하는 지지인물은 같은 꿈을 가진 선배이고, 방해인물은 가족이다. 학생은 실제로 가족의 반대라는 시련을 겪고 있다. 또한, 꿈을 이루어 가는 과정에서 학업이나 건강상의 문제로 게임을 잠시 중단해야 하거나 경기에서 탈락하는 시련을 겪을 수 있다는 것을 예상하였다. 시련에 비하여 노력을 통한 발전 과정은 크게 부각되지 않고 있다. 그러나 이러한 시련들에도 불구하고 꿈을 이루게 된 것은 꿈을 포기하지 않았기 때문이다.

다른 작품을 살펴보자.

[학생 활동 사례 2] 5학년

〈출발〉 초등학교 5학년	아빠의 반대 -1칸	공부를 열심히 함 +2칸	의대 불합격 출발점으로	♠
				등록금 마련 실패 한 번 쉬기
퇴학 위기 한 번 쉬기	아르바이트 등록금 마련 +2칸	징그러운 해부학 실습 -1칸	♠	의대 입학 한 번 더 던지기
♠				
실습 극복 한 번 더 던지기	공부가 어려움 -2칸	졸업 실패 침체기	졸업 +1칸	〈도착〉 의사가 됨

[사례 2] 학생의 장래희망은 의사이다. 지지인물로 엄마와 교수님 등을, 방해인물로 아빠와 대학 경쟁자 등을 설정하였으나 게임판에는 드러나지 않았다. 의대 입학이 어렵고, 등록금이 비싸며, 입학하더라도 어려운 과정을 거쳐야 함을 잘 인식하고 있다. 또한, 공부와 노력을 통하여 꿈을 이루어 가는 과정이 잘 나타나 있다.

학생에게 친숙한 보드게임은 영어, 수학 등 다양한 교과에서 교수·학습 자료로 폭넓게 활용되어 왔다. 게임을 활용한 교육은 학생의 흥미를 높이고, 학습 활동에 몰입하도록 도와주며, 놀이를 하면서 관련 지식을 획득하게 한다는 장점이 있다. 이와 더불어, 본 활동은 보드게임을 만드는 과정을 통하여 자신이 꿈을 이루어가는 과정에서 겪게 될 시련과 성장을 성찰하도록 해 준다. 게임을 통하여 현재의 나와 미래의 나를 연결 지으면, 그것은 그대로 나만의 영웅담이 되는 것이다.

▸ Tip

심화 활동으로 꿈을 이루어 가는 과정을 이야기로 써 보자. 이야기를 쓰는 과정에서 학생들은 전형적인 민담(탐색담)의 구조를 자연스럽게 체득하게 될 것이다.

2장 인성 활동

사회를 떠들썩하게 만들었던 학교 폭력 사건으로 더욱 중요하게 떠오른 교육계의 화두는 바로 '인성교육'이다. 인성교육이란 말 그대로 인성을 함양시키기 위한 교육을 말하는 것으로서, 마음의 바탕을 교육하고 사람 됨됨이를 교육함을 의미한다. 인성교육은 아침자습시간의 훈화부터 시작해서 학교생활 전반에 걸쳐 잠재적 교육과정으로 시행되고 있다. 또 가끔은 특별한 시간을 마련하여 가르치지만, 정작 학생들은 인성교육이라고 하면 답답하고 지루한 시간, 따분한 도덕 시간, 어른들의 잔소리로 치부하여 한 귀로 듣고 한 귀로 흘려버리는 경우가 허다하다. 이 장에서는 학생들이 스스로 즐겁게 참여할 수 있도록 구안한 수업활동 몇 가지를 소개하고자 한다.

마법에 걸린 수학 점수는 학생들이 자신의 생활에서 반성할 점을 찾아 재미있는 방법으로 해결하는 활동이다. '투사'라는 심리방어기제를 활용하여 나의 잘못된 습관을 나쁜 마법에 걸린 것으로 둘러대고, 이를 해결하기 위한 다양하고 창의적인 방법을 찾는 내러티브 구조로 진행된다. 지각이나 편식, 친구를 괴롭히는 행동 등 일상생활에서 흔히 일어나지만 잘 고쳐지지 않는 자기만의 나쁜 습관을 되짚어 보게 한다. 더불어 현실의 삶을 반영하는 일상적 대화와 도덕적 삶의 의미를 숙고하며 내면을 되돌아보도록 하는 텍스트 사이의 상호작용을 만들어 낸다. 학교 현장에서 겪게 되는 지루한 도덕 수업을 바꿀 수 있는 새로운 아이디어가 될 것이다.

내 인생의 5대 괴물은 학생들이 좋아하는 괴물 캐릭터에 주목하여 구안된 활동이다. 괴물 캐릭터가 지닌 괴기스러움, 기이함, 그리고 비현실적 요소 등을 활용하여 학생들이 겪는 고통 경험을 자연스럽게 끄집어내는 것이다. 괴물이 나오는 책을 함께 읽고 그에 대한 느낌을 주고받은 후 '내 인생에서 힘든 것'을 괴물로 표현해 본다. 이를테면, 시험이나 학원 등과 같이 학생들에게 고통을 주는 요소들을 괴기스러운 괴물로 표현해 보는 것이다. 어떻게 보면 단순한 이 활동에 학생들은 의외로 진지하게 참여한다. 특히 친구들과 공유하는 과정을 통해 추후에 중요한 상담 자료로 활용 가능한 장점이 있다.

묘비명을 지어 다오는 한 사람의 과거를 압축적으로 표현할 수 있는 형태인 '묘비명'을 활용하여 삶에 대한 반성과 미래의 삶의 지향점을 찾아볼 수 있게 도와주는 활동이다. 이 활동은 '위인의 묘비명을 통해 묘비명의 특징 알아보기', '위인의 묘비명 짓기', '나의 미래의 삶 생각하기', '나의 묘비명 짓기', '다양한 방법으로 묘비명 표현하고 공유하기'의 단계로 이루어진다. 이를 통해 이야기를 압축된 언어로 구사하는 능력, 즉 이야기의 중점을 찾아 이를 가장 효과적으로 형상화하는 능력을 기를 수 있다. 또, 위인의 묘비명을 지어 봄으로써 타인의 삶에 대한 공감과 심층적인 자아성찰이 요구되는 진지한 수업이 될 것이다.

내가 해결해 볼게는 학생들이 지금 현재 가지고 있는 현실의 문제와 콤플렉스 등을 이야기를 통해 극복해 보는 일종의 자기 치유 프로그램이다. 그 문제를 현재 자신의 힘으로 해결할 수 없지만, 이야기 속에서라면 가능하기 때문이다. 자기 자신의 삶의 경험을 투영하여 이야기를 창작함으로써 평소 바라는 것의 성취, 현재 상황에 대한 개선 욕구, 내면 감정의 변화 등을 얻어 내는 활동이라고 말할 수 있다. 기존의 영웅담을 일부 변형한다거나 생애담의 일부분을 활용하는 등 자신을 이야기 속 주인공으로 만드는 과정을 통해 재미는 물론이고 심리적인 해방감을 맛보게 하여 현실 세계에서 그 문제를 능동적으로 해결하고자 하는 의지를 갖게 도와줄 것이다.

미신이 아니에요는 언중(言衆)들의 입에서 입을 거쳐 오며 생명력을 지니고 오늘날까지도 생동하는 스토리텔링의 한 방식인 속신어를 활용한 활동이다. 기존 교육과정에서 쉽게 접할 수 없었던 구전문학의 특징을 지닌 장점도 있고, 학생들이 자신의 주변 상황에 대한 감수성을 신장시킬 수 있다는 점에서 스토리텔링 활동의 긍정적 요소를 찾을 수 있다.

여기서 소개한 다양한 활동은 스토리텔링의 기법을 활용하는 것 외에 중요한 하나의 공통점이 있다. 각 활동을 통해 학생들의 숨겨진 자아를 만나 볼 수 있다는 것이다. 스토리텔링을 통해 직접 물어보지 않고도 얼마든지 자연스럽게 학생들의 생활, 마음 속 이야기를 꺼내 볼 수 있다. 이 활동을 통해 자신의 고민, 스트레스 받는 일, 콤플렉스, 두려움, 희망사항 등을 허심탄회하게 남들 앞에 보여 줄 수 있는 것이 바로 이야기의 힘이다.

06

마법에 걸린 수학 점수

새로운 방법으로 반성하기

도덕적 개념과 같은 추상적이며 명제적인 개념화는 초등 교육에서 접근하기에 어려움이 따른다. 대신 개인적인 맥락을 가지고 있는 이야기는 개념들의 의미와 사용에 좀 더 쉽게 접근할 수 있게 한다. 이는 도덕적 용기, 정직 등과 같은 덕목의 구체적인 모델들을 학생들이 쉽게 식별할 수 있게 해 준다. 또한, 어떠한 행동이 옳고 그른지를 분명하게 제시함으로써 학생들의 도덕적 표류를 막기도 한다. 즉, 이야기는 학생들이 도덕적 판단을 하기에 앞서 이야기 속 주인공들이 그랬듯이 각자 삶의 맥락을 먼저 바라보게 도와준다.

하지만 학교 현장에서 교과서에 나오는 여러 가지 이야기를 활용하여 수업을 진행하다 보면 한계에 부딪힌다. 실제로 일어나지 않은, 윤리학적 개념을 담기 위해 억지로 만들어 낸 듯한 이야기들이 많아 오히려 학생들의 흥미와 참여를 떨어뜨린다. 이러한 인위적인 텍스트는 현실을 반영하지 못한 채 화석화되어 의미가 왜곡되어 있기 때문이다. 따라서 정해져 있는 착한 정답을 기계적으로 묻고 답하는 지루한 수업이 되기 쉽다. 결국, 도덕과 수업의 본질을 실현하기 위해서는 현실의 삶을 반영하는 일상적 대화와 도덕적 삶의 의미를 숙고하며 내면을 되돌아보도록 하는 텍스트 사이의 상호작용이 필연적으로 요구된다. 이러한 맥락에서 구안된 활동이 바로 마법에 걸린 수학 점수이다.

이 활동은 도덕 교육과정의 '도덕적 주체로서의 나' 영역의 '반성하는 삶'이라는 지도 요소와 관련된다. 반성은 단순히 잘못을 뉘우치는 후회를 넘어, 자신이 행한 모든 일을 성찰하며 개선하는 것이다. 따라서 자신의 생활 중 무엇이 잘되고 잘못되었는지를 돌이켜 살피고, 다시 계획을 세워 실천해 보고 점검해야 한다. 마법에 걸린 수학 점수는 반성적 삶에 접근하기 위해 학생들이 좋아하는 이야기 구조를 활용한다. 자신이 저지른 실수를 마녀의 나쁜 마법에 걸렸다고 설정하고, 이 마법을 풀기 위한 열쇠를 찾는 모험을 통해 실수를 고쳐 나가게 하는 것이다.

자신의 생활에서 반성할 점 찾기 → 마녀(혹은 다른 주체)의 마법 설정하기 → 마녀의 마법을 풀 수 있는 방법(주체, 사물 등) 찾기 → 마법을 풀기 위한 계획 세우기

첫 번째 단계는 자신의 생활에서 반성할 점을 찾는 것이다. 평소에 자주 저지르는 실수도 좋고, 최근에 자기도 모르게 저지른 실수도 좋다. 잘못된 행동인 것을 알고 있음에도 잘 고쳐지지 않는 습관이 그 예가 될 것이다. 예를 들어 친구의 숙제를 베낀 것, 친구들과 축구할 때 혼자 드리블하고 친구들에게 패스해 주지 않은 것, 해가 지도록 밖에서 놀다가 들어간 것, 부모님 몰래 컴퓨터를 한 것 등이 해당된다. 남에게 큰 피해를 주거나 자신의 양심에 크게 위배되는 행동은 아니라 하더라도, 학생들이 고쳐 나가야 할 사소한 습관들은 생각보다 많다. 더 큰 문제는 자신의 잘못에 대해 무감각하거나 지나치게 자책하고 후회하는 잘못된 방식의 반성을 하고 있다는 것이다.

두 번째 단계는 자신의 그러한 잘못들을 마녀의 마법에 걸린 것으로 설정하는 단계이다. 마녀—반드시 마녀가 아니어도 상관없다. 괴물이나 사람, 사물 등 다양한 주체가 가능하다—의 생김새도 그려 보게 하고, 자신이 걸린 마법에 대해 자세히 생각해 보게 한다. 이 단계는 학생들에게 또 하나의 방어기제 레퍼토리를 제공한다. 내가 못하는 수학 공부를 이야기를 통해 재미있게 투사(projection)[3]하도록 도와주는 것이다. 늦잠을 자서 지각을 밥 먹듯이 하는 학생은 마녀의 나쁜 마법에 걸려 깨어나지 못할 잠에 빠져든 '잠자는 숲 속의 공주'가 된다. 수업시간에 지명을 받아 발표할 때 말을 못하고 얼굴만 빨개지는 학생은 마녀의 나쁜 마법에 걸려 목소리를 잃은 '인어공주'가 된다. 이 활동은 자책을 하는 학생들에게는 또 다른 돌파구가 될 수 있다.

---

3 자신의 성격, 감정, 행동 따위를 스스로 납득할 수 없거나 만족할 수 없는 욕구를 가지고 있을 경우에 그것을 다른 것의 탓으로 돌림으로써 자신은 그렇지 아니하다고 생각하는 일 또는 그런 방어기제. 자신을 정당화하는 무의식적인 마음의 작용을 이른다.

[학생 활동 사례1] 5학년

패스하지 않고 혼자 드리블하면 상처를 입는 마법

[학생 활동 사례 2] 5학년

친구에게 먼저 말 걸기 어렵게 만드는 소심마녀의 소심병 마법

[학생 활동 사례 3] 5학년

수업시간에 배운 내용을 머릿속에서 없애는 마법

하지만 이 단계를 진행하다 보면 자신의 잘못을 남의 탓으로 돌리는 투사를 범할 수도 있다. "선생님, 마녀가 그랬으니까 제 잘못이 아니에요.", "쟤(마녀) 때문이니까 저는 혼내지 마세요."와 같이 자신의 잘못을 진지하게 받아들이지 않는 학생이 생기게 된다. 따라서 교사가 이 활동을 진행할 때는 학생 자신이 무엇을 잘못하고 있는지 알고 그 원인을 파악할 수 있도록 도와주어야 한다. 이야기 속 주인공이 결국 마법에서 풀려나 자신의 원래 모습을 되찾은 것처럼, 마지막 단계로 학생들의 행동 개선까지 이어지도록 유도해야 한다.

이런 의미에서 마지막 두 단계는 매우 중요하다. 학생들이 나쁜 마법을 풀 수 있는 열쇠를 스스로 찾아보고 해결하기 위한 계획을 세울 수 있도록 지도한다. '늦잠을 자서 학교에 지각하는 마법에 걸린 아이'가 '밤 10시 전에 꼭 잠자기'라는 해결책을 찾게 하는 것이다. 이렇게 뻔한 답도 수용해야 하지만, 무엇보다 학생들도 이미 알고 있는 해결 방법을 재미있게 설정해서 개선 행동에 대한 의욕을 불러일으키는 것이 관건이다. 이때 본인 스스로 해결하기 어렵다고 생각될 경우 가상의 인물(제3자 혹은 사물)이 나타나 문제를 해결하도록 만들 수 있다. 예를 들면, 요정이나 길에서 만난 친구, 특정 사물이 문제 해결의 열쇠가 되는 것이다. 마치 잠자는 숲속의 공주를 깨운 왕자님처럼 말이다.

마지막으로 열쇠를 찾은 학생들은 앞으로 이 마법을 풀기 위한 계획을 세운다. 이때 본인 스스로의 계획이 될 수도 있지만, 교사나 부모의 도움이 필요한 상황도 있다. '1-마법'에 걸린 학생은 인터넷 동영상을 통해 유명한 선수들의 축구 기술을 일주일에 3회 이상 보기로 했다. '2-마법'에 걸린 학생은 매일 깨끗이 지우고 담임교사가 맨 앞으로 자리를 이동시켜 당분간 지도하기로 했다. '3-마법'과 '4-마법'에 걸린 학생들은 군것질거리를 먹을 때마다 '용기마녀'와 '헤제'를 떠올리기로 약속하였다.

물론 단기간에 학생들의 습관이 고쳐지는 효과는 없을 것이다. 하지만 자신의 잘못이나 실수를 반복하는 원인이 무엇인지를 알게 하여 자신의 생활을 스스로 반성하고 계획을 세워 쉬운 일부터 꾸준히 실천하는 자세를 갖게 하는 데에는 도움이 될 것이

▸ Tip

자신이 마법에 걸려 생기는 고난, 그리고 그 마법을 풀기 위한 열쇠를 찾아 원래의 모습으로 돌아가는 과정을 한 편의 이야기로 만들어 보는 단계를 마지막에 추가할 수 있다. 꾸준히 계획을 세워 습관을 고쳐 나간 후에 영웅담, 모험이야기 형식으로 글을 써 보게 한다. 이야기 재창조 능력을 기르는 것은 물론, 학생들 간의 소통과 공감이 이루어진다. 또한 생활지도 방법의 하나로 반성문을 대신하는 활동으로 활용해도 좋다.

(학생 활동 사례 4) 5학년

웨인 루니, 박지성, 메시와 같은 세계적인 축구 선수들의 기술을 배운다.

(학생 활동 사례 5) 5학년

지우개로 다 지우기, 선생님이 '새아야~!'라고 큰소리로 말해 주기

(학생 활동 사례 6) 5학년

"미안해"라는 세상에서 제일 좋은 주문을 외워 화해 초콜릿을 같이 나누어 먹으면 풀린다.

(학생 활동 사례 7) 5학년

마녀 집에 있는 '헤제'라는 물약이 있는데 그 물약을 마시면 원래대로 돌아온다.

다. 무엇보다 학생들이 스스로 흥미를 가지고 참여할 수 있다는 것에 큰 의의가 있다. 또한 반성이 아니라 어떤 일을 한 후에 자기 잘못을 스스로 깨닫고 자기 자신을 꾸짖고 나무라는 자책을 자주 하는 학생들에게는 보다 완전하고 성숙한 사람으로 성장할 수 있는 용기를 심어 줄 수 있다.

07

내 인생의 5대 괴물

스토리텔링으로 자아 발견하기

모리스 샌닥의 『괴물들이 사는 나라』는 저학년 학생들이 좋아하는 그림책 중의 하나이다. 주인공 맥스는 늑대 옷을 입고 장난을 치다가 엄마한테 야단맞고 방에 갇히는데, 방이 갑자기 숲이 되고 바다가 되고 세계 전체가 되어 맥스를 괴물 나라로 데려간다. 맥스는 괴물 나라의 왕이 되어 의기양양하게 집으로 돌아온다. 여전히 방 안에는 따뜻한 식탁이 차려져 있다는 내용이다. 짧고 간단한 이 이야기가 학생들에게 인기가 있는 까닭은 무엇일까? 그 첫 번째 이유는 여느 학생들이나 경험할 수 있는 엄마와의 감정적인 대립을 상상의 세계에서 풀도록 유도하고 있기 때문이다. 야단을 치는 엄마를 잡아먹겠다고 큰소리치는 맥스는 어른들이 바라는 착한 어린이는 아니지만, 아이들에게는 영웅이 되는 것이다. 또, 그림책 여기저기에 등장하는 괴물들도 인기 비결 중 하나이다.

학생들의 스토리텔링 체험에서 괴물 캐릭터는 강한 자극을 준다. 특히 저학년 단계에서는 괴물 캐릭터의 괴기성, 기이성에 주목하고 캐릭터의 비현실적 요소 자체를 즐긴다.

스토리텔링에 등장하는 모든 괴물 캐릭터들은 괴기성 뒤에 또 다른 상징성을 갖는다. 괴물이 나쁜 짓을 할 때에는 악의 상징이 되지만, 잘 창작된 이야기에 나오는 괴물은 인간 삶의 고통이나 어려움을 상징하는 면을 지니고 있다. 예를 들어 서유기에서 삼장 법사 일행이 무수히 만나는 온갖 요괴들은 인간이 태어나서 죽을 때까지 겪는 온갖 고통, 다툼, 집착, 탐욕, 이별 등의 고통을 상징한다.

이 활동은 이러한 서사 원리에 입각하여 학생들이 자신이 겪었던 가장 큰 고통을 환기하고, 그 고통을 상징할 수 있는 괴물 캐릭터를 만들어 봄으로써 자신의 고통 경험을 보다 의미 있게 되새겨 보고 내면화할 수 있는 학습 경험을 제공한다. 내 인생의 5대 괴물은 다음과 같은 순서로 이루어진다.

> 괴물이 나오는 책 읽기 → 내 인생의 힘든 것 적어 보고 괴물로 표현하기 → 친구들과 공유하기 → 상담자료로 활용하기

이 활동은 학생들과 함께 괴물이 나오는 이야기를 읽는 것에서부터 시작한다. 이야기를 읽는 것보다 그 후에 직접 이야기를 만드는 활동이 더 중요하기 때문에 간단한 그림책 위주의 짧은 이야기가 적절하다. 이 단계에서는 이야기를 읽은 후 이야기 속 괴물의 특징을 짚어 보고, 내가 알고 있는 또 다른 괴물을 브레인스토밍하여 친구들과 정보를 공유한다. 이때 교사나 학생들이 직접 아이들이 묘사하는 괴물을 칠판에 그려 보는 것도 다음 단계에 도움이 된다.

두 번째 단계에서는 자신의 인생에서 힘든 것 5가지를 짚어 보고, 그중 한두 가지를 골라 괴물 그림으로 나타낸다. 이때 그리기를 주저하는 학생이 나타난다. 그림 실력에 자신이 없어서가 아니라, 자신의 주변 상황, 즉 부모님(의 잔소리)이나 동생을 괴물로 그리기에는 양심에 가책을 느끼기 때문이다. 그때 교사는 "○○야, 부모님을 괴물로 그리는 것이 아니라 부모님이 잔소리하실 때의 네 마음을 그려 보렴."과 같이 귀띔해 주면 학생은 도덕적 딜레마에서 조금이나마 벗어날 수 있다.

또 괴물을 그리고 나서 그에 대한 소개나 그 장면에 대한 짧은 이야기를 간단히 적게 한다. 학생들은 자신의 감정을 일상적인 언어로 표현하는 데 어려움을 느끼는 반면, 이야기로는 자신이 경험한 많은 의미와 감정들을 모두 한꺼번에 표현할 수 있다. 이때 글의 분량이나 완결성에 대해서는 교사가 개입하지 않는 것이 좋다. 특히 '이 괴물은 너희 엄마가 잔소리하는 모습을 그린 거니?'와 같이 그 괴물에 대해 직접적으로 묻거나 설명을 요구하면 오히려 아이들에게 부담으로 작용할 수 있다.

세 번째는 친구들과 공유하기 단계이다. 자신이 그린 괴물을 친구들 앞에서 발표하는 기회를 제공한다. 이때 희망자에 한해서 발표하도록 한다. 한두 사람이 발표하면 그와 비슷한 경험을 가진 학생들도 자연스럽게 말하게 되고, 굳이 발표를 하지 않

[학생 활동 사례] 4학년

2. 내 인생의 5대 고통을 괴물로 나타내기

(1) 내가 11년간 살면서 힘들었던 일, 힘들게 했던 사람, 힘들게 했던 장면을 5개만 골라보세요. 예를 들어 시험, 친구들의 괴롭힘, 부모님의 부부 싸움, 고통사고, 학원, 맛없는 급식 억지로 먹기, 선생님(설마-_-;;) 등등 잘 떠올려 보세요. 5개가 없으면 3개라도 떠올려 보세요.

① 시험 ② 동녹원

③ 공부 ④ 부부싸움

⑤ 맛없는 음식

(2) 그 고통 중 하나를 골라서 괴물로 그려보세요. 고통이 잘 드러나게 그려주세요~!

괴물 이름 : 모범생 괴물

괴물의 능력이나 특징

계속 공부 못하는 애를 공부시킨다

공부못하면 맛있는걸 못먹게한다.

눈이 7개이나 책을 잘 읽는다

괴물 이름 : 폭력갱이

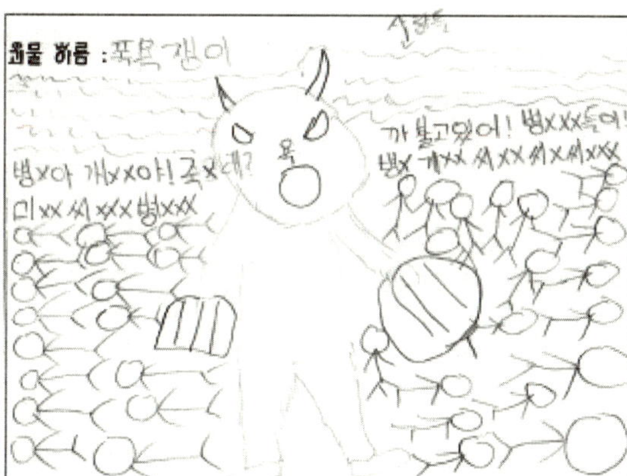

하루에 50000명을 이긴다며 [illegible]

괴물의 능력이나 특징

몸집은 작은데 비해 자기보다 덩치 큰 사람을 이길 수 [illegible]

사람을 죽인다. 1:100으로 싸워도 끄떡 없다. [illegible]

[illegible]

고 다른 친구의 이야기를 듣는 것만으로도 동일시의 경험을 갖게 된다.

내 인생의 5대 괴물 속에 있는 아이들이 그린 괴물, 풀어낸 이야기로 인성교육과 상담 자료로 활용할 수 있다. 사례 중 하나를 소개하면 다음과 같다.

〔학생 상담 사례〕 4학년(여)

- 공부도 열심히 하고 학교 규칙도 잘 지키는 모범적인 어린이다. 좀 내성적인 편이라 발표력이 낮은 편이고 담임교사를 좋아함에도 둘이서 이야기할 때는 눈도 못 마주칠 정도로 부끄러움이 많다. 하지만 친구들하고는 활발하게 혹은 사내아이처럼 와일드하게 노는 편이다. 그래서 친구들이 내숭이라고 놀리기도 한다.
- 학부모님 상담에서도 아이는 집에서 오빠와 놀다 보니 너무 왈가닥이라고 할 정도로 개구지다고 하셨다. 하지만 학교에서는 특히 교사 앞에서는 부끄러움이 많고 내성적인 편이라고 하였더니 놀라워하셨다.
- 괴물을 표현한 그림에서 '모범생 괴물'이 나왔는데, 자신의 원래 성격을 누르고 모범적인 모습을 보이려는 사회적 행동에 부담을 느끼고 있는 것 같다는 느낌이 들었다. 우진이가 학기 초에 눈을 자주 깜박거리는 현상이 보여서 약간 걱정을 했는데, 부모님께서도 알고 계셨다. 긴장을 하면 그런다는 것이었다. 시간을 좀 더 두고 보기로 했다. 교사와 새로운 친구들과의 긴장감이 사라지면 없어지는 현상이라고 예상했기 때문이다. 다행히 1학기가 끝날 무렵 우진이의 눈 깜박거림은 많이 사라졌고, 2학기 때는 완전히 사라졌다. 우진이가 학교생활, 낯선 이들과의 관계에 있어서 많은 긴장감을 갖고 있다는 생각이 들었다.

이처럼 내 인생의 5대 괴물는 단지 한 시간의 활동으로 끝나는 것이 아니라 학기 초에 인성 자료나 적절한 학부모 상담 자료로 활용할 수 있는 이점이 있다. 학기 초에 실시하면 학생이 가지고 있는 고민을 파악할 수 있고, 일 년 동안 꾸준히 지도해야 할 요소를 찾아낼 수 있을 것이다.

▶ **Tip**

이 활동은 일회성으로 그치는 것이 아니라 정기적으로 실시해서 아동의 상담 자료로 꾸준히 활용하면 좋다.

08

묘비명을 지어 다오

반성적 사고와 삶의 지향 발견하기

인간은 세상에 태어나면서 많은 축하를 받는다. 해마다 태어난 날을 기념하는 생일 역시, 인간이 삶에서 탄생을 얼마큼 중요하게 여기는지 알려주는 증표이기도 하다. 이에 반해 사람들은 인간의 죽음에 관해서는 언급하기를 꺼리거나 회피하고 싶어 한다. 그래서인지 교육 분야에서도 인간의 탄생이나 삶을 살아가는 과정에 대해서는 중요하게 다루면서 인간의 죽음에 대해서는 별로 언급하지 않는다.

학생들이 자신의 삶을 가치 있게 여기고, 평소 자신의 삶을 반성하고, 긍정적인 자아관을 형성하도록 하는 것은 교육의 중요한 목표 중 하나이다. 이와 관련하여 인간의 죽음을 기억하고 추억하는 것 역시 중요한 교육이 될 수 있다. 특히, 어떤 죽음을 맞이할 것인가는 현대 사회의 중요한 화두이기도 하다.

대부분의 유럽 국가의 경우 관광명소 중 빠지지 않는 곳이 바로 묘지공원이다. 유명인이든 그렇지 않든, 죽음을 맞이한 다양한 사람들의 묘를 보며 사람들은 그 사람에 대해 회상에 잠기기도 한다. 프랑스의 페르 라쉐즈(Pere-Lachaise) 묘지는 세계 최초의 공원식 묘지로, 파리 시민의 녹지 시설로 애용되고 있을 뿐만 아니라 많은 관광객들이 찾는 관광지이기도 하다. 이 공원에는 쇼팽, 알퐁스 도데, 모딜리아니 등 유명인사의 묘가 있으며, 더불어 이름 모를 평범한 사람들의 묘도 함께 있다. 사람들은 이곳을 가볍게 산책하며 묘비명을 보고 묘 주인의 이런저런 삶에 대해 잠시 생각에 잠기기도 한다. 이처럼 죽음은 음산함, 장엄함, 현재와의 단절이 아니라 현재 삶의 일부로 많은 사람들과 이어져 있다.

인간은 예전부터 죽은 이를 추억하고 기리는 표식으로 묘비명을 새겨 두었다. 묘비명에 담긴 한 인간의 삶은 우리의 삶을 되돌아보게 하는 거울이 되기도 하고 우리의 미래를 방향 짓는 가로등이 되기도 한다. 그렇기 때문에 묘비명은 과거의 반성과 미래의 방향을 제시하는 일종의 방법이다. 한 사람의 과거를 압축적으로 표현할 수 있는 형태인 것이다. 이와 더불어 고인과 남은 자, 이후 세대들 사이의 문화적·사회적·역사적 집단기억의 소통으로서 중요한 의미를 가진다(하병학·문정희, 2010). 그러므로 묘비명은 다양한 사람들이 소통할 수 있는 가장 압축적인 이야기를 가진 기제라고 할 수 있다.

묘비명을 지어 다오 활동은 위인의 묘비명을 지어 봄으로써 위인들의 훌륭한 삶을 알아보고, 나의 삶에 대한 반성을 통해 미래를 생각해 보도록 한다. 자신의 미래의 삶의 모습을 상상하고 죽음을 맞이했을 때 묘비에 쓰였으면 하는 묘비명을 지어 보는 활동을 통해 학생들이 현재의 삶을 생각해 보고 올바른 자아관을 형성하도록 할 수 있다.

학습활동은 다음과 같은 순서로 이루어진다.

> 위인의 묘비명을 통해 묘비명 특징 알기 → 위인의 묘비명 짓기 → 나의 미래의 삶 생각하기 → 나의 묘비명 짓기 → 다양한 방법으로 묘비명 표현하고 공유하기

먼저 위인들의 묘비명을 알아보고 이를 통해 사람들이 묘비명을 남기는 까닭에 대해 생각해 보도록 한다. 학생들과 이야기를 나누며 묘비명을 남기는 사람들의 마음에 대해 짐작해 본다. 이 과정을 통해 묘비명이 고인을 칭송하거나 위로하는 방편임을 깨닫도록 한다(안미현, 2010).

교사는 유명인의 묘비에 새겨진 묘비명이나 자신의 묘에 새기고 싶은 묘비명을 이야기해 준다. 극작가 버나드 쇼는 자신이 직접 "우물쭈물하다 이럴 줄 알았다."는 묘비명을 남겨 평소의 유쾌한 성격과 죽음에 대한 세계관을 위트 있게 드러내기도 했다. 이처럼 성격이나 자신의 세계관을 재미있게 반영하고 있는 묘비명도 좋은 예가 될 수 있음을 이야기하면, 학생들은 묘비명은 진지하거나 엄숙해야 한다는 강박에서 벗어나 즐거운 마음으

▶ **Tip**

학생들에게 다음의 질문을 한다면 자연스러운 수업을 만들어 갈 수 있다.

- 묘지하면 드는 생각은 무엇인가요?
- 사람들은 왜 묘를 만들까요?
- 묘는 죽은 사람을 위한 것일까요? 남겨진 사람을 위한 것일까요?
- 묘비명은 왜 새길까요?

로 활동에 참여할 수 있게 될 것이다.

도덕 시간에는 특히 많은 위인들에 대해 배우게 되는데, 이러한 위인들의 삶에 대해 생각해 보도록 한다. 그 사람의 직업, 성격, 그 사람에게 느끼는 나의 감정 등에 대해 생각해 보고 내가 지어 주고 싶은 위인의 묘비명을 써 보도록 한다. 또, 실제 위인의 묘비명이 있다면 자신이 지은 묘비명과 비교해 보도록 하는 것도 학생의 흥미를 자극할 수 있다. 이 활동은 자신의 묘비명 짓기 활동을 위한 기초 활동이 될 수도 있으며, 독립된 하나의 활동이 될 수도 있다.

4학년 한 학생은 산타클로스에게 "내가 선물을 주었던 아이들이 착한 성품을 가지고 내가 남에게 베풀었던 마음을 알게 되었으면 좋겠네."라는 묘비명을 지어 주었다. 이는 산타클로스라는 인물의 넉넉한 성품과 인물의 직업을 나타내며, 다른 사람에게 하고 싶은 당부도 생각하여 묘비명을 만들었다. 5학년 학생은 세종대왕에게 "나 고생했다. 비속어 쓰지 말고 한글을 써라. 속상하다."라는 묘비명으로 세종대왕의 업적을 드러내면서 현재의 우리에게 하고 싶은 말을 상상하여 묘비명을 지었다.

이 활동을 통해 학생들은 위인의 생을 되짚어 생각하는 기회를 갖게 된다. 그리고 위인의 삶이 현재의 우리의 삶에 던지는 교훈은 무엇인지 내 삶의 가치관, 태도, 자아관과 비교하여 생각해 볼 수 있다. 또한, 이러한 과정을 통해 현재의 나의 삶에 대한 반성과 미래의 삶에 대한 새로운 다짐도 할 수 있다.

그 다음, 나의 묘비명을 지어 보는 활동을 진행한다. 이 활동을 하면서 학생들이 삶과 죽음에 대한 부정적 생각을 하지 않도록 '오랫동안 행복하게 꿈을 이루며 살다 생을 마감한다' 등의 전제를 꼭 제시하도록 한다. 이러한 전제를 통해 미래의 삶에 대해 긍정적으로 상상할 수 있도록 한다.

학생들이 자신의 미래의 삶에 대해 구체적으로 상상해 볼 수 있도록 다양한 질문을 제시한다. 나는 어떤 직업을 가지고 살게 될지, 나의 성격은 어떠한지, 다른 사람들이 나의 죽음을 슬퍼하면서 어떤 생각이나 말을 하게 될지를 구체적으로 생각해 보면서 죽음의 순간뿐만 아니라 나의 장기적인 미래의 삶에 대해서도 구체적이고 긍정적으로 생각해 볼 수 있도록 한다. 이러한 삶에 대한 다양한 생각들을 바탕으로 하여 나의 묘에 쓰여 있을 묘비명을 상상해 본다. 혹은 다른 사람이 나의 묘비명을 적게 된 경우를 생각해 볼 수 있다. 이때에는 학생들이 다른 사람들에게 어떤 사람으로 기억되고 싶은지, 어떻게 평가받고 싶은지 생각해 보도록 할 수 있다.

[학생 활동 사례] 6학년

• 나의 묘비명을 지어 보자.

1. 나는 100세까지 행복하게 살다가 생을 마감합니다. 지금부터 나의 묘비명을 생각해 봐요.
2. 나는 100세까지 어떤 직업을 가지고 살게 될까요?
   → 전문직을 가지고 일하다 주부로 생을 마감한다.
3. 다른 사람들이 보았을 때 나의 성품은 어떨까요?
   → 항상 즐겁다, 지혜롭다.
4. 다른 사람들이 나의 죽음을 슬퍼하면서 할 말은 무엇일까요?
   → 우리나라에 필요한 인재가 죽었군. 항상 즐거운 사람이었는데, 안타깝군.
5. 1~4번 질문을 생각하며 나의 묘에는 어떤 묘비명이 쓰여 있을지 생각하여 써 봅시다.

웃는 게 약이다. 나처럼 오래 살려면 그만큼 많이 웃어라.

이 학생은 자신은 전문직으로 능력을 발휘하며 일하다 주부로 생을 마감했다고 상상하고, 이에 자신의 삶을 다른 사람들이 어떻게 평가했을까를 생각하며 자신이 타인에게 해 주고 싶은 말을 묘비명으로 지었다. 항상 즐겁게 살았던 자신의 모습을 상상하며 타인에게 조언을 하듯 묘비명을 지었다.

마지막으로, 지은 묘비명을 간단히 발표하거나, 종이에 쓰기, 묘비 모양의 판에 새기기 등 다양한 방법으로 표현한다. 다른 학생들과 자신이 지은 묘비명을 함께 살펴보도록 함으로써 평가의 기회를 마련한다. 이는 다른 친구들이 상상하는 미래의 삶에 대해 알아보고 자신이 상상한 미래의 삶과 비슷한 점, 다른 점 등을 생각해 봄으로써 타인의 삶에 대해 공감할 수 있는 기회를 갖게 한다. 이와 더불어 현재 함께하고 있는 친구들에 대한 소중함과 죽음에 대한 진지한 성찰을 할 수 있는 기회가 될 것이다.

이 수업을 운영할 때 교사는 다음과 같은 점에 유의해야 한다.

첫째, 학생들이 삶에 대한 긍정적인 인식을 갖도록 한다. 죽음과 관련한 활동이어서 슬프거나 부정적으로 생각이 될 수 있으나 죽음 자체에 초점을 두기보다는 긍정적인 삶과 이를 기억하는 방법이 묘비명임을 강조한다. 이를 통해 미래의 삶에 대한 지향을 발견할 수 있게 될 것이다.

둘째, 이야기를 압축된 언어로 구사하는 것은 이야기 요약과는 다른 차원의 언어 구사 능력이다. 즉, 이야기를 압축된 언어로 구사하는 것은 이야기의 중점을 찾아 이를 가장 효과적으로 표현해 내는 것이다. 묘비명은 삶의 중점인 한 인간의 삶의 가치관을 효과적으로 형상화한 것이다. 이를 위해서는 타인의 삶에 대한 공감과 심층적인 자아 성찰이 요구된다. 따라서 교사는 학생들이 충분히 타인의 삶에 대해 탐구하거나 자신의 삶에 대해 진지하게 생각해 보도록 유도해야 한다.

학생들은 이 활동을 통해 현재 나의 모습에 대해 되돌아보고 미래의 나의 삶에 대한 진지한 고민을 하는 기회를 갖게 된다. 이와 더불어 스토리텔링의 차원에서는 한 사람의 삶을 가장 효과적으로 형상화하는 방법, 즉 타인에 대한 공감과 진지한 자아성찰을 바탕으로 이야기를 압축된 언어로 표현하는 능력을 기를 수 있다. 또한 이는 많은 사람에게 감동을 주는 언어의 특징을 학습할 수 있는 기회가 될 수 있다.

▸Tip

이 활동은 다양한 교과와 영역에서 활용할 수 있다. 위인이나 유명인에 대한 묘비명 짓기는 도덕 교과에서 활용할 수 있으며, 사회 교과의 역사 부분, 국어 교과의 전기문 학습 등에 활용될 수 있다. 또한 자신의 묘비명 짓기는 도덕 교과나 국어 교과, 재량활동, 실과 교과의 진로교육과 연계하여 활용할 수 있다.

09

내가 해결해 볼게

이야기를 통해 현실 문제 해결하기

모든 이야기는 이야기의 원형을 가지고 있다. 이야기의 원형은 인류 모두에게 감동과 재미를 줄 수 있는 이야기의 변하지 않는 부분, 즉 이야기의 보편성이다. 보편성을 가지고 있는 이야기는 여러 형태로 변용되고 전파되며 사람들의 강력한 몰입을 유도한다. 즉, 몰입시키는 강도가 큰 서사, 스토리 밸류(story value)가 높은 서사로 존재하게 된다. 인간의 욕망은 이러한 이야기를 변화시키는 근본적인 요인으로 작용한다. 특히 등장인물은 욕망에 근거하여 움직이고 이에 따라 의미심장한 사건으로 나아가게 된다(류수열 외, 2007: 171~176).

내가 해결해 볼게 활동은 학생들이 지금 현재 가지고 있는 현실의 문제와 콤플렉스 등을 이야기를 통해 극복해 보는 일종의 자기 치유 활동이다. 현실의 문제와 콤플렉스는 '지금·현재' 나의 힘으로는 해결할 수 없지만, 흥미진진한 사건들이 펼쳐지고 해결되는 이야기 속에서라면 극복 가능하다. 이야기 속 인물이 가지는 욕망은 자신의 부족함을 극복하고 목적을 달성하고자 하는 과정 속에서 일련의 사건을 만들어 낸다. 이 활동에서 학생들은 자신을 주인공으로 하는 이야기를 만들어 나간다. 자신의 삶의 문제와 콤플렉스가 투영된 '이야기 속 나'는 나의 특별한 능력이나 조력자의 도움으로 문제들을 해결하고 목적을 달성할 수 있다. '현실 속의 나'는 극복할 수 없는 많은 고민들에 쌓여 있지만, '이야기 속의 나'는 특별한 능력으로 모든 어려움을 해결하는 전지전능한 영웅이 될 수도 있다.

학습활동은 다음과 같은 순서로 이루어진다.

나를 주인공으로 하는 이야기 경험하기 → 나의 현재 문제와 콤플렉스 발견하기 → 문제 극복을 위해 필요한 나의 능력이나 조력자 상상하기 → 나를 주인공으로 하는 이야기 만들기

1단계는 나를 주인공으로 하는 다양한 이야기를 학생들에게 경험하게 하는 것이다. 이런 이야기 형식으로 적당한 것은 영웅담, 생애담, 일기 등이 있다. 영웅담은 특별한 능력을 가진 주인공이 조력자의 도움을 받아 자신의 콤플렉스를 극복하고 세계를 구원한다. 이런 영웅담의 속성은 평범한 나를 특별한 능력을 가진 영웅으로 상상하여 이야기를 이끌어 나갈 수 있게 해 준다.

일반적인 영웅담을 들려주면 학생들은 자신의 현실과 동떨어진 이야기라고 치부해버릴 가능성이 있다. 따라서 기존의 영웅담에 주인공 이름만 교사나 반 학생의 이름으로 바꾸거나, 이야기의 배경을 우리 반으로 바꾸거나, 주인공이 가진 능력을 교사나 학생의 특기와 관련 있게 변형하여 이야기를 들려준다면 흥미를 가지고 이야기를 듣게 될 것이다.

생애담의 경우 인간의 탄생부터 죽음까지의 중요한 행적을 드러낸 이야기이다. 이 역시 교사나 학생의 탄생부터 상상한 미래에 관한 이야기로 바꾸어 들려줄 수 있다. 일기의 형태로 된 이야기를 소개한다면 학생의 일기 중 하나를 골라 일부분을 특별한 능력을 발휘하여 문제를 해결한 하루의 일과가 드러나도록 바꾸어 들려줄 수도 있다.

이렇게 나를 주인공으로 하는 다양한 이야기 형태를 경험했다면, 이야기를 만들기 위한 소재들을 발굴해 내야 한다. '이야기의 소재 찾기'는 현재 내가 겪고 있는 문제들, 내가 가지고 있는 콤플렉스 등에 관해 생각해 보는 것에서 시작된다. 이 단계는 이 활동의 가장 중요한 부분 중 하나이다.

자신의 삶에 대한 성찰을 바탕으로 현실의 문제와 콤플렉스를 해결할 방법을 생각해 본다. 해결의 방법은 꼭 현실적이지 않아도 좋다. 교사는 해결의 방법이 이야기를 통해 이뤄 낼 수 있는 방법이라면 어떤 것이든 허용한다. 다만, 문제 해결이라는 이야기

▶ **Tip**

교사는 다양한 방법으로 학생들이 현재 자신의 경험, 문제, 콤플렉스를 진단해 보도록 할 수 있다. 자신의 삶의 다양한 경험들, 문제, 콤플렉스 등에 대해 충분히 떠올려 보도록 인터뷰를 진행하거나 브레인스토밍, 리스트 작성 등의 방법으로 정리해 보도록 한다. 이것을 반 친구들과 이야기하면서 경험, 문제, 콤플렉스에 대해 객관적으로 다시금 정리할 수 있게 된다.

의 결말에 이르기까지 사건 전개의 개연성을 담보하기 위해 다음의 두 가지를 학생들에게 당부한다.

첫째, 이야기 속 주인공인 자신이 가지고 있는 특별한 능력이 무엇인가에 대해서 생각해 보게 한다. 이 특별한 능력이 사건 속에서 주인공이 가진 문제와 콤플렉스를 그럴싸하게 해결해 주어야 한다. 둘째, 주인공이 가지고 있는 능력이 사건을 만들어 내기에 부족하다면 조력자를 창조하도록 한다. 이 조력자는 지금의 자신 주변에 존재하는 실제 인물의 특성을 반영하도록 한다. 이를 위해서는 현재 자신의 주변 관계도 살피고, 변화되었으면 하는 주변 관계 등에 대해 생각해 보는 것이 필요하다. 이상의 내용들이 정리가 되었다면 이야기 속 주인공의 특성, 일어날 사건, 나를 도와줄 조력자와 나를 방해하는 문제나 인물 등에 대한 기본 설계를 마친 것이다.

이야기의 기본 설계를 모두 끝냈다면 나를 주인공으로 하는 이야기를 만들어 볼 차례이다. 현실에서는 해결하기 힘든 문제나 콤플렉스를 특별한 능력을 지닌 주인공이 되어 조력자와 함께 해결하는 단계인 것이다. 이때에 처음에 교사가 제시한 영웅담, 생애담, 일기 등의 형식을 고려하여 이야기를 창작하도록 하면 이야기 창작의 어려움을 덜 수 있을 것이다.

나를 주인공으로 하는 이야기를 창작하는 동안, 학생들은 해결될 수 없다고 믿는 현실의 문제나 극복하기 어려운 콤플렉스들을 간접적으로나마 해결해 나가는 과정을 거친다.

다음은 실제로 한 학생이 자신을 주인공으로 하는 이야기를 쓴 것이다.

[학생 활동 사례] 6학년

그녀는 태어날 때부터 울지 않고 우아하고 당당했다. 그녀는 '자빽성'의 공주 '자빽여신'이었다. 여신은 점점 아름답게 자라났다. 따분한 일상이 계속되던 어느 날, 자빽여신은 천재 중 천재인 김지니어스를 만나게 된다. 둘은 금새 친해졌다. 어느 날 둘은 광장으로 놀러 나갔다가 검은 물체에게 납치당하게 된다. 눈을 떠 보니 그곳은 일진이라는 악당의 소굴이었다. 일진이를 본 여신은 우아한 자태를 뽐내며 당당하게 일진이를 몰아붙였다. 옆에 있던 지니어스가 가세하여 어려운 문제를 내서 일진이를 혼란스럽게 만들어 소굴에서 탈출하였다. 그 후에도 '자빽성'에 일진이 침입할 것을 우려하여 성을 지키는 병사들에게 어려운 문제를 계속 지어내도록 하였다. 평화로워진 자뻑성엔 일진왕으로부터 백성들을 지켜 낸 자뻑여신의 동상과 지니어스의 공부하다 빠진 손톱 등이 전시되고 있다.

이 학생은 '나'에게 '자뻑여신'이라는 이름을 붙이고 이름의 의미도 부여하고 있다. 또 이야기에 등장하는 조력자 '지니어스'는 학업성적이 우수한 친한 친구를, '일진이'는 학급에서 관계가 좋지 못한 친구를 모델로 만든 인물이다. 이처럼 자신을 주인공으로 하는 이야기를 만듦으로써 학생들은 자신의 현실의 문제와 콤플렉스 등을 이야기에 간접적으로 투영한다.

이 활동을 통해 학생은 삶의 경험을 투영하여 이야기를 창작함으로써 평소 바라는 것의 성취, 현재의 주변관계에 대한 개선 욕구, 내면 감정의 변화 등을 경험할 수 있게 된다. 경험에 기반한 상상을 통한 일상 탈출, 일종의 대리만족을 하게 되는 것이다. 이는 개인의 생애에 대한 스토리텔링의 일환으로서 삶을 재구성하는 역할을 한다.

이 수업을 운영할 때 교사는 다음과 같은 점에 유의해야 한다.

첫째, 학생들에게 각색되고 선별된 예시자료를 제공해야 한다. 학생들은 나를 주인공으로 하여 이야기를 창작하라고 하면 어떻게 해야 할지 몰라 당황스러워할 수 있다. 교사는 이때 적절한 이야기를 들려줌으로써 활동이 원활히 진행되도록 신중을 기해야 한다. 들려줄 이야기는 교사나 학급 아동의 특성이 잘 드러나는 실제적인 이야기로 각색하는 것이 좋다.

둘째, 학생들이 현재 자신의 상황에 대한 충분한 성찰을 할 수 있도록 다양한 방법과 교사의 적절한 질문이 필요하다. "지금의 내 마음은?", "지금 가장 미운 사람은?", "가장 부러운 다른 사람의 능력은?"처럼 구체적인 교사의 질문을 통해 학생은 자신의 현재를 세밀하게 관찰하고 판단할 수 있는 밑거름을 마련하게 된다.

셋째, 이야기 창작에 있어 사건의 개연성이 떨어지거나 갈등의 해결방식이 다소 허무맹랑하더라도 이를 비난해서는 안 된다. 교사가 부적절한 지적을 한다면 학생은 의기소침해져 활동에 대한 의욕을 잃게 될 것이다. 교사는 학생을 격려하면서 지적보다

▶ Tip

만약 자신을 주인공으로 하는 이야기 창작에 어려움을 겪는 학생이 있다면, 기존의 이야기에 주인공과 주변 인물만을 바꾸어 보도록 하거나 자신의 경험이 특별한 사건이 된다면 무엇이 될지 이야기의 완결성보다는 아이디어 차원에서 생각해 보도록 지도한다. 이와 같은 과정을 통해 나를 주인공으로 하는 이야기의 특성에 대해 학생이 이해하게 된다면 이야기를 스스로 창작해 보도록 한다.

는 적절한 아이디어를 제공하여 이야기의 완결성을 높일 수 있도록 유도해야 한다.

이와 같은 점에 유의하여 활동을 진행한다면 학생들은 이야기를 창작하는 과정을 통해 현재의 나에 대해 진지한 성찰을 할 수 있는 기회를 얻게 된다.

발굴된 소재들은 학생들의 상상을 통해 '현실의 나'를 '특별한 나'로 바꿀 수 있게 된다. 이야기의 주인공이 된 나를 통해 학생들은 현실 문제와 콤플렉스를 간접적으로나마 해결하는 과정을 통해 심리적인 해방감을 얻게 된다. 이렇게 얻어진 심리적 해방감은 학생이 현재 직면하고 있는 문제와 콤플렉스를 이야기 세계에서뿐만 아니라 현실 세계에서도 해결하고자 하는 의지를 갖게 만들어 줄 것이다.

10

미신이 아니에요

나만의 속신어 만들기

"생쌀 먹으면 엄마 죽는다.", "문지방에 앉으면 복 달아난다.", "밤에 휘파람 불면 뱀 나온다.", "옷 입고 단추 달면 새 옷 못 얻어 입는다.", "아침에 까치가 울면 반가운 손님이 찾아온다.", "똥꿈을 꾸면 돈이 생긴다." 등의 이야기는 누구나 살아가면서 한두 번쯤 들을 법한 스토리텔링이다. 이러한 스토리텔링을 근거 없는 미신쯤으로 여기고 누군가 재미삼아 지어낸 흰소리라고 생각하여 웃고 넘기지만, 사실 이는 '속신어'라고 하는 구술전승의 한 갈래이다.

예를 들어 "생쌀 먹으면 엄마 죽는다."의 경우, 오랜 농경사회를 거쳐 온 우리 조상들이 생각하는 가장 비합리적인 쌀 소비 방식인 '생쌀 씹기'를 금기시하기 위해 만들어진 말임을 생각할 수 있다. 쌀로 죽을 쑤든, 밥을 짓든, 떡을 하든 생쌀을 씹는 것보다는 같은 양으로 보다 여러 사람이 끼니를 때울 수 있음을 생각할 때 이 속신어가 만들어진 유래를 추측할 수 있다. "밤에 휘파람 불면 뱀 나온다."의 경우 광부들의 속신어가 확장되어 퍼진 것이라고 한다. 갱도가 무너지기 전에 나는 소리가 휘파람 소리와 비슷하여 갱도 내에서 휘파람 부는 것을 금하기 위해 만들어진 속신어가 민간에 확산된 것으로 보인다. 그러나 부정적 속신어만 존재하는 것은 아니다. "아침에 까치가 울면 반가운 손님이 찾아온다."라는 속신어에서는 오랜 세월동안 까치를 영물로 여겨 온 우리 조상들의 문화를 엿볼 수 있다. 이러한 특정 동물에 대한 인식은 까치와 호랑이가 등장하는 민화 등에서도 찾아볼 수 있다. "똥 꿈을 꾸면 돈이 생긴다."라고 하는 속신어는 '똥'이라고 하는 특정한 사물에 대한 조상들의 농경사회적 인식이 작용한 결과로 볼 수 있다. 현대인들에게 '똥'이란 '불결한 배설물'로 인식되어 더

럽고 입에 올리기에도 민망한 단어가 되었지만, 긴 농경사회를 거쳐 온 조상들에게 '똥'은 거름으로 쓰여 수확을 더욱 풍요롭게 함으로써 일종의 재물로까지 인식되었던 것이다. 이러한 이유로 과거에는 다른 집에서 놀던 아이들도 볼일을 볼 때에는 그 집 변소가 아닌 자신의 집 변소로 뛰어가 거름을 보태는 것이 당연한 일이었고, 같은 이유로 '똥'에 대한 꿈은 재물을 불릴 수 있는 징조라고까지 볼 수 있었다.

즉, 속신어는 전부터 언중(言衆)들의 입에서 입을 거쳐 오며 생명력을 지니고 오늘날까지도 생동하는 스토리텔링의 한 방식이라고 볼 수 있는 것이다. 다시 말해, 이러한 속신어는 우리 언중의 삶과 문화가 속속들이 녹아 있는 함축된 형식의 스토리텔링이다.

속신어는 보통 'p/q'의 형식을 지닌다. 'p'는 '~하면'의 형태로 나타나는 경우가 대부분인데, 이때 '~'의 내용에 특정 문화가 녹아 있다. 즉, '금기시 되는 어떤 일을 하면', 혹은 '재수 좋을 듯한 일이 생기면'이 'p'에 들어갈 내용이 되는 것이다. 'q'는 대개 '…한다'의 형태로 나타난다. 이때 '…'의 내용은 범인류적으로 피하고 싶어 하는 불행, 혹은 범인류적으로 맞이하고 싶어 하는 행운이 된다. 쉽게 말해, 'p/q'는 '금기시되는 어떤 일을 하면/매우 불행한 일이 생긴다' 또는 '재수 좋을 듯한 어떤 일이 발생하면/매우 큰 행운이 생긴다'라는 형식이다. 이때 'p'의 내용은 특정 사회나 특정 계층의 문화를 반영하고 있으며, 해당 사회를 구성하는 사람들의 삶을 비추고 있다는 점에서 인간의 생을 고스란히 간직한 살아 있는 스토리텔링이라고 볼 수 있겠다.

이렇듯 문화가 녹아 있는 스토리텔링인 속신어는 언중의 입에 오르내리며 그 생명력을 보장받았다는 점에서 구전문학의 특징을 가진다. 또한, 요즈음 우리 학생들의 문화를 이해하기 위한 방법으로 교사들이 활용할 수 있는 좋은 스토리텔링 기법이라고 볼 수 있다. 학생들은 이 스토리텔링 활동을 통하여 무심히 지나쳐 왔던 자신의 생활 장면을 되돌아보고 스토리텔링적 요소를 모색할 수 있는 기회를 갖게 되며, 자신의 상황에 대한 감수성을 신장시킬 수 있다. 이 점에서 속신어 만들기 활동의 긍정적 요소를 찾을 수 있다. 이에 착안하여 여기에서는 학생들의 문화를 이해하고 학생 삶의 심상한 한 장면을 포착하여 심상치 않은 스토리텔링으로 만들 수 있는 활동으로 미신이 아니에요를 구안하였다.

이 활동의 대략적 흐름은 아래와 같다.

> 속신어 학습하기 → 학생의 생활 모습 돌아보기 → 일상에서의 터부(taboo)를 찾아 불행과 연결 짓기 → 일상에서의 재수 좋은 일 찾아 행운과 연결 짓기

먼저, 교사는 학생들에게 속신어를 이야기해 준다. 학생들이 처음 접해 보는 속신어도 있겠지만, 이미 생활 속에서 주변 어른들에게 들어봄 직한 속신어도 있을 수 있다. 이 단계에서 학생들은 속신어의 내용적·형식적 구조를 학습하게 된다. 이때 교사는 학생들이 속신어를 만들 때 앞에서 언급한 내용적 특성과 '~하면 …한다'라는 형식적 구조를 모두 갖추도록 지도한다. 딱딱한 이론적 설명보다는, 학생들과 공유할 수 있는 속신어 2~3가지를 골라 예로 들면서 함께 탐구해 나가는 방식이 더욱 효과적이다.

다음으로, 학생의 생활을 스스로 돌아볼 시간을 준다. 이때 학생이 돌아볼 생활은 오늘 하루의 생활일 수도 있고, 지난 한 주일의 생활일 수도 있다. 또한 학교에서의 생활이 될 수도 있고, 가정이나 학원에서의 생활이 될 수도 있다. 교사는 학생이 자유롭게 스스로의 생활을 떠올려 볼 수 있도록 허용적인 분위기를 조성한다.

그 후 되돌아본 생활의 특정 장면을 선택하여 금기사항을 생각해 보도록 한다. 이 단계에서 학생들에게는 무심히 지나쳤던 일상의 장면을 새로운 눈으로 바라볼 수 있는 감수성이 요구된다. 또한 교사는 이 단계의 활동 결과를 통해 어린이들이 터부(taboo)라고 생각하는 사항이 무엇인지, 또는 무엇을 기분 좋은 일이라고 생각하는지를 알 수 있다. 그리고 찾아낸 금기사항을 자신이 불행하다고 생각하는 일과 연결 지어 새로운 속신어를 만들어 낸다.

마지막으로, 새로운 속신어를 창작하되 재수 좋은 일과 행운을 연결 짓도록 한다.

이 활동이 생명력을 가지고 소통되기 위해서는 학생의 삶과 밀접한 금기와 재수 좋은 일을 찾아내도록 할 필요가 있다. 즉, 학생이 어떠한 경험에서 그러한 사항을 찾아냈는지를 생각하게 하는 것이 중요하다. 그렇지 않을 경우 학생들은 일반론적인 윤리적 덕목에 비추어 생각할 수 있는 사항을 가장 먼저 떠올릴 가능성이 높고, 자칫 잘못하면 학생의 삶과는 동떨어진 당연하고 따분한 스토리텔링이 될 수도 있다.

실제 교실에서 이 활동을 진행할 때 가장 주의할 점은 학생이 생각하는 불행의 방식이다. 즉, 'q' 단계에 들어갈 불행의 내용이 대개 귀신이나 괴물, 도깨비라는 초자연적 존재에 의한 엽기적인 처벌 방식으로 흘러가는 경우가 많았다. 이는 이전에 속신어를 접해 온 경험을 토대로 학생들이 이를 '미신'으로 간주하여 불행의 방식이 영적 존재의 등장으로 경도되는 것으로 해석된다. 또한 학생들의 끊임없는 '귀신 사랑' 역시 이에 한몫하고 있는 것으로 보인다. 이를 방지하기 위하여 교사는 '귀신은 나오지 않는 속신어' 등으로 제한을 두어 새로운 방향으로의 사고 확장을 꾀할 필요가 있다. 다음은 학생이 창작한 속신어 중 초자연적인 존재와 관련된 불행의 예이다.

[학생 활동 사례 1] 3학년

1. 창밖에 얼굴을 내밀고 있으면 귀신이 밤에 목을 자른다.
2. 장난 전화하면 귀신한테 걸린다.
3. 마스크를 집어던지면 빨간 마스크가 된다.
4. 어른에게 대들면 귀신이 저주를 걸어서 창밖으로 뛰어내린다.
5. 친구를 놀리면 꿈속에 저승사자가 나와서 끌고 간다.

두 번째로 주의할 점은 'p'와 'q'의 연관 관계이다. 전승하는 속신어를 살펴보면 'p'와 'q'가 밀접한 관련을 두고 있는 것으로 보이는 사례(옷 입고 단추 달면/새 옷 못 얻어 입는다)와 'p'와 'q'의 연관성이 보이지 않는 사례(생쌀 먹으면/엄마 죽는다)가 함께 공존한다. 이에 두 부분의 연관성에 대하여 별도의 언급 없이 활동을 진행한 결과, 마찬가지로 학생의 활동 결과에서도 같은 현상이 나타났다. 이때 'p'와 'q'의 연관성의 정도에 따라 속신어 자체의 '그럴듯함'이 결정된다. 이 '그럴듯함'은 소설로 비유하자면 '개연성'쯤으로 생각할 수 있으며, 그 정도에 따라 언중들에게 힘을 얻는 스토리텔링과 사장되는 스토리텔링으로 나뉘게 된다. 'p'와 'q'의 연관성이 너무 낮으면 허무맹랑한 이야기로 들리고, 반대로 연관성이 너무 높으면 재미없고 뻔한 이야기로 들리므로 학생들이 서로의 작품을 비교하며 적정 수준의 연관성을 찾도록 하는 것도 한 방법이 될 수 있다.

세 번째로 주의할 점은 학생의 속신어 창작 활동이 '부정적 속신어'에만 치우치지 않도록 조정해 줄 필요가 있다는 것이다. 학생의 삶은 긍정적인 인식과 부정적인 인식이 직조되어 조화롭게 짜여 있으므로, 학생을 이해하고 그들이 스스로 삶의 방식을 스토리텔링할 수 있는 방법으로 이 활동을 진행할 때 두 인식이 조화롭게 표현되어야 그 균형이 맞는다고 할 수 있다. 즉, 삶을 바라보는 방식을 조화롭게 가질 수 있게끔 교사가 방향을 잡아 줄 수 있다는 것이다.

그러기 위해서는 우선 긍정적 속신어 창작과 부정적 속신어 창작을 한 차례씩 활동하도록 할 필요가 있다. 두 활동을 동시에 제시하여 취사선택하도록 하면 학생들의 대부분이 부정적 속신어에 매력을 느끼기 때문이다. 또한, 긍정적 속신어를 창작할 때 예시로 든 속신어의 형태를 모방하여 친숙한 동물과 행운을 짝지어 보도록 하는 것도 활동을 하는 한 방법이 될 수 있다. 다음은 학생이 창작한 속신어 중 동물과 행운이 연관된 사례이다.

[학생 활동 사례 2] 3학년

1. 말매미 잡으면 키가 큰다.
2. 보스 고양이[4]를 보면 학교에서 스티커를 받는다.
3. 보리[5]가 아침에 배웅해 주면 체육 시간에 피구를 한다.

이 활동은 학생 이해의 기초가 된다는 점에서 학생 상담을 위한 자료로 쓰일 수 있다. 또한 스토리텔링이 아주 평범한 것에 의미를 부여하여 그것을 접하는 사람들의 마음을 움직이게 하는 데에 의미가 있음을 생각할 때 스토리텔링의 기본적인 소재 발굴의 방법을 교육하는 방식으로도 가치 있는 활동이 된다. 학생들은 일상적이고 평범한 소재를 완전히 새로운 방식으로 풀어내는 경험을 통하여 상황에 대한 감수성을 기를 수 있을 것이다.

4 사례 학생의 학교 주변에 서식하고 있는 길고양이다. 덩치가 크고 나이가 많으며 사나워 학생들이 '보스 고양이'라는 별칭으로 부르고 있다.

5 학생의 애완견 이름.

3장 학급 경영

스토리텔링이 활용될 수 있는 교과 수업 외의 영역 중 중요한 영역은 바로 '학급 경영'이다. 초등학교 교육과정에서 '학급 경영'은 비록 공식적인 교육과정으로 드러나지는 않지만 교과 수업의 성패를 좌우할 만큼 중요한 영역이다. 학급 경영이 그 학급의 '분위기'를 만들고 유지하고 발전시켜 나가기 때문이다. 유사한 사회적·경제적·문화적 배경을 갖는 일정한 지역이라도 각 가정마다의 '가풍'이 고유한 특성을 갖는 것과 마찬가지로, 같은 학교 같은 학년이라도 각 학급마다 '학급의 분위기'는 서로 다르다. 그리고 '가풍'이 자녀의 성장에 영향을 주는 것과 마찬가지로, '학급의 분위기'는 학급 구성원의 성장과 발달에 영향을 준다.

학급의 분위기는 단순히 '좋다', 혹은 '나쁘다'와 같이 단순하게 평가하고 넘어갈 수 있는 것이 아니라, 공식적 교육과정과 더불어 학생의 학교생활을 구성하는 매우 중요한 교육과정의 한 측면이다. 그래서 많은 초등학교 교사들은 교수 방법에 대한 고민만큼 학생들의 학교생활에 어떻게 개입할 것인가에 대해 고민한다.

그렇다면 학급의 분위기는 어떻게 만들어질까? 이 학급의 분위기를 만들어 가는 방법이 바로 '학급 경영'이라고 할 수 있다. 교사는 일단 학급 경영의 지향점을 설정한다. 그 지향점은 교사가 특히 중요시 여기는 가치나 덕목과 관련이 있으며, 이는 교실의 공간 구성과 배치, 교실 안에서의 각종 규칙들을 통해 구체화된다. 이 장에서는 교실의 규칙, 교실에서 우선시하는 가치와 덕목을 지도할 때 유용한 스토리텔링 활동을 소개하면서 학생들의 공감과 자발성을 이끌어 내는 방안들을 찾아본다.

반찬 작명소는 학교 급식을 통해 학생들의 건강한 식습관 형성에 보다 깊이 관여하고자 하는 선생님의 아이디어이다. 학생들이 선호하지 않는 식재료, 주로 야채에 재미있는 이름을 지어 붙여 보면서 식재료와 음식에 호감을 갖도록 유도하는 방안이다.

콩쥐는 청소의 달인은 교실 청소 당번과 같은 학급 내 역할 수행에 관련된 활동이다. 교실 청소는 자신의 주변을 스스로 정리하고 청결하게 유지하는 능력과 관련된 기초생활습관 교육의 한 영역으로 볼 수 있다. 이러한 기초생활습관은 공식적인 시간표나 교과 교육과정상으로는 명확히 드러나지 않지만, 학생이 자신의 생활을 스스로 꾸려 나가는 데에 반드시 필요한 능력이다. 문제는 이러한 기초생활습관과 관련된 영역에서 학생들의 자발적 동기를 이끌어 내기가 어렵다는 것인데, 이 활동은 학생들이 알고 있는 이야기 속 인물이 되어서 '하기 싫은 일'도 '재미있게' 할 수 있다는 것을 느껴 보는 기회를 제공할 것이다.

무조건 해결해 드려요는 텔레비전 예능 프로그램의 형식을 차용하여 학생들이 일상생활에서 겪는 고민을 서로 들어 주고 해결책을 제시하면서 동료애와 문제 해결에 필요한 에너지를 공유하는 활동이다. 이 활동은 한 교실에서 생활하면서도 서로에 대해 관심을 갖지 않거나 알지 못해서 생기는 오해들을 해소할 수 있을 뿐만 아니라, 사소할지라도 상대방의 고민을 들어 주고 공감해 주면서 사람 사이의 정을 쌓아 갈 수 있다는 점에서 인성교육적 가치도 높은 활동이다.

우리 반 역사 스페셜 역시 텔레비전 프로그램의 제목에서 아이디어를 빌려 온 활동이다. 표면상 학생들은 공식적인 시간표에 따라서 생활하는 듯이 보이지만, 실제 학급에서의 하루하루는 다양한 이야기들로 채워진다. 이런 이야기들은 모두 학생들의 성장과 발달을 이루는 중요한 요소들인데, 이 이야기들을 의미 있는 방식으로 기록함으로써 학생들이 다시 한 번 들여다볼 수 있는 교육 자료로 변환될 수 있음을 보여 준다.

이야기가 어린 우리 학교는 어린 시절 학교 괴담으로 회자되던 이야기를 교육 활동으로 끌어들인 경우이다. 창작교육의 본질이 거창한 소재나 주제가 아니라 사소한 소재나 일상적인 주제를 짜임새 있게 다듬어 나가는 것에 있다고 본다면, 학생들의 일상 공간인 학교를 그 시작으로 삼는 것은 당연한 일인지 모른다. 다만 교사가 얼마나 흥미진진한 스토리텔링을 통해 학생들이 일상적인 공간을 새로운 눈으로 바라볼 수 있도록 이끌 수 있는가가 관건인데, 이 활동을 통해 아이디어를 얻을 수 있을 것이다.

내 이름을 불러 주세요는 이야기 속에 등장하는 인상적인 소품에 이름을 붙여 줌으로써 학생들의 학용품 관리 능력을 기르려는 활동이다. 물자가 부족하던 시대에 학창시절을 보낸 어른들은 요즘 학생들이 연필, 지우개, 물감과 같은 학용품을 소중히 다루지 않는 것에 문제가 있다고 느낀다. 실제 교실 바닥에 연필이 떨어져도 그냥 버려둔 채 줍지 않는 학생들도 많고, 한 학기가 끝날 때쯤이면 교실에는 이렇게 주인 잃은 물건들이 상당수 쌓이게 된다. 벌칙이나 잔소리로는 이런 문제를 해결하는 데에 한계를 느낀 교사라면 이 활동을 통해 아이디어를 얻을 수 있지 않을까.

교실이라는 공간은 책과 책상, 칠판이나 교재 등이 단순하게 '놓여 있는' 공간이 아니다. 초등학생들에게 '내 옆에 누가 앉는가', '나는 어떤 친구와 같은 모둠이 되는가'라는 문제는 단순히 물리적 차원의 문제에 그치지 않는다. 미묘하지만 학습자의 학습에 실제적으로 작용하는 심리적인 차원의 문제이다. 학습을 심리적인 차원으로 본다면 '내가 누구와 가까이 앉아 있는가', '내 책상의 위치가 어디인가' 등은 교사나 학부모가 생각하는 것 이상으로 학습자에게는 중요한 영향력을 미치는 문제로 이해할 필요가 있다.

스토리텔링은 학습자와 아무런 연관성 없이 그저 '놓여 있는' 사물의 상태를 학습자가 공감하고 교감할 수 있는 상태로 바꾸어 줄 수 있는 힘을 가지고 있다. 또 학습자에게는 '의무'나 '일방적 지시'로만 여겨지는 규칙들을 지키고 싶은 마음이 생겨나게 할 수도 있다. 이것이 바로 학급 경영에 스토리텔링을 접목하는 이유이다.

II

반찬 작명소

급식 반찬에 이름 짓기

얼마 전 채소에 재미있는 이름을 붙여 주면 어린이들이 채소를 1.5배나 더 잘 먹는다는 연구 결과가 나왔다. 미국 코넬대 브라이언 완싱크 박사 팀은 네 살 아이 186명에게 한 번은 그냥 '당근'이라고 하면서 당근을 주고, 다음에는 'X-레이 눈빛 당근'이라고 하면서 주었다. 그랬더니 두 번째 식사에서 아이들은 당근을 1.5배나 더 많이 먹었다. 이 밖에 브로콜리를 '공룡 브로콜리 나무', 콩을 '파워 콩'으로 부르자 아이들은 재미있어 하면서 더욱 잘 먹었다. "이름이 바뀌자 채소에 대한 이미지가 바뀌면서 식욕이 돋기 때문"이라고 연구진은 설명했다. 완싱크 박사는 "이름을 바꾼 순간만이 아니라 다음 번 식사 때도 이름의 마력은 계속돼 그 야채를 계속 잘 먹게 된다."고 말했다.[6]

이 연구 결과는 담임교사로서 귀가 솔깃해지는 뉴스이다. 허기가 지는 3교시쯤 되면 학생들은 오늘의 급식 메뉴가 무엇인지 궁금해하기 시작한다. '닭갈비'와 같은 고기반찬이 나오면 환호성을 지르며 점심시간을 기다리지만, '도라지오이생채'와 같은 채소반찬을 발견하면 학생들은 금세 시무룩해진다. 그때부터 조금이라도 먹이려는 선생님과 조금도 먹지 않으려는 아이들 사이에 팽팽한 긴장감이 생긴다. 결국엔 어느 쪽으로든 승패가 갈리지만, 패자에겐 전혀 즐겁지 않은 점심시간이 되고 만다.

하지만 완싱크 박사의 연구 결과를 조금 더 들여다보면 학생들과의 점심시간을 보다 즐겁게 만드는 방법을 찾을 수 있다. 연구 결과에 따르면, 어떤 음식에 재미있는 이름을 앞세우면 식욕이 따라온다고 한다. 이는 스토리텔링 마케팅에서도 근거를 찾

6 디시뉴스(http://www.dcnews.in/news_list.php?code=health&id=399716).

아볼 수가 있다. 스토리텔링의 사전적 의미는 '이야기하기'다. 말하는 사람이 듣는 사람에게 어떤 주제에 대해 이야기를 하는 것인데, 이야기를 하다 보면 좀 더 알아듣기 쉽게, 좀 더 재미있게 하고 싶어진다. 그래야 말하는 사람도 말할 맛이 나고 듣는 사람도 재미있다. 그렇게 되면 전달한 이야기는 더욱 또렷해지고 말하는 사람과 듣는 사람이 이야기를 통해 이전보다 친밀한 관계를 형성할 수도 있다. 이처럼 '사건이나 사실에 대한 의사소통'이 아니라 '개인적이고 주관적인 의미에 대한 이야기 나누기'를 활용한 것이 스토리텔링 마케팅이다. 즉, 상품에 대한 정보를 단순히 전달하는 것이 아니라 상품과 관련된 인물이나 배경 등을 이야기로 풀어서 홍보하는 것이다.

스토리텔링 마케팅 원리를 급식 메뉴에 반영한 활동이 바로 반찬 작명소이다. 이 활동의 운영 단계는 다음과 같다.

교사의 시범(예시 안내) → 급식 반찬에 이름 짓기 → 상호평가하기 → 게시하기

교사의 시범(예시 안내) 단계에서는 재미있고 참신한 실제 상호명이나 메뉴를 보여 준다.

두 번째는 아이들이 직접 학교 급식 반찬에 이름을 짓는 단계이다. 이 활동은 흥미로우면서도 간단한 작업이기 때문에 짧은 시간 내에 결과물을 얻을 수 있다는 장점이 있다. 하지만 활동을 막상 시작하면 학생들은 원래 주어진 이름을 변형하거나 재료의 특성을 이용하는 단계에 머무르는 한계를 보이는 경우가 많다.

〔학생 활동 사례 1〕 5학년

무농약현미밥, 순두부조개탕, 닭갈비, 멸치아몬드조림, 포기김치, 우유

→ 농약 NO! 우리쌀 현미밥, 말랑말랑 순두부 조개탕, 핫핫 닭갈비, 바삭멸치바삭아몬드조림, 한국의 대표김치, 칼슘짱우유

물론 음식 재료의 특성이나 생김새를 재미있게 묘사하여 표현하는 것도 학생들의 오감(五感)을 활용한 유의미한 작업이 될 수 있다. 하지만 이름에 재미를 느끼는 동시에 능동적으로 먹는 행위까지 이어지려면 좀 더 감성적인 동기를 부여할 필요가

있다. 즉, 이야기(story)를 활용해야 한다. 이야기는 시작되는 순간부터 청자로 하여금 흥미와 호기심을 불러일으키며, 이야기를 들으면서 이야기 속의 의미를 공유하게 만든다. 간접적으로 음식과 관련된 이야기들을 소개함으로써 호기심과 호감을 얻게 되고 먹는 행위까지 이어지게 된다.

> ▶ **Tip**
> • 유의사항
> 한글맞춤법에 어긋나는 지나친 오류, 선정적인 문구 등은 자칫 재미 위주의 활동으로 흘러갈 우려가 있기 때문에 교사의 적절한 지도가 요구된다.

이를 위해 교사는 학생들이 진짜 이야기를 담게 해야 한다. 흥미를 끌기 위해서 사람들의 일상과 너무 동떨어져 있거나 공감하기 힘든 이야기는 오히려 반감을 일으키거나 외면을 당하기 쉽고, 스토리로서 기능하지 못한다. 나의 이야기는 물론이고 일상에서 흔히 만날 수 있는 친구들의 인간적 이야기와 같이 공감 가능성이 높은 스토리를 활용하도록 한다. 키가 크는 것, 힘이 세지는 것, 예뻐지는 것, 머리가 똑똑해지는 것과 같은 개인적인 소망을 이용하거나 학급에서 일어난 재미있는 에피소드 등을 활용하여 만드는 방법이다.

〔학생 활동 사례 2〕 5학년

무농약현미밥, 순두부조개탕, 닭갈비, 멸치아몬드조림, 포기김치, 우유

→ 피부미인현미밥, 순두부조개탕, ○○야, 남겨라 닭갈비, △△아, 많이 먹어 멸치, □□ 수학 포기 김치, △△ 우유

'○○야, 남겨라 닭갈비'는 맛있는 반찬이 나오면 항상 싹쓸이를 해 가는 근배의 특징을 살려 붙인 이름이다. '△△아, 많이 먹어 멸치'는 허약하고 뼈가 약한 친구를 위한 이름, '□□ 수학 포기 김치'는 배추를 세는 단위인 '포기'와 수학 공부를 '포기'한 □□의 상태를 빗대어 붙인 이름이다. '△△ 우유'는 학급에서 키가 제일 큰 여학생의 이름을 붙인 것으로, 우유를 마시면 △△처럼 키가 커진다는 뜻을 담고 있다.

활동에 익숙해지면 학생들은 자연스럽게 일상의 경험을 벗어나 매체를 통해 보고 듣고 읽은 이야기를 활용하게 된다. 이처럼 보다 많은 사람들이 아는 이야기, 유명한 이야기를 활용하는 것이 바로 두 번째 방법이다.

[학생 활동 사례 3] 5학년

무농약서리태밥, 감자두부찌개, 해물완자전, 도라지오이생채, 깍두기, 우유

→ 무농약서리태밥, 단백질왕 감자두부찌개, 인어공주네 해물완자전, 오이장군의 죽음을 적군에게 알리지 마라, 벌벌 깍두기 형님, 우유

'인어공주네 해물완자전'은 해물이라는 재료를 '인어공주' 이야기와 연결시켜 인어공주가 파는 해물로 만든 완자라는 이미지를 심어 주었다. '오이장군의 죽음을 적군에게 알리지 마라'는 이순신 장군의 이야기에서 힌트를 얻어 낸 이름이다. 마치 적군의 장수를 없애는 놀이를 하듯 접근하여 오이를 먹기 싫어하는 아이들에게 흥미를 이끌어 낼 수 있다. '벌벌 깍두기 형님'는 뉴스에서 조직 폭력배의 이야기를 접한 아이가 '깍두기'를 떠올려 만든 이름이다.

마지막 단계는 상호평가와 게시의 단계이다. 학생들은 본인의 생각을 친구들 앞에서 발표하거나 '칠판 나누기'[7] 활동을 통해 서로 평가해 준다. 가장 많은 호응을 얻은 반찬 이름은 오늘의 메뉴를 소개하는 학급 게시판을 통해 학급 친구들과 함께 공유하고 인정받을 기회를 제공해 준다.

'상호평가하기', '게시하기' 단계의 수월성을 위해 모둠별 활동으로 진행해도 좋다. 그리고 모든 메뉴의 이름을 바꾸기란 힘들 수 있기 때문에, 자신이 원하는 몇 가지 메뉴를 선택하여 활동할 수 있도록 한다. 한 달 치 식단을 반 학생들이 하루씩 나누어 만들 수도 있다.

기억의 처리수준(elaboration likelihood)[8] 모형에 따르면 어떤 사건에 대해 단순

---

7 모둠들 간의 생각을 한눈에 알아 보고 싶을 때 적용할 수 있는 협동학습 방법 중 하나이다. 칠판에 적혀진, 반 전체 모둠의 생각을 보면서 나와 다른 생각이 있다는 것을 알 수 있고, 나아가 서로의 생각을 존중할 수도 있는 활동이다. 각 모둠에서 한 명이 나와서 자기 모둠의 생각을 적는다. 칠판 나누기가 끝난 후 가장 좋은 의견을 낸 모둠을 평가할 수 있다. 모둠별로 잘한 모둠을 토의한 후 5개의 별을 나누어서 잘한 모둠의 칠판 부분에 적어 주도록 한다. 별의 수가 가장 많은 모둠에게 보상을 준다.

8 크레이크와 록하트(Craik & Lockhart, 1972)가 발표한 것으로, 성공적인 파지를 위해 중요한 것은 단순히 시연의 양이 아니라 항목을 부호화할 때 수행되는 조작의 종류라고 제안하는 이론이다. 이 이론에 따르면 깊이가 얕은 수준에서 깊은 수준으로 정보가 처리되는데, 감각 분석 수준에서 형태 재인 관련 수준으로, 그리고 의미

암기보다 개인적인 의미로 처리할수록 흔적이 깊게 남아 오랫동안 기억이 유지된다고 한다. 반찬 작명소 활동을 통해 학생들이 알고 있는 여러 이야기를 활용하는 것만으로도 낯설고 기피하는 음식에 대한 호감도를 상승시키는 효과를 맛볼 수 있다.

▶ **Tip**

고학년의 경우 실과 교과와 연계하여 음식이 갖고 있는 영양소나 이점 등과 같은 실제 정보를 제공하여 활용할 수 있다.

적·연합적 수준으로 진행된다고 본다. 즉, 처음의 지각 또는 시연 과정에서 강조된 조작이 무엇이냐에 따라 파지가 결정된다는 것이다. 일반적으로 사람들은 자극으로부터 보다 많은 의미를 추출해 낼 때 더 깊은 수준의 처리를 하게 된다. 크레이크와 록하트는 더 깊은 수준의 처리가 더 나은 회상을 일으킨다는 것이었다. 깊은 처리 수준은 두 가지 요인, 독특성(distinctiveness)과 정교화(elaboration) 때문에 회상을 증진시킨다.

12

콩쥐는 청소의 달인

스키마로 역할놀이하기

학생들은 자신이 흔히 하는 행동 유형을 중단하고 다른 사람의 행동, 배경, 감정 등을 상상력을 발휘하여 표현하는 것을 좋아한다. 즉, 학생들은 자기 주변의 역할을 따라 하는 '되어보기'를 좋아한다. 마치 4~5세의 어린 아이들이 소꿉놀이를 하며 엄마, 아빠를 따라하는 것처럼, 초등학생들은 현실 속 역할은 물론이고, TV, 인터넷, 만화, 영화, 드라마와 같은 다양한 이야기 속으로 들어간다. 이러한 학생들의 특성을 반영한 콩쥐는 청소의 달인을 소개하고자 한다. 이 활동은 학생들이 단순히 '되어 보기'를 하는 것에 그치는 것이 아니라 좀 더 집중하여 몰입(flow)할 수 있는 경험을 제공한다. 학생들은 몰입 상태에서 자신이 무엇을 해야 하는지, 얼마나 잘하고 있는지 알기 때문이다. 또, 자신의 능력이 주어진 일을 하기에 적절하다고 생각하며 무언가에 전념하고 있기 때문에 긍정적인 자아 개념을 갖게 된다. 즉, 몰입의 경험을 통해 학생들은 자신이 가지고 있는 잠재 능력을 최대한 발휘하게 되고 주관적 만족감이나 행복감을 느끼게 된다.

칙센트미하이(Csikszentmihalyi, 1975)에 의하면, 평상시 정보의 무질서 상태에 놓여 있는 마음을 논리적 인과 관계에 따라 가지런히 배열할 때 몰입이 일어난다고 한다. 공상 역시 마음에 드는 이미지들을 붙여 마음의 내부에서 하나의 이야기를 만드는 것인데, 이때에도 집중할 수 있는 능력이 필요하다. 하지만 허무맹랑한 공상은 경험의 내용이 일상생활과 달라 조화롭게 몰입을 이루어 내기가 어렵다. 하지만 이야기 스키마를 활용한 공상은 다르다. 이미 만들어진 이야기 속에 그와 관련된 나의 일상생활 속 이미지 하나를 끼워 넣기만 하면 되기 때문이다.

콩쥐는 청소의 달인은 학급 아이들과 함께 공유된 이야기 속 캐릭터의 특성을 이용해 여러 가지 역할 수행을 하는 것이다. 이 활동의 절차는 매우 간단하다. 특정한 상황에 적합한 이야기 속 캐릭터를 아이들에게 부여해 주면 된다. 하지만 이를 위해서는 학급 전체가 많은 이야기를 공유해야 한다는 전제조건이 필요하다.

학급에서 많은 이야기 공유하기(전제조건) → 특정 상황에서 이야기 속 캐릭터로 설정해 주기 → 상황에 몰입하여 활동하기

학급에서 학생들과 생활하다 보면 여러 가지 상황이 발생한다. 그중 하나로 자기 주변 쓰레기를 줍고 정리하는 시간이 있다. 이때 학생들은 철저하게 자기 구역을 정하고 조금이라도 나와 떨어져 있으면 '저 쓰레기는 다른 친구가 줍겠지.' 하며 방관하는 자세를 많이 보인다. 이때 청소를 잘하는 콩쥐의 특성을 이용하여 학생들에게 콩쥐의 역할을 주어 쓰레기를 잘 줍고 주변 정리를 잘할 수 있는 맥락을 설정해 주는 것이다. 단순히 학급의 일원으로서 청소를 하는 것이 아니라, 〈콩쥐팥쥐〉라는 이야기 속 인물이 되어 청소를 하게 되면 단순한 활동임에도 불구하고 그 활동에 몰입의 경험을 갖게 된다. 교사가 "콩쥐로 변신!"이라는 지시를 내리면 학생들은 청소를 잘하는 콩쥐가 되는 것이다. 이때 청소는 청소이기 이전에 하나의 놀이가 되고, 놀이이기 이전에 몰입의 경험이 된다. 놀이가 몰입의 조건, 경험적 특성 및 결과를 가장 잘 포함하고 있기 때문에 학생들을 몰입으로 이끌기 위해 놀이를 이용하는 것이다.

[학생 활동 사례] 5학년

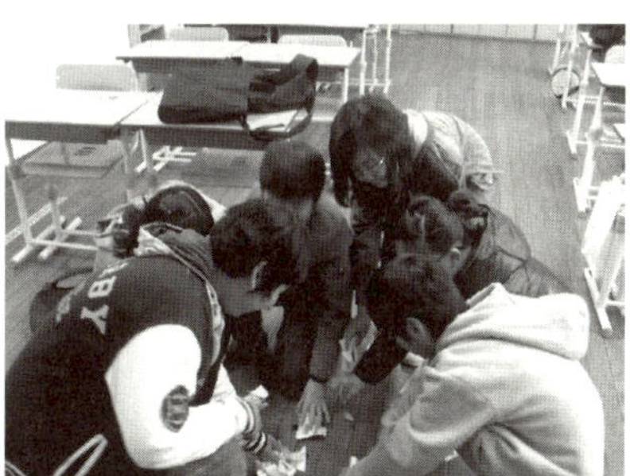

> ▸ **Tip**
>
> 고학년의 아이들에게는 다소 유치한 활동으로 여겨질 가능성이 있기 때문에, 역할을 부여할 때 약간의 경쟁의 요소를 첨부하는 것이 필요하다. 예를 들어, 쓰레기를 가장 많이 주워 오거나('최고의 콩쥐를 찾아라!') 가장 빨리 청소를 끝내고 자리에 앉는 사람('스피드 콩쥐')에게 보상을 하는 것이다. 또, 팥쥐 캐릭터를 따로 정해 청소를 검사하는 역할('고약한 팥쥐 언니')을 맡길 수도 있다.

이 활동은 인성교육으로 활용할 수도 있다. 발달단계상 자아중심적인 아이들은 자신의 감정에만 빠져 있기 쉽다. 하지만 점차적으로 학생들은 다른 사람과 관계를 맺게 되며, 다른 사람이 어떻게 느끼는가를 파악하는 능력이 증가하게 된다. 역할놀이를 통해 그 자신의 느낌을 나타낼 뿐 아니라 다른 사람의 역할을 맡아서 다른 사람의 입장에서 어떻게 느끼는가를 파악하는 능력이 증가하게 된다.

하지만 이때 무리한 상황 설정을 하거나 모두가 알고 있지 못한 캐릭터로 역할놀이를 지시하게 될 때 거부반응이 나타나기도 한다. 특히 실제 교실에서는 남녀 간에 양극화된 반응이 자주 나타나는데, 레슬링 선수와 같은 운동선수의 캐릭터를 제시할 때 더욱 그렇다. 이때 대부분의 남자아이들은 좋아하지만, 여자 아이들은 시큰둥한 반응을 보인다. 레슬링 선수에 대한 스키마도 부족할 뿐더러 극단적인 남성성을 지닌 캐릭터이기 때문에 거부 반응이 더욱 고조된다.

또, 교사가 학생들의 행동을 모범적으로 교정하기 위해 도덕 교과서에 나올 것 같은 반듯한 캐릭터만을 고수하는 것도 주의해야 한다. 학생들의 독서 습관 정착을 위해 '세종대왕, 정약용, 링컨'과 같은 훌륭한 인물이 되어 보자고 제안하는 것도 좋지만, 학생들이 부담 없이 몰입할 수 있기 위해서는 '책 먹는 여우'가 되는 것이 더 쉬울 것이다.

즉, 학생들에게 역할을 제시할 때는 반드시 도덕적인 캐릭터에만 국한하지 말아야 한다는 말이다. 예를 들어, 평소 소극적인 아이에게 '콩쥐의 새엄마' 역할을 주고 친구들에게 청소 구역을 배분하도록 하면, 당사자에게 학생들 앞에서 당당한 자신의 새로운 모습을 보여 줄 수 있고 주변 친구들에게도 그 아이에 대한 스키마를 재조정할 수 있는 일석이조의 효과를 거두게 된다.

마지막으로, 이 활동을 통하여 스키마 활용, 상호텍스트성을 향상시키는 데에도 도움을 줄 수 있다. 이를 위해 캐릭터를 제시할 때 아이들이 직접 경험한 스토리 속 인물을 제안하게 하는 것도 좋다. 예를 들어 청소를 잘하는 캐릭터에 콩쥐 대신 신데렐라, 친구를 잘 도와주는 알라딘의 요술램프에 나오는 지니, 축구를 잘하는 루니, 달리기를 잘하는 우사인 볼트 등과 같이 아이들이 직접 고르게 하는 것이다. 이를 통해 간접적으로 다양한 스토리를 경험하게 도와주고 실제로 체험함으로써 캐릭터에 대한 이해를 높일 수 있다.

콩쥐는 청소의 달인 활동을 할 때 무엇보다 유의할 점은, 앞에서 언급한 바와 같이, 교사와 학생들 간의 풍부한 스토리 공유가 전제되어야 한다. 학기 초에는 학생들이 대부분 알고 있는 옛날이야기에서 출발하고, 그 후에는 학급 문고를 십분 활용하여 다양성을 증진시켜야 할 것이다. 문자 텍스트뿐만 아니라 TV나 온라인 게임 등 미디어 매체는 아이들의 흥미를 돋우기에 적합할 것이며, 실제 학급에 있는 아이들의 캐릭터를 활용하는 것도 좋은 방법 중 하나이다.

▶ **Tip**

말로만 변신하는 상황이 큰 변화를 주지 못할 때에는 그 캐릭터를 상징하는 도구를 함께 이용하면 좋다. 발표할 때 머뭇거리는 아이에게 용기를 주기 위해 "코난(용기 있는 만화 캐릭터 혹은 자기가 좋아하는 캐릭터)으로 변신!" 하게 하고, 코난의 캐릭터를 상징하는 잠자리 안경을 함께 쓰게 하면 몰입의 경험에 좀 더 쉽게 접근할 수 있다.

13

무조건 해결해 드려요

주어진 단서로 고민해결 이야기 만들기

한때 텔레비전 예능 프로그램 중 한 코너에는 '해결의 책'이라는 책이 등장했었다. 출연자들은 평소의 자신의 고민을 사회자와 다른 출연자들에게 털어놓고 이야기를 나눈다. 한 출연자는 "내년에는 더 나은 삶을 살 수 있을까요?"라고 고민을 이야기하며 해결의 책을 펼친다. 펼쳐진 페이지에는 "보장은 없다."라는 문장이 적혀 있다. 낙담하는 출연자에게 사회자는 "확실히 더 나은 삶을 산다는 보장은 할 수 없지만, 본인하기에 따라 달라질 수 있다는 거니까 열심히 활동하시라는 의미인 것 같아요. 내년에 열심히 활동하는 모습 보여 주시길 바랍니다."라며 조언을 덧붙인다. 출연자의 얼굴이 밝아진다(MBC 〈놀러와〉 2011.12.26 방영분). 이처럼 해결의 책의 각 페이지에는 짧은 문장들이 있고, 사회자들은 펼쳐진 페이지의 문장과 관련지어 고민에 대한 해결책을 제시한다.

책에 있는 내용은 "예.", "아니오."처럼 단정적인 문장도 있으나, 대부분은 이런저런 이야기를 엮어 갈 수 있는 여지가 큰 문장들이다. 예를 들면 "비행기를 타라.", "지금이 바로 그때.", "욕심이 과하다." 같은 문장들이다.

출연자들은 해결의 책이 명확한 고민의 해답을 들려준다기보다는 오히려 문장을 단서로 조언을 해 주는 사회자의 이야기를 통해 심리적 안정감과 해소감을 느끼게 된다. 또한 이야기의 측면에서 출연자들은 해결의 책에서 어떤 해답이 나올지에 대해 호기심을 갖게 된다. 이는 사회자가 짧은 문장을 토대로 어떻게 고민해결 이야기를 풀어내는가에 대해 집중하게 만든다. 즉, 출연자는 고민해결을 위한 이야기를 듣고 싶은 강력한 동기를 불러일으킨다.

요약하면, 책에 적혀 있는 짧은 문장은 고민해결사(사회자)를 통해 새롭게 이야기로 탄생되며 이 이야기는 많은 사람에게 공감을 불러일으키는 고민의 해답이 된다. 때론 긴 사설 같은 충고보다 짧은 문장이 마음에 더 큰 위로와 감동을 일으킬 수도 있다. 짧은 문장을 단서로 하여 고민해결의 이야기를 들려줌으로써 타인에게 위로와 감동을 건네는 스토리텔러가 되는 것, 이는 학급에서 일어나는 많은 고민을 해결해 줄 고민해결사가 갖추어야 될 가장 기본적인 조건일 것이다. 짧은 문장을 활용한 스토리텔링 활동을 통해 학급 친구의 고민을 해결해 주는 멋진 고민해결사가 되어 보자.

학습활동은 다음과 같은 순서로 이루어진다.

해결의 책 만들기 → 고민 쪽지(카드) 적기 → 고민 쪽지(카드) 선정하기 → 해결의 책 펼치기 → 해결의 책의 단서를 토대로 고민해결하기 → 고민해결 평가하기

첫 번째로 할 일은 상시적으로 사용할 수 있는 해결의 책을 만드는 것이다. 해결의 책을 펼쳤을 때 어떤 해답이 나오면 나의 고민이 풀릴 것 같은지 생각해 보도록 하고, 한두 가지씩 직접 문장을 써 보도록 한다. 혹은 해결의 책이 등장하는 프로그램을 예시로 보여 주고, 프로그램에 등장하는 해결의 책에 들어 있을 것 같은 문장을 상상하여 적어 보도록 해도 좋다. 단, 해결 문장은 너무 구체적이지 않은 것, 다양한 해석이 가능한 것으로 적도록 한다.

이렇게 모아진 문장들을 하나의 책으로 만든다. 제본을 하거나 문장이 적힌 종이를 묶어 책으로 만들 수 있다. 만약 책으로 만들기 어렵다면, 문장이 적힌 카드나 제비뽑기 쪽지의 형태로 만들어 고민 의뢰자가 문장을 선택할 수 있는 형태로 만들면 된다. 그 다음, 아이들에게 자신이 평소 가지고 있던 고민을 생각해 적도록 한다. 학급운영의 방법으로 평소에 고민을 적을 수 있는 카드나 쪽지를 상시적으로 비치해 두어 학생들이 생각날 때마다 적어서 고민 쪽지나 카드를 모아 두도록 하는 것도 좋다. 자신이 남에게 이야기하고 싶을 때 고민을 털어놓도록 하는 것이 가장 효과적인 고민해결의 첫걸음이 될 수 있기 때문이다.

이렇게 모은 고민은 고민해결사가 선택하거나, 교사가 선택하거나, 먼저 고민해결을 받고 싶은 사람이 자신의 고민을 이야기하도록 하는 등의 다양한 방법으로 선

택한다. 고민이 선택되었다면, 이 고민을 해결해 줄 사람이 필요하다. 고민해결사는 추첨 선발을 통해 번호 순서대로 돌아가며 지목된 학생, 교사 등 다양한 사람이 될 수 있다. 처음에는 교사가 시범으로 고민해결사를 자청할 수 있다.

고민해결사는 다음과 같은 사항을 꼭 지키도록 한다. 첫째, 고민의뢰자에 대한 이해와 공감을 전제로 한다. 고민해결사가 진지하지 못한 상태로 선택한 고민을 사소한 것으로 취급하거나 고민의뢰자를 비난하는 태도를 보인다면 더 이상 그 누구도 진지하게 고민을 털어놓고 싶어 하지 않을 것이다. 둘째, 고민에 대한 해답은 문장에 대해 그럴듯한 해석이 포함된 이야기여야 한다. 해결의 책이 제시한 짧은 문장과 전혀 상관없는 해결책을 제시한다면, 해결의 책이 이야기의 매개로서 기능하기 어려울 뿐만 아니라 고민의뢰자에게 고민해결사가 일방적으로 지시하는 충고가 될 것이다. 따라서 해결의 책이 문장으로 해결책을 제시하였고, 이를 단서로 고민해결사가 해결의 책의 조언을 풀이해 주고 있는 상황으로 이해되어야 한다. 셋째, 고민해결사가 해결의 책의 단서에만 집중하여 이야기를 만들어 가다 보면 의뢰한 고민과는 전혀 상관없는 해결책을 제시할 수 있다. 따라서 문장 단서를 통해 맥락화하여 고민을 이야기해야 함을 잊어서는 안 된다.

고민해결사는 고민의뢰자의 고민을 들어 본다. 고민해결사와 청중은 고민의뢰자의 이야기를 진지하고 배려하는 마음을 가지고 들어야 한다. 그러나 고민의뢰자가 자신이 누구인지 밝혀지길 원하지 않는다면 익명으로 처리하고, 진행자나 고민해결사가 대신 고민을 소개해 줄 수도 있다. 고민에 대해 고민의뢰자나 고민해결사가 해결 문장을 뽑는다. 해결 문장에 알맞은 해석을 덧붙여 고민해결에 관한 조언을 하거나 이야기를 들려준다.

다른 사람은 고민해결사의 조언이 얼마나 그럴싸한지 평가를 해 보아도 좋고, 더 그럴싸한 해답을 이야기할 수 있는 사람에게는 이야기해 볼 기회를 주어도 좋다. 그리고 고민의뢰자는 자신의 고민을 털어놓고 난 현재의 감정, 다른 친구들이 자신의 고민을 진지한 태도로 공감하였는지, 얼마큼 고민이 해결되었다고 느끼는지 등을 생각해 보고 고민해결 이야기를 들은 소감을 말하도록 한다. 이와 같은 평가는 형식을 지켜 진행해도 좋지만, 조언을 듣는 고민의뢰자와 청중의 반응으로 자연스레 일어나기도 한다. 다음은 6학년 학생들의 실제 활동 모습이다.

[학생 활동 사례] 6학년

- 고민의뢰자의 고민: 원하는 중학교에 갈 수 있을까요?
- 해결의 책에서 뽑은 문장: 몸이 고달프다.
- 고민해결사의 조언: 계속 그렇게 고민하고 신경을 쓰니 몸이 피곤해지는 거야. 그러니까 고민은 잠시 잊고 즐겁게 방학을 보내면 원하는 중학교에 배치되었는지 자연스레 알게 될 거야.

이 이야기를 듣던 다른 학생들은 "그럴듯하다.", "재미있네." 등의 반응을 보였다. 이와 같이 고민의뢰자와 청중들이 조언에 적극적으로 반응한다면 이 활동은 성공했다고 볼 수 있다.

이 활동을 운영할 때 교사는 다음과 같은 점에 유의해야 한다.

첫째, 학생들이 고민을 적고 해결을 하는 과정에서 고민의뢰자, 고민해결사, 청중 모두 진지한 태도로 임하도록 한다. 해답이 정말 공감 가는 내용이거나 위트가 있어 분위기가 즐거워지면 이는 매우 긍정적이라 할 수 있다. 하지만 전체 흐름이 장난스럽게 흘러가지 않도록 주의할 필요가 있다.

둘째, 실제로 고민이 해결되어야 한다는 강박을 가지지 않도록 한다. 이 활동의 의의는 실제로 고민을 해결해 주는 것보다는 고민에 대해 함께 공감하고 다른 사람의 고민을 나의 고민처럼 생각하고 이야기하는 과정에서 일어나는 소통이 중요하다. 따라서 고민해결사가 고민을 실제로 꼭 해결해 주어야 한다는 부담에서 벗어나도록 해야 한다.

이와 같은 점을 주의한다면 상호존중과 공감을 기반으로 하는 학급 분위기를 조성할 수 있다. 더불어 학생은 학급 내에서 심리적 안정감을 얻을 수 있게 된다. 또한 국어교육적 측면에서는, 이야기의 구조적 완결성보다는 짧은 문장을 단서로 하여 순발력 있게 이야기를 만들어 가는 유창성 차원에서의 구술 이야기 능력 향상을 기대할 수 있다. 더 나아가 고민의뢰자와 고민해결사, 청중 간의 상호작용은 언어를 의사소통의 수단 이상의 것, 즉 상호관련성을 바탕으로 한 실제적인 맥락을 가진 의미로서 구현해 나가게 된다. 상상력을 통해 언어는 새롭게 해석되고 그 의미가 재창조되

> ▶ **Tip**
>
> 이 활동은 일주일에 한 시간처럼 시간을 정해 두어 집중적으로 활용할 수 있다. 혹은 하루에 한 가지 고민 듣기 등 짧은 시간이지만 지속적으로 운영하는 방법도 있다.

는 것이다(교육과학기술부, 2011: 375).

이야기의 감동과 공감 차원의 효과를 아이들이 직접 느낄 수 있는 기회가 된다는 데 의의가 있다. 이러한 경험은 학생들이 감동을 주는 스토리텔러로서 성장하는 데에 도움을 줄 수 있다. 이 활동을 통하여 학생들은 서로의 고민도 함께 들어 보고 이를 나눔으로써 개인의 심리적 안정과 학급 구성원 간의 친밀도도 높일 수 있다.

14

우리 반 역사 스페셜

학급 연표 만들기

역사만큼 거대한 이야기 덩어리가 있을까? 멀리로는 문자가 없던 신화의 시대부터 가까이로는 문자로 남겨진 기록의 역사까지 말이다. 때로는 구전으로, 때로는 기록으로 사람들의 이야기는 그렇게 남아 있다. 오래 전 옛날의 사건이 아직도 입에서 입으로 전해지고 우리 안에 의미로 살아 있는 것을 보면 역사는 단순히 과거의 흔적만이 아니다. 한국인이라면 이순신 장군과 안중근 의사를 과거의 사람으로만 기억하지는 않는다. 결국 역사란 과거의 사건이 현재로 살아나는 유장한 이야기로 보아야 할 것이다. 시간상으로는 완료되었지만 의미상으로는 결코 끝나지 않은 이야기가 역사다.

역사가 과거완료의 사건이 아니라 현재진행형의 문제라는 점에서 교육의 필요성이 생긴다. 역사교육의 원칙 중 하나는 우리의 역사를 바로 알고 권력과 공동체 간의 평화와 공존을 찾아가는 것이다. 과거를 잊고 살게 된다면 현재도 잃을 것이고, 미래도 존재하지 않을 것이다. 교육을 통하여 과거와 현재 및 미래까지도 바르게 볼 수 있는 사관(史觀)을 마련하는 것이 역사교육의 한 목표가 될 것인데, 이 목표는 작은 것조차 소중히 여기는 태도를 기르는 것에서 시작된다. 즉, 내가 속한 공동체의 작은 역사를 소중히 여기는 태도가 그것이다.

이러한 필요성에 따른 실천적 방법으로 학급 역사 만들기를 제안한다. 학급 역사 만들기란 정확히 말하면 일정한 기간 동안 학급에서 일어난 사건을 바라보는 관점의 기록이다. 여기에는 자발적인 참여가 필수적으로 필요하다. 정확히 말하자면 학급의 역사를 만드는 것이라기보다는 학급에서 일어난 역사를 연표 형식으로 기록하는 것을 뜻한다. 학교 또는 학급 차원에서 학생들은 학기 중에 많은 일을 경험한다. 이것들을 간단한 연표 형식으로 만들어 보도록 하는 것이 이 활동의 내용이다. 교사는 대략의 틀만 제시해 주고 학생이 기록하도록 한다. 학급의 역사는 1년 단위로 종결되니까, 3월부터 2월까지의 순서를 교사가 대략 표시해 주고 학생은 그 안에서 겪은 사건을 기록하면 된다.

활동 안내하기 → 기본틀 제시하기 → 월별 중요 내용 및 정서적 반응 기록하기 → 나누기

학급 연표의 기본틀

3월			4월			5월	
1일	10일	20일	1일	10일	20일		……

▶ **Tip**

1. (교사) 활동 안내하기
교사 발문: 우리 학급의 역사를 기록하여 봅시다. 큰 틀은 선생님이 도와줍니다. 거기에 들어갈 내용은 여러분이 써 봅니다.
2. (교사) 기본틀 제시하기
① 3월부터 이듬해 2월까지 월별 표시하기
② 매월 30일을 10일 단위로 구분지어 표시하기
3. (학생) 월별 중요 내용이나 느낌 기록하기: 포스트잇을 활용하면 즉석에서 간단히 기록하고 연표에 붙일 수 있어서 좋다.
(※ (학생) 월별 주제를 명명해 보는 것도 좋다. 예: 3월 - 두근두근 새학기 스타트의 달, 4월 - 푸른 미래 과학의 달)

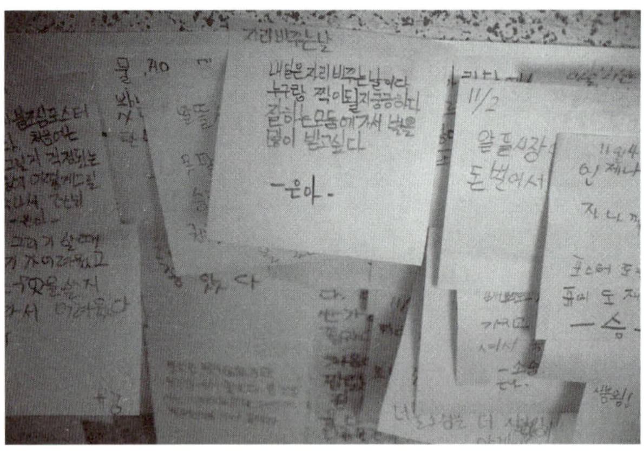

포스트잇을 활용하여 월별 중요 내용이나 느낌을 기록한다.

벽면에 백지를 붙이고 그 위에 3월부터 월별 표시를 해 주고 그 밑에는 열흘 단위로 숫자를 표시해 준다. 매월 배부되는 월중행사계획표 같은 것들을 참고로 붙여 주면 아이들이 행사를 기억하기가 더 쉬워진다. 그 다음에는 포스트잇 등의 메모지를 이용하여 월별로 있었던 학교 및 학급 행사를 기록하도록 한다. 이때 사실의 기록뿐만 아니라 학생 각자의 느낌 같은 정의적인 반응도 써 보게 한다. 그렇게 하면 참여율도 높아지고, 딱딱한 연표가 소중한 우리만의 역사로 발돋움하는 데 도움이 된다.

학생들이 붙여 놓은 메모지의 내용은 가지각색이다. 알뜰시장 열었던 날, 학예회가 있었던 날, 짝 바꾸는 날 등 학교나 학급 차원에서 있었던 여러 가지 사건에 대한 사실의 기록과 그에 대한 정의적 반응들을 나타낸 것들이다. 개인적인 기록을 쓴 것들도 있다.

[학생 활동 사례] 4학년

3.1 삼일절. 태극기 무조건 무조건이야!

3.2 처음으로 4학년에 들어가 남자 선생님과 새로운 친구들을 만나 기분이 좋았다.

4.29 난 청군이어서 졌지만 기분 좋았다.

10.14 이천미니캠프에 가서 목공체험을 하니 정말 좋았다.

11.10 나무이름 알아맞히기 대회. 쉬울 줄 알았는데 은근히 어려워 많이 못 맞춘 것 같아서 아쉽다.

11.11 빼빼로데이. 즐겁고 신나는 날. but, 선생님의 간곡한 부탁에 파티가 좀 그랬다. 크~

11.15 급식우선권을 내서 핫도그를 2개나 먹었다.

여기에 활동을 더 추가해도 좋은데, 월별 주제를 정해 보도록 하는 것이다. 역사의 시기를 태동기, 중흥기, 쇠퇴기 하는 형식으로 시대적 특징을 규정하기도 하는 것처럼 학급의 일 년 역사 중에서, 예를 들어 4월은 '과학의 달', 11월은 '친구 사랑의 달'과 같은 방식으로 월별 특징을 규정해 보는 것이다.

그렇다면 특정한 날에 대한 사실의 기록과 정서적 반응을 역사의 기록이라 할 수 있겠는가 하는 문제가 생긴다. 역사라는 단어에는 몇몇 사람의 힘으로 어찌해 볼 수 없는 거대한 물줄기라는 이미지가 포함되어 있는데, 미미하고 유치해 보이기까지 하는 학급의 행사에 역사라는 단어를 붙일 수 있겠는가 하는 문제의식이다. 이 활동과 관련지어 고민해 본다면 이 물음에는 "그렇다."라고 답할 수 있다. 먼 과거의 역사를 단순히 암기하는 것은 역사의 가치를 깨닫는 데 결코 바람직한 방법이 아니다. '지금 여기의 나'와 직접적인 관련성을 느끼기 힘든 조상들의 기록을 흥미롭게 기억할 수도 없겠지만, 지금의 나에게는 무의미한 기억일 수 있다. 반면, 아무리 미미한 기록일지라도 나와 관련된 것이라면 내게는 소중한 기억이 된다. 이렇게 하여 어려서부터 지나온 시간, 내가 걸어온 역사를 소중히 여기는 태도를 길러 주자는 것이 이 활동의 의도이다. 작은 것을 소중히 여길 때 큰 것도 소중히 키워 갈 수 있다.

사관(史官)이 현재를 기록하는 순간, 그것은 과거의 영역에 편입되며 동시에 미래를 예견하는 창이 된다. 또한 그것은 동시에 역사라는 이야기의 한 토막이 되고, 누군가에게는 생생한 기억이 된다. 앞서 소개한 활동을 통하여 크게는 위와 같은 효과를 기대하고, 작게는 작은 것의 역사를 소중히 여기는 삶의 체험을 제공하는 것에 이 활동의 의의가 있다고 하겠다. 이 활동은 학급의 운영 시기에 관계없이 어느 때나 활용할 수 있다. 학기 초에 활동의 대략을 설명한 후 꾸준히 실행할 수도 있고, 학기말에 학기를 정리하면서 지나온 시간을 돌아보고 평가하는 통로로 활용할 수도 있다.

15

이야기가 어린 우리 학교

공동체 이야기 만들기

저승사자가 동방삭이를 속이기 위해 숯을 씻었다 하여 붙여진 이름 '탄천', 처음에 조선의 도읍으로 정해질 뻔했으나 십리 더 간 곳에 정하게 되었다는 이야기가 전해져 내려오는 '왕십리', 태조 이성계가 도읍을 정하려 할 때 서리로 울타리 친 듯한 곳을 찾아 '서울'이라는 지명이 생겨났다는 이야기. 이렇듯 지명에 얽힌 이야기를 누구나 한번쯤은 들어 보았을 것이다. 이러한 이야기들은 그 장소를 지날 때 무심한 듯 행인의 입에 오르내리며 계속해서 생명력을 가지고 되살아난다.

굳이 지명의 유래가 아니더라도 장소에 얽힌 스토리텔링은 우리 주변에서 흔히 찾아볼 수 있다. 예를 들어, 학교 곳곳에 얽힌 귀신 스토리텔링이 그렇다. 이순신 장군 동상과 세종대왕 장군 동상이 밤마다 싸운다든지, 강당 복도에 붙어 있는 유관순 누나 초상화의 신발이 사라졌다 생겨났다 하는데 그 이유는 유관순 누나가 밤이 되면 학교를 돌아다니며 울기 때문이라든지, 밤 열두 시가 되면 학교 연못의 물이 모두 피로 변한다든지 하는 이야기들이다. 어찌 보면 너무나도 유치하고 어떤 연유에서 생겨났는지 모를 스토리텔링들도 모두 특정 장소와 얽혀 있다. 이러한 스토리텔링은 학교의 학생들에게 더욱 흥미를 주어 계속해서 소통되며, 소통의 과정에서 새로운 화소들이 생겨나고 덧붙여지며 더욱 풍부한 스토리텔링으로 다시 태어나기도 한다.

이렇듯 특정한 장소에 얽힌 스토리텔링은 전설의 특징을 갖는 경우가 많다. '전설'은 장소나 사물, 지명이나 인명이 유래한 기원을 설명하는 갈래로, 인간이 일상적으로 접하는 자연 현상이나 자연물, 인간의 삶, 동물들의 생태나 생김새에 대한 호기심으로부터 출발하여 진실성을 생명으로 한다는 특징이 있다. 따라서 전설에는 오늘

날에도 확인할 수 있는 구체적인 증거가 동반된다. 바로 구체적이고 일상적인 시간과 장소에 위치하는 구체적인 자연물이나 인공물이 그것이다(류수열 외, 2007: 26~27). 사람들은 이러한 증거를 통해 전설 스토리텔링의 진실성을 보장 받고, 일상의 삶에 구체적 이야기를 연결 짓게 된다. 이러한 전설 스토리텔링의 힘에 주목하여 이미 각 지방자치단체에서는 자기 고장의 특정 장소에 다른 지역과는 차별화된 스토리텔링을 두어 '스토리텔링 로드'를 만들기 시작한 지 오래이다. 고장의 관광산업과 스토리텔링을 연결함으로써 관광객들의 여행을 보다 의미 있고 기억에 남는 것으로 만들어 고장의 이미지를 각인시키는 효과를 얻고 있다.

학생들의 입에 끊임없이 오르내리는 학교괴담에 착안하여, 여기에서는 학생들의 상상력을 고양시킬 수 있는 스토리 창작활동으로 이야기가 어린 우리 학교를 구안하였다.

이 활동의 대략적 흐름은 아래와 같다.

교사의 스토리텔링 듣기 → 학교의 장소 선정하기 → 해당 장소의 객관적 특징 찾기 → 이야기 만들기 → 장소 이름 짓기

▶ **Tip**
이 활동의 포인트는 '이 이야기는 사실은 허구이며, 내가 지어낸 이야기이다'에 있다. 학생들이 몰입했던 긴장의 끈이 탁 풀리게 하여, 자신도 그런 스토리텔링을 할 수 있음을 깨닫게 한다.

맨 처음, 교사는 학생들에게 자신이 지어낸 이야기를 들려준다. 이미 잘 알려진 설화를 학교의 특정 장소의 특징에 어울리게 연결하여 들려주어도 괜찮고, 창작한 이야기라도 상관없다. 사실 이 학교의 어떠한 지명은 ○○이었으며, 이러한 이름이 붙여지게 된 유래는 이러저러하다는 식의 이야기를 들려준다. 학생들은 자신들이 무심히 지나다녔던 장소에 그런 이야기가 숨어 있었다는 점 때문에 굉장한 관심을 보이며 몰입하게 될 것이다. 이야기의 마지막에 교사는 '이 이야기는 사실은 허구이며 내가 지어낸 이야기이다'라고 밝히며 학생들에게도 같은 활동을 진행하게 될 것임을 안내한다.

그 다음, 학생들은 이야기를 만들어 줄 학교의 몇몇 장소들을 선정한다. 이때 장소적 특징이 있는 곳이 좋으며, 학생들이 장소 선정을 어려워할 경우 교사가 도움을 줄 수 있다. 이야기를 지어낼 만한 장소로는 등나무 교실, 연못, 학교 숲 등이 있다. 보

다 인공적인 장소라 할 수 있는 음악실, 체육관, 놀이터, 수돗가 등도 가능하다. 이 중에서 학생은 자신이 가장 관심을 가지고 있는 한 장소를 고른다.

장소를 선정했으면 해당 장소만이 가지고 있는 특징을 찾아낸다. 이는 다음 단계에서 만들어 낼 이야기가 해당 장소에 꼭 들어맞아 그럴싸한 이야기라는 느낌을 가지게 하는 데에 중요하게 작용한다. 예를 들어, 연못이라면 물이 고여 있는 곳이라는 특징이 있다. 등나무 교실이라면 서로 얽히며 올라간 몇 그루의 등나무가 있을 것이다. 음악실이라면 피아노가 있다. 이러한 특징들을 학생이 찾아내 기록해 두도록 한다.

이제 장소의 특징이 드러나도록 이야기를 만들 차례이다. 이 단계에서 학생의 상상력이 가장 활성화된다. 이때의 상상력은 아무 것도 없는 곳에서 만들어지는 상상력이 아니며, 모든 사람이 볼 수 있는 특정 장소에서 피어나는 상상력이다. 학생들은 이때 앞에서 찾은 물리적이고 객관적인 특징이 스토리텔링에 잘 녹아들도록 상상력의 방향을 설정해야 한다. 예를 들어, 앞에서 '물이 고인 연못'을 선정했다면 이야기를 만들어 낼 때에는 보이지 않는 물 밑에 무엇인가가 숨겨져 있다든지 하는 방향으로 이야기를 진행해 나가야 할 것이다.

마지막으로, 지어낸 이야기에서 특정 장소의 이름을 지어 준다. 이야기의 줄거리가 드러나게 지어도 좋고, 장소의 특성이 드러나게 지어도 재미있다.

이 활동은 전교생을 대상으로 진행해 보아도 좋다. 최근에는 새로 생긴 학교 건물이나 특정 장소의 이름을 교사, 학부모, 학생을 대상으로 공모하여 결정하는 경우가 흔히 있다. 이 활동에서는 그러한 활동에 덧붙여 이야기까지 만들어 내게 하는 것이다. 전교생을 대상으로 특정 장소의 스토리텔링과 이름 짓기를 공모하여 가장 생명력 있는 스토리텔링을 뽑는다. 그리고 그 스토리텔링과 장소명을 표지판으로 설치하여 해당 장소에 둔다면 스토리텔링의 소통성을 보장받을 수 있을 것이다. 이러한 경험은 해당 스토리텔링의 작가인 학생에게 출판의 경험으로도 작용하여 긍정적 영향을 미칠 수 있다.

교실에서 이 활동을 진행할 때 가장 우려되는 점은 모방이다. 실제 활동에서는 교사가 들려주는 이야기를 모방할 것을 염려하여 교사가 들려준 이야기의 장소를 제외한 나머지 장소에 대해 이야기를 만들게 하였다. 그러나 학생들은 시대적 배경이나 인물, 인물간의 대립 구도 등을 그대로 차용하여 이야기에 포함시키는 양상을 보였다. 이를 방지하기 위하여 학생에게 끊임없는 지적 자극을 부여할 필요가 있다. 학생들에게 "꼭 어린 아이만 등장할 필요가 있을까?", "할머니는 어떨까?", "꼭 슬픈 결말로 끝날 필요는 없지 않을까?", "더 옛날에는 어떤 일이 있었을까?" 등의 발문을 던져 학생의 사고 확장을 꾀할 필요가 있다. 다음은 교사의 예시와 그를 모방한 학생 활동 사례이다.

〔교사 예시〕

사실 우리 학교 등나무 교실은 조선시대에 바닥이 진흙으로 된 깊은 늪이었음. 몰락한 양반집 딸과 평민 총각이 신분차로 인해 이루지 못할 사랑을 하다 양반집 딸이 사고로 늪에 빠져 목숨을 잃음. 이듬해 봄, 늪가에 한 그루 등나무가 자라며 주변의 모든 것을 껴안는 것을 보고 사람들은 양반의 딸이 나무로 다시 태어났다며 슬퍼함. 오랜 세월이 흘러 늪은 메워졌지만, 등나무는 남아 우리 학교에서 매해 아름다운 꽃을 피우고 있음. 그래서 우리 학교 등나무 교실의 이름은 '이루지 못한 우리'임.

〔학생 활동 사례 1〕 3학년

아주 먼 옛날, 우리 학교는 부잣집과 가난한 집이 있던 자리임. 부잣집 딸과 가난한 집 아들은 서로 반하였음. 부잣집 딸은 부모님의 반대로 사랑하는 남자를 만나지 못하게 되었음. 결국 부잣집 딸이 너무 많이 울어 그 자리에는 눈물로 연못이 생겼고, 부잣집 딸과 가난한 집 아들은 그 연못에 빠져 죽게 되었음. 그래서 우리 학교 연못의 이름은 '한진이의 눈물 바다'임.

〔학생 활동 사례 2〕 3학년

예전 우리 학교 놀이터 자리는 초가집이 한 채 있었음. 그 초가집에 사는 아가씨는 옆집 총각과 사랑하는 사이였지만, 집안의 반대로 둘은 사랑을 이루지 못함. 결국 상사병에 걸린 둘은 앓다가 죽어 버렸고, 사람들은 둘을 불쌍히 여겨 초가집을 헐고 그 자리에 함께 묻어 주었음. 그래서 우리 학교 놀이터 밑에는 무덤이 있음. 우리 학교 놀이터의 이름은 '무덤 놀이터'임.

또 하나 주의할 점은 학생들의 스토리텔링 활동에 전반적으로 나타나는 현상으로, 결국 '괴담'으로 흘러가게 된다는 점이다. 학생들에게 특별한 요구를 하지 않고 앞의 활동을 진행한 결과, 총 22건 중 무려 17건이나 '괴담' 형식으로 이야기를 진행해 나가는 현상을 보였다. 학생들의 자연스러운 흥미가 작용한 결과라는 점에서는 크게 문제되지 않아 보이지만, 학생들의 보다 폭넓은 스토리텔링 경험을 위하여 "귀신은 나오지 않는 이야기로 써 보자." 등의 제한을 두는 것도 한 방법이 될 수 있다.

의외로 학생들은 등장인물의 폭을 넓게 설정하고 시대적 배경을 넘나들며 재미있는 이야기를 만들어 내기도 하였다. 한 학생은 등장인물을 '책벌레'라는 상상의 생물로 설정하고, 이야기의 시간적 배경 역시 '옛날'이 아닌 '지금 현재, 우리가 학교에 없는 밤'으로 설정하여 헌 책과 새 책의 차이가 왜 생기는지를 스토리텔링으로 풀어내기도 하였다.

[학생 활동 사례 3] 3학년

도서관은 '책벌레들의 식당'입니다. 밤이 되면 책벌레들은 도서실에 와서 책을 갉아먹습니다. 그런데 책벌레들은 새 책이 꽂혀 있는 자리의 책은 갉아먹지 못합니다. 왜냐고요? 책벌레들이 나중에 먹을 책이 없어질 때에 그 새 책을 먹기 위해 지금은 먹는 것을 금지하고 있기 때문입니다. 그래서 새 책이 꽂힌 책꽂이 외의 다른 책은 책벌레들이 갉아먹기 때문에 너덜너덜해져 있는 것입니다.

학생들은 이 스토리텔링의 경험을 통하여 각각의 공간이 지니는 일차적 의미인 기능적 의미를 뛰어넘어 공간의 예전 모습을 말하는 생성적 의미, 특정 사건 발생의 장소로서 가지는 의미, 기념의 장소로서의 의미 등을 키워 나가며 공간을 구체화할 수 있게 된다. 공간을 중심으로 학생의 경험과 사건을 의미 있게 새기며 장소에 관련된 유래담을 만들고, 사연 있는 이름을 짓는 압축적 형태의 스토리텔링 활동을 함으로써 상상력을 고양시킬 수 있다.

16

내 이름을 불러 주세요

사물 의미화하기

영화 〈트랜스포머〉를 떠올리면 가장 먼저 우리의 머릿속을 스치고 지나가는 것이 있다. 그것은 바로 변신 자동차 '범블비'다. 엄연히 주인공은 '샘'이라는 소년이지만, 사람들이 소품에 불과한 자동차를 먼저 떠올리는 이유는 무엇일까? 그 이유는 '범블비'는 이야기 속에서 소품이 아닌 하나의 등장인물로 살아 숨 쉬고 있기 때문이다. 이렇게 무생물인 소품이 등장인물로 자리 잡고 있는 경우 외에도 소품은 이야기를 풀어 가는 중요한 열쇠이거나, 주인공을 극적인 장면으로 이끄는 역할, 주인공을 상징하는 역할을 하는 등 이야기 곳곳에서 빛을 발하고 있다.

사람들은 이러한 이야기 속 소품들을 좋아하고 갖고 싶어 한다. 학생들 사이에서도 마찬가지다. 영화나 드라마 작품에서 배우가 착용했던 머리띠를 너도나도 하고 나타나는 여학생들을 보면 알 수 있다. 하지만 그때의 소품은 단순히 '머리띠'라는 물건으로서 인정받는 것이 아니라, 등장인물의 사랑 이야기를 담고 있는 특별한 소품이기 때문에 의미를 가지게 된다.

하지만 반대로 자기 주변에 있는 물건들은 소홀히 하는 경우가 많다. 특히 교실에 있는 분실물 바구니를 보면 잘 알 수 있다. 한두 번 쓰고 부러지면 내버려 두는 연필, 잃어버려도 그만인 지우개, 한 학기 정도 쓰면 지겨워지는 필통, 이가 나가면 무심코 버리는 자, 리코더, 단소 등 아이들에게 학용품이라는 물건은 무관심한 대상이다. 이름표가 붙어 있지 않는 이상 그 물건들은 일 년간 분실물 바구니 신세를 면치 못한다.

하지만 아이들의 물건 하나하나에도 유명한 이야기 속 주인공의 소품처럼 이야기가 얽혀 있다. 그 물건을 사게 된 경위, 살 때의 경험, 사고 나서의 기분, 그 물건과 관련된 사건 등 자신이 미처 깨닫고 있지 못하지만 자신 인생의 일부분인 이야기가 그 물건을 둘러싸고 있다. 다만, 학생들이 모르고 있을 뿐이다.

학생들의 물건이 갖고 있는 이야기는 신경 써서 들여다보지 않는 이상 스스로 드러내지는 못한다. 그 이야기는 학생들이 직접 물건과 이야기하며 찾아내고 만들어 내야 한다. 자신의 물건 이야기에 귀 기울이게 함으로써 자신을 돌아봄과 동시에 물건에 대한 애착과 소중히 다루는 마음을 기를 수 있다.

이처럼 이야기는 어떤 물건과 나를 의미 있는 관계로 만들어 주는 견인차 역할을 한다. 봄이 되어 저절로 생겨난 식물의 꽃은 나와 아무런 상관이 없다. 그러나 내가 그 화사한 분홍색과 아름다운 자태와 황홀한 향기를 보고 느끼면서 '꽃'이라고 부르면 그 물건은 나에게 '꽃'이라는 정서적 반응을 이끌어 내는 대상물이 된다. 그때 비로소 나와 꽃은 의미 있는 관계가 성립되는 것이다. 꽃을 '꽃'으로 부름(말함)으로써 꽃에게 가치를 부여하는 작업, 그것이 스토리텔링이다. 그리고 꽃의 가치를 필요로 하는 사람들에게 이야기를 통해 그동안 인식하지 못했던 꽃의 의미를 발견하게 해 주고 충분한 가치가 있음을 알게 해 주는 것이다.

나를 도와주는 물건, 나의 친구인 물건을 살아 숨 쉬게 하는 작업이 바로 내 이름을 불러 주세요이다. 이 활동의 운영 단계는 다음과 같다.

교사의 시범 보이기 → 자신의 물건 고르기 → 물건 의인화하여 표현하기 → 물건 이름 짓기 → 물건과 관련된 이야기 만들기

첫 번째 교사의 시범 단계는 활동을 바로 시작하기 어려운 저학년 아이들에게 필요한 단계로서 고학년에서는 생략이 가능하다. 다음 이야기는 수업시간에 실제로 활용한 이야기이다.

어느 날 집에서 나와 친구들과 놀다가 길을 잃었는데, 집을 찾지 못했어. 그런데 해가 지고 밤이 올 때까지 우리 부모님도 나를 찾지 않았어. 그 자리에 그대로 있으면 엄마, 아빠가 나를 찾아 줄 것 같아서 그 자리 그대로 있었는데, 무서운 사람도 만나고 이리 치이고 저리 치이고 몸과 마음에 상처만 남았지. 그러다 결국 며칠이 지나고 나서 나처럼 길을 잃

어버린 아이들이 모인 곳으로 왔어. 여기서 부모님을 찾고 싶어서 매일 울며 기다렸지만 결국 엄마, 아빠는 나를 찾아오지 않았어. 나는 오늘도 울고 있어.

이 이야기는 2학년 학생들과 생활할 때 분실물 바구니 속 연필을 주인공으로 만든 것이다. 물론 학생들에게 이 주인공이 연필이라는 것을 말해 주지 않았다. 이야기를 듣고 "그 아이는 누구예요? 진짜예요?"라고 물었을 때 사실을 밝혔다. 그 후 아무도 거들떠보지 않았던 분실물 바구니는 사정이 달라졌다. 학생들은 너도나도 엄마, 아빠를 찾아 주겠다며 바구니 속 물건들을 살폈고, 심지어 주인 없는 물건을 입양해 가는 아이들까지 나타났다. 연필의 이야기가 아이들 마음을 건드린 것이다. 그 후 학생들은 자신이 데려온 지우개, 자, 딱지를 사람처럼 대하며 미안함을 전했다.

본격적인 활동의 시작은 자기 주변에 있는 물건을 고르고 의인화하는 단계이다. 이때 원하는 학생들에 한해 물건을 그림으로 그려 보는 활동을 해 보게 한다. 있는 그대로 묘사하여 그리는 것이 아니라, 물건을 등장인물로 살려 표현하는 것이다. 눈, 코, 입도 그려 주고, 필요하다면 팔, 다리도 그려 넣으면서 그 물건이 마치 살아 있는 것처럼 의인화하는 작업을 한다. 이때 그림에 자신이 없어 활동을 꺼리는 학생들은 머릿속으로 그려 보게 하거나 실제 물건을 보며 이야기를 떠올리게 해도 좋다.

그 다음은 물건의 이름을 짓는 단계이다. 안나의 일기장 '키티', 샘의 자동차 '범

[학생 활동 사례 1] 5학년

- 리코더 – 삑삑이(불 때마다 삑삑거리는 소리가 나서)
- 필통 – 사각턱(사각형 모양이어서)
- 파레트 – 카멜레온(물감을 칠할 때마다 색깔이 바뀌니까)
- 붓 – 간질이(닿으면 간질간질해서)
- 단소 – 바람의 아들(내가 불면 맨날 바람소리 밖에 안 나서), 중임무 황태자(단소의 5음계)
- 연필 – 난쟁이들(깎을 때마다 키가 작아져서)
- 지우개 – 둥그나('세모나', '네모나'를 본떠서)

블비'처럼 고유의 이름을 붙여 준다. 어린 시절 인형에게 이름을 붙이듯이 본인이 원하는 대로 하고, 이름 붙이기를 어려워하는 아이들에게는 물건의 생김새나 기능을 관찰하거나 자신과 관련된 일화를 떠올려 보게 하는 것이 좋다.

이름을 붙인 후에는 평상시에도 계속 불러 주는 것을 잊지 말아야 한다. 이름을 불러 줄 때 새로운 의미를 부여 받아 그 존재 가치를 발휘하기 때문이다.

마지막은 소품의 이야기 만들기 단계이다. 이야기는 일기, 동화, 편지 등 다양한 형식의 글은 물론 그림, 만화, 짝에게 말하기 등 자유롭게 표현하도록 한다.

[학생 활동 사례 2] 5학년

제목: 삑삑이(리코더)의 이야기

제 이름은 '삑삑이'입니다. '삑삑' 시끄러운 소리를 내서 삑삑이입니다. 원래는 예쁜 소리를 내는 리코더이지만, 자꾸 이상한 소리만 납니다. 그래서 다예는 저를 맨날 책상에 탕탕 때립니다. 어떨 때는 물로 깨끗이 씻어 주는데, 그래도 맨날 '삑삑 '소리만 납니다. 근데 이상하게 다예네 아빠가 저를 불면 고운 소리가 납니다. 그랬더니 다예는 저를 또 쾅쾅 때립니다. 나는 다예에게 복수를 하기로 했습니다. 시험 보는 날, 선생님 앞에서 불 때 더 삑삑거렸습니다. 다예는 결국 재시험을 보게 되었습니다. 다예는 앞으로 나를 안 때리기로 했습니다. 그러게 처음부터 잘하지 그랬어?

아이들이 글쓰기를 주저할 때는 "그 물건을 왜 사게 되었니?", "살 때 어떤 일이 있었니?", "그때 기분이 어땠니?" 등과 같이 그 물건과 관련된 사건을 떠올릴 수 있도록 교사가 발문해 줄 필요가 있다.

교실 한 구석에서 애타게 주인을 기다리는 물건들에게 학생들의 눈길과 손길이 닿게 하기 위한 방법, 자신의 물건 이야기에 귀 기울이게 함으로써 자신을 돌아봄과 동시에 물건에 대한 애착과 소중히 다루는 마음을 기를 수 있는 방법으로 '사물의 의미화' 과정은 유의미한 작업이 될 것이다.

▸ Tip

주인이 나타나지 않는 분실물이 발생했을 경우, '물건 이름 짓기 콘테스트'나 '물건 이야기 짓기 콘테스트'를 활용하여 상품이나 보상과 함께 그 주인을 정하는 활동으로도 활용할 수 있다.

4부

실천과 재발견

스토리텔링으로 도전하는 수업기술의 무한 변신을 믿습니다

- '스토리텔링으로 도전하는 수업기술의 무한 솔루션'을 진행하면서

스토리텔링과 수업기술은 온라인 연수로도 만들어졌다. 지금 운영되고 있는 '스토리텔링으로 도전하는 수업기술의 무한 솔루션'(http://tcampus.or.kr)은 스토리텔링 이론을 토대로 수업 아이디어를 떠올리고, 수업에 적용하고 다시 이론으로 설명하는 과정을 거치며 수업기술로 자리매김할 수 있었다. '수업기술은 실천성을 담보해야 한다'는 생각으로 수업에 적용해 보고, 적용한 과정과 결과를 축적해 나가면서 수업기술을 지속적으로 검증해 왔다. 이 책은 온라인 연수와도 유기적인 연결을 갖고 있다. 온라인 연수 자료를 토대로 책으로 집필한 내용도 있고, 책으로 구성한 원고를 온라인 연수로 제작한 경우도 있다.

교사를 대상으로 한 연수 중에는 이론으로만 접근하는 경우도 있고 현장의 실천성을 강조하는 경우도 있다. 이때 현장의 실천성을 지나치게 강조하다 보면 수업이 일종의 '레시피'를 따라 하는 식으로 진행된다. '이 차시 수업 목표를 도달하기 위해서 이런 활동을 이러한 방법으로 차례대로 따라가라'는 논리이다. 이런 연수는 '레시피'를 정확하고 풍부하게 제공해야 한다. 수업 목표에 맞게 수업 자료와 수업 활동물을 친절하게 제공해야 수업에서 활용할 수 있기 때문이다. 이러한 연수를 흔히 수업에서 '곧바로 써먹을 수 있는' 실용적인 연수라고 한다. 물론 이러한 연수도 필요하다. 그러나 스토리텔링과 수업기술 연수는 레시피를 '따라 하는' 수업기술이 아닌 레시피를 '스스로 만들어 내는' 수업기술이 되기를 바란다. 교사 스스로 자신의 수업을 스토리텔링으로 재구성할 수 있는 안목과 실천 노하우를 터득하게 하는 것이 목표였다. 과연 '스토리텔링으로 도전하는 수업기술의 무한 솔루션' 연수 프로그램은 그 목

표를 도달했을까?

답은 연수를 들은 수강 선생님들에게 있겠지만, 선생님께서 제출하신 연수 평가물을 살펴보면서 스토리텔링과 수업기술의 무한 가능성을 진단해 보자. 연수 과제는 이렇다. "선생님이 실행 또는 참관한 수업 중에서 스토리텔링을 활용하여 성공했다고 생각하는 수업 과정을 약술해 봅시다. 그리고 이 수업을 스토리텔링 수업기술 원리로 설명해 봅시다."

선생님들의 스토리텔링 수업 성공 사례를 잠깐 살펴보자.

- 만약 여러분이 일제시대(1905~1945년)에 조선 최고의 갑부로 태어났다면?: 일제 강점기를 배경으로 하여 다양한 스토리 참여형 캐릭터를 등장시켜 역할놀이 게임을 한다.
- 1996년 외환 위기로 돌아가기: 스토리텔링으로 외환 위기의 원인과 영향을 파악한다.
- 가상 국가를 만들고 건국 신화를 만들어 본다.
- 학생들이 기상 캐스터 리포터가 되어 봄, 장마철, 여름, 가을, 겨울 등의 계절 특징을 소개하되 기상도와 소품을 활용한다.
- 창의적 체험활동으로 고통과 분노 스토리를 만들어 본다.
- '피리부는 사나이'로 소리의 개념을 설명한다.
- 성경 캠프에서 스토리텔링 수업기술을 활용한다. 유치원부 아이들은 가상의 버스를 타고 다윗을 만나러 간다. 이 과정에서 다양한 성경 체험활동이 전개된다.
- 산신령은 떨어진 도끼가 아니라 빠뜨린 운동화를 '길이 재기' 방식으로 찾아 준다.
- 알라딘과 램프의 요정은 비례식의 문제를 해결하기 위해 등장한다.
- 키자니아로 체험학습을 다녀온 학생들에게 2032년의 미래일기 쓰기 과제가 주어졌다.
- 구분구적법의 개념 학습 후 학생들은 특정 도형을 선택하고 역사적 상상력을 발휘하여, 적분 개념이 도입되기 전인 기원전으로 돌아가 그 도형의 넓이나 부피를 구하는 상황과 관련한 이야기를 만드는 활동을 한다.
- 시가 UCC 작업으로 새롭게 탄생한다.
- 〈심청전〉을 현대식으로 개조하여 '심청전'의 의미를 재해석해 본다.
- 2012 여수엑스포가 열리는 과정에서 이 지역의 고속버스 터미널이 외곽으로 이전하였다. "왜 그랬을까?"의 질문으로 도시와 교통을 학습한다.

- 해리포터가 용액의 진하기를 학습하는 캐릭터가 된다.
- 현대판 의궤 제작을 하고 기록의 중요성과 조선시대 기록문화의 의미를 파악한다.
- '이야기가 어린 우리학교: 공동체 이야기 만들기' 주제로 학교사랑 문예백일장 행사를 기획한다.
- 정수, 음수, 양수의 개념 도입을 위해 여의나루역 승강장의 스토리텔링이 시작된다.
- 나로호 비행 궤도로 이차함수를 가르친다.
- 낙서의 범인을 찾기 위해 크로마토그래피 방법을 사용한다.

이 사례들을 보면 선생님들 수업에 내재되어 있는 스토리텔링 수업기술을 엿볼 수 있다. 스토리텔링 수업기술은 새롭게 배운 것이 아니라, 기존에 가지고 있는 수업기술 노하우가 스토리텔링을 만나서 빛을 발휘하게 된 것이다.

온라인 연수를 진행하면서 스토리텔링 수업기술의 무한 변신에 대한 확신이 생겼다. 학생들에게 가르쳐야 할 콘텐츠를 교사 스스로 풍부하게 가지고 있다면 얼마든지 스토리텔링 수업기술로 전이될 수 있다. 스토리텔링을 접목한 수업 실천 사례를 보면서 스토리텔링과 수업기술의 확장을 다시 배우고 있다. 스토리텔링과 수업기술의 연결 작업은 앞으로 지속적으로 연구하고 개발해야 할 거대한 광맥이다.

(이지영)

특색 있는 학급 경영,
스토리텔링에서 그 해답을 찾다

'올해는 우리 학급의 특색 교육활동으로 어떤 것을 할까?' 연초가 되면 대부분의 교사들이 공통적으로 하게 되는 고민이다.

미술에 관심 있는 교사는 일 년 내내 아침활동 시간이나 담임재량 시간을 활용하여 미술 관련 활동을 지도하고, 음악에 관심 있는 교사는 노래 부르기나 악기 연주와 같은 음악 관련 활동을 특색 교육활동으로 운영한다. 이렇게 학급 특색 교육활동은 아이들의 의사와는 상관없이 담임교사 중심으로 결정된다. 그러다 보니 "선생님, 우리 반은 왜 이런 거 해요?" 또는 "다른 거 하면 안 되나요?"와 같은 질문을 받게 되는 경우도 있다. 물론 모든 학급 구성원을 만족시키는 활동을 찾기는 쉽지 않다. 그러나 경우에 따라서는 교사와 학생의 관심이나 흥미가 너무 달라 교사의 의도와는 달리, 형식적인 활동이나 즐겁지 않은 시간에 그치는 경우도 있다.

'수학·과학 탐구 능력 기르기: 생활 속 숨은 도형 찾기' 활동은 스토리텔링적 요소를 활용하여 추상적인 수학적 개념이나 원리를 구체적인 경험 차원에서 이해할 수 있도록 도와주는 활동 사례이다. 이 아이디어를 확장하여 4학년 학급에서 '세상을 보는 새로운 눈을 길러요'라는 테마로 연간 계획을 수립하여 학급 특색활동으로 운영해 보았다.

학급 특색을 기획하면서 학생들에게 제시할 그림의 일부분이 될 도형을 어떤 순서로 게시할 것인가가 가장 큰 고민이었다. 처음에는 학생들이 쉽게 접근할 수 있는 간단한 직선이나 도형을 제시하고, 점차 비규칙적인 곡선이나 응용 도형을 제시하였다. 활동 초기에는 친구의 것을 모방하거나 그저 그림을 완성하고 이야기를 써 보는 데 그치는 학생들이 많았다. 그러나 학생들의 결과물을 게시하고 '세상을 보는 새로운 눈을 길러요'라는 테마처럼 창의적인 아이디어를 낸 친구의 작품에 칭찬 스티커를 붙여 보는 활동을 하게 하니, 점차 학생들이 그림과 이야기를 창의적으로 만들어 내게 되었다.

작은 동그라미를 제시했을 때 한 학생은 시장에 있는 과일가게 좌판대의 갖가지 과일, 과일을 파는 아주머니와 과일을 사려는 엄마와 딸의 모습을 그렸다. 동그라미는 초록색이 선명한 수박이 되었다. 창작 이야기는 다음과 같았다.

> 엄마와 함께 시장에 갔다. 시장에서 과일을 사려고 과일가게에 들렀다. 수박 한 통에 1,2000원이라고 했는데, 엄마께서 10,000원에 깎아 달라고 하셨다. 아주머니는 처음에는 안 된다고 하시다가 나중에는 10,000원만 내라고 하셨다. 집에 돌아와서 가족과 함께 수박을 맛있게 먹었다.

같은 동그라미 모양을 이용하여 동물원의 물개쇼 모습으로 완성한 학생도 있었다. 돌고래쇼장의 많은 관람객들, 그리고 그 가운데에서 조련사와 함께 쇼를 하고 있는 물개의 머리 위에 있는 알록달록한 공이 바로 원이었다. 이 그림과 관련한 이야기는 다음과 같았다.

> 일요일에 가족과 함께 동물원에 갔다. 여러 가지 동물을 보고 맛있는 점심도 먹었다. 점심을 먹은 후에 물개쇼를 보러 갔다. 물개가 우리에게 발로 인사를 했다. 참 귀여웠다. 또, 물개는 훌라후프도 통과하고 공을 머리로 튀기기도 잘했다.

똑같이 주어진 도형을 이용하여 어떤 그림으로 완성하는지, 또 어떤 이야기를 창작하는지 지켜보는 것은 학생들이나 교사 모두에게 대단히 흥미롭다. 대부분의 미술 시간에 늘 그림 그리기에 자신 없어 하던 아이들도 이러한 활동 중에는 자신이 가지고 있는 낮은 수준의 회화 능력은 생각하지 않게 된다. 평소에 글쓰기를 즐겨 하지 않는 아이들에게도 자신이 그린 그림과 관련된 짧은 이야기를 창작하는 활동이 큰 부담이 되지 않는다. 주어진 모양을 이용하여 다른 친구들이 생각하지 못하는 장면을 생각해 내고, 새로운 이야기를 창작하려고 골똘히 생각하는 모습을 볼 수 있었다. 동료 교사들이나 학부모가 교실을 방문했을 때 학생들의 다양한 아이디어를 살펴보고, "아이들이 어떻게 이런 생각을 했지요!"라며 놀라거나 감탄하는 경우도 많았다.

스토리텔링적 요소를 활용한 이러한 활동을 학급 특색활동으로 운영한 결과, 대부분의 아이들이 기대하는 즐거운 활동이 되었다. 이 활동을 하는 시간이 되면 "선생님, 오늘은 어떤 모양이에요?"라며 궁금해하고, "이 모양은 어렵지 않겠니?"라는 교사의 물음에 "아니에요. 어렵지 않아요.", "저는 좋은 생각이 났어요." 하며 자신감 넘치게 자신의 생각을 그림과 글로 표현하였다. 다양한 사고와 창의적 표현 경험은 다른 교과 시간에도 학생들이 창의적인 아이디어 생성의 의미를 알고 적극적으로 수업에 참여하는 분위기를 만들어 주기도 하였다.

사례로 든 앞의 활동 이외에도 이 책에 나오는 다양한 아이디어를 특색 있는 학급 운영에 활용할 수 있을 것이다. 교사나 특정 학생이 흥미를 느끼는 활동 중심의 학급 운영보다 많은 학생들이 '재미'를 느끼며 일 년 동안 지속해 나갈 수 있는 특색활동 중심으로 학급을 운영해 나간다면 일 년이 더 즐겁지 않을까. 교사도 아이들도.

(김수미)

스토리텔링 수업기술과 발산적 사고

교사로 살아온 시간이 적지 않은데도 교육이라는 단어는 여전히 낯설다. 교육은 그 옛날 도제처럼 내가 가진 지식과 기능을 충실히 전달하는 행위의 범위를 넘어서는, 기술적 소통의 과정인 탓이다. 교사는 학생이 스스로 자신의 문제를 해결할 수 있도록 문제 해결의 과정을 돕는 역할을 해야 한다는 점에서 지식의 전수자 역할을 넘어서야 한다. 그런데 한 개인이 타인의 변화를 전제로 의도적인 행위를 한다는 것은 쉽지 않은 일이다. 더구나 나와 발달단계가 다른 타인을 향해서 말이다. 그래서 항상 고민하고 때로 환호하며 자주 절망하곤 한다.

스토리텔링은 이런 고민의 해결을 돕는 방책의 하나로 시도되었다. 이것이 단위 수업 내에서 또는 교과 외의 교육활동에서 학생의 자발성을 이끌어 내고 문제 해결력을 강화할 수 있다는 전제로 출발하였고, 그것을 어느 정도 입증해 주었다. 현대는 스토리텔링의 시대이다. 각종 광고나 이미지 홍보를 위해 스토리텔링의 기법이 사용되는 것은 흔한 현상이 되었다. 요즘은 입학사정관제 등 입시 현장에도 스토리텔링이 널리 시도된다. 스토리텔링의 효용성을 예증하는 경우라 하겠다. 내용 자체의 질적인 정합성보다는 그것이 소통되는 방식, 곧 담론의 영향력을 발견하였다고 할 수 있다.

실제로 스토리텔링을 수업전략으로 개발하고 활용한 결과는 새로운 수업의 패러다임에 대한 가능성을 보여 주었다. 이제껏 교실 수업은 교사의 학습문제 제시와 그에 따른 순차적 학습활동 안내로 이루어져 왔다. 교사의 의도대로 일정한 테두리 안에서 일관성 있는 수업이 이루어진다는 장점이 있는 반면, 학생의 창의적 사고를 위해서는 재고가 필요한 형태의 수업이라 하겠다. 앞서 언급한 대로 학생이 자신의 문제를 스스로 발견하고 해결하기 위해서는 창의적 사고가 필요한데, 이것은 발산적 사고를 통해서 활성화된다.

사고의 유형은 그 방향성에 따라 수렴적 사고와 발산적 사고로 나눌 수 있다. 전자가 여러 현상을 정리하여 좁은 범위의 기준 안에 제한하고 가지런히 정돈하는 반면, 후자는 제한된 방향성에 구애받지 않고 다각적인 사고로 확장해 나가는 것이 특징이다. 수렴적 사고가 전통적 패러다임의 수업에 최적화된 사고였다면 발산적 사고는 문제 해결력과 창의성을 중시하는 새로운 패러다임의 수업에 알맞다고 할 수 있다. 이와 같은 창의성을 위한 발산적 사고는 스토리텔링을 통해서 구체적으로 실현될 수 있다. 같은 내용의 이야기라도 전달하는 화자의 전달 방식에 의해 형태나 방향은 크게 달라진다. 그래서 이미 정해져 있는 답을 찾아가는 방식의 수업보다 다양한 해법을 찾는 스토리텔링 적용의 수업은 발산적 사고에 좋다.

학생들의 반응도 좋다. 예를 들어, 인물 변용이나 매체 변용 등을 통한 스토리텔링 적용 수업에서 학생들은 열성적인 참여의 모습과 성취욕을 보여 주었다. 본인이 직접 참여하여 이야기를 만들고 소통시키는 방식의 수업에 큰 흥미를 느끼는 것으로 보였다. 이제껏 경험해 온 수업 방식과는 다른 형태의 수업이라 거기서 느끼는 신선함 때문일 수도 있겠다. 어쨌거나 학생이 흥미를 느끼고 활발하게 참여하는 수업이라면 교육 효과의 면에서 성공의 요소를 강하게 내포하고 있다고 봐도 좋을 것이다. 그런 면에서 스토리텔링의 요소나 구조를 구체적인 수업에 적용한 사례는 성공적이였다고 볼 수 있다.

흔히 스토리텔링은 국어나 영어 등 언어활동 위주의 과목과 밀접한 관련이 있는 것으로 알고 있는 경우가 많지만, 실제 수업에서는 반드시 그런 것만은 아님을 알게 된다. 수학이나 과학 등 스토리텔링과는 이질적인 관계에 있을 것 같은 과목에서도 스토리텔링은 유용하게 활용되었다. 예를 들어 과학과에서 식물이나 동물을 관찰할 때, 관찰 대상에 이름을 붙이고 관찰 내용을 텔링하는 방법은 대상에 대한 애착과 이해를 높이고 과학과 수업의 성취 기준을 만족시키는 결과를 가져왔다. 생물학적으로 비유하자면 이종교배가 성공을 이룬 경우라고 하겠다. 학생의 입장에서는 새로운 학습 경험을 한 것이다.

다만, 단위수업 전체 또는 여러 차시의 수업을 스토리텔링의 기제로 기획하는 커다란 틀을 마련하기 위해서는 기술적 정련이 필요하다. 수업의 전략적 차원을 넘어서는 스토리텔링의 기획이 필요한 것이다. 또한, 스토리텔링의 구조나 소통 방식 등에 대한 깊이 있는 이해를 토대로 수업기술을 세련화할 필요가 있다. 주변에서 보면 스토리텔링이라는 용어가 그것에 대한 충분한 이해 없이 남용되는 경우가 있다. 고민이 필요한 부분이다.

지금까지 스토리텔링과 수업기술을 실제 교육 현장에 적용하는 것에 대한 언급 및 간단한 사례를 언급하였다. 학생들의 문제 해결력 및 자발성, 창의성을 위해 새로운 수업 전략을 시도하였다. 스토리텔링의 효과적인 수업 활용을 위해서는 학생의 발달 단계와 학습 수행 능력 등 적용 대상에 대한 충분한 이해가 전제되어야 함을 느꼈다.

(김지남)

작은 아이디어로 즐거운 수업 만들기

수업과 생활지도, 담당 업무 수행 및 동료 교사와의 관계 등 현장 교사에게 요구되는 능력은 다양하다. 그중에서도 재미있는 수업을 하는 것은 교사라면 누구나 꿈꾸고 또 포기할 수 없는 요소이다.

지금 이 순간에도 현장의 교사들은 재미있는 수업을 만들기 위하여 교육과정을 분석하고, 학습지를 만들고, 다양한 학습 자료를 수집 · 제작 · 활용하고 있을 것이다. 그러다 보면 교과서 이외의 자료가 없는 날에는 무언가 준비가 미흡한 것 같은 생각이 들기도 한다. 예전에 연륜이 있는 선생님께서 이야기보따리를 풀어 놓자, 혼을 쏙 빼놓고 수업에 몰입하던 아이들이 기억난다. 중요한 것은 만들어진 자료가 아니라 수업 그 자체인 것이다.

연륜과 경험을 바탕으로 교사 자신의 스토리텔링에서부터 스토리텔링을 활용한 다양한 수업 아이디어들까지, 이 책에서 소개한 다양한 활동들은 재미있는 수업을 위한 노력의 산물이다.

이 책에서 소개하고 있는 스토리텔링을 활용한 수업기술들 중에는 새롭게 소개된 활동들도 있지만, 기존의 방법에 약간의 아이디어를 더하여 변형한 활동들도 다수 있다. 이러한 약간의 아이디어도 수업에 재미와 흥미를 더하기에 충분하다. 예를 들어, '내 그림 팔아요' 활동을 작품전시회 행사에 접목하여 활용해 보았다. 보통 전시 작품의 이름표에는 학년 반과 이름, 작품의 제목이 기재되지만 이 활동에서는 자신이 만든 작품의 가치를 홍보하는 난을 추가해 보았다. 아동이 자신이 만든 작품에 가치를 부여하고 적절한 가격을 매겨, 전시회 관람을 오신 부모님께 작품을 판매해 보도록 하였다. 4학년 학생은 자신이 쓴 '문화'라는 두 글자의 서예작품을 다음과 같이 홍보하였다.

> 이 '문화'라는 글자는 서예 작품입니다. 이 글은 꾸불꾸불하지만, 2시간의 노력과 30%의 손 떨림으로 만들어졌습니다. 세로 획 끝의 붓털이 날아간 흔적은 서예의 신성함을 나타냅니다. 두 살 때 한글을 깨우치고 일곱 살 때 서예를 시작한 ○○○ 작가의 정과 땀이 들어갔으니, 이 작품의 가격은 천 원입니다. 옛날 선비들보다 더 잘 썼습니다. 완전 대박 문화유산입니다.

이렇게 기존의 이름표 양식에 스토리텔링을 접목한 '내 그림 팔아요' 활동은 전시회에 참여한 아동뿐만 아니라 학부모를 비롯한 기타 관람객들에게 많은 호응을 얻었다.

'맛보기 이야기'는 국어과 교육과정에서 많이 다루어지는 이야기 요약하기에 예고편의 형식을 도입한 활동이다. 목표로 하는 내용은 같지만, 형식을 바꾸어 줌으로써 아이들의 흥미와 참여를 도모할 수 있었다. 영화의 예고편처럼 이야기의 예고편을 만들어 보자는 작은 아이디어는 재미있는 국어 수업을 만들어 주었고, 아이들 스스로 '맛보기 이야기'를 계속 만들어 보는 자발적인 참여로 연결되었다. 그래서 이 활동은 수업 후에도 독후 활동으로 지속적으로 활용될 수 있었다. 이는 특히 국어 수업을 재미있게 하기가 힘들다는 고충을 토로하는 교사들에게 시사점을 제공할 수 있다.

스토리텔링을 활용한 수업기술이 나에게 도움이 되었던 것처럼, 이 책을 읽고 활용하고자 하는 여러 선생님들에게도 도움이 되었으면 좋겠다. 책에 담겨 있는 수업 진행 절차와 유의점을 참고하여 그대로 단계를 밟아 나가며 수업을 진행할 수도 있지만, 나름대로 선택하고 변형하여 활용하면 더욱 좋겠다. 아마 이미 독자들의 머릿속에는 다양한 수업 아이디어들이 이미 존재하고 있을 것이다. 이 책을 읽는 독자는 이미 수업의 전문가이기 때문이다. 중요한 것은 수업 아이디어가 스토리텔링을 만나 재미있는 수업으로 효율적인 수업으로 거듭나기를 바란다. 지속적인 교사의 실천력을 가지고.

(이지영)

스토리텔링 다시 생각해 보기

스토리텔링에 대해 여러 권의 책을 읽고 함께 공부하는 선생님들과 여러 차례의 토론을 거치며 이전에 가지고 있던 스토리텔링에 대한 생각이 달라졌다. 스토리텔링은 단지 이야기를 말하는 것이 아닌, 우리 삶 그 자체라고도 볼 수 있다는 인식이 자리 잡기 시작했던 것이다.

바야흐로 지금은 스토리텔링의 시대이다. 조금만 눈을 돌려 보면 각종 매체에서 스토리텔링이라는 말은 심심찮게 눈에 띈다. 시사다큐멘터리에서 원고를 읽는 연예인 이름 앞에 이전의 '내레이터'라는 말 대신 '스토리텔러'라는 말이 붙었다. 각 지자체에서 내놓는 여행상품으로 '스토리텔링 로드'가 유행처럼 번진 지 오래다. 언제부터인가 앞다투어 방영하고 있는 각종 오디션 프로그램의 승리자들은 실력도 실력이거니와, 그들의 '스토리텔링'이 시청자의 마음을 울려 우승할 수 있었다는 신문기사도 빈번했다. 재미있게도 이 모든 상이한 현상을 아울러 표현할 수 있는 한 단어가 존재하고 있으며, 그것이 바로 '스토리텔링'인 것이다. 이는 크게 보아 '삶'이라는 단어로 치환할 수도 있을 것이다.

스토리텔링이 우리 삶의 곳곳에 숨어 있고, 또 크게 보아 내가 살아가는 하루하루가 스토리텔링이라고 했을 때, 자라나는 어린이들에게 스토리텔링을 통해 교육을 한다는 것은 어떤 울림을 가질 수 있을까. 우선 가장 기본적이며 핵심적인 전제는 스토리텔링을 통해 행해지는 모든 교육은 어린이에게 '살아 있는' 교육으로 받아들여진다는 점이다.

1년간 담임을 맡은 학급의 어린이들에게 스토리텔링을 활용한 교육을 의도적으로 계속해서 시도해 왔다. 보통 '스토리텔링 수업'이라고 하면 가장 먼저 떠올리기 쉬운 국어교과는 물론이거니와, 간단한 수학문제 하나라도 계산 방법을 기계화하게끔 훈련시키기보다는 생활 속에서 그러한 수학적 원리가 필요한 경우가 언제인지 생각해 보게끔 유도했다. 사회과에서의 지식을 교육할 때에도 일방적인 주입과 암기가 아닌, 어제 있었던 일이나 할아버지께 들었던 할아버지의 어린 시절 이야기를 떠올리게 하는 방식으로 진행했다. 그 결과 가장 먼저 꼽을 수 있는 변화는 어린이들의 수업 참여도가 눈에 띄게 높아졌다는 점이다. 이전까지 수업 시간에 무기력한 반응을 보이던 어린이들조차 자신의 일상, 자신이 겪어 온 삶에 대해 이야기하고 싶어 적극적으로 반응하였으며, 대부분의 어린이들이 수업을 '재미있는 것'으로 받아들이기 시작했다. 이전까지의 수업이 그들의 삶과 관련 없다고 생각해 왔던 것에서 이제는 교육의 내용이 그들의 삶 속에 항상 접하는 모든 일이라는 것으로 인식이 바뀌었기 때문이다.

이 책에 실릴 수업 도구들을 개발하고, 원고를 쓰며 중도 포기한 아이템은 책에 실린 것의 두 배쯤 되는 양인 것 같다. 과다한 업무량으로 인한 수업 준비 시간 부족이나 어린이 발달 과정에 대한 이해 부족 등도 실패 요인으로 꼽을 수 있겠으나, 가장 큰 실패 요인은 무엇보다도 '본말전도'의 문제였을 것이다. 즉 스토리텔링이 어린이들에게 주는 다양한 장점만을 앞세워 모든 수업에 스토리텔링을 접목코자 무리한 수업 계획을 세우고, 스토리텔링이 수업을 돕는 방법이 아니라 스토리텔링 자체에 집착하다 보니, 정작 교육의 요소는 간과하여 교육이라 하기 민망할 정도의 수업을 계획하기도 했다.

앞으로 이 책을 읽는 독자들 역시 스토리텔링을 적극 활용하여 모든 어린이들이 즐기며 배우고, 그들의 삶 속에 바로 실천할 수 있는 수업을 이끌어 나가고자 노력할 것이라 믿는다. 그때 나와 같은 우를 범하지 않도록 미리 수업에 대한 고민을 한 번 더 해 보는 경험을 가지도록 권하고 싶다. 이 책을 읽는 독자들 역시 나와 같은 즐거움을 누릴 수 있길 바란다.

(강문경)

스토리텔링으로 수업을 진행하며

교사로서 생활하다 보면 '내가 정말 수업을 잘하고 있는 것일까?'라는 의문이 들 때가 있다. 아이들이 수업 시간에 시계를 본다든가, 하품을 한다든가, 멍한 표정을 짓고 있을 때 앞에 선 교사는 여러 가지 생각이 든다. '내가 지금 너무 재미없게 가르치고 있는 건 아닐까?', '중요한 부분이고 이렇게 열심히 설명하고 있는데 이 아이들은 왜 이렇게 수업 태도가 좋지 않은 것일까?' 등등. 그래서 때로는 미안하기도 하고, 한편으로는 화가 나기도 한다. 이런 날은 그 다음 수업을 위해서 더 자료를 찾아보고 좋은 수업 아이디어를 떠올리기 위해 생각도 많이 하게 된다. 그러나 참신하고 재미있으면서도 학습에 적절한 아이디어와 수업 자료를 찾아내는 일은 쉬운 일은 아니다. 일 년 내내 수업을 하다 보면 어느 시점이 지났을 때에는 밑천이 떨어져 이 선생님, 저 선생님 붙잡고 수업 아이디어를 구하기도 한다. "뭐 새롭고 재밌는 거 없어?" 이쯤 되면 교사들이 수업의 영감을 얻을 수 있는 소스가 정말 필요하다는 생각이 든다. 인터넷, 정말 좋은 정보의 바다다. 실제로 수업에 쓰는 각종 도구, 텍스트 등을 찾는 데 이만한 것이 없다. 그러나 이것은 수업기술을 증진시켜 주기보다는 자료 찾기의 목적으로 사용되는 경우가 많다. 여기저기에 접목시켜 시너지 효과를 일으키는 수업기술, 수업방법에 관한 아이디어가 필요하다. 그런 면에서 이번 공부와 글쓰기 작업을 통해서 개인적으로 얻은 것이라고 한다면 여러 가지 수업의 장면, 수업 자료들을 놓고 이것을 통해 찾아낼 수 있는 일반화 가능한 수업의 기술에는 무엇이 있을까를 스토리텔링과 관련하여 많이 생각해 본 것이다. 다른 선생님들의 이야기를 듣고 내 이야기에 대한 피드백을 들으면서 나의 수업에도 발전이 생겼다. 또한 아이들에게 이런저런 수업 방식을 다른 해보다 많이 적용해 보면서 어떤 방법, 어떤 흐름으로 수업을 해야 할지 고민도 덜게 되었다.

아이들은 어땠을까? 아이들은 기본적으로 재미를 추구하고 새로운 것에 흥미를 많이 느낀다. 그래서 평소와 다른 것이라고 하면 눈을 반짝이는 경향이 있다. 하긴 이것은 어른들도 마찬가지이겠지만, 아이들은 정말 순수하게 호기심 어린 반응을 보인다는 면에서 약간 차이가 있다고 할 수 있겠다. 그래서 아이들은, "이건 너희들하고 처음 해 보는 수업이야."라고 이야기하거나 교과서로부터 좀 멀어져서 여태까지 하던 수업과 조금 다르게 접근하려고 하면 우선 동기 유발은 된다.

또한 이야기를 좋아한다. 내 사생활 이야기라도 하는 날이면 눈을 반짝이면서 본인들 스스로 쉬는 시간도 반납한다. 비 오는 날이 되면 무서운 이야기를 해 달라고 하고, 수업이 조금 지루해진다 싶으면 내 이야기를 해 달라고 한다. 쉬는 시간, 점심시간이면 쪼르르 와서는 어제 이야기, 지난 주말 이야기, 심지어 몇 년 전 이야기를 나에게 하거나 친구들에게 한다. 어쩌면 그렇게 지치지도 않고 이야기를 하고 이야기를 듣는지 모르겠다. 수업을 그렇게 집중해서 들어주면 더 좋겠건만.

그래서 공부도 공부지만, 아이들에게 조금 어려운 개념을 설명해야 할 때에는 꼭 이야기를 함께 들려준다. 사회든 과학이든 도덕이든 수학이든 이야기와 함께 들어간 지식은 아이들에게 꽤 잘 전달된다. 이러한 것은 기본적인 내 수업 스타일이고 개인적인 성향이기도 하지만, 이번 작업을 하면서 더 신경을 쓴 부분이다. 이야기로 만들 수 있는 부분은 만들어 주기도 하였는데, 아이들은 그 속에서 지식을 발견하고 좋아하기도 한다.

그러나 이런 아이들의 특성을 발견한 것이 나나 주변의 선생님들만은 아닌 것 같다. 수학과, 사회과, 과학과의 교과서를 살펴보아도 이러한 경향이 예전에 비해 많이 반영된 것을 알 수 있다. 수학과의 도입 부분에 생활 속 이야기를 주면서 개념 학습에 들어가는 것도 그렇고, 사회과의 경우도 마찬가지이다. 교과서 집필의 방향 자체가 내러티브적이다. 사회과 탐구라든가 사회과 교과서의 활동 부분 역시 스토리텔링 요소가 많이 들어가 있다. 과학과에서도 지식의 기억과 이해를 돕기 위하여 과학 글쓰기를 하는 등 지식을 꿰기 위한 도구로 이야기를 많이 활용한 것으로 보인다.

한국에서 『정의란 무엇인가』라는 책을 베스트셀러로 만들고 강의까지 공중파 방송을 통해 방영하도록 한 하버드 대학 정치철학과의 마이클 샌델 교수의 강의 방식도 그러하다. 사례를 이야기하고 학생들을 도덕적 딜레마에 빠뜨린다. 내가 그 상황에 있는 것처럼 가정하게끔 수업을 유도한다. 그 사람의 수업 방식은 시종일관 비슷하며, 다루는 내용만 달라진다. 그러나 학생들은 정신없이 수업에 몰입한다. 왜냐하면 그 내용에 스토리가 있기 때문이다. 실제 생활에는 이야기가 있다. 그것으로부터 지식과 개념을 추출하여 가르쳤던 기존의 방식은 사람들의 머릿속에 잘 들어오지 않는다. 그렇기 때문에 사람들은 그 교수의 강의 방식에 몰입하고 매료될 수밖에 없었던 것이다. 『EBS 다큐멘터리 최고의 교수』라는 책에 실린 하버드대의 허슈바흐 화학과 교수 역시 스토리가 있는 수업이 오래 기억된다는 점을 지적하고 있다. 그래서 이 교수는 학생들에게 과학이 예술이나 철학처럼 인간의 위대한 모험이라는 것을 알려주고자 하며, 그 모험의 역사와 현장을 인간의 이야기와 함께 전달하기를 좋아한다. 이것이 딱딱해 보이는 화학이라는 과목을 학생들로 하여금 훨씬 더 가깝게 느끼도록 하는 비결이 아닐까?

앞으로의 교실 수업은 실제의 삶과 유리된 것이어서는 안 된다. 실제로 지금 교실에서 가르치고 있는 내용들 중에서도 고쳐야 할 것들, 앞으로 없어질 것들도 있다. 수업 방식 역시 마찬가지이다. 우리가 맞닿아 있는 사회적 현상들을 얼마나 학생들에게 와 닿게 설명하느냐가 중요하다. 학생들은 동기 부여만 되면 얼마든지 스스로 책을 찾아보고, 인터넷을 통해 정보를 검색하면서 필요한 공부를 할 수 있다. 따라서 교실 수업은 생활 속에서 벌어지는 흥미진진한 사람들의 행동이나 자연 현상의 변화, 그것들에 대한 발견에 대해서 탐구하고 규칙성을 발견하고 설명하는 것에 초점을 맞추어야 한다. 그리고 사람이 만들어 놓은 문화와 예술을 즐길 줄 아는 인재를 키울 수 있어야 한다. 그러기 위해서는 이 과정과 인간 사회가 가까워져야 하며 실생활과 맞붙어 있어야 한다. 그래야 우리가 여태까지 쌓아 온 수많은 이야기가 끼어들 수 있게 된다. 그리고 그 과정은 교사라는 스토리텔러가 안내하게 될 것이다.

(채현정)

우리 모두에겐 이야기가 있다

지금까지 우리는 스토리텔링과 수업기술에 관한 다양한 연구를 진행해 왔다. 사람들이 왜 꼭 스토리텔링이어야 하는지, 스토리텔링이 무슨 힘이 있다고 묻는다면 난 자신 있게 대답할 수 있다. "스토리텔링은 굉장해요. 우리 모두에겐 이야기가 있기 때문이지요."

그렇다. 우리 모두에겐 이야기가 있다. 난 한동안 그 사실을 잊어버리고 있었다. 우리 모두에게 이야기가 있다는 사실을 다시금 깨닫게 해 준 것은 이번 연구였다.

연구를 시작할 무렵인 몇 해 전의 나는 수업 시간에 아이들에게 무언가라도 더 가르치기 위해 늘 애쓰는 새내기 교사였다. 혹여나 아이들이 수업 내용을 이해하지 못하거나 재미없어 하는 기색이 보이면 실망하기도 했다. 노력과 실망이 반복되던 그때, 날 찾아온 것이 바로 스토리텔링이였다. 스토리텔링과 결합된 수업 활동들은 나에게 새로운 도전으로 다가왔다. 다양한 스토리텔링의 모습은 나를 의욕적으로 만들어 주었다. 웃음과 즐거움을 가져다주는 활동은 수업 시간에 생기를 불어넣기도 하고, 수업의 내용을 아이들에게 좀 더 잘 이해시킬 수도 있었다. 그리고 때론 의도치 않은 수확을 얻기도 했다. 아이들이 말로는 하지 않던 자신만의 이야기를 활동을 통해 넌지시 나에게 들려주기 시작한 것이다.

스토리텔링을 통한 수업은 나에게도 즐거운 기억으로 남는다. 올해 실과 시간에 있었던 일이다. 글쓰기라면 한숨부터 쉬는 우리 반 아이들! 실과 시간에 진로와 관련한 수업을 할 때였다. "전 꿈이 없어요."라고 심드렁하게 말하는 한 녀석. 그래서 다음 실과 시간에는 '나의 미래'를 상상해 보기로 했다. 내가 20년 후 어떤 직업을 갖게 되었을지, 나의 하루는 어떨지, 가족은 어떤 사람들일지 상상해서 '미래일기'를 써 보자고 했다. 또 한숨부터 쉴까 봐 걱정했는데, 아이들은 자기들끼리 키득대기도 하고 사뭇 진지하기도 했다. 잘 쓴 아이들 몇 명의 '미래일기'를 아이들에게 읽어 주었다. 괄괄한 성격의 우리 반 여자아이는 20년 뒤 레스토랑 점원이 되었는데 짜증나게 하는 손님을 자기 성격대로 내쫓아 버린 일을 상상해 일기로 썼다. 교실은 한바탕 웃음바다가 되었다. 누구의 일기라고 말하지 않아도 아이들은 일기의 주인공을 찾아냈다.

이처럼 스토리텔링은 아이들에게 흥미와 재미를 선사하기도 한다. 더불어 '나에게 알맞은 직업을 선택하여 실천 계획을 세울 수 있다.'는 원래의 수업 내용과 목표도 달성했으니 1석 2조가 아닐까?

이 책에 제시된 다양한 스토리텔링과 수업기술은 하나의 매뉴얼이 아니다. 개개인의 교사가 가지고 있는 장점, 역량, 아이들의 상황 등을 고려하여 적절히 변용하여 이용할 수 있는 일종의 제안서인 셈이다. 이를 통해 조금이나마 수업에 대한 고민을 하고 있는 많은 교사들의 고민을 덜어 주고 생기 있는 수업이 되길 바란다. 나 역시도 앞으로도 계속 되는 고민과 연구로 또 다른 수업 이야기를 만들어 나갈 것이다.

(성나래)

달콤한 포장, 그리고……

국어교육에 대한 남다른 애정(!)을 가지고 초등학교에서 학생들을 만나 온 시간이 어느덧 10년하고도 몇 해가 더 넘어가고 있다. 여느 선생님들처럼 나도 새로운 단원을 시작할 때마다 새로운 학습지를 만들고, 새로운 학습 방법을 구안해 내기 위해 인터넷의 넓은 바다를 외롭게(!) 떠돌고, 하얀 화면 위에 고독한 타자 소리를 입혔다가 지우기를 반복한다. 나보다 재능이 뛰어난 교사들의 노하우를 얻어 내려 애쓰고, 때로는 저 멀리 다른 나라에서 만들어진 교수·학습 자료들을 선점하기 위해 기꺼운 마음으로 외화도 지불한다. 내 책상에는 점점 더 많은 교수·학습 프로그램과 학습지들이 쌓여만 간다. 이 프로그램과 학습지들은 내 수업을 보다 과학적으로, 체계적으로 만들어 줄 것이다. 분명하다.

만약 내가 가르치는 학생들이 이런 나의 노력을 속속들이 안다면 그들은, 어쩌면, 아마도 달가워하지 않을지 모른다. '고니', '따오기', '거위', 내 컴퓨터 바탕화면에 교수·학습 프로그램과 관련된 폴더가 하나씩 생성될 때마다 '으악, 이번 주에도 국어 시간에는 화장실 못 가겠네.', '국어 시간에 맞춤법 틀리면 안 되잖아.'라며 나와의 만남을 비극적 운명으로 평가해 버릴지 모른다. 행여 용감한 녀석이 있어서 나에게 다가와 "선생님, 선생님의 국어 사랑을 저희에게 조금만 덜 나누어 주실 수는 없을까요? 사실은 선생님이 조금 힘들어 보이세요."라고 말해도 소용없다. 나는 그 학생에 대한 주체할 수 없는 사랑으로 말할 것이다. "선생님은 너희들이 언어를 통해 너 자신을 발견하고, 세상과 소통하기를 간절히 바란단다. 난 조금도 힘들지 않아. 그리고 너희들도 포기하지 마!" 이렇게 말하면서 나는 습관처럼 피로회복제를 찾고, 오늘만

벌써 세 잔째인 믹스커피를 마실 것이다. '아, 만성피로!'

어느 해던가. 여전히 나는 더 좋은 수업을 위해 새로운 활동과 새로운 학습지를 찾아 쉬는 시간에도 컴퓨터 화면에 얼굴을 처박고 있었다. 2학년, 또래보다 생일이 많이 느린 아이. 그래서 다른 모든 일에도 느리기만 하던 아이. 그 녀석이 내 옆에 오더니, 시키지도 않았는데 노래를 한다. '과학적이고 체계적인 수업'을 준비하느라 이 녀석의 노래에 깊이 빠져들진 못했다. 노래가 끝나고 한 2초가 지났을까. 샐쭉하게 삐친 목소리가 들려온다. "선생님, 미워요!" "……?" 나도 모르게 어이없다는 표정을 지은 것 같다. "어? 그, 그래, 잘하는데!" "치, 듣지도 않았으면서!" 펭귄도 얼어붙을 만큼 차가운 공기를 나에게 발사하고 제자리로 느릿느릿 걸어가 버린다. '어, 미안해!'

가끔 생각한다. 국어 수업을 하는 것과 대화하는 것이 다른 일일까? 달라야 하는 것일까? 세련되게 편집된 학습지나 프로그램이 없이도 학생들과 진실하게 또 진솔하게 이야기를 나누는 일, 그 일이 바로 국어 수업이 될 수는 없을까. 스토리텔링을 수업에 활용하는 일이란, 어쩌면 맛없는 교과 지식을 먹이기 위해 '이야기'를 달콤한 설탕 포장으로 써먹는 일은 아니었을까. 하지만 스토리텔링은 달콤한 설탕 포장이기만 한 것은 아닐텐데……. 어쨌거나 이 달콤한 포장을 만들면서 생겨난 고민과 반성들을 다 해결하지 못한 것이 아쉽다. 그 아쉬움들은 어떻게 할 거냐고? 교실 수업에서 이야기와 지식, 어느 것이 포장이고 어느 것이 알맹이인지 구분되지 않는, 진짜 이야기하기를 수업 시간에 펼쳐 놓기 위한 마중물로 여길 것이다. 관심 있는 사람, 누구라도 연락해요!

(이미숙)

아이들의 진심과 만나는 방법, 스토리텔링

대부분의 사람들은 〈아라비안나이트〉와 〈임금님 귀는 당나귀 귀〉라는 동화를 잘 알 것이다. 〈아라비안나이트〉에 등장하는 왕은 매일 밤 하녀들에게 이야기를 시키고 이야기가 끝나면 그 하녀를 죽여 버린다. 이 때문에 주인공으로 등장하는 하녀는 끊임없이 이야기를 한다. 살기 위한 욕망이 이야기로 구현된다. 그리고 하녀를 죽이기 위해 이야기를 시킨 왕은 아이러니하게도 하녀의 이야기를 계속 듣기 위해 그녀를 살려 둔다. 이 동화는 이야기에 대한 본능을 잘 표현하고 있다. 또한 〈임금님 귀는 당나귀 귀〉에서 농부는 비밀을 말하고 싶지만, 그러지 못해 죽을병에 걸린다. 이후 농부는 대나무 숲에서 비밀을 폭로함과 동시에 병이 말끔하게 낫는다. 이 이야기 또한 앞의 이야기와 마찬가지로 이야기의 원초적 본능을 잘 표현한다.

교실 속에서도 이러한 이야기 욕망이 살아 숨 쉬고 있다. 그중 하나는 이야기를 듣고자 하는 욕망, 또 하나는 이야기를 하고자 하는 욕망이다. 수업 시간에 선생님이 수업과는 상관없는 어떤 이야기를 해 줄 때 두 눈을 반짝이는 아이들, 마지 못하는 척 하지만 신나게 이야기보따리를 푸는 선생님의 모습을 보면 잘 알 수 있다. 여기에는 이 같은 본능적 욕망이 바탕에 깔려 있다.

하지만 정작 실제 현장에서는 아이들과 재미있는 이야기를 주고받으며 이야기 욕망을 해소할 여유가 별로 없다. 교육과정상의 진도를 맞추고, 연중 쉴 새 없이 이어지는 학교 행사를 쫓아가다 보면 이야기는커녕 아이들 한 명 한 명과 제대로 눈 한 번 못 마주치고 지나가는 날이 허다하다. 이런 상황에서 아이들의 진심을 들여다보고 아이들의 진짜 이야기를 들을 수 있기란 어렵기 마련이다. 학교 폭력에 왕따, 어린이 우울증 등으로 사회에서 학교에 바라는 인성교육의 양과 질의 기대치가 높아지고 있는 만큼, 학교 현장에서는 좀 더 실질적인 방법론이 필요한 실정이다.

그렇다면 아이들의 진심을 만나면서도 학교 현장에서 실현 가능한 방법이 무엇일까? 바로 스토리텔링이다. 아이들의 원초적 본능을 건드려 재미와 감동을 만들어 내는 것이다. 또, 수업과 별개로 특별히 진행되는 것이 아니라 수업 속에 자연스럽게 녹아 있는 활동이기 때문에 교사나 아이들에게도 부담이 없다. 뿐만 아니라, 수업의 재미는 배가 되고 아이들과 교사 간의 친밀도도 높일 수 있는 일석이조의 효과가 있다.

특히 이 책에서 소개하고 있는 여러 가지 활동 중 4학년 학급을 운영하면서 구안한 '내 인생의 5대 괴물: 스토리텔링으로 자아 발견하기'를 통해 좋은 교훈을 얻을 수 있었다. 겉으로 비춰진 아이들의 모습이 절대 전부가 아니라는 것이다. 당시 학급 회장으로 친구들과 선생님들의 신임을 한 몸에 받고 있는 아이가 있었다. 밝고 쾌활하며 학교생활도 문제없이 해 나갔고, 학부모님도 활발하게 학교일에 참여하는 등 따로 상담할 필요성을 느끼지 못하였다. 하지만 이 활동을 통해 재혼가정으로 인한 아이의 스트레스, 스스로 완벽해야 한다는 중압감 등을 발견하게 되었다. 물론 학부모님과 의논하여 잘 해결이 되었다.

이처럼 스토리텔링은 미처 몰랐던 아이들의 진심을 만나게 해 주고, 소중한 상담 자료가 되는 동시에 그 아이의 마음을 보듬어 주고 치료할 수 있는 계기가 된다. 누구나 가지고 있는 이야기 욕망을 잘 활용한다면 아이들의 마음속으로 한 걸음 더 다가설 수 있다.

(최영경)

참고문헌

[논문, 학술지]

강정옥(2005), 『아동경험의 서사화 방법 연구』, 경인교육대학교 석사학위논문.

강현석(2011), 「교과교육에서 내러티브의 의미와 가치」, 『역사교육논집』 제46집, 역사교육학회.

구영산(2011), 『초등국어수업담화에서 불연속 통어의 격률에 관한 연구』, 서울대학교 박사학위논문.

김근호(2008), 「스토리텔링의 서사 문화와 서사표현교육론」, 『국어교육학연구』 제33집, 국어교육학회.

김남희(2008), 「아동기 문학교육에서 장르의 문제」, 『문학교육학』 제27호, 한국문학교육학회.

김대행(2004), 「방송의 언어문화와 미디어교육」, 『국어교육 연구총서』 제25집, 서울대학교출판부.

김만수 · 육상효(2010), 「협업적 디지털스토리텔링 구축을 위한 인문학적 이론 토대」, 『한국문학이론과 비평』 제46집, 한국문학이론과 비평학회.

김윤배(2004), 『애니메이션 캐릭터의 기호학적 생성구조 연구』, 홍익대학교 박사학위논문.

김은성(2007), 「이야기를 활용한 문법교육 가능성 탐색」, 『국어교육』 122호, 한국어교육학회.

류은영(2009), 「내러티브와 스토리텔링 - 문학에서 문화콘텐츠로」, 『인문콘텐츠』 제14호, 인문콘텐츠학회.

박용숙(2008), 『생태적 감수성을 기르는 국어수업』, 서울시립대학교 석사학위논문.

박인기(2003), 「발달로서의 서사」, 『내러티브』 제7호, 한국서사학회.

______(2006), 「국어교육과 타 교과의 상호성」, 『국어교육』 120호, 한국어교육학회.

______(2011), 「스토리텔링과 수업기술」, 『한국문학논총』 59호, 한국문학회.

안미현(2010), 「문화적 기억과 기억의 수사학」, 『수사학』 제12집, 한국수사학회.

윤시향(2002), 「계몽주의와 우화 - 레싱의 우화이론과 관련하여」, 『괴테연구』 14집, 한국괴테학회.

이영재 · 채명신(2008), 「편경영과 편리더십행동이 직무스트레스와 직무태도에 미치는 영향에 관한 실증연구」, 『대한경영학회지』 제21권 제3호, 대한경영학회.

이종복(2006), 「읽기교육에 있어서 문학적 접근: 독자반응이론」, 『현대영어영문학』 50(1), 한국현대영어영문학회.

이지영(2012), 「스토리텔링 수업기술의 국어 수업 적용 연구」, 『청람어문교육』 제45집, 청람어문교육.

이형숙(2008), 「소설에서 비디오게임까지: '블레이드 러너 이야기'의 텍스트 변용과정 분석」, 『문학과영상』 제9권 3호, 문학과영상학회.

정현선(2007), 「인터넷 언어 문화 교육 내용으로서 디지털 서사의 개념 · 특성 · 유형에 관한 연구」, 『국어교육학연구』 제30집, 국어교육학회.

최인자(2007), 「허구적 서사물의 플롯 이해에 기반한 서사 추론 교육」, 『국어교육』 122호, 한국어교육학회.

하병학 · 문정희(2010), 「묘비명에 대한 수사학적 소고」, 『수사학』 제12집, 한국수사학회.

함은주 · 원영신(2001), 「서사연구관점에서의 TV 스포츠 프로그램 분석」, 『한국체육 학회지 - 인문사회과학』 40(4), 한국체육학회.

[단행본]

강심호(2005), 『디지털 에듀테인먼트 스토리텔링』, 살림.

교육과학기술부(2010), 『초등학교 읽기 4-2 교과서』, (주)미래엔컬처그룹.

______(2010), 『초등학교 수학 익힘책 4-2 교과서』, (주)미래엔컬처그룹.
______(2011), 『초등학교 국어 5-1 교사용 지도서』, (주)미래엔컬처그룹.
______(2011), 『초등학교 국어 6-2 교사용 지도서』, (주)미래엔컬처그룹.
______(2011), 『초등학교 수학 3-2 교사용 지도서』, 두산동아(주)
구인환·우한용·박인기·최병우(2003), 『문학교육론』, 삼지원.
김영기 외(2010), 『초등학교 6학년 실과 지도서』, 천재교육.
김용석(2009), 『서사철학』, 휴머니스트.
김정섭(2004), 『동화를 통한 창의성 교육』, 서현사.
김태훈(2008), 『도덕성 발달 이론과 교육』, 인간사랑.
류수열·유지은·이수라·이용욱·장미영·주경미(2007), 『스토리텔링의 이해』, 글누림.
박영숙(2011), 『2020 미래교육보고서』, 경향미디어.
박인기(2001), 『문학교육과정의 구조와 이론』, 서울대학교출판부.
박인기 외(2003), 『국어교육과 미디어 텍스트』, 삼지원.
박진(2005), 『서사학과 텍스트 이론』, 랜덤하우스중앙.
배주영(2005), 『디지털 애니메이션 스토리텔링』, 살림.
성일제 외(1989), 『사고교육의 이론과 실제』, 배영사.
송정란(2006), 『스토리텔링의 이해와 실제』, 문학아카데미.
장근영(2009), 『심리학 오디세이』, 예담.
임경순(2003), 『서사표현교육론 연구』, 역락.
유지은(2011), 『신통방통 사자성어』, 좋은책 어린이.
윤태규(2010), 『일기쓰기, 어떻게 시작할까』, 보리.
이상만 외(2008), 『만화콘텐츠와 스토리텔링』, 북코리아.
이숙영(2002), 『뒤돌아보면 뉘 부르는 소리 있어』, 동아시아.
이우종 외 8인(2011), 『초등학교 미술 5~6 지도서』, 천재교육.
정두희(1997), 『창의성 개발 프로그램 Ⅰ·Ⅱ·Ⅲ』, 교보문고.
조은하·이대범(2006), 『스토리텔링』, 북스힐.
초등교육과정모임(2011), 『교과서를 믿지 마라』, 바다출판사.
최인자(2008), 『서사문화교육의 전망과 실천』, 역락.
한국문화예술위원회(2008), 『100년의 문학용어사전』, 도서출판아시아.
한용환(1999), 『소설학 사전』, 문예출판사.
______(2002), 『서사이론과 그 쟁점들』, 문예출판사.
한혜원(2005), 『디지털 게임 스토리텔링』, 살림.
홍성훈(2009), 『다중지능혁명』, 랜덤하우스코리아.
황정현(2001), 『창의력 계발을 위한 동화교육방법론』, 열린교육.

가게야마 히데오, 신현호 옮김(2008), 『공부습관 10살 전에 끝내라』, 길벗스쿨.
고자와 야스노리(1997), 「일본과 한국의 속신어 비교 연구」, 최인학 외(2004), 『비교연구를 통한 한국민속과 동아시아』, 민속원.
오카 마리, 김병구 옮김(2004), 『기억·서사』, 소명출판.

Annette Simmons, 김수현 옮김(2001),『대화와 협상의 마이더스 스토리텔링』, 한얼.
Brian Arnold & Brendan Eddy, 이윤진 옮김(2009),『비주얼 스토리텔링』, 커뮤니케이션북스.
Jill Frankel Hauser, 안소연 옮김(2008),『머리 좋아지는 과학놀이 200』, 노브
Christian Salmon, 류은영 옮김(2010),『스토리텔링』, 현실문학.
Enrica Crispino, 김현주 옮김(2006),『빈센트 반고흐』, 예담
Jon Scieszka, 황의방 옮김(2005),『늑대가 들려주는 아기 돼지 이야기』, 보림
Marcus Buckingham & Donald Oclifton, 박정숙 옮김(2005),『위대한 나의 발견 강점 혁명』, 청림출판.
Mallory Bagwell & 한기순, 한국교총 영재교육원 교원연수팀 옮김(2008),『창의성의 이해』, 한국교총 영재교육원.
Maria Nikolajeva, 조희숙·지은주·신세니 옮김(2009),『아동문학의 미학적 접근』, 교문사.
Michael Tierno, 김윤철 옮김(2008),『스토리텔링의 비밀』, 아우라.
Robert Whitehead, 신헌재 옮김(1992),『아동문학교육론』, 범우사.
Stephen Denning, 안진환 옮김(2005),『스토리텔링으로 성공하라』, 을유문화사.
Gardner, H.(1983). *Frames of mind: The theory of multiple intelligences*, New York: Basic Book 10th edition.
Herman, David & Jahn, Manfred & Ryan, Marie-Laure eds.(2005), *Routledge Encyclopedia of Narrative Theory*, Routledge.

[그 외 자료]

• 텔레비전 방송

MBC(2011.12.26 방영분),『유재석 김원회의 놀러와』

• 월간지

『좋은교사』 2011년 8월호, 좋은교사운동본부.

• 웹자료

국립국어원 표준국어대사전(http://stdweb2.korean.go.kr/main.jsp)
네이버 국어사전/2012.07.31.
(http://krdic.naver.com/detail.nhn?docid=43637000&offset=IDIOM1975#IDIOM1975)
네이버 백과사전/2011.01.20.(http://100.naver.com/100.nhn?docid=180824)
네이버 백과사전/2011.06.03.(http://100.naver.com/100.nhn?docid=64043)
네이버 백과사전/두산백과/2012.07.31.(http://100.naver.com/100.nhn?docid=765311)
네이버 백과사전/ 두산백과/2012.07.31.(http://100.naver.com/100.nhn?docid=745114)
네이버캐스트. 이민수/2010.11.06.(http://navercast.naver.com/contents.nhn?contents_id=3991)
드림하이 홈페이지/2010.01.16(http://www.kbs.co.kr/drama/dreamhigh/about/plan/index.html)
디시뉴스(http://www.dcnews.in/news_list.php?code=health&id=399716)
매일경제 스타투데이/2011.01.16.(http://star.mk.co.kr/new/view.php?mc=ST&no=33176&year=2011)
발툰(http://www.baltoon.com)
위키백과/2011.01.20.(http://ko.wikipedia.org/wiki/%ED%8C%A8%EB%9F%AC%EB%94%94)

위키백과/2011.06.03.(http://ko.wikipedia.org/wiki/%EB%B9%A0%EC%82%90%EB%86%88)
주니어 네이버 우리들 솜씨(http://fun.jr.naver.com/artist/4cut/)
한국사전연구사 한국미술오천년
(http://arts.search.naver.com/service.naver?where=arts_detail&query=%EA%B9%80%ED%99%8D%EB%8F%84%EC%9D%98%20%EC%94%A8%EB%A6%84&os=616569)
인구이동 통계 서비스(http://sgis.kostat.go.kr)

찾아보기